台灣物類相感誌

愛上山居生活的物理學者
一段領略萬物共振奧祕的奇幻旅程

蔡淑慧 著

自序

我的心物合一歷程

時間回到二〇一五年的梅雨季節後，空氣中充滿屍腐菌的味道，此刻適合躲到咖啡館裡放空。我在咖啡館放空自己，一邊校對著《台灣物類相感誌》的稿件。進度一直很慢，但是慢慢地校稿，一邊重讀，卻也驚訝自己居然寫了這麼多的文字。

記得十年前重新開始寫文字時，我把部落格當作推特，擠不出幾個字來。但是不斷地思考鍛鍊後，居然可以一天寫上幾千字，連帶地寫工作計畫及論文的功力也大幅提升。這有點像是有人要練習「禪定」，結果去煮了十年的飯給別人吃後，有一天忽然可以瞬間進入到「禪定」。我想這樣的寫作過程，類似「心物合一」的心流過程。

為何要出版《台灣物類相感誌》這本書？其實我一直喜歡閱讀各類人士的傳記，而非閱讀他們的著作。因為歷程故事可以還原一件事情被發現的真正過程，而非像是被安排好的架構，有時候，發現某個論點的真正理由是毫無目的放空之下的產物。這本書就是在這樣的情況下出來的。

二〇一一年是我在「腦波意識科學研究」關鍵的一年。如果從我的流年來看，那一年應該是到了「衰病死絕」的「絕」年。在工作及研究雙重壓力下，我得要從「無」中去生「有」，從自然中去思索或發現可以滋養意識研究的養分，並且能從中獲得啟蒙。

我想起我一位中醫老師曾經說過，他在鑽研中醫幾十年下來，遇到讀不通或是想不透的，就是聽從他老師的教誨：「看看天，看看地，看不懂去面壁。」這本《台灣物類相感誌》的筆記應該也是在鄉間森林「面壁」之後的心得紀錄吧。

整本書進入到的「心物合一」過程，沒有掩藏我的真性情，有時也會陷入一種很悲觀的想法，然後又會很奇蹟地「阿Q加阿信」式的復活。這樣真實的紀錄，雖然在我還在人世時，自己難免會感到難為情。但是等我的骨灰化了千年後，或許有知音讀者就是想要這種原汁原味的意識解放。

身為一個現代科學家，卻喜歡研究老祖宗的思想，這本書的書名《台灣物類相感志》，也是因為追尋蘇東坡的《物類相感志》中，記錄各種鄉野間市井小民的日常生活，舉凡食、衣、住、行、育、樂等多有觀察，更進而將這些所見所得記錄在書中。記得高中熟讀宋詞時，不愛〈赤壁賦〉，卻愛十年生死兩茫茫的〈江城子〉與「千里共嬋娟」的意境。我嚮往著東坡先生的生命哲學，也開始對他的生平產生興趣。蘇東坡仕途大起大落，一生漂泊，卻很認命的在各種惡劣的環境中表現得泰然自若。根據林語堂的說法，是十二月十九日生。如果是以農曆計算，那還跟我的農曆生日是同一天呢。

現代大部分人不太可能有財力跟時間，可以到國外去進行一場聖境之旅，但我們的內心深處，卻是個無窮大的意識國度，越往內探索，驚奇就越多。在意識領域的研究進展，如果能像蘇東坡一樣每一天都以好奇之心探索，將會感受到世界是以奇蹟之姿展現在每日的生活中。中年重讀蘇東坡，對自己的情感又更深一層的領悟，也追隨他寫出自己生長這片土地的「物類相感誌」，不知不覺中，發現所謂的「千里共嬋娟」，還真的可能有心靈科學上的意涵與證實呢。

世間上看似沒有關聯的現象，實際上都是緊緊聯繫在一起的，因為世界的本質就是一個整體的道。人們所認識的整體，就像古代瞎子摸象的預言，僅是分散部分的集合，但是要使分散的個體完全孤立是不可能的，因此來自個體的影響，必定進入整體進而影響整體，反過來也使得個體變得不可預測。如果我們的意識可以自由變化，就可以自在地進入到不同的多重宇宙。時空就會從原本平坦的二度空間，變成了多度空間的同心圓。就像一顆樹，透過同心圓的年輪，過去、現在與未來都可以在這同心圓上毫不費力地穿梭。

最後感謝所有人的支持。當然，我所親愛的

山上森林裡的各種生物的、非生物的、人類以及非人類的，如果有緣的朋友能經由這本書，體會到「萬物皆有靈，草木皆有情」，體會佛書《四分律》裡頭說的，萬物在特定的時空之下，都可以透過「心物合一」之道，成為滋養身心之靈藥。

二〇一六年四月十八日於新竹

目錄

二〇一一年七月二十五日（一）—小暑

1 蛙鳴

回想這幾天的遭遇，真是十分奇特。

二〇一一年七月十七日星期日，第一次來到這個園區，原本是跟朋友一起參加阿布吉的幼稚園為大哥哥辦的畢業典禮。誰知幼稚園更換場地卻沒通知到我們，因此得以留在此地喝茶聊天。我們十分慶幸能來到這裡，也知道這地方有民宿在出租。離開後，只是心中留個底子想像，沒想到一星期後再來，就聽說有一戶園區山坡下方的民宿租出去了，只剩下山頂上面對西邊的那一棟。那一棟倒好，是個通鋪，不像園區下方那一戶在偌小的房子裡塞了一張大床，空間利用度不佳。

星期五，我一邊推動中醫課程，一邊寫信跟好友提及初遇此園區的事時，忽然想到，或許「中醫大小學」的夢想，就是準備發生在「此地」。

而此刻安哥也蠢蠢欲動，大概剛收到一筆費用，身上有錢了，中醫課程推得也算順利，加上九月份收的房租，就有約十四萬元的進帳，至少已經夠一年的訂金。如果到明年年終獎金下來，也是不無小補。終於，安哥在星期日就把剩下的那間房訂下來了。

回想一下，星期六（七月二十三日），我原本擔心這筆額外的費用，不知到底要怎麼樣來平衡損益。是否要賣掉原來的房子？賣掉原來的房子，

▶第一次到山上，巧遇一場雨，雨停後，小朋友開始探索雨後姑婆芋上的滾滾水珠，以及忽遠忽近的蛙鳴。

我是捨不得的，況且好多書都還在那裡，接下來我要寫東西或研究電影，不想再花精神搞搬家賣房子的瑣事了。那天晚上從園區回來，送阿布吉去洗頭時又吹到冷氣，頭痛得不得了。第二天（星期日）原本不想去園區，想待在家裡安靜寫東西，但朋友的老婆說想要去，我想也無妨，便帶去更多的溫灸工具，順便處理身體。

星期日，安哥繳了訂金後，園區主人說我們可以規劃自己的空間及庭園，若要在隔壁的森林弄樹屋也行。隔壁鄰居本身就是做裝潢的，整個園區的屋子都是他蓋的。這時，我才隱約感覺好像有許多貴人在等著，對前一晚的擔憂稍為降低。

我抽了一張易經卡，問：「租下K園好不好？」得到「地澤臨」的卦。

> 臨：表大駕光臨，貴人來到之意。主吉象。臨又為「君王臨幸」之意，是上者對下者之象，在事業投資，為貴人相助之意。在感情則有期待而至的歡喜感。只是以上之象皆有，人尊己卑需仰息於人的感覺。特性：待人熱心，心胸開闊，樂於助人，尊重他人，體會別人心意，謙恭有禮。自然貴人多來幫助，財運豐厚。

它的解釋是：好事即將來臨。但這張卦也代表，凡事必須親自督促。我後來也想到了，中醫課程結束後，安哥必須要有自己的新舞台，讓他好好的發揮。我查了一下他未來的大運，屬於大好的「財官印」大運，應該是大有可為，或許K園的主人就是安哥的貴人。

接著，我再問：「山下的房子要怎麼處理？」

(1)賣掉：結果為「地水師」。

(2)租人：結果為「雷地豫」。

(3)保留，兩邊一起住：結果為「兌為澤」。

看來易經大師，也是叫我安心地保留兩地。

星期六晚上回去後，我換上一身的黑色吊帶睡衣，作的夢是初戀情人C，似乎我們和好了，他家財萬貫，簽了一張幾億元的支票給我，是要跟他生活在一起嗎？夢中沒講，但是我感覺能夠由別人給錢，那種感覺真好。我好希望「錢」是從天上掉下來，從此以後想做什麼就做什麼，不必再為錢煩惱，也不必再為張羅錢來擔心。

無獨有偶的，星期日時，我跟安哥談到星期六作的夢時，兩個人作的夢都是一樣，他夢見他的初戀女友給他一筆錢，看來對於要租這塊地方，兩人的潛意識都是不想從自己的口袋裡拿錢出來。

後來，早上作了一個奇特的清明夢——我原本拿著行李箱，準備要回到我在美國的住處，但是臨走前，我想去洗個頭清爽一下，於是到熟識的美容院。一名斯文男子，長得像是我很久以前認識的一個人（雖然我跟他不太熟），十分瘦弱，他幫我洗髮時，我感覺到他其實是沒什麼力量的。但隨即我覺得異常，感覺到他原本並不是做洗頭這一行，應該是什麼原因才離開原來的工作來這裡洗頭，是生了什麼病嗎？我直覺原因應該不尋常。

接著，洗到一半，他忽然拉住我的衣服，我原本以為他是要騷擾我，但是隨即發現他的臉色不大對勁，整個身體輕飄飄的。我感覺到他的重量很輕，且身體整個在弓縮。他把我的手放到他的頭頂及右腦門上去觸摸，此刻我才感覺到那頭上的血管整個爆動，像是整根血管要迸裂並奪腦而出。我隨即感受他抓住我，想用我的身體來支撐他那無法控制、不斷弓縮下去的身體。

當我意識到他應該是急性筋縮中風，從他的眼神可以看出他說著：「請救救我……」我趕緊抱著他，抵抗那逐漸弓縮的身體，但也意識到必須將身體的熱洩去，於是我說我可能要急洩他的十宣穴，他點點頭並示意他有把瑞士小刀。但我想他應該會錯意了，我要找的是針。這時，我想起隨身帶的針灸罐，拿起針後，原本要刺十宣，但是他雙手抓得緊緊的，於是我便從他右腳的太衝穴下針。

他的筋縮現象漸漸停止後，整個人仍驚魂未定。我讓他的頭平躺置放在我的兩掌上，使用顱薦骨平衡法幫他重新調整能量，並緩和他驚嚇的情緒。平緩調息時，我才用心電感應得知，原來他的確不是在美容院工作，是因為過去曾經生病，所以才來這裡幫人洗頭，順便鍛鍊肌肉。

不過，為何在幫我洗頭時，他的病才發作？我感覺到他知道我能救他，所以才會在這時發作。

直到沒事後，我才提著行李箱準備搭車去機場。母親看到我身上的藍白色衣裳溼透了，問我發生什麼事。我想，那應該是方才急救時滿身大汗造成的，但我只是輕描淡寫地說：「洗頭時水開太大，不小心噴溼的……」搭上飛機後，我將原定到美國的行程重新調整，中途將先到一處地方停留，之後再回美國，但心中想著：「那男子在休息過後，應該會沒事吧！」

飛機起飛了，我也醒了。這種夢，感覺似乎要完成一個任務，才讓我醒來。

目前，我還不曉得這個夢的意義。但是前一天晚上（星期六），我看了一本攝影集裡有一顆奇怪的蘋果，當天晚上作了一顆奇怪蘋果跟一顆李子串在一起的夢。我原本以為是前一天看攝影集的關係，誰知道後來在森林裡看到一棵果樹，K園主人居然裝了一顆假蘋果在上面，還跟我們提到李子樹的許多故事。夢中以為是因的，結果發現因果整個串在一起，一直到事件出現後，才有一種「A-Ha」應該是這個才對。

我查了一下農民曆及十二消息卦，「大暑」（七月二十四日至八月八日）之後的「立秋」（八月九日至二十三日）及「處暑」（八月二十四日至九月八日）正是陰陽平衡的交界，此時應該更容易作清明夢，要把握天機來孵夢獲得靈感。但是，會開始容易作清明夢，也不排除是進入園區後，在森林裡聽了兩天的鳥類、蟬及蛙鳴的集體氾音聲韻所引起的。

十二消息卦中的陰陽比例與排列

卦名	卦象	農曆月份	節氣	時辰
坤	䷁	十月	立冬、小雪	亥
復	䷗	十一月	大雪、冬至	子
臨	䷒	十二月	小寒、大寒	丑
泰	䷊	一月	立春、雨水	寅
大壯	䷡	二月	驚蟄、春分	卯
夬	䷪	三月	清明、穀雨	辰
乾	䷀	四月	立夏、小滿	巳
姤	䷫	五月	芒種、夏至	午
遯	䷠	六月	小暑、大暑	未
否	䷋	七月	立秋、處暑	申
觀	䷓	八月	白露、秋分	酉
剝	䷖	九月	寒露、霜降	戌

二〇一一年八月一日（一）—大暑

2 野蒜

星期六，我跟安哥辦「中醫外治精華課程」累了一整天。但因為收了錢，隔天就可以到K園簽租約。於是星期日，我們收拾行李，在中午前抵達。原本約好要去看他採茶的「理茶」任先生（也是山上的鄰居）說，他一早六點就已經採好茶了，可能要下次前一天到那裡過夜，這樣一大早起來採茶才適當。

七月三十一日是簽約的第一天（也是農曆初一），我們將擁有這座森林一年，首先買一些簡單的工具，晚上在新居烤香腸。我們笑著說，這一天是「入宅」。朋友石頭開玩笑說，烤肉的開爐，可以取代入宅的祭祀。看得出來大家都很開心。石頭還買了一些煙火，朝著天邊放。我心想，這對於小孩來說，真是美麗的童年呀，我甚至當場朗誦起詩歌。

森林裡充滿著野趣，隨處有順手撿來的創意。烤完香腸後的火爐，可以做為溫療的炕頭。到處都可以無中生有，但是這無可不是真正的空無一物的「無」，而是大自然中無奇不有的「無」。

回來後，我反芻森林裡各種美妙的感覺。初識了像煙花般璀璨的花朵，後來我才知道那是一種野生蒜，叫「紫嬌」，許多人喜歡叫它「草地的星星」，紫嬌花是非常棒的驅蟲植物。

當地民宿住戶濃厚的人情味，各種昆蟲鳥鳴輪唱及齊唱汎音，夕陽西下時變幻著各種樣貌的天空；各種不怕人，像貓狗一般膩著人的昆蟲，牠們各種奇特的姿態，令我想把家裡整套《法布爾昆蟲記》（法布爾著）帶過來，陪伴我們接下來的山居生活。

雖然帶了一些書來，包括最近蠢動著想看的《電影分鏡概論：從意念到影像》（Steven D. Katz

著）及《張愛玲的文字世界》（劉紹銘著），但再美妙的文字，到了這綠色國度裡，都變成了多餘的乏味之物。

夜晚躺在床上，心想這是何等的感受，目前的心境無法化成文字，但心中是一種萬分的感動與感激。人們汲汲營營地想努力賺取財富，來追求這般生活；而我何等幸運，可以在不夠努力的工作中，就獲得這種生活的體會，讓我感激到希望在假日過後，更努力地投入工作，以做為這萬有恩澤的一種報答。

我搞不清楚為何這感受會那麼強烈，直到在辦公室翻了法國作家巴謝拉（Gaston Bachelard）《空間詩學》裡的一段話：

「想像自己是在森林裡的一間茅屋，與外界切斷了一切關係，然後活化了一切事物的親膩感。」

原來，我心中對自我生命復甦的感覺，就正如同書裡說到，因為先回到內在獲得滋養後，才得以活化對一切事物的親密感，找回對生命的信心。

於是，我對星期四及星期五的例行出差不再感到疲乏，改以嶄新的態度去面對。我打算帶著《空間詩學》去旅讀，特別是在高鐵的包廂裡，可以感受《空間詩學．第七章微型空間》的高速感。

這天晚上，我睡得沉靜且放鬆。夢裡來到一座市場尋找一些物品，卻巧遇S老師。他說，他是找物品的高手，任何其他人找不到的，他都可以輕鬆找到。接著，他又說，因為他從小就住在市場裡，市場就像是他的尋寶天堂。聽他滔滔不絕地講，也看到他蹦蹦跳跳地隱入了市場。市場對外人來說像是個迷宮，但對他來說卻像是到處有蟲洞的宇宙。

我一邊記下昨天的夢，就接一通電話，談話間提到S老師的事情，跟夢的內容滿貼近的，真有趣。

第二段夢與工作上的進度有關。一位同事對於進度有所煩惱，而我告訴她如何有條不紊地處理好一件事情的做事方法。當中，有幾位工程師逕自討論內插數學（一種可以從數學曲線內插點的作法）

的方式，但是，我卻覺得發現事物的整體關聯才是創作的本意。我原本以為可以在夢中反芻森林的美好，卻作了一個跟「工作責任」有關的夢，看來我還必須多用點心在工作上。

二〇一一年八月十四日（日）—立秋

3 九層塔

星期五是最後一堂中醫課，而星期四也是最後一次易經課，希望接下來我們規劃的課程可以盡量少一點。

星期四晚上的電影後製課程中，冷氣太強，讓我終於中標，扁桃線發炎。星期五溫灸了一整天，從黃痰到白痰，到接近晚上時，居然病已解一大半。在晚上進行耳燭後，更是好了一大半，算是這次人體實驗的成果。晚上看了本關於「灸法」的書，發現灸法可以治很多病，連看起來是發炎的「扁桃線炎」居然可以一天之內解除，也算是神奇。

星期六，我買了五盆香草到山上去種，包括九層塔、迷迭香、薄荷、甜菊、鼠尾草，想要隨手一摘就可以享受花草茶的新鮮。沒多久，一群朋友上山，人數多之後，有種繁瑣的熱鬧氣氛。一群人睡在冷冷的地板，沒有枕頭，睡起來怪奇怪的。或許是人太多、氣場太雜，睡的感覺頗不自在。

第一段夢是夢見石頭的老婆說有地震，於是大家開始討論世界末日時要逃去哪裡。第二段夢是中心接到國外一家國際大廠的委託案，正當我覺得奇怪為何我們會接到這個案子，才知道原來這家大廠希望我們幫他們在亞洲辦一場會議，大廠都是外國人，難怪需要我們幫忙。接著，有人送來一樣試用的道具，正當大家都丈二金剛不知道怎麼弄時，一位朋友拿起一把道具槍來射，也射到我們，這玩意還真的會痛呢。

4 五色鳥

二〇一一年八月十五日（一）—立秋

今天發表舒曼波計畫的報告，說順利也不對，不順利也不對。原本犧牲假日準備的投影片，評審們看都沒看，就挑他們想要的問題，還頻頻說我沒講到重點。事實上，我應該感覺到委屈，但當場我只是笑一笑，並沒多說什麼。整場會議下來，雖然評審的批評很強勢，我卻覺得心情平靜，因此也沒做過多的激烈反應。在森林裡，完成期中報告簡報的當下，忽然油然而生兩種完全相反的心情，一種是能在這麼美好的地方做簡報，真是有幸；另一種是在這麼美麗的地方，居然還要做簡報，真是不幸。這兩種心情，真的如陀螺般在這段期間中交替著。

有時候，我也慶幸自己並沒有花所有的假日在這份簡報上，不然一定會更不划算。這也讓我發現，很多事情不必強求，該接受的就接受。

開完會，出去沉思時，我無意中巧遇一隻五色鳥，低沉的咕咕聲，讓人感到非常地放鬆。後來又遇見同事，聊了一下目前的近況，也發洩自己的情緒。不過，如果問自己的內心，在森林裡，自己已經充斥在充滿舒曼波的海洋裡了，似乎並不需要去製造一個那樣工程化的產品了。（註：筆者在二〇一五年已經分析出五色鳥的叫聲節律就是舒曼頻譜的第一階。）

昨天的夢依舊是亂夢，除了有K園的夢中即景外，還感覺到以前的戀人Y、C等都出現。其中有些人把我從小到大的老照片剪影顯示出來。在一個海灘教室，我跟一名廠商確認會訂購他的產品。

清晨時的夢更是好玩。我在準備國文考試，有些內容是考古題，而事實上，夢裡的我都已經知道答案了。這一段國文內容並不難，第二段特別還談到：「當心念放大時，會有意想不到的後果。」

二〇一一年八月十八日（三）—立秋

5 蟬

昨天是休假第一天，安哥便問我要不要到山上去，我欣然接受了。前一天晚上開始看淨空法師的《金剛經》，頗有心得，於是想把家裡有關金剛經的書都看一遍。

這次到山上，除了帶幾本《紅樓夢》醫食相關書籍外，還要把淨空法師及南懷謹的《金剛經》看完。也許是因為空氣好，做起事來頗有效率，一天下來，已經把有關《紅樓夢》的幾本書都看完了。晚上，我去接阿布吉回來山上，吃完晚餐，整個人心情很平靜，連原本有些忙碌的安哥，臉部線條也柔和起來。

晚上，有幾隻蟬莽撞地來拜訪。臨睡前，我也突發奇想幫阿布吉做一個花草蘗枕，她滿心歡喜地抱著枕頭沉沉地睡了。

晚上還是覺得有些冷，得把身子套到睡袋去睡，臨睡前，開始看氣功大師郭林的《郭林日記》，心想，在這天然的森林氣場裡，該恢復練氣功了。

夢的第一段，是我剛考完試，在等成績，後來發現我的分數相當高，約有九百分。我不是那麼清楚考試的目的，但最後聽人說，這次考試的結果可以填大學的志願，我一聽心喜，想填人文科系，並說自己不想再填自然科系了。我原本想讀台大，但是母親希望我留在新竹，我心想留在清華大學也沒什麼不好，但是讀人文科系的話，似乎是到台大比較好，不然讀書也沒什麼意思。夢中我似乎對讀書已經沒太大的興趣。這個夢十分有趣，夢中的我強調如果要再讀書，一定不會再讀自然科學了，言下之意，倒不是不喜歡自然科學，只是學院派的自然科學沒什麼好念的。

第二段夢，朋友幫我編了一段舞，我穿著芭蕾舞服，滑過去、滑過來地完成精彩演出，但是，後來一群人卻是用游泳的姿態滑過整個舞池，連阿布吉也在裡面。她說，她來插花上體育課，我注意到她的身高變高些，已經是小學生的模樣了。我記得我跳芭蕾舞時，左邊有個人，是我願意展露舞姿給他看的，但我卻沒看清楚他是誰。

二〇一一年八月十九日（四）—立秋

6 甜菊

這次連休假，一共會待在山上五天。在山上睡一天，抵山下睡十天，一早起來精神就相當不錯。昨天一連看了三本《台灣漢方青草藥選集》，為的是找出若在山上被蜈蚣或蛇蟲咬，能就近處理的草藥。蜈蚣很特別，可以用番薯葉或楓香葉搗汁敷上。蛇蟲就更多了。我住的地方，旁邊有一片野生紫花霍香薊，就可以拿來使用。

我想那些藥草經驗豐富的人，是不是也常出入山林中，出於自身迫切需要而習得經驗與常識。不然，這些瑣碎的藥草知識，平常上中醫課時也有提到，但是沒切身經驗時，就是記也記不來。但若是看小說記下的，可就不一樣了，像是我總會記得賈寶玉在挨打後去喝一碗蓮藕湯的事，如果知道這事，小時候就可以在挨打後討碗蓮藕湯喝了。

假期的第二天，早上先來看《金剛經》，下午再來寫工作報告吧。

越是飄泊不定時，越是知道自己想要的安定是什麼。像是雖然現在是以租屋的方式住在山上，山林的土地不是自己的，居住的房子也不是自己的，反而在清晨早起，澆灌著可以供飲用的各種香草花圃時，那一瞬間，紮紮實實地感受到這生活、這時光確確實實是自己的。

我現摘幾種香草植物並用煮沸的山泉水來沖泡，因為也種了一盆甜菊，連糖包都省了。我現在一點都不懷念咖啡館了，連夏卡爾紅茶也已經失寵了。

二〇一一年八月十九日（五）｜立秋

7 八色鳥

最近剛學會聽五色鳥的聲音，跟「archive.zo.ntu.edu.tw」網站上一模一樣。森林裡有好幾種鳥，我正在學習辨識中。有一種「八色鳥」的叫聲更是可愛。我記得大學時常聽到這聲音，爸爸常用口哨聲學這種鳥的叫聲。

因為安哥收到一份訂單，要回山下趕工，所以森林的旅程也暫告一段落。昨天重看了南懷謹的《金剛經》，看到後來又昏昏沉沉睡了一陣，夢見死去的父親。在夢中，我原本以為父親仍健在，但忽然意識到父親已逝，便哭得柔腸寸斷，醒來時卻是不解。平日的理性，為何到夢中被放大數千萬倍，看來清醒中所謂的「覺」，可能只是掩耳盜鈴的「覺」，一旦入夢，全都破功。也許，應該在睡夢中讀《金剛經》，方能有機會達到真正覺知。

《金剛經》闡述佛法無定法，但我卻悟出其中的一個道理：做到「真自在」，也就是接近佛的那個非定法，如果不自在，就是有所住，有所執念。有了這個準則後，《金剛經》都可以拿來當枕頭用。

昨天晚上，在山上將幾本跟《紅樓夢》醫食相關的書看完，接著看了一本《高陽說曹雪芹》（高陽著），這本書比任何的偵探小說更精彩，後篇更以子平八字破解曹雪芹寫《紅樓夢》的前因後果，曹雪芹已集雜家大成，若非也是通曉星卜醫相等的現代雜家高陽，恐萬年後無人能破解。如果紅學只被懂正統學術的人士理解，解了幾百年也只不過在原地打轉。整部《紅樓夢》本身就是史事借託的隱事小說，這是只有寫過長篇小說的人才能領悟的。

在夢中，我又經歷了一場考試，這次我發現許多人都申請到英文系，但是我卻未被通知要提前申請，因此錯過申請時間，只剩下坊間花錢買學位的那種，我不想要讀那種，於是也不浪費錢申請。

二〇一一年八月二十日（六）—立秋

8 鮭魚

已經是假期的第四天，我才開始做收心操，準備「清明夢」的報告，無奈暈眩症又發作，得趕緊休養，溫灸、針灸加上耳燭，又吃了些「苓桂朮甘湯」來緩解症狀。山上的氣候變化相當大，如果沒有把中醫學好，隨時注意身體的反應來因應晝夜的溫差，是沒法長期適應的。我想這也是一般人山居生活時最需要學習的。難怪第二天晚上，我就夢見一位朋友問我：「你是到山上做『二〇一二年末日鍛鍊』嗎？」

今天星期六，等安哥燒製要給中醫老師的光碟時，我也去買一些要帶到山上的食糧。今天特別煮了味增鮭魚湯及蔥蒜味水餃，這些都是可以避免感冒的食療料理。在山上煮飯的感覺很不錯，我也感覺到石頭老婆的廚藝與冰箱收納功夫真是一流。在山上，冰箱空間不大，收納功夫可是要特別講究。但是，我最滿意的就是廚餘回收的部分了。曾聽朋友阿里說，在山林裡，廚餘腐化的特別快，而且也沒有臭味，我當時猜想應該是野外的微生物菌種更豐富，因此發酵得更完整。我試了幾天，甚至於連肉類的廚餘也堆在一邊，果然發現一點味道也沒有。直到有一天，我看見幾隻小野貓，才知道原來在山林間有更多元的各類分解者存在。

這也不難解釋《聖經》裡頭講的，鳥死了都到哪裡去，為何沒看到屍體的疑問。

昨天又夢見C教授的實驗室，夢中我好像破解了一個實驗的祕方，很仔細地向他解說。不過，醒來時，我一直覺得這個祕方是跟烹飪有關，好像我在夢中的學術興趣也轉移到食物上。想到這次上山，帶的是一堆食譜、調製花草茶及種植蔬果的書，看來無意識似乎跟顯意識一起連動著。

我覺得像是切水餃的內餡料要切到細，又不能把桌面弄得亂七八糟，這可能只有動畫片才做得出來，我想電影裡頭都是剪接。另外，夢境裡有個片段跟內華達沙漠有關，但是早上沒記細節，後來就忘了。不曉得是否跟廚餘問題有關，沙漠裡應該不會有廚餘問題吧！

今天也發現一隻小螳螂，真是太可愛了。今晚開始整理清明夢有關自律神經的部分。

二〇一一年八月二十一日（日）—立秋

9 荷花

昨天的夢很長，先是我參加一個聚會，有個很天才、像朱學恒的人在現場，後來我聽說有家餐廳很特別，裡面的水族箱養了一種近視的魚，牠看東西很不清楚，只要物體在一特定焦距讓牠看不見後，牠就不會繼續游下去。

許多人到這家餐廳就是要看這種魚。我為了要看這種魚，故意將跟廠商的會議安排在這家餐廳，喝了一杯咖啡後，終於如願看到這種魚。送走廠商後，我還想繼續看這種魚，於是又把接下的會議安排在這家餐廳，送走廠商時，她們為了沒有請我吃一頓餐而道歉，我則打哈哈說，沒關係，我晚上還會再來。目前想到跟魚有關的關聯，大概就是昨天朋友阿里給我看的那顆鯊魚氣球，但是夢中說是魚，更像個海膽魚，全身圓滾滾地。該不會是昨晚一直討論……廚（跟餐廳有關）……魚……（廚餘）。

我開始寫清明夢的實驗報告，一邊參考自己二〇一〇年的孵夢記，有種很奇特的感覺。一年前時的我，跟一年後的我，有些感覺模式是重複出現的，不同的是，一年前的我想做個龐大的海綿吸收體，一年後的我，願望達到了，卻只甘於隱居山林，品嚐寧靜天然的生活。

今年很意外地，在工作上開始學習互動音樂的創作，而第一個家庭作業，就是以互動程式寫出藍調。以前，我一直誤以為藍調是隨性創作的，看來我是大錯特錯，查維基百科就可以發現有許多版本的藍調規則，讓我的臉都「藍」掉了。許多的學習，加上一份接一份寫不完的報告，從星盤看出我七月及八月的身體狀況會非常糟糕，大概也是工作量過度吧。

今天，山上主人送了我們兩株荷花，原本擔心有水的地方容易有蛇，但自從知道這邊是野貓的地盤後，就沒那麼擔心，準備做一座荷花園籬。看來應該來找看看有無生物「相生相剋」的書籍。

在森林裡，看著阿布吉忙東忙西，真的覺得太幸福、太有趣。下星期的節氣來到處暑，預計會有一波伏暑熱毒上來，要注意滋陰養血，可摸一摸左脈是否比較無力，如果是就是血出問題了，此時有容易有便秘的問題，因無血潤腸，可以煮點薑汁菠菜來做些食療預防。今天則是以紅麴先醃製一些白肉，等下星期上山來就可以食用了。

10 磚頭

二〇一一年八月二十八日（日）—處暑

再過幾天，南馬都颱風就要來襲了。無時不刻希望颱風的到臨能讓我放個颱風假。昨晚到山上後煮了些東西，想到今年下半年運勢開始很低，應該是要修身養性的。昨晚，無意中查到自己的八字大運能量圖，發現今年運勢真的很低，只有兩格。跟去年比起來，降了一半。好友提醒我，今年不要妄動，等明年再說。我想，明年運勢恢復後，再來做一些大事。今年就稍微被動一些吧。

昨晚的夢，是一群人分配著等考試，共分三組，最後才發現有一組出現問題，提到考題可能要重組。我則在另一間教室跟一群教授討論一種特殊床的構造，出現許多電子學教科書，也發現他們不約而同地在床下放一些「金蛇」、「金蘭」的元素。

剛才，風速越來越大了，因為怕電腦等搬來搬去的受到雨淋，我們趕緊像逃難似的打包下山。下山後，全身不順暢，又躺了一下，內心十分不舒服，感覺好像在進行「陶侃搬磚」，把東西搬上去，又原封不動地搬下來。

晚上的心情比較平靜了，可能跟專利整理稍後告一段落有關。本來以為有四十六篇專利，經過整理後，發現不到十四篇，而且有許多我們都不會侵犯到。今晚把案子寫完，明天應該來得及丟出去。

二〇一一年八月二十九日（一）－處暑

11 西印度櫻桃

這秋天的肝鬱狀況真的是滿嚴重的，一直到昨晚教阿布吉講台語，才又開心起來。昨晚，安哥特地把房間的氣氛弄得浪漫些，他跟阿布吉就躺在床上，一邊聽音樂、一邊哄她睡覺。我跟她玩一陣子，心情開心後，邊幫她抓癢邊陪她睡。

回到自己的房間後，我繼續看氣功大師郭林的《郭林日記》。這本日記從我出生（一九七二年）那一年開始記錄，一共十二年，恰好是郭林在晚年從一位國畫師因罹癌進而自學及發展氣功的這段歷史。一直到郭林死前一年，大陸才為她成立氣功組織來推廣新氣功。在那之前，她不收分文，免費在公園教重症病患者學氣功，還要忍受大陸十年文革對氣功等功法的封閉，一直到一九八四年她仙逝的那個月（享年七十五歲），都還在教功幫人。我心想，人一生的偉大，就是從這麼平凡的一點一滴所累積起來的。

這本日記，我看得很慢，但已經對當中所提的功法產生相當大的興趣，便訂購了她的其他著作來深入研究。郭林對氣功進行科學研究有相當大的興趣，如果這套功法對癌症病人有效，的確是值得進行更深一步的研究。郭林的晚年一直在協助科學研究的進展。書中提到雷久南在一九八二年曾邀她到美國開班，但她在一九八四年仙逝，看來是沒有開成。如果有機會遇到雷久南博士，應該跟她詢問一下當時的情況。郭林，真的就像是德雷莎修女。看到台大的醫療疏失事件，只能提醒自己，越是專業的、權威的、被視為正統的，更要謙卑。

昨天，我照例在睡前鬆了鬆腰後，進入一處大觀園的夢境，是跟一位古老收藏家收藏影片有關的夢。有一位到處收藏老舊影片的人，我正要看他收藏了什麼，他便拿起一片有關貓王的早期收藏影片。他告訴我說，有很多好東西常在一些很古老的地方，不需要往新的方向探求，要往最古老的初心找。我在大觀園裡逛一陣子，直到快天亮還捨不得離開。天亮後又見下雨，真的讓人很不想上班。

不過，這個夢似乎也提醒我一些事，聽老歌、老音樂、看老電影，回到古老的模式，當心有所累時，回到自己已遺忘的那些古老的初心。夢境關鍵字為「影片」，應該是來自於昨天讀的專利。我原本以為有四十六篇專利，在整理後只有十四篇，因為有些是重複的，每年都有更新，我們稱這些為同一家族。從這些專利家族，我也發現，真的有人很在乎這些發明，不斷地給予更新與維護，連公司名稱都換了很多家，但是有價值的專利還是一直被維護著。好似一個人過世幾百年了，但是他們的創作卻不斷地被後人更新、改寫及維護著。人類的思想產物，就是被一種特定的紀錄給保存下來。

颱風還沒離開，但心有比較沉靜了，看著臉書網友貼出咖啡樹的照片，想起那天也是在山上第一次看到西印度櫻桃結在樹上，聯想起華盛頓砍櫻桃樹的故事。長這麼大，還以為櫻桃跟草莓一樣是草本植物，看到櫻桃樹才回想起來。那天還看到金針花也開了，還有柚子也是。希望這次它們能安然度過颱風。上次看到南投中毒事件已確定是使用「葡萄催芽劑」所致的神經毒。上次聽到農民說，這次怕柚子趕不上中秋節收成，打算要使用催熟劑。這次颱風來是否是老天爺要把這些催熟的藥劑給洗掉呀！

寫了一封信給好友E。「剛好今天妳提到人生功課，我想分享最近的心得。我發現不是每個人都知道自己什麼時候完成了自己的功課。有些人是到死前還在努力著，郭林就是其中之一。但她過世後，人們卻知道她確實為這世間完成了一些功課。但如果我們生來就是要做功課，那應該不會有那麼多的好玩事情發生在這人世間上呀！」

西印度櫻桃嚐起來酸中帶甜，跟人生的滋味一樣。

二〇一一年八月三十日（二）—處暑

12 蝸牛 I

昨天看新聞，看到一群醫護人員回憶在緊急救人取心臟時，全身沾滿了血，事後知道對象居然是愛滋病患者而震驚。晚上臨睡前想起這件醫殤，心裡難過不已，剛好也看到郭林在日記裡談到她推廣氣功救人時遇阻，一時共鳴，淚流滿面。心裡忖思著，明明有那麼多的教訓，政府為何不投入更多的資源在非破壞及非侵入式的綠色醫療上？那麼多侵入式治療，不但病人受苦，也讓醫護人員隨時暴露在高風險中。我曾經有機會登高一呼，推動綠色醫療，但也因為受到特定龐大利益團體的阻擾而心生退縮。昨晚淚留不止，想起在俄羅斯的姜勘政博士，想起一些為人類奮鬥而被抹黑的綠色醫療人士，想起人們終為自己的愚昧及貪心而受苦著。

昨天的夢，夢見回到大學，跟同好及學長一起研究電子學。以前學電子學時，有個電路放大器叫作「push-pull」電路，中文翻譯為「推挽放大器」。這個放大器的作用不是真的在放大，而是電路作用的和諧。一推一挽，一個push，一個pull。以前我常跟學生解說：「這個放大器的輸出級有兩個臂（兩組放大元件），一個臂的電流增加時，另一個臂的電流則減小，兩者的狀態輪流轉換。對負載而言，好像是一個臂在推，一個臂在拉，共同完成電流輸出任務。」這跟跳接觸即興雙人舞蹈的形式也有點像。人跟人的情感，最好要像這個「推挽放大器」，有一個在推，一個在拉，如果都是同一臂在推拉，遲早有一臂會當機。人在世間上會感覺到孤獨，或許也是這樣吧！

能夠以文字充分表達的人，是否也是另一種極權霸凌，一方言辭咄咄地抒發，卻不知無言的悲慟心情只能躲在角落裡喘息，所以很會寫文章的人一定要以孤獨陪襯，這樣大家才會心理平衡。

記得影片《小宇宙》裡，蝸牛互動的那一幕滿像「接觸即興舞蹈」，就跟這場推挽放大器的夢有關。看《小宇宙》導演接受訪問的影片，他提到原來是法國科學哲學家巴謝拉影響了他們的團隊時，我才想起當初要把巴謝拉思想引進來的念頭。

昆蟲的世界真是太有趣了，現在我已經把《法布爾昆蟲記全集》全部搬到山上，以便隨時能讀到稀世珍客的身家背景。

二〇一一年八月三十日（二）——處暑

13 乳酸菌 I

幾年前，我在寫情感洩洪的抒發文字時，一位寫詩的人告訴我，如果有一天我能體會文字的「溫度」與「厚度」時，文字的辭藻華麗及技巧都不是重點；有厚度的文字是生命底蘊淬練出來的。聽了這話的許多年以來，我一直以能寫出這種文字為自我期許。在對文章進行賞析時，也能逐漸理解為何有些沒有華麗修飾的質樸文字，讀起來就是可以讓心頭暖烘烘的。因此，我開始有意識地覺察所讀作者的文字是否有所謂的厚度與溫度。

吉本芭娜娜是其一，村上春樹也是，高行健的文字雖有厚度卻是冰一樣地冷。幾年前發現的帕幕克（Ferit Orhan Pamuk）小說溫且厚，里爾克（Rainer Maria Rilke）的詩則是深得照不見光，連靈魂也被攝去，因此也無法探測其厚度。張愛玲的文字則是一種酸不溜丟地我行我素的書寫，反倒是胡蘭成的文字還透露出一些微溫。

但我最近讀著《紅樓夢》，發現曹雪芹的文字溫暖且厚，若說張愛玲在文學上想師從《紅樓夢》，只學到了它瑣碎繁複道盡蒼涼的一面。當開始讀了這些作家的傳記後，終於能夠明白「人如其文」，什麼樣的情懷寫出什麼樣的文字。記得有一次跟學攝影的吳大哥討論到為何同樣的景色、同樣的相機，攝影大師就是可以拍出有意境的畫面，吳大哥說那就是一種「攝影師之心」。

那麼，詩人是否也因為具有一顆奇特的「詩人之心」，讓溫暖且有厚度的文字被他（她）的心所召喚而來。如果真的是這樣，當詩人開始詞窮意盡，寫不出真能表達自己內心的文字時，是否要先試著點燃那顆心呢？

今晨的夢，是夢見我一直在協助並糾正一位學弟寫程式，比較沒什麼意思。

啊，詩人之心解心藥！

一旦有一篇具溫度及厚度的文章出現時
它知道此刻內在的那顆心
缺少了什麼樣的滋味
它總能適切溫柔地讓親近的人貼服著
並且似回甘般地反芻
同時像土地般包容著
人們不必擠著找位置硬著屁股坐上去
不管多近多遠的角度觀看
都有著最佳的觀賞距離
讀著那已安妥的節律
看著那仍蟄伏卻隱隱跳動的文字
隨著那如耳畔娓娓道來的人間故事
像是說著在每一世的遨翔遊歷
每一世都有著難以割捨的情緣
縱使故事時間悠長
心境卻不急不慌

也沒有妒嫉或是狎思
就只是一顆單純的心
微微癲巔地共感著
並允許在那靜靜悄悄的一股暖渦中
被帶到極遠的邊際
卻又安然返回
而在這返回的一瞬間充盈著滿身
答案，說著
「這人，是懂得的！」

二〇一一年八月三十日（二）—處暑

14 乳酸菌Ⅱ

這陣子的胃口一直不佳，我知道自己肝脈能量不足，便跟美髮師叮噹討論著，她建議吃些酸的食物吃比較開胃。於是，我跟朋友哈啦時就問他：「有沒有什麼好吃的東西是酸的？」美容院是全世界最八卦的地方，美貓男一聽到我想吃酸的，馬上露出狐疑的眼神，並不客氣地直說：「該不會是有了吧！」

「有大頭鬼啦！」雖然這陣子也的確是在醞釀一些思想結晶。不過，醞釀思想的結晶跟胎兒，都是滿耗肝氣的。美髮師叮噹建議的酸辣湯，我沒什麼興趣，卻引起我回想起一種小時候很喜歡的飲料——「可爾必思」。印象中，「可爾必思」使用玻璃瓶裝，有著白底藍點的外觀，像個高雅的淑女。我還記得高中時，就有一套類似「可爾必思」包裝的洋裝。

離開美容院後，我到大賣場尋找傳說中古老的「可爾必思」，關鍵字是乳酸飲料，記得以前它是開封後要冷藏，於是我繞到冷藏櫃那邊一直找，找了半個多鐘頭還沒找到。我因身子開始發冷，本想放棄，但又不死心，那是牽繫著兒時記憶的味道，記憶中我特別喜歡這種飲料，每次喝時，大人總會從那漂亮的玻璃瓶裡倒一小匙加水稀釋。小孩雖貪婪，但也懂得永續之道，每個小孩的配額相同，但只喝一小杯不過癮，於是寧可加水稀釋成一大杯，再用童稚的想像力填補那不飽合的濃度。我一邊回想起兒時情景，手邊已拿著幾款不同廠牌的乳酸飲料，但仍到櫃檯那兒去問店長。「請問，那種傳說中的玻璃瓶裝的可爾必思飲料，現在還有賣嗎？」

謝天謝地，店長說他知道這款飲料，就在養樂多的上方。我心想，我把冷藏櫃都找遍了，怎麼沒看到？踅回頭後，我繼續以眼光掃視。身子逐漸由冷開始發熱了，這種不死心的固執，令我回想有次在瑞典的大雪中，為了要找到那艘傳說中蓋在船上的青年旅館，沿著海岸線找了兩個多小時，才問到在地人告訴我說，那艘船在兩年前開到另一個海岸了。我才徹底明白，原來我看的旅遊手冊是多年前的舊版，回到旅館後，我就重感冒一直到回國。

我繼續找著，還是看不到可爾必思的蹤跡。有了在瑞典的經歷，我不想再重蹈覆轍，便請店長指派店員來幫我找。她放下工作，領著我到達冷藏櫃並把飲料交到我手中。我一看，難怪找不到，原來是改包裝了。

店員交給我的兩個利樂包飲料，上面寫的是「可爾必思水語」沒錯，但不是我心中想像的那個白底藍點陪襯著裙擺的模樣，那酸的化不開的滋味與青澀的歲月，一點點、一滴滴的回憶。

15 肉桂 I

二〇一一年九月二日（五）— 處暑

老祖宗講的芳香健脾真的一點也沒錯，昨天我使用了肉桂加上其他配方精油，坐在咖啡館裡討厭的冷氣風口旁，居然一瞬間就不冷了，接著肝氣順暢，最近胃腸不佳的問題一併解決。對於所謂修復生命能量場是滿抽象的，但昨天在咖啡館時，原本我根本無法坐在冷氣風口底下的，塗了一滴肉桂精油後，卻忽然感覺到不怕風了，好像有股氣把身子給撐起來的感覺。

這次買了沒藥、葡萄柚、杜松、肉桂、茶樹與鼠尾草精油。有個精油笑話說，婚前使用龍藍膽，給些膽量；婚後則使用可調理肝氣，使人心平氣和的杜松來收拾殘局。許多宗教人士都在教堂內點杜松薰香，杜松果實為青色，難怪可入肝。

使用精油後，我平靜地睡得很沉，但天亮前卻作了一個發生大地震並引起火災的清明夢。許多人拿著水管要救火，卻發現水壓很強，但水管太短。水壓強、水管短，有可能是東亞的地震，美國雖有實力救，但實在太遠了。

一星期又過去了，這次假日到山上，心情應該會比較輕鬆，雖然還是要寫第二份查核報告。但這次上山，應該要花點時間看《法布爾昆蟲記》。

16 森林 I

這次到山上，看了一期的《意念設計》雜誌，裡面有一幅森林照片的取景跟山上住的地方很像，於是一時興起，想要畫一幅山上看夜景的畫。原本的色調是魔法深綠色，但是我卻一直調不出那種顏色。整個創作過程中，原本走溫馨夢幻風格，但畫到晚上時，視力漸模糊，下色就越厚重，塗料越塗越深，居然變成有種魔性的感覺。果然莫內是對的。今天的月亮應該是朝左彎的，但因為手的動作太快，習慣畫成往右彎，那就當作是今夜夢裡看到的鏡象吧！

在山上邊喝著塑膠罐裝的可爾必思，就把可爾必思已逝去的玻璃瓶罐貼到畫布上！

這幅魔法森林裡遠眺可爾必思城的景致裡，因為接近中秋節了，除了畫出虛擬彎月，右邊還畫了一株柚子樹，請各位盡量享用。畫完之後，感覺最近創作的能量又回來了。昨天還作了兩層的清明夢，杜松精油真是神奇。山上的色彩並沒有那麼豐富，感覺好像是體內的各種精油精靈都想要跑出來當我的顏料。

後來發現這張構圖，若遠遠看，好像有隻魔眼在看著你！而兩邊樹梢的枝椏，居然與米開朗基羅

▶在山上畫的魔法森林。

〈上帝之手〉那一幅類同，但我想，這一切都是巧合。

網友說，這幅畫讓她覺得有慕夏的色彩，說我當時心情應該很繽紛吧。我心想，原來跟慕夏有關喔，我當時一直覺得好像跟哪位畫家的風格很像，我以為是古典時代的。這位慕夏，我之前看傳單上的圖片時有被震撼到。於是我上網找了些慕夏的資料：「他不依附任何一種流行的設計型式，他的設計是從內心而生，並認為藝術的存在只是為了傳遞精神上的訊息。他對他在商業藝術界得到的聲名感到挫折，而希望專注於那些更為崇高的藝術，以及使他的出生地更為尊貴的計畫。」

不過，後來當我無意中在書店看到席勒的畫作時，我覺得我這幅畫的畫風更接近席勒。

最近，我找到要創作的主題——以動態舞蹈為主。我的創作裡總是有動的元素，乾脆就以神祕舞蹈為主題。特別是星期六到南寮去看了中東肚皮舞的演出，更讓我覺得這類神祕性感的舞蹈就是未來要創作的主題。

今天凌晨的夢是個很有趣的夢中清明夢。夢中，我們的中醫老師想要找個關門弟子，他說我們這邊有個叫「雪柯」的人，他想要找他談談。他雖然這麼說，但要找到那人卻如大海撈針一樣，讓我不曉得從那裡找起。我跟老師說，我來作個清明夢找找看吧。在夢中作著夢中的清明夢時，我已經看到老師在十一點時跟那位「雪柯」在一家茶館碰面敘談了。我醒來時，已經十點多了，老師還沒出發，但的確已經聽說找到這位「雪柯」小姐了。連老師都很訝異，原本以為「雪柯」是男的，但從夢中的清明夢以及最後老師的晤談者看來，的確是女的。後來，有新的申請者遞申請單過來，但我只是象徵性地收下來，並沒打算幫他傳遞。如果連清明夢都已經預告這位「雪柯」小姐是真命的關門弟子，我們還瞎忙什麼？

天亮時醒來，發現我在夢中開始「濫用」清明夢的能力，實在是令人匪夷所思……

17 肉桂 II

最近使用肉桂精油的心得，發現如果將中脈（任督二脈）全部預塗，整個睡眠過程的全場夢記得越來越清楚，幾乎是倒頭一睡，天邊就開著一扇「夢之窗」，把所有夢的內容全部都記下來了。昨天的第一場夢是到德國坐火車，我擔心坐過頭，到一地點後，想說用走的到目的地。沿路問了一些外國路人，經過一個市場，終於來到夢中的德國火車站。

這個火車站曾在之前的夢出現過，我一直認為它就是科隆火車站，但是更具有莫內畫中火車站的情調。此外，感覺上像是台灣的鄉間火車站，只不過服務人員全部是德國人。但夢中在德國徒步旅行的經驗，不時又穿插北京及東北街頭通往清華大學那條路的實況。我在自助旅行中搭伙及找路的實況，也在夢中出現，倍感有趣。是不是在沒有旅行、較平靜的生活時，想藉由「夢之窗」，再度體會那種「出走探險」及與各種陌生種子碰撞所帶來的刺激呢？我想「夢中出走」應該是創作滿好的養分。

在第二段夢中，我原本帶著一疊稿件要到某出版社蓋橡皮圖章，不知不覺卻繞到一棟超大型但已經老舊的醫院來。隨著電梯升降體會上上下下的速度變化，隨手拿了一份報紙，又看到一位二十一歲的年輕女孩被誤診致死的新聞，我決定到這醫院裡查看。到了醫院，那女孩躺過的病床旁，有著之前醫師開的中藥藥單，我一看，這女孩分明是產後虛寒感冒，但藥單開的卻都是攻伐之藥，難怪女孩會虛勞致死。在旁邊清掃的阿姨跟我分享這女孩生前的點點滴滴，問我是否會去揭露這消息。我搖搖頭，看著這棟異常忙碌卻破舊、搖搖欲墜的大樓，許多醫護人員在裡面，都不知道這棟大樓什麼時候會倒。我嘆口氣，不需要我去揭露，這棟大樓已經快倒了。

我搭電梯離開這棟醫院，再度回到我原本想去的出版社蓋圖章。

這扇「夢之窗」，漫長且富啟發。它告訴我，所有的腐敗高塔終有一日會倒下，我們還是專注在自己的創作。不過，夢中出現的生動角色，似乎借自最近看的《紅樓夢》，也是一種借物抒情的模式。從「夢之窗」看到的景致，或許就像昨天創作的山上俯瞰城市之畫作般，雖然是在黑暗中，卻看得無比透亮。

剛才聽到巴哈的曲子——羊兒得以安然放牧（善牧羊群），選自第二〇八號《狩獵》清唱劇，終於知道巴哈的生日了，跟拉赫曼尼諾夫相差一天，兩人都是牡羊座的。

二〇一一年九月十三日（日）—白露

18 佛手柑

今天（九月十三日）是天王星及水星兩星運作，可涉入一些影響深遠的活動——不論是現實的或觀念中，因此這天出生的人須以邏輯性的水星（處女座的主宰行星）本質來駕控天王星的特性，基本上今天是個力量非常大的日子，可以做出一些經過周密思慮後的改革突破。

我心裡對名利也更加放開了。我心想，在這次的專利評審委員會，不要有得失心，如果專利沒拿到，就將舒曼波的內涵徹底公開，或許這也是老天爺要我做的。而工作上也大有收穫，像是接觸即興舞蹈方面的資料處理，換個方式也許就可大大地省事。是呀，要開始穿襪子保暖了，已經到節氣「白露」，要喝點暖身的熱湯嘍！

這幾天在山上，忽然感覺到佛手柑精油可能適合母親，一查資料，發現佛手柑果然是心輪精油。我寫給母親的精油使用方法，不知道會不會太不口語化。

精油的使用方法

1. 因為是純精油，所以滴一、兩滴在手心上，搓揉幾下，再按摩想按的地方，避免使用在眼睛周圍。
2. 或是可以滴一、兩滴在手帕上，以嗅聞方式聞香。
3. 滴上精油後，可以多加強腳底、大腿及小腿的按摩，還有腹部肚臍周圍、後腰整圈。在晚上睡前使用，早上會排出許多尿液，可消除水腫及脹氣。
4. 使用精油後，排便及排尿會變得比較順，可以多加觀察。
5. 腳底及腹部在使用精油後，嘴巴容易自然生津液，代表振動腎氣能量，屬於使用後最佳反應。

每次寄東西回家，都會被母親叨念。這次我有備而來，在精油上貼觀世音及彌勒佛加持，應該不會挨罵了吧。許多中西醫針對母親的狀況，都會使用強心劑，其實方向是錯誤的。母親的問題應該跟自律神經失調比較接近。

網路上果然有介紹，對於平滑肌有鬆弛舒緩、情緒鎮定快樂的精油，如鼠尾草或柑橘類精油，都可以幫助你深呼吸，也可規律你的心跳。

半夜，阿布吉居然哭著說她流鼻血了。處理好後，我講了幾個笑話，唱著「紫竹調」，心疼地哄她睡覺。後來，剛好看到網路上也有關於流鼻血的精油配方。

「流鼻血時，背部朝下平躺，捏緊鼻孔，吸入滴在面紙上的精油味。配方：三滴檸檬加一滴薰衣草。其他可使用的精油：迷迭香、洋甘菊、絲柏、玫瑰和玫瑰草。可在溫水中加入以下的混合劑，用來做為漱口水。配方：二滴檸檬加一滴薰衣草加二滴尤加利。請勿吞飲。」

最近秋燥血熱，若流鼻血可使用檸檬，或是防風通聖散！

二〇一一年九月六日（二）—白露

19 柑橘

最近在看一本《曹雪芹別傳》（高陽著），是一本現代小說，裡面對目前紅學研究與創作本質的探索很令人醒思，讓我產生共鳴，並改變我對正統研究與自行創作的想法。

最近，我發現柑橘果實類的精油對秋天的紓壓好像也不錯，再去補貨一下。後來想到佛手柑似乎是柑橘類。玩精油後，忽然想再重看徐四金的小說《香水》！

香頌，香頌，香氣真的讓人快樂得想要歌頌。想起了電影《全面啟動》中，也是用一種奇特的藥物（我猜也是某種精油），讓人穩定地停留在好幾層的夢境裡。

男人跟小孩都很喜歡柑橘類，感覺有點像回到母親的懷抱，這大概跟果實類有關。之前，我看溫佑君寫的《精油與化學》，還有《共振七輪能量百科》，得知柑橘及橙類對藝術創作者是很有幫助的。溫佑君寫過一本散文書《溫式效應》，評論家南方溯評之有如古代的《香譜》，能把香味用文學描述，也著實不簡單。回想《紅樓夢》裡不就有「冷香」及「暖香」的描述嗎？我想，杜松比較像「冷香」，而柑橘類比較接近「暖香」吧！

昨天下午終於去體驗了從法國回來的J女郎的臉部按摩課程。雖然整個效果可能不錯，但還是有被施暴的感覺。

這種J女郎所施展的女性柔性暴力，簡稱「J暴力」。看著J女郎為了推廣她的業務，所說的似是而非的人體經驗與知識，當下有一種感悟——人唯有在沒有任何目的的狀況下，所堅持的理念才不致於被扭曲，人才能得到真正的思想自由，這也難怪人常說的：「人之將死，其言也善。」

女人過三關——每個女人小時候都是林黛玉，長大後就成為薛寶釵，嫁人後就變成王熙鳳。林黛玉的死去，象徵著女性內在嬌柔無助的一面死去，如果真能過這些難關，就可以變成劉姥姥！但大部分的女人都到不了劉姥姥的境界。

暖香吟

暖香，那果實透發著
是這株生命河流的倒映
笑語，回眸
在陽光閃耀中，牽引著
青春萌動回魂的
記憶！

20 沒藥Ⅰ

一早，阿花轉來一篇某教授寫的文章。剛開始覺得這篇文章很有意思，但是越看越多後，發現文章充滿對台灣各種小事的不順眼，而引發一堆自我認定的評論。我不知道這位教授到底怎麼了，剛才朋友又轉寄他的文章給我，內容是評論台灣人沒有國際觀。我想，台灣有許多像陳樹菊阿嬤那麼可愛的人，可能連搭飛機都不會，更遑論國際觀，但台灣人可愛就是在他們的心。請台灣的高級知識份子，少點批評，多寫些台灣的美好面。下一代有下一代的福氣與挑戰，台灣的高級知識份子不要再像家裡的父母，擔心這，擔心那，一直碎碎念。

不過，當有好事者把九把刀跟李家同相提並論時，我也開始同情李家同了。這似乎是一些年輕人在對抗舊意識。這令我想起費因曼還是聰明的，知道年輕人要的是什麼，也因此開出一條新的科學思維之路。

有點掃興的早上，讓我想繼續回想昨天傍晚的浪漫情景。

昨天傍晚，大草地上舉辦音樂會，我穿過落地窗而出，捧著一本寫巴謝拉的《科學與詩》，當作聽音樂會的伴侶。草地上已經來了一些人，但現場並不擁擠，跟天空一樣，清朗搭配著半滿的月亮。人們隨性地或坐或臥，邊喝著主辦單位提供的飲品，一派悠閒風彷若秀拉的河濱名畫。我移來一把椅子坐定，開始翻閱這日本人寫的關於科學哲學家巴謝拉的思想。

兩個巴謝拉，一個是在實驗室裡研究嗅覺的分子苯環，另一個是在廚房裡巧妙地調味出美味的果醬。我想，此刻也有兩個我，一個是還在研究室裡研究聲音波動的汎音頻譜的特性，一個則是在秋天的草地上，直接享受微風徐徐吹來的波動滋養。

兩個巴謝拉，兩個我，在化約主義下，可能是不存在的兩條平行線，如今在這處暑節氣的交替中，給接上線了。兩個巴謝拉的距離到底有多遠，而兩個我，怎麼樣才能把這距離拉近，並自由地生活著？

沒多久，阿布吉跟安哥也來了，跟著我們一起聽小提琴演奏。阿布吉很可愛地比了一些洗澡魯拉拉的動作，說著以後也要拉小提琴。

音樂會後，原本想去吃新加坡叻沙，後來改到竹北吃鱔魚麵，之後去Music Island唱片行。我想幫阿布吉買幾張安眠音樂，安哥挑聖桑的《動物狂歡節》，我挑了夏川里美的母性歌聲。夏川里美的音樂真是厲害，催眠指數破表，千萬別在上班時間聽，但家中有失眠的人不妨試試。回到家後，我跟阿布吉一起聽，結果聽不到五首，就睡得昏死了。

真是幸福的一天，猜猜看我找到什麼？我找到了拉赫曼尼諾夫親自彈奏樂曲的錄音光碟。Music Island的老闆說，這是傳說中一位黑膠達人收集到的。他感慨地說，現在買唱片光碟的人越來越少，大多都是在網路上聽，很少像我們這樣以珍惜搜寶的心情去尋找音樂。我雖然想安慰他，但是最具體的行動是直接掏腰包再多買幾張。我認識的一位音樂博士告訴我說，其實有一系列音樂家自己彈奏的版本（還有馬勒的）也可以聽聽看。我想，在聽過許多版本之後，聽本尊的版本應該是我未來的目標。

在Music Island音樂，很容易隨著所看到的典藏唱片光碟，回到舊日時光。像是多年前的一部史詩影片《大地英豪》，那電影配樂總是攝動我心。以前，隔壁實驗室總是日以繼夜地播放此首。最近看電影《賽德克．巴萊》時，也令我聯想起這幾部都是原住民與侵略者求生存的史詩片。

說真的，我是看到竹北一個建案叫夏川里美，接著才在唱片行第一次看到歌手夏川里美的簡介。不曉得建商在想什麼？昨天回去聽不到五首，就睡得昏死。阿布吉聽夏川里美也是一樣睡得死沉，一早還說要帶去給同學及老師聽，她口中的「小白兔姊姊音樂」。

昨晚的夢中很奇特，我想找一家咖啡館來讀書寫字，卻看到自己喜歡的那間有圓弧形空間的咖啡館已經關門了。最後我開著車到處遊走，準備去接送某人時，卻看到有個人鬼鬼祟祟地藏著一件與人等身的包物，已嗅得到血腥味，他挖了一個洞，似乎準備把那包東西埋進去。我以為他殺了人，但又覺得他的膽量不至於殺人。我持續觀察著他的動靜，發現他雖然偷偷摸摸的，卻是以很嚴謹的態度準備埋東西。而今天跟信基督教的人談耶穌與沒藥的故事後，我在想，使用了沒藥精油後的夢境，會不會呈現當時耶穌以亞麻裹屍布被埋的實況呢？

一位信基督教的同事腳受傷，我拿沒藥精油給他塗，很快就消腫了。他回報我一個聖經小故事，他說基督誕生時，東方三博士就是帶「乳香、沒藥及黃金」來當賀禮。

他說，多謝我的沒藥精油，沒想到讀了多年的《聖經》中的沒藥，這次不期而遇。故事中的禮物所代表的意義，讓人更加了解基督受創時，沒藥與聖經故事所給人帶來的療癒，他這次受傷，也變成一種恩賜。以前我研究順勢藥物時，得知橄欖科植物都具備有撫慰人心及消除長期疲勞的功效，這次也發現乳香及沒藥都是橄欖科植物。

今天，朋友告訴我說，如果我的北交點在水瓶座，那麼我的貴人星就有水瓶的守護星，包括天王星在天平。受到她的啟發，讓我剛又破解一種「每日占星能量」的方式。舉一個例子，今天是九月七日，是水星與海王星交會的能量，那今天就會有一種想擴大視野、夢想和心理的現象，而人會受到這些不穩定因素的影響，再和水星（處女座的主宰行星）的特質結合在一起之後，今天是享受官能的好時機，因此，在九月七日這一天，必須留意周圍一些不是很健全的心理或神祕活動，此外，這一天會有一些變化與旅行，帶來興奮與滿足感。每日的主星可參考生日書的幸運數字那欄。

哈哈，不健全的心理活動，是像破解了每日占星能量嗎？

二〇一一年九月十日（六）—白露

21 半邊蓮

昨天，我在山上又拍了好些花，其中有一種叫「半邊蓮」，花朵的大小跟指甲差不多，模樣像蓮花，卻只開半邊，聽說是有名的治癌草藥！不知這小花是要提醒世人，只有半邊照樣能活得精彩，與癌共存也能精彩過活嗎？

不過，我也好奇「半邊蓮」這麼小，又很難找到。我自個兒也是在地上找半天才找到。到底要多少分量，才足夠拿來當藥用？

昨晚，大夥一邊賞月，一邊話藥草學。山上主人跟我們介紹樸樹與饅頭樹，以及它們的功用。我也跟他們分享未來要自製精油的規劃。這陣子，正當玩精油玩到想自己在山上學習怎麼開始提煉精油時，猜著嗎？不但看了電影《香水》裡介紹各種萃取精油的方法，連山上主人也跟我說未來可提供我提煉精油的原物料！

我找到這家在賣萃取精油的工具（http://www.kingtec.com.tw/04/04.htm），可來製作台灣稀有品種的收藏型精油。第一步挑戰檀香精油。

今天，山上主人已經把一些桃木及肖楠木（國寶樹）修剪下來。桃木是要做成桃木梳，可以用於破氣結瘀血用。中醫書上說，與桃相關的桃仁都是

▶半邊蓮，花朵的大小跟指甲差不多，模樣像蓮花，卻只開半邊，是有名的治癌草藥。

破瘀氣的，因此以桃木來做按摩梳。仔細觀察，桃木質地堅硬，還有刺狀分岔，果然如醫書說的見形知用。肖楠木的木質鬆軟，樣子滿像絲柏的。後來，我查到肖楠具「扁柏醇」，有殺菌能力，而台灣肖楠精油具有的超強殺菌活性，居台灣所有針葉樹之冠，優於一般人熟知的精油，市場潛力無窮。根據網路上查到林場所實驗顯示，台灣肖楠心材精油只要四十ppm（百萬分之一）的濃度，就足以殺死金黃色葡萄球菌、大腸桿菌、仙人掌桿菌、表皮葡萄球菌、腸炎弧菌、綠膿桿菌及白色念珠菌等。

聽山上主人說，住在我們隔壁的鄰居光明先生快要從比利時回來，他是一位室內設計的木工師父，或許我想要玩木工的心願會水到渠成。

想到未來做精油及衍生產物的想像時，心情越來越雀躍。忽而想起幾年前曾經構思一本中醫小說，內容是女主角和爺爺李樂活（諧音彌樂佛）在一處有著人體風水樣貌山上（人的身體部位對應到山）的故事，如今想來，自己竟是開始在體會小說中的故事情節。（幾年後，我在中醫老師家看到的道家內經圖，概念與此相同。）

我心目中的小女主角，就是可愛的阿布吉，跟著可以當她爺爺的爸爸安哥，在森林裡探索，就像小說故事一樣。

山上真是「蟲蟲一籮筐」，昨天我專心拍金針花，等到查看照片時，才發現旁邊有隻蟲。不過山上主人說，這森林因為沒使用農藥，所以各種蟲也特別多。昨天還拍到一隻紅蜻蜓在吃午餐，有人說，能看到蜻蜓是生態有沒有污染的一項指標！不知這些蟲蟲是否也可幫精油加點料，那就是電影《香水》的昆蟲版嘍。

我在肖想森林裡那棵沒使用農藥的柚子樹，記得我們中醫老師原本有個類似皮膚美白的方子是跟柚子皮有關，結果同學一試，發現皮膚過敏，才知道原來台灣的水果皮有太多農藥了，還是自己種的比較安心。使用農藥的茶農說，農藥一般是「脂溶性」，無法溶於水，所以泡茶不會把農藥溶出來，這個解說真的是讓人滿頭烏鴉。

在山上看電影《香水》，結果滿有趣的。後來我在夢中，先是破解了音樂與心跳就是一種相位鎖定的「鎖相關係」（心跳的快慢會跟著音樂節奏快慢改變），甚至於可使用軟體展現；我一直在修改軟體，但一些人也以旁觀者在催促著我。後來，我發現有位朋友跟《香水》裡的女人一樣，還跑去透明水桶裡泡澡，她跟另一位朋友在一起穿著泳衣。

這個夢到底是什麼意思？

22 紫羅蘭 I

今天是九一一紀念日，恰巧得知法布爾活到九十一歲，我想，如果能在森林裡寫作到九十一歲，也是莫大的福氣。

昨天賞月時，遇到山上主人，他告訴我，紫羅蘭不太好種，很容易有蟲害。有天，我見劉仙師回來後，就跟朋友到驛站咖啡館，品嚐了一款紫羅蘭花草茶，酸甜的滋味似乎喚醒了什麼。這是我第一次與紫羅蘭的相遇，後來我使用五號生命靈數精油（代表自由），才發現自己非常喜歡紫羅蘭的香氣。

J女郎曾經推薦我，給母親使用紫羅蘭精油，但是當時一罐紫羅蘭精油超級昂貴，我實在買不起，不過這也呼應了山上主人說紫羅蘭不太好種的事實。

▶法布爾全集

▶這是最近研發的新菜，用新鮮羅勒加上迷迭香與薄荷的香草切碎，拌上紅麴醃白肉，清爽美味！

二〇一一年九月十六日（五）｜白露

23 蜘蛛絲

今日占星

今天九月十六日，是海王星與水星交會的日子，海王星是個充滿夢想與幻想的星球，而受數字七影響的人，有時會陷入無法自拔的夢想中，常常與現實脫了節。今天傾向於漫天想像各種計畫，所以如果能夠嚴加訓練，了解計畫的可行性，夢想實現的機率會更大。今天不適合理財，常將家庭的財務狀況弄得捉襟見肘，有可能會買一些不切實際的東西。但因為有水星在，可能也會給自己一個徹底思考過的理由。從經驗上來看，水星是抵不過海王星（或天王星）的，因此海王星還是影響力最大。

我今天最「海王星」的夢想計畫就是——電影《香水》調出愛與靈香水，而我要來調製《全面啟動》裡的「夢素精油」（Somnacin），名為「夢露（錄）香精油」。

在水星能量的加持下，我仔細想想，這一點也不難。過去我發現，只要七脈通暢，再讓頂輪（第七輪）能強到發光（這是我自己的標準典範），就是作清明夢時的身體能量呈現。因此，以七輪精油的嚴謹比例，再以氣場分析來做定量的調配，應該可以達到這個條件。只不過，過去不習慣記錄夢的人，可能要用迷迭香精油來強化記憶。每個人的體質有些不同，所以應該還是要針對五行體質的人，

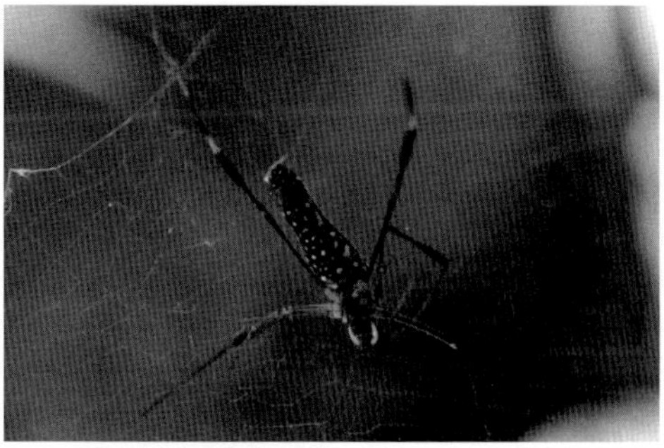

▶山上拍到的人面蜘蛛。

調配出不同的夢露精油。初步可選用中醫體質五行人做參考，先配出五行人的夢露精油。

我對《全面啟動》裡，「Somacin」（夢素）這個英文字是否存在，感到很好奇。聽起來滿像「some nothing」或類似的字，於是我問了英文系畢業的高老師。他說，他沒特別留意，但「in」結尾多是指小東西，中文應也有「細絲線」的意思。法文「fin」則亦有「末端、尾端」之意，凡粗必有細端也。

魯道夫的《靈性科學》一書就提到，夢的意識比清醒意識更「精細」（Fine），所以「Fine」的「in」也有「細」的意思。那麼，我猜這藥物應該是醫學中具有迷幻成分的物質，不過在能量醫學裡要配出這種精細能量是非常容易的，只要加高勢能（potency）即可到達，從精油來說，可能就是第七輪或第八輪。

據說，有個研究生的作品是用頭髮串連也能吊起四顆大石頭來，也許可以用蜘蛛絲來試試。有一次，我看Discovery頻道，也提到某種杉木跟一根鋼筋混凝土柱子用力一撞，居然杉木沒事。所以發生海嘯時，有些土木結構專家提醒，可以躲在樹林內。但我想，前述的「精細」並非指尺度，而是內在結構具有一種「同調性」，才能達到如此。「同調性」是指這些結構為同時有機生長出來且彼此關聯的，就跟多胞胎一樣。所以，這不是人工精細品可以達到的。至於生物或有機體背後「同調性」的來源，目前無解。愛因斯坦曾有意無意地說過那就是「神性」，這些例子也正是老子柔弱生剛強的意涵，但是這個柔弱應該是有對應科學內涵，或許「同調性」是與神的琴瑟合鳴性。

這讓我想起當年在學術界研發出台灣第一根單壁奈米碳管前的啟發，就是坐在洗頭店玩店裡的一百倍放大鏡，看著自己被放大的頭皮下有粗細不同的頭髮，隨口問了洗頭小妹原因。這頭髮的毛囊孔，就是一種開放性耗散結構的混沌奇異點，改變那一點就可以改變演化趨勢，在物理化學上多會使用催化劑，夸父的頭髮就是這樣變成山河森林。

不但頭髮會生長，連夢也會生長，夢跟離開

佛身的舍利子一樣，在因緣具足下，是可以繼續成長的。我曾聽說可用藏紅花供奉，讓舍利子持續成長。想到自己收藏一批西藏精油，是含紅景天、當歸、紅花、肉桂等的綜合精油。

昨天做耳燭時，J女郎二號，也是店長，幫我調配的三合一精油，有迷迭香、葡萄柚加上橘子。回到家後，還是肝火旺。於是，我再加上薰衣草及羅勒。結果，今晨作了一個很嚴重的地震夢，是三層夢，地震發生在第二層，房屋整個夷為平地，許多人被活埋，但因為有人以特殊方法急救，所以傷亡不大，只看到兩具棺材。我們被教導要以熱風或最簡單的點穴法，來啟動窒息者的氣脈，當中還提醒因為活埋者太多，所以穴位要越少越好，才可以多搶救一些人。我們在第二層夢忙了半天，突發奇想，可否進到第三層夢，去提醒大家如果有搖動就要趕緊離開屋子，似乎在第二層夢的認知中，第三層夢是第二層夢的過去式。

不知是迷迭香還是薰衣草的功能，夢中並無說明那個單穴是什麼，但我猜是「人中穴」——九陽還魂穴之一。以前，一位中醫班同學曾親身經歷，他的小女兒在山上暈倒，他以此穴救回。迷迭香精油可以強化記憶，或許可以加強記夢。等到下星期專利審查完後，我要來用氣場分析儀把這些精油研究一番，搞不好《全面啟動》裡的藥物配方裡就有「迷迭香」。

奇怪，討論假的東西，好像把它當真一樣。前天已經把精油按照書中七輪排列一番，如果真是那樣，氣場分析儀應該可以看出類似的對應性，但我在第二層夢中卻能感應到被救的活埋者，從窒息到氣路被打通的過程，該不會自己就是那窒息者吧。

「莊周夢蝶」的故事中，要是有一顆旋轉的陀螺該有多好啊！

第二段夢中，夢見幫媽做事，後來跟我收帳。接著，我遇到狗仔隊，我對他們說：「你知不知道你惹到的是一個跨黑白兩道的凶狠角色？你是不是有一個很標緻的妹妹？那你可要小心一點囉！」說罷，我把他已拍到的底片抽出來，讓它曝光作廢。

真奇怪，我在夢中怎麼這麼狠，不知是否昨晚肝火太大？今天早上，我分享夢境時，被朋友取笑說：「沒關係，他還有SD卡！」

二〇二一年九月十八日（日）—白露

24 種子

昨晚子時，我頂著星空與初秋狂風，在山頂上開始練郭林氣功的「風呼吸氣功法」，旋轉速率由慢而快到與風成一體。與風成為一體時，我感覺自己像是龍捲風。練罷，我全身汗流浹背，卻感覺內在有一股新生的能量誕生。夜間的睡夢中，出現許多新生綠芽及花草構成萬紫千紅的景象。

早上先是夢見L，發現他變得很有趣，常在夢中跟我玩捉迷藏。這次也是一樣，在一家大型百貨公司裡躲來躲去的。我叫住他：「喂，你考上台大沒有？」我在想，是否因為他跟拉赫曼尼諾夫是同一星座，而我又想夢見拉赫曼尼諾夫，所以他跑來攪局？

第二段夢卻十分好笑，夢見我到一間公共廁所拿衛生棉，發現廁所附近都是情報人員，似乎是在監視什麼，後來還有一位女性激動地到車窗前叫罵。接著，我們擠上一輛車，卻發現有個狙擊手要射擊這輛車。我勸大家離開這輛車，分散注意力，

▶這棵酪梨樹是從種子開始種起，原本它還是幼苗時，我以為它活不起來。沒想到，經過一場大雨後，它的生命力蓬勃起來。很多植物在經過雨水的滋潤後生命力都非常旺盛，我不禁想起這天水的能量其實很高，特別是打雷的雨水，本身就有氮肥的能量。

接著大家就跳車。

今天火星能量旺，連大姨媽也來，我才想到前幾天的血熱氣燥，應該是這個原因。

今晚，把酪梨種子以水耕盆栽架起來，底下放一些石頭，接下來，據說就會出現「傑克與豌豆」童話故事般的奇蹟式成長。安哥說，有一本《種子盆栽》的書可以研究，我們接下來就準備試手邊現成的龍眼及柚子種子。（註：這顆神奇的酪梨種子，如今已經長成茂密的酪梨樹了。）

25 蓮子

二〇一一年九月十七日（六）—白露

昨晚，我夢見自己在一家購物商店，購買了一些奇特的東西，包括有一種可以收納香氣的皮包，還有一種看愛情漫畫學英文的影像光碟。我心想，應該是海王星能量發酵，所以連作夢都受到海王星的浪漫能量影響。我每晚都聽拉赫曼尼諾夫親自演奏的鋼琴曲，如果夢露精油研發成功，我一定要在夢中見一見拉赫曼尼諾夫本尊。

早上醒來後，我看了艾倫・狄波頓的《我所談的那一場戀愛》，其中有一段計算愛情的機率，讓我也興起少子化的機率計算法：若兩個陌生人相遇的機率是一萬分之一；當他們能發生對話的機率是一萬分之一的平方；如果能一起生育的機率是一萬分之一的立方；但說要分開時候的機率卻是百分之百；那就不難看出台灣少子化的必然性。

哈哈，今天土星與水星能量交會，算計得很兇喔。

中午來到山上。這次還是有工作要忙，就是把星期一要交的專利報告給弄好。但是，我一出發就接到石頭說要帶四個小孩過來烤肉，同時還遇見在山上養殖有機雞的秦先生，帶了一台數位相框來跟大家分享他之前到屏東農產實驗所受訓的圖片與故事。他說，現在養雞場使用微生物直接把糞便給分解掉，養雞可以是很乾淨的行業。我心想，難怪住所離他的雞場不遠，卻一點都聞不到雞糞的味道。

我跟他請教許多微生物的事情，他儼然是一位微生物專家。他說，市面上對牛奶芭樂的誤解，以為是芭樂直接吸收了牛奶，其實那牛奶是給微生物吃的。我也跟他要一些微生物菌種，準備回家試看看對貓糞能否奏效。

山上主人採收了最後一期的蓮子，並給了我一堆。我昨晚親自剝蓮子煮湯喝，別有一番風情。剛好這幾天火氣大，血脈旺盛，也來清熱涼血一番。剝蓮子的過程很有趣，新鮮摘收的蓮子油綠綠地發著光，大自然的色彩真是吸引人。曾遇到一些藝術家，說要創造出超越自然的景觀，我並不以為然，覺得那是一種走火入魔。不過剝著剝著，我倒感覺自己越來越像是「檳榔西施」。

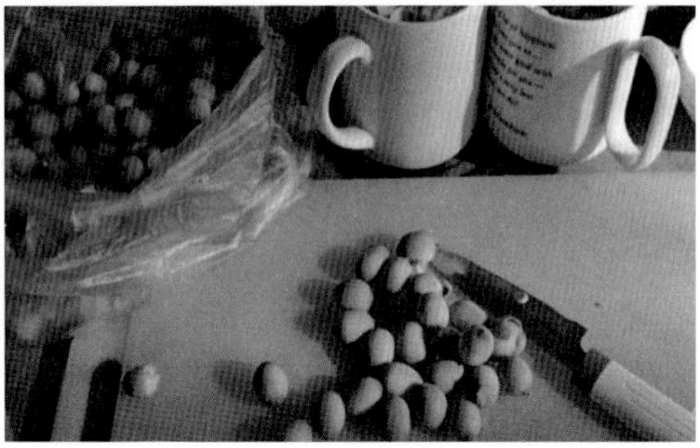

▶新鮮摘收的蓮子油綠綠地發著光，大自然的色彩真是吸引人。

山上主人是非常有創意及巧思的人，不但幫兔子蓋了樹屋，還幫天竺鼠蓋了一間空中餐廳，希望讓人們在觀看的同時不至於驚嚇到牠們。

這一天，我看到森林裡又來了一隻新房客，一隻黑狗。聽他說是被附近竹林的主人所棄養，原本是在夏天時讓牠來幫忙照顧竹筍，避免遭小偷，但秋冬時竹筍少了，便將牠野放。小黑狗因為孤獨，於是來到這座有人情味的山林。我們討論著要給這新來的嬌客取新名字。我提議黑狗配上紅色項圈最時尚了，或許下次，我來送牠一個紅項圈。

安哥似乎也很喜歡這隻黑狗，黑狗雖然是成狗的模樣，但看起來很喜歡嬉戲，應該是年輕的狗，恐怕還沒一歲吧。這麼小，還是貪玩的年齡，不但被當作童工，還遭受到被遺棄的命運，真希望牠之後能在此山林裡快樂地長大。看到男人們很疼這隻狗，感覺牠似乎呼喚了男人們心中一種很深層的「黑狗兄情愫」。

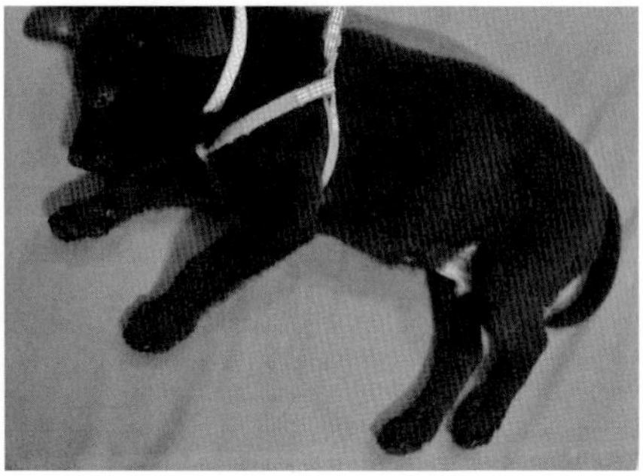

▶左：山上的黑狗兄——錢哥。不過，牠後來跑掉了。右：二〇一三年，我們在一個巧合機緣下領養了一隻小黑狗，從此對黑狗迷戀。

晚上與石頭一家人烤肉，我跟他分享了想做精油的想法。他說，實驗室裡的「李必式冷凝器」應該是一個可行的作法。看來，我的精油研發之路又邁前一步。

26 靈草

今日占星

今天又回到天王星的能量，天王星是個反覆無常且脾氣暴躁的星球，而數字四則代表叛逆、與眾不同，以及想要改變規則的欲望。受數字四影響的人，經常會持與人相左的意見，而且都頗自以為是，常常會在無形中為自己樹立敵人或對手，甚至常是暗中的敵人。脾氣暴躁與精力無窮等特質在九月二十二日出生的人身上特別明顯，這是因為處女座受到動態的、快速的水星統治的緣故。

每次在「J女郎俱樂部」討論「香氣療法」都有不一樣的收穫。有次心情不好時，我跟嫁給法國佬那位J女郎聊到：「辦公室裡有個討厭的傢伙，每次我報告時，他都會一直強調他的專業，但是我又常覺得他的認知是很膚淺的，常常只是為發言而發言，非常不尊重人。每次開會時，只要有他存在，我的心情就變得很差。今天他又惹到我了，我索性不進去參加會議，整個人像發燙似的，卻又發冷。」

J女郎提議：「那妳就使用妳最愛的肉桂精油呀。他一聞到，一定會覺得難聞，就會遠離……」

「喔？難道妳是指同氣相求的道理？」我很好奇她怎麼會這麼說。同氣相求是指同類的事物相互感應，志趣、意見相同的人互相響應，自然地結合在一起。

「當然囉，像妳跟妳的好友秀，兩人都喜歡肉桂，就代表妳們兩個是性情相合……」沒想到從平時大剌剌的J女郎口中，居然能了悟生物「同氣相求」的道理。

我這時回想，的確沒錯，我送了一些肉桂精油給好友，原本是想讓她自己挑，但最後還是憑直覺拿，沒想到對方真的喜歡。而跟好友秀（石頭的老婆），更是經常發生我買了一雙新鞋，而她同時也在沒有約定的情況下買同一款鞋子；若我挑不到喜歡的餐具，心想先擱著，不久就會發現她已經買了我心目中理想的餐具。

但「同氣相求」會不會有麻煩呢？如果「同氣相求」的兩個人同時愛上同一個人，那該怎麼辦？我的想法是，若要找「柴胡」和「桔梗」類的藥材，到窪地去找，一輩子也找不到。但是如果到山的北面去尋，那就可以裝運一車回來。這是因為天下的生物都是同類聚集在一起。如果自己的修為好，自然可以吸引同氣相求的更多生物，所以去找尋妳真正喜歡的場所，停留在那裡，那麼妳所喜歡的人就會有一卡車那麼多。你（妳）會認為這世上只剩一個女人（男人）可愛，那是因為你（妳）沒把自己放在一個充滿愛的地方，這就是「同氣相求」延伸出來的道理。

關於「同氣相求」的故事，每天都在上演，就像我早上聯絡的朋友York，他原本是工作上認識的廠商，不久前不做業務了。因為他的熱心與對生命的認真，我一直沒把他當作生意上往來的廠商看待，過去我們也曾交流一些心靈書籍。今天跟他聯絡上，一問之下居然發現兩人最近都朝心靈方向去體驗。他說，他那邊有一些草藥的原油，特別是有一種叫「靈草」的植物，還有沉香與檀香原油，是跟許多精神科醫師一起研究出來。他說會寄一些過來給我進行實驗。我心想，真是巧合，怎麼剛好就在這段期間，各自分頭進行類似的探索。

每次找到一種新的草藥，我就會迫不急待地查閱《紅樓夢》，看裡面是否有提到。這次他提到的「靈草」又讓我大吃一驚，這不正是紅樓夢裡林黛玉的前世「絳珠靈草」嗎？

最近我使用薰衣草精油洗頭的效果非常顯著，能讓我特別放鬆與沉靜，甚至在夢中可以一直聞到薰衣草的味道來做為一種「香氣定錨」（類似《全面啟動》中的陀螺），代表正在作夢。夢中出現我未來或理想中的主管，是個德高望重，氣質出眾，對人十分尊重，也受人尊重的長者，我還應邀到他們的單位去工作。起床後，我仔細想想，這果然是我理想中的工作。在夢中，我並不在乎工作內容是什麼，只要能跟這樣的前輩一起工作學習，就會沉浸在薰衣草花香般的輕鬆愉悅中，不管什麼工作都覺得稱心如意。如果想要找到這樣的主管，我是否應該常用薰衣草精油，或變換自己的氣質來「同氣相求」呢？

今天，在天王星能量加持下，在網路上找到兩款精油製造機，插電的要十幾萬元，但另一款一萬多元。我正在跟老闆討論可否先寄一些材料試作，想先試肖楠精油。泰山儀器的廠商跟我說，工研院輔導九二一大地震災戶種肉桂提煉精油，就是用這款機器提煉出來的。看了這篇報導後，讓我好想哭，心情很複雜。我想，我們怎麼對待大地，大地就會怎麼回報我們。其實農村的稻田可以跟一些高單價的精油萃取樹一起種植，一方面可以改善農民生活，也可以抗蟲害，土肉桂阿伯！加油。

參考資料

1.台灣肉桂走向國際
http://www.itri.org.tw/chi/publication/pdf/218/218-Focus_cinnamon.pdf

2.泰山精油萃取機
http://www.winemaker.com.tw/ec99/myp090158/default.asp

27 柳樹

二〇一一年九月二十二日（四）－白露

昨晚一直讀著自己二十年前的日記，發現自己像是一個不斷探究萬事萬物的赤子，對每件事充滿了好奇與懷疑，但在感情上卻是個糟糕的溝通者，仔細再看看與C的日記。十九歲的我，文筆藝高膽大，更充滿了各種邏輯思辯的口吻，時而又渴望對方成為自己在思想與情感上的後盾，但無奈的是，兩人在宗教信仰上產生莫大的歧見，最後導致情感上的分裂。

我們都是極度理性的人，最後敵不過各自情感上的堅持，走上分手的途徑。一邊看著自己的日記，一邊想著這些自己思索的話是否曾寄給對方看過。我想應該是沒有吧，我是單方面的斷了音訊，不再給對方辯駁與溝通的機會。關於信仰，有什麼好辯駁的呢？一方辯贏，兩方都是輸家。

但至今，我仍是感謝他的，雖然之後我連續作了十幾年關於他的惡夢，但我的獨立思想也算是在跟他交往時被啟蒙出來的，兩人交往時密集的書信往返，至今我都感覺到十分珍貴。雖然當年感傷時，我還一度想過要把那厚厚一疊信件全燒掉，不過，最後我決定把它們鎖在書桌裡，並鑰匙丟到愛河裡。

父親就在那書桌的床邊過世，之後我十幾年沒回家了，也一直沒機會把它取出來。這幾年，我忽然好想把它取出來，倒也不是緬懷這一段戀情，而是想看看十九歲時的我，是一個多烈愛剛強個性的人？二十年來，我到底改變了多少？

▶小朋友們在種有柳樹的溪邊玩耍。

雖然我和這樣的一個人只短短相處不到兩年，卻是深深地以一種「反思想」（亦即他所選擇的人生絕對不是我要過的人生），時時刻刻提醒及影響著我的人生。

看著自己二十年前的日記，我心想如果有幸能成為「德高望重」的人時，我也要給下一代看看，再怎麼「德高望重」的人，在追尋與成長的過程中，是多麼敏感地在不確定中掙扎著。

山上的鄰居陳先生謙沖有禮，在一次聊到林中的柳樹時，他居然還浪漫地吟起古詩來，說古人分別時折柳相送，禮輕意濃。他偶然間提到自己仍然單身，想找個伴度過下半輩子。安哥提議可以花點錢找外籍新娘，但我卻不這麼認為，靠金錢得來的婚姻及依靠是多麼可悲呀。我想，陳先生既然是教友，何不在自己的教會裡尋覓，找個有共同心靈信仰的人，就能有個依託。有位朋友跟我分享過，如果你能夠接受哪種宗教的葬禮儀式，或許那就是適合你一生皈依的宗教。而我曾經想過，一個人一生中會想皈依什麼樣的宗教，就看他想用什麼樣的儀式舉辦葬禮。如果兩人的信仰一樣，在臨終那一刻，在親密的宗教氛圍中為對方送終，或許可為未亡人撫平哀傷。

二〇一一年九月二十五日（日）—白露

28 石頭

這星期四是阿布吉的四歲生日，雖然阿布吉前一天生病發燒，但此刻精神奕奕。好友石頭一家人幫我們慶生，發現山上當作夜燈的燭火與背景夜景很美，或許該來找一找古老的油燈。石頭老婆送阿布吉一雙高跟鞋，但這也讓她隔天連連跌倒。

這個假日，我一直在山上種植物。我買了一些苗，有百香果、肉豆、大頭菜、小番茄等，主要是一些攀藤類蔬果，希望讓它們攀爬上棚架，變成綠色圍籬造景。此外，我也買了一株木瓜幼苗，種在房舍左側的大樹下。

這次的種植，頗有一些心得，因為以前是在平地農田及家裡的前後院種植，基本上都是人工整理過的土地。但這次到山上後，發現山上的石頭滿多的，挖沒多久就挖出一堆石頭，讓我開始對在山上種東西產生懷疑。直到看了一本《種子盆栽》，裡面提到使用麥飯石等石頭做為植栽的鋪底，不但可以濾水，還可以提供植物必需的礦物質，我才重新思考石頭對於這片森林的意義。仔細觀察這座森林，雖然石頭滿多的，不是肥沃的土壤，但是山林裡處處林立合手可抱的原始大樹，令我好奇，到底石頭扮演著什麼樣的功能，難道植物跟人一樣，也需要來個「石敢當」？

▶二〇一一年剛入住時，買了一株木瓜幼苗，種在房舍左側的大樹下，並用石頭排成圓形圍欄。

原本我因為森林裡的石頭實在太多，整理起來費事而遲遲未動手栽種東西。這個假日靈感一來，想順著地貌隨心所欲地種，並把挖出來的石頭排成圓圈或圖騰，做為植栽區的裝飾。一整天下來，各種有趣的圖騰也慢慢出現在山林裡，頗有就地取材的野趣。

中途休息時，我隨手拿了一本《新世紀農耕》來翻看。這本書令我印象深刻的是，書中農夫包伯使用「靈擺」跟植物進行對話的過程。這個假日，我一直在思考山林裡石頭的功能，意外發現這正是此書強調要使用「岩石粉」來維持農地裡微生物生態的方式，同時也提到將石頭排列成特定的圖騰，能使礦石產生一種「順磁現象」，進而對植物產生正向的影響。在植物生長過程中，埋在土裡的石頭並非靜態地待在那裡，而是會動態地調整在土壤植被的位置，產生涵養水分及調節微生物的功能。

我看了驚呼，這不就是「土生金，金生水，水生木」的道理嗎？

我們通常把山當作是五行中的陽金，所以在山上陽金旺的地方，才容易聚集所謂的水（生命水）來滋養高大的陽木。星期一早上，我很高興地把這個發現及想法跟阿泰分享，他說他最近也想試著在農地旁加上石頭來輔助種植。同時，他提到「樸門農耕」團體也建議在植物旁堆放石頭，白天時有遮陽效果，可防止土壤過度曝曬而乾燥，保持土壤的涼爽和溼潤，而在晚間，石頭會散熱，保持土壤的溫潤。此外，石頭亦會為植物帶來礦物質，做為養分，形成一種「微氣候」。

看來這趟石頭奇遇記，讓我開展了一趟充滿樂趣的生態探索之旅。

▶多年後，長大並結果的木瓜大神恩賜的紅肉木瓜果實，香甜自然，一剖開就香氣十足，能量場強大。它的種子繁殖力強，第一次吃時的種子被當成廚餘埋在山裡，現已長出許多粗壯的幼株。（攝於二〇一四年八月三十一日）。

二〇一一年九月二十七日（二）—秋分

29 絲柏

今日占星

今天是火星能量及金星能量，因此，今天出生的人能對周遭的人造成強烈的影響。火星意味著魄力、積極，猶如男性的精力，然而這份精力將與天秤座所具有的金星的柔美中和。因此，他們身上有著陽性與陰性雙面特質的平衡組合，使他們洋溢著讓人無法抗拒的魅力。這個月有金星加持，我要多多沉浸在浪漫的金星氛圍，讓自己多些陰性能量。

今早收到「中華電磁協會」的研討會通知，看到許多議題都是我有興趣的。但因為是在星期日，我問易經卡，到底要不要參加呢？哈，抽到「風天小畜」卦（表示小有積蓄，是個小吉卦）。接著，我忽然想到，或許之前的清明夢研究可以拿到此學會來發表，我問易經卡：「清明夢的研究在此學會發表如何？」結果抽到「澤山咸」卦（代表會對理念有認同和欣賞）。

每次去洗頭，要加精油時，我就請美貓女叮噹玩精油抽抽樂，看她喜歡什麼味道就用什麼。她很含蓄地說許多味道都不錯，但是我默默地觀察她，至少目前為止已經使用了好幾次的

▶我開始在山上種植一些蔬菜，就地取材用石頭圍成籬笆。

絲柏精油。絲柏的味道不濃郁卻帶清香，應該屬於冷香，當初我對絲柏精油一見鐘情，主要是中醫「五樹調五臟」，而柏樹可以調理腎的系統。我常用絲柏精油按摩薦骨，振動腎氣，讓我精神奕奕。同時，它也是七脈輪精油中，少數不是使用花為原料，卻可以到達第七脈輪的精油。為何強調不是使用花呢？因為如果是純花萃取的精油，價格不容易平易近人。

講到絲柏精油，就讓我想到梵谷畫作〈星空〉裡的那兩棵絲柏。梵谷一生中除了愛畫向日葵外，就是愛畫絲柏。或許正是透過與絲柏樹的連結，可以為他建築一個小小的心靈天堂吧！

因為洗頭及洗澡時加了這些精油能量，讓我整個人輕飄飄地入睡。夢中，我來到一座森林，山上主人是個奇人，專門搜集全世界的奇特植物。我看到安哥正在啃一種超大型瓜子，我問他怎麼有這巨無霸瓜子？他說，是山上主人給的。這時，山上主人帶我去看他種的一排瓜子樹，巨大的瓜子就結實纍纍地掛在樹上，他挪出一株說要給我種，使我萬分欣喜。接著，我又看到山上主人搜集的各種盆栽，但他說自己無心管理。我說，那我來幫他管理好了，儼然我好像天生就是個花園管理員似的。接著，森林裡舉辦了超大型的嘉年華會，許多人被邀請過來。我原本以為這只是普通的嘉年華會，定睛一看，才發現這是多胞胎的嘉年華會，許多人都像是有四個分身一樣，只不過你還是可以透過仔細觀察，發現本尊的面容及輪廓還是比較細膩。

連阿布吉也有四個，真是奇特。但是，我在夢中也看到有價錢的數字一直在跳動。我心想，難不成參加這嘉年華會也要錢？

後來，白天中午，我去參加一個蔬菜育苗座談會，聽不到一半就想出來了。裡面盡談到用什麼農藥殺什麼菌及害蟲，還有什麼消毒之類的。

我還是覺得《新世紀農耕》講的那句話很對，原本用一分力產生十分的豐收，是大自然蘊含的力量；如今使用這麼多的力，只得到一分的收獲，人類真的要檢討是否方向錯誤，走向了殘害大自然的路。

來翻翻農民曆，看看秋分到了可以開始種什麼，比較實在。若不配合節氣種植，當然一堆蟲害，植物的體質弱，蟲才會咬呀！以前，種田養活一家子人黑黑壯壯的，哪像現在種田的人每天喊窮，是產銷及供需失調與貪心產生的惡性循環。在研究植物工廠的可行性前，還是要從台灣的農業史先下手。以前的農人都自己做有機肥料，土地的體質好，現在每單位的種田成本增加，什麼都要錢，就像小孩從小養到大，三不五時到醫院看病，要付醫藥費，當然會喊窮。

秋分節氣：北部適合種胡椒、蒲公英、馬鈴薯、韭菜、萵苣、白菜、胡蘿蔔。

關鍵字：伴植，植物伴植的道理就是「同氣相求」。

二〇一一年九月二十八日（三）—秋分

30 兔子

昨天晚上算出火星與金星能量，加上我一直使用肉桂，也使得自己火氣滿大的。不過，我也預感安哥會中獎，因為火星是他的幸運星，沒想到他買了三張刮刮樂給我們，自己中三百元，而阿布吉更是幸運，中了一千八百元。安哥一時高興，幫阿布吉買了她夢寐以求的兔子，在愛買百貨底下挑了兩隻灰色迷你兔。額頭上有白火的叫「奇奇」，另一隻叫「恩恩」。我覺得透過生態與自然觀察來教養小孩，是比較紮實的，且隨著小孩成長，自己也會重新成長一次。

昨天看到二〇〇三年的日記裡寫著：「西羅馬滅亡後，歐洲有數百年是沒有文獻記載的，就像自己在一九九七到二〇〇三年這段期間，沒有任何關於內心真正想法的日記。」那幾年忙著學位論文及實驗，以及後來的創業，每天時間就是金錢，根本沒空寫日記，而日記是留給抒發情感的右腦的。

我從二〇〇三年的日記裡抄下一首詩，是當年作了一場星空遨遊的夢之後的紀錄。

▶奇奇兔常常會跟小乖貓交換食物，後來看到有關亞特蘭提斯的書，才知道貓跟兔子是好朋友。

星夢呢喃

黑夜的星空不曾
教我如何將它畫下
唯有你，梵谷的使者
載滿成車的靈魂
讓好客的我，怎
不開門迎接
這微開啟的門，擁抱著
絲柏般的靈魂
滿屋子的黑暗，頓時
妝完成那星空，布置成
那遙遠的夢，在夢中
雖然身處遙遠星際
內心卻不曾寂寞，因為
眨眼的時光，可順著光速，
穿越蟲洞的時空
夢境裡的國度，也未曾
指引那方向，在夢中
虛無與縹緲，是那唯一的指南
如同，在地球以望遠鏡卻
見到自己，在星空下望著
地球上我，愉快且自豪地說著：
以星空為家，我是史無前例的
唯一一人！

二〇〇三年的「順著光速」這句，在二〇一一年已經可以改成「順著微中子」了。微中子熱會不會又掀起一波大學聯考爆填物理科系的學子呀？

教師節這天凌晨，夢中我回到一間教室，旁邊坐著兩名來重修的警衛，一個是執勤時打瞌睡，一個是在廚房發生失誤。我正在幫他們填寫課程申請單，同時也在寫我的日記。但是過不久，我趴到長廊上畫海報，一種很細膩的圖騰畫，C教授從旁邊而過，俯身看我的畫，但他看到這些圖騰時卻被迷惑了，居然說：「妳是怎麼畫出這些的？」我回頭看自己的畫中圖騰，想到保羅克利畫作的「平衡中的不平衡」。此外，「幸福不對稱論」提到，得不到的幸福，會在腦中產生空虛感，足以彰顯一種存在感，或許這就是為什麼許多創作者寧可讓自己處在不幸福的狀態。

昨天，我把從出生到現在的氣場指數排一遍，發現當我的氣場能量到紫色低能量時，也正是創作最旺盛的時候。如果是黃色高能量，就是趴趴走參加派對，一天當兩天用，也是賺錢搶錢的能量。現在是藍色能量，中等能量時，只能寫寫學術論文。雖然在紫色低能量時創作最旺盛，但有可能不是自己在創作，而是借身創作。

二〇一一年九月三十日（五）— 秋分

31 乳香沒藥

今天我的幸運星木星到來，早上與事務所談專利撰寫，就十分順利及有效率！

接下來有兩篇文章得交，一篇是十頁，要在十月十七日交，另一篇是六頁，要在十月三十日交。不過，我要讓自己按部就班，每天完成固定的進度，免得產生論文恐慌症。

嘿嘿！有意思。王唯工教授在《氣的大合唱》一書中，論及三焦經的特性時，提到：「這個第九諧波與地球電離層之舒曼共振頻也非常接近。由三焦經誘發之全身共振，進而誘發同頻率的腦波。此腦波已是電流、電壓產生的，是否因此而與舒曼共振或地球磁場接軌，因而產生一種『天人合一』的寧靜、安詳的感應。這也是從事靈修、宗教等心靈科學或心靈生理學的人值得研究的方向。」（註：筆者已在二〇一三年證明舒曼頻譜是心臟頻譜與大腦同調時的頻譜。而在一般修道或是冥想等過程中進入到的腦波，與心臟波會產生同調作用，且頻譜都落在舒曼頻譜，舒曼頻譜正是地球心跳的頻譜，是為天（地球）與人（心腦同調頻譜）一致（合一）。）

▶山上的家，就好像夢中的桃花源。

昨天針對月亮能量，有一些滿特別的經驗，補充如下。

昨晚使用了乳香及沒藥的雙重精油，特別是乳香精油，那味道一聞，整個人好像進入到另一個時空，雙腳的氣感很強，好似開始飄浮，覺得意識可以連結到很深層的地方，卻又清醒著。我問Ｊ女郎，她們有人使用乳香精油嗎？她們說，因為乳香的單價過高，也不像花朵那麼普及，俱樂部裡不太會使用。但是當我瞥見Ｊ女郎一號時，覺得她似乎有些故事。她告訴我，她常用檀香熏香，接著她進內屋裡拿了一小瓶平日在使用的印度檀香精油。

一般說來，檀香之於佛教徒，就如同乳香之於基督徒，而檀香在台灣比較普遍。因為對檀香的認知，再加上我觀察Ｊ女郎一號的氣場，便隨意說出：「妳應該滿有佛緣的……」

沒想到，與Ｊ女郎一號的這段無心插柳的對白，居然引出她在小房間裡娓娓道來她的「陰陽眼」人生。Ｊ女郎一號幫我檢查背部時，發現我背部有一塊瘀青，聽她的口氣，覺得這不是一般的外傷瘀血，應該是陰氣聚集點，而我也不記得自己有撞傷過。

晚上，我作了一場乳香與沒藥攜手共造的夢，引領我來到一座山間桃花源，感覺像是被夢境邀請過來，且腳底有一種踩著雲朵的飄浮感。意識中似乎以乳香的清靈芬芳做為夢中的指南針，指引我前去尋找香氣來源。

過去，在研究「清明夢」的文獻時，我一直忽略了以嗅覺做為定錨的可能性。然而，嗅覺神經其實是人體內對外最大的一條神經，甚至如果說要能夠真正貫穿中脈，喚起人體中脈的一致性，可能嗅覺會是一般科學人忽略的遺珠之憾。我持續地追蹤著香氣，看到桃花源裡的居民撫養著可愛的孩子，仔細定睛一瞧，發現那些孩子們跟我有點神似。

乳香精油的說明裡提到，可以幫助人與內在自我進行連結。那麼，這桃花源裡純真自然的孩子們，是否就是我的內在自我？

二〇一一年十月三日（一）－秋分

32 鴿糞

這個假日到山上時，因為奈格颱風快來了，風雨滿大的。石頭說，要叫他乾妹妹來山上慶生。安哥跟山下的陳先生說，要介紹女朋友給他，結果陳先生扭扭捏捏的，猶豫要不要送巧克力，還三番兩次上來打攪。

我是很怕風的人，這兩天一攪，心情有點不好，特別是石頭的小孩跟阿布吉三番兩次玩不順利就大哭，弄得我心情煩燥。假日來到山上，原本是要放鬆及修改論文的，卻是整天都在煮東西及應酬，不然就是在管小孩，讓我心神不寧。真希望以後不要上去了，睡得又不安穩，整個夢境都是惡夢。不但夢見Y回來後又把我甩掉，讓我變得很歇斯底里，跑到一間圖書館，只想閉關看一套漫畫。第二場夢又夢見像奴才一樣地幫忙收拾書籍。到星期一早上，只覺得頭痛欲裂，根本不想動腦，只想睡覺。

上午與下午修改一下論文後，我去睡回籠覺，作了一個奇特的偽裝夢——「魯道提恩之夢」。一群人在查一篇論文，是跟嗅覺有關的夢，他們還繞去交大去查。A載我過去，我還特意把腳踏車刻上名字以宣示主權，連車輪都不放過。等到論文拿回來後，有個法國的第三作者魯道提恩不知我能

▶正在照顧幼鴿的母鴿。不過，沒過多久，鴿子一家三口就慘遭森林裡大白野貓的毒手。

破解此夢，之後我們把這篇論文取名為「古老的心跳」，內容是一棵大樹，且樹幹由人所組成，文章也跟嗅覺有關，透過每個人的訊息，就可以找到老師。

醒來後，我的氣消了，開始仔細回想這幾天的假日還是有美好的一面。再加上起床後，翻看以前的孵夢記，的確有治療的效果，能讓人更加體會人生如戲的感受。

十月一日，我們在山上幫石頭的乾妹妹慶生，最欣喜的是大家在吃完蛋糕後，發現先前恩愛的那兩隻鴿子居然下了蛋，不過有點可惜的是，其中一顆完好，另一顆卻掉到地上破裂了。隔天，隔壁的光明先生也從比利時回來了，我們討論著鴿子孵蛋的天數到底是幾天時，發現原來大家都有養鴿子的經驗。我小時候是爸爸的養鴿阿信。安哥跟我說，鴿糞是因為以前餵食的紅土裡有重金屬，所以有害人體，現在已經改良了。安哥養過各種奇珍異獸，難怪以前有通靈人說，安哥跟我的前世，一個是拿動物做實驗的科學家（我）；一個是提供動物給我的動物學家（安哥）。養鴿的經驗，讓我想起小時候幫爸爸照顧鴿子的經驗，懷舊又甜蜜。晚上颱風來襲，大家正愁不知該如何處理那顆蛋時，我想起了爸爸是這麼處理的，先將蛋埋入鴿飼料裡保暖。以前不知道為何要這樣，但現在觀察鴿子的舉動，應該是剛下完蛋，情緒有點不穩，加上颱風天風雨大，無法安心孵蛋吧！安哥便小心翼翼地把蛋拿出來，輕巧地埋入鴿飼料裡。

石頭老婆煮的栗子雞，最適合秋天喝了，而小朋友摘的花朵，用調味瓶裝起來，情調十分特別。我跟石頭乾妹的男友學了幾招攝影的技巧，包括M、AV、MV及A-dep模式的定義。後來，我翻找使用手冊，發現這是屬於第四章的進階拍攝範圍。忽然有個主意，以後開部門會議時，就帶這本照相機使用手冊進去讀好了。

山上的光明先生，生日是四月十九日，居然跟那位有陰陽眼的J女郎一號同一天生日，應該找個時間介紹他們認識。

二〇一一年十月四日（二）－秋分

33 天竺鼠

在山上並非只有美妙的事，像是昨天知道山上主人養的天竺鼠，在颱風來襲的第二天全數被野狗咬死。距離上一次有兩隻住在湖邊的兔子被咬死不到一個月。他們猜測是野狗咬死的，但是動物學家安哥卻覺得不太像是野狗，比較像是野貓的作為。山上主人最先的論點是：「狗自古以來就是兔子的死對頭……」當然，這是在他慶幸兔子被咬而天竺鼠平安的那天所說的。那天，我直覺想著，如果這隻「野狗」想再來獵取野味，下一波應該就是這些天竺鼠了。

不知道他們的各自論點為何，但昨天我失眠了一整晚，想著「與天敵共存」的問題。多年來，這個命題是我一直關注的，如果動物無法與天敵共存，那麼諾亞方舟裡的各種動物是怎麼一起存活下來的、天敵是否為人類所投射等這些問題。有沒有辦法可以超脫天敵與獵物的關係，達到與天敵共存的境界？

接著，我忽然想起家裡有一些別人給的虎筋，據說狗一聞到老虎的味道就會嚇得逃竄，而我曾經拿給中醫老師的狗聞，也是如此。後來看到新聞報導說，在公園裡灑一些動物園的虎尿，可以避免野狗在公園裡隨地大小便。或許，可以拿一、兩條虎

▶天竺鼠算是滿好養的寵物，可以吃許多蔬菜水果類的廚餘，還有山上採的牧草或是咸豐草，但牠們的天敵就是野狗。

筋當作這些弱小動物的「虎敢當」。一想到這裡，我忽然發現這種現象在人類社會中常常發生——被欺負的弱小找一個權勢更大的來助威。假日，就先拿黑狗兄錢哥來試一下。

剛上山時，我對蜈蚣、旯犽（高腳蜘蛛）及蟑螂都還有些敬意。雖然學中醫時，多少知道蜈蚣是很棒的傷科用藥，但真正遇到時還是不免驚慌。十月一日那天，我看到已經住一年的鄰居陳先生抓蜈蚣的敏捷模樣。陳先生真有趣，抓完蜈蚣後，還跟我說要拿下去給山上主人泡酒。希望一年後我也能赤手捉蜈蚣。到了山上後，已經知道旯犽會幫忙吃蟑螂，對人類來說也算是益蟲，但是小時候聽大人說過，被旯犽爬過後皮膚會潰爛，還是覺得心頭有點毛毛的。我心想，必須更積極地了解這些山上的「寶物」，體會更多與天敵共存的道理。

有次，我發現蜈蚣，一開始我在廚房先用烤肉串的竹籤尖端刺中牠的腹部，牠應該是有點受傷，身上帶著竹籤一直想逃走，而我已經嚇到了，找個罐子讓陳先生把牠引進去。我小心翼翼又害怕地拿根細棍讓牠爬上去。牠爬得真快，讓人好緊張。抓到後，我趕快把細棍丟進容器裡，再拿到一樓丟掉。我對蜈蚣，因為了解太少而害怕，陳先生卻能赤手捉，真厲害。我也希望能漸漸除去這類應該可以處理的恐懼。

被虐狂對虐待狂說：「打我。」然後虐待狂回答：「不要，我就是要說不要！」這是晚間看艾倫．狄波頓《愛上浪漫》的最後結局，覺得十分有意思。晚上，我挑了他的《機場裡的小旅行：狄波頓第五航站日記》，短短的小書卻引發我許多的想法，越來越覺得這是個可愛的男人。照片上的他頭髮更少了，但臉龐還是那樣的機敏有趣，覺得他眼裡的星星比我還要多。

羅馬哲學家塞內加（Lucius Annaeus Seneca）為了皇帝尼祿而寫的《論憤怒》一書，提出憤怒根源於希望的論點。他說：「人類之所以憤怒，是我們過於樂觀，所以才會無法接受人生中必然的各種挫折。」——以上摘自《機場裡的小旅行：狄波頓第五航站日記》。

前陣子的我，經常莫名憤怒。我想，如果以後再憤怒，應該可以給自己一個合理的解釋了。

最近開始要來看一些關於嗅覺的腦科學書了，特別是那天偶然看到科普書《嗅覺符碼》的其中一位作者，是因情緒不穩定自殺死的，看來對理論的探索與真實的人生際遇，真是不可等同而語。

接下來的森林計畫：製作霍香薊精油香皂、釀小米酒、做香草餅乾、做蠟燭、讀嗅覺的科普書、泡肉桂咖啡（把肉桂樹搬上去），帶棉被和腳架上山。

晚上給美貓男試沒藥精油，看看結果會如何？

晚上，作了一個奇特的夢。我跟一群動物擠在一座冰山裡，沒多久，冰山開始融化，許多動物開始緊張想逃跑，根本顧不得誰是天敵。在夢中也有見到爸爸的身影。

第一批自製精油，可能會是香椿精油，因為山下家後院的香椿長得太營養，已擋到鄰居的冷氣了。我發現《本草綱目》裡有記載香椿，原來是選錄在〈救荒本草〉裡，看來應該徹底研究這類救荒本草，以免到時藥價高漲，奇貨可居。

二〇一一年十月五日（三）—秋分

34 蚊子

早上的會議真無趣。我很厭惡那些不用大腦，只是像機器人般做老闆交辦的事，卻一直強調他是「do things right」，而非「do right things」。如果老闆沒考慮到的錯誤決策影響到大局，該怎麼辦？有些人會因為他的腦袋，把科技變成傷人的東西；差別就在那一顆心；而藝術沒弄好，同樣也會傷人。盧梭的自然主義與老子的自然主義，最大的差別是盧梭嘮叨地寫了十本書講這件事，老子卻是不得已寫下幾千字。原本想在早上寫好論文，下午休息一下，晚上就去讀書會，結果早上又被叫進去開會，解決一根手指就可以解決的問題，加上最近有點受寒，我還是先冬眠一陣子吧。

昨天的昆蟲課裡，介紹了一些蚊子和蟑螂，不過還是很有趣，特別是不同品種的蟑螂之強項還真不一樣，還有蚊子的翅膀已退化成平衡桿，讓我思考到以後打蚊子時，不必為打不到而心急，應該先破壞牠的平衡桿再說。我們聽到蚊子發出嗡嗡的聲音，是蚊子的翅膀振動所引起的，每秒振動次數為五百到六百次，所以會發出頻率為五百到六百（赫茲）的聲波。

昆蟲課裡提到，蚊子的觸鬚及身上的毛，扮演著天線功能。我想找蚊子的平衡桿的資料，結果找到微軟的前技術總監（CTO）Nathan Myhrvold的資料。Myhrvold在二〇一〇年度的TED會議上，展示了可擊落蚊子的鐳射殺手。他在酒店的浴室裡放了數百隻蚊子，然後用鐳射逐個將牠們擊落。為了便於在影像中展示給大家看，他特別放慢了擊落蚊子的速度。Myhrvold說，在正常情況下，鐳射每秒能擊落五十到一百隻蚊子。他估計整個設備的售價約在五十美元左右，但這要根據需求量而定。對非洲等地的貧窮國家而言，鐳射殺手可能過於昂貴了。據說，該設備還能辨別蚊子的性別，可以只殺雌性不殺雄性。Myhrvold解釋，雌蚊較大，頻率較低，且只有雌蚊會叮咬人類，所以為了提高效率，他的系統避開了雄蚊。（影像網址：http://intellectualventureslab.com/?p=653。）

查了維基百科後，我的確找到一些昨天想找的資料。現在有維基百科真是太方便了，以前還要到圖書館找百科全書，我覺得維基百科應該要拿諾貝爾獎。

結果這引發臉書的一連串討論如下：

阿里：我也很感謝它！但不知應頒什麼獎？

豬哥亮：但是去圖書館可以遇到豔遇⋯

我：和平獎吧！

我：豔遇⋯⋯但我只看到圖書館管理員⋯⋯老的！

我：維基百科是整理知識，但是現場上課的體會更多！

豬哥亮：台北有很多圖書館是年輕館員。

阿里：我對圖書館最深刻的印象，是兩個比丘尼上圖書館。

我：我在咖啡館也看到兩個比丘尼！

阿里：賣場有好多比丘尼呢⋯⋯

我：這篇整理許多蚊子怕的東西⋯⋯可以知己知彼，百戰百勝。

豬哥亮：我在游泳池看見過比丘尼來游泳。

阿里：我會記得比丘尼上圖書館，是因為大一同學說：「比丘尼也會上圖書館喔？」上圖書館真的沒什麼好奇怪的，但同學的無厘頭讓我笑到不行！

豬哥亮：有穿泳裝喔……

我：這句很有意思——《古蘭經》把蚊子視為一個特別的例子，向人們展示真主的存在。真主的確不嫌以蚊子或更小的事物設任何比喻；通道者都知道那是從他們的主降示的真理；不通道者卻說：「真主設這個比喻的宗旨是什麼？他以比喻使許多人入迷途。」

豬哥亮：通常會上圖書館的男女，眼神與一般從未上圖書館的人有滿大差異。

我：尼姑或和尚會不會打蚊子？

阿里：全身都包起來，比較不需要打蚊子了。

豬哥亮：不會打喔，會用各種方式請牠走。

我：是請他們去咬別人吧！

豬哥亮：通常蚊子都是去咬酸性體質的人。

我：我們中醫老師說蚊子是天然抗擬血劑，不應該怪牠們。

豬哥亮：在圖書館求婚的成功率，會比電影院來的高？

阿里：出家人打不打蚊子，是習氣問題，就算受戒仍會破戒。據說，這樣就同時犯殺生與破戒兩罪了。第一次在馬桶發現蜈蚣，我護送到樓下，第二次，我的舊習氣還是使我直接沖水了。（但牠們一直出現在四樓馬桶，讓我以為牠們好像是可以活在水裡？）

我：我以為佛講覺不覺，不講罪不罪，我看到有人一邊打蚊子一邊唸阿彌陀佛！

路人甲：哈哈，你們三人的對話太有趣，（蚊子 vs. 男女）×（人 vs. 佛）＝∞

二〇一一年十月五日(三)—秋分

35 土鱉 I

昨晚,我在臨睡前把艾倫・迪波頓的《愛上浪漫》給看完了。艾倫・迪波頓的愛情書寫功力真是厲害,他只消把一位女主角跟兩位男主角的對話直接攤開來,就知道女主角跟哪一位是比較有默契的!(可參考:艾倫・迪波頓的《愛上浪漫》裡的〈你允許我當誰〉)。這種對話方式,胡因夢也曾經在她的《古老的未來》裡使用過,面對一個深奧難說明的靈性問題時,她邀請一位朋友與她以對話的方式呈現。自我欺瞞的特點,就是當一個人同時有兩種信念時,卻無法面對「這兩者都會存在,無法一筆勾銷」的狀況,就像是我發現自己身上有男性觀點與女性觀點時,只好一下子變成男,一下子又變成女。

昨天下午,我跟Y君談她墜入的那段尚未確定的「愛情迷霧」時,感受她那喜悅卻又害怕再次受傷的心情,總是不知道該呼應什麼,或許看了這一本《愛上浪漫》後,能把這種柔腸寸斷的情感給拼湊起來。

昨晚,我在睡前也看了占星流年的書籍,特別提到二〇一〇年四月到七月發生的奇事,我也對照看二〇一〇年的「孵夢記」。那年,我申請了構思已久的「清明夢」及「舒曼波」的科學研究計畫,當時查看了許多不可思議的論文,事隔一年發現,那些當初吸引我的奇特論點,如今我已自信滿滿地視它們為合理的存在。就像人們一開始不相信地球是圓,最後接受了這個事實一樣。

最近,我探討生理訊號越來越有心得。等到我的嗅覺生理實驗進展到一個段落,我就要把它們帶到夜市去量臭豆腐的效應。哈哈,國外有「莫扎特效應」,台灣則有「臭豆腐效應」。

山上有蟑螂與鴿子，感覺牠們好像是老天爺準備好，來做為我二〇一二年實驗的動物，我應該更加注意手邊自動出現的資源，來完成我的研究。

我查到蟑螂約有三千五百種，屬害蟲的約五十種，好吃的應該沒幾種，蟑螂卵在澳洲、泰國、日本及美國都被認為是高蛋白食品。在中醫藥的角度上，則被認為有利尿的功能。中醫書記載一種叫「中華真地鱉」的蟑螂，其雌蟲就是著名的中藥「土鱉」，味鹹性寒，有破血逐疽散結的作用，主治血滯、閉經及跌打損傷等病。對這樣的品種，國內外有專著介紹，也有專門單位或專業戶飼養。而就李樹楠教授的研究成果，蟑螂具有治療創傷、心血管疾病、B肝與抗衰老等療效。

昨天昆蟲老師說，山上蟑螂的全名應該是「東方水蠊」，可以做中藥藥用。只要是蠊科昆蟲都算是蟑螂，不過東方水蠊比較乾淨，因為牠大多只出現在山上，外觀也沒家裡的美洲蟑螂噁心，不但不會飛，也不像美洲蟑螂一樣會移動快速，主要用途是中醫藥用與餵食寵物。

今天最大的收獲就是找到蟑螂在中藥的藥用名稱「地鱉蟲」。老祖宗早就在用了，只是名稱不同，真是的，給蒙了！

昨晚的夢境有三段，第一段是一位過氣的校花在學孟庭葦唱「月亮的臉偷偷地在改變……」。第二段夢見我考試沒通過後要繼續上班的事，接著我在一個國小校園裡遇到一個跟好友KK很像的人，我跟著他來到一個超級市場，遇到E，我想買東西卻沒帶錢，但E似乎不想借我錢，於是我又回去拿錢，但我隨即被一項遊戲給耽擱，那是一個娃娃換裝及猜謎的遊戲。我玩了一回，遊戲機也掉出一些錢來。

補充資料

《Bread for Stone》這本電子書，是新世紀農耕裡提到的，一位科學怪胎研究土壤及石頭對植物的功能的成果。

二〇一一年十月六日（四）—秋分

36 刺蝟

「一群在寒冷的冬天圍繞在一起，為了取暖，牠們越來越靠近，可是太接近時會刺到對方。為了避免疼痛，又逐漸散開，卻失去擠在一起的好處。」這摘自於叔本華的《親密的疏離》，真是我跟許多人的寫照。

翻看艾倫・狄波頓的《哲學的慰藉》，被其中提到的哲學家叔本華所吸引，文中提到叔本華三十歲的創作《意志與表象的世界》。我想起之前在研究腦與意志力的關聯性時，曾經買過他的這本著作，卻沒時間看。一翻看，果真如同尼采當年初看叔本華著作時的感動，特別是第三卷第四十四節，討論到人類感知音樂的一些主觀與客觀細膩過程。我心想，這真是一位偉大的天才，能把音樂感知的部分描述那麼透徹，產生一種「音樂哲學性」的論述。而這部分也是目前我的研究所缺乏的客觀論述。

我更好奇，原本對叔本華毫無感覺的我，怎麼會在這時候透過叔本華的著作來解決我的問題。文中也提到，承續康德哲學思想的叔本華與黑格爾哲學的差異性。要看學說的差異性，其實看他們的相處就知道了。我不太喜歡康德的文字，有點高高在上的感覺。叔本華的思考清晰，文筆優美有溫情。一個是四月二十二日生（康德，金牛座），一個是二月二十二日生（叔本華，雙魚座）。叔本華的出現，證明了即便是理性主義的思想，還是可以具有溫度的。

我忽然想起一個問題：刺蝟是如何交配的？那天剛聽到山上的許多天竺鼠都被野狗咬死的消息，後來上昆蟲課時，老師帶了一隻刺蝟來給大家玩，並跟大家解說，順著刺蝟的毛摸就不會覺得刺，通常都是逆著刺蝟的毛摸，才會被刺到。我這才發現，其實刺蝟是很有哲學性的動物，接著靈光一閃，我問老師：「野狗或是野貓敢不敢咬刺蝟？」老師說：「應該不敢吧！」我心想，那以後可以建議山上主人改養刺蝟，然後我也等著觀察牠們是怎麼交配的……

看著叔本華年輕時的照片，覺得面熟，內心一想應該是像那天我在二十四小時咖啡店裡遇到的年輕情侶。

最近，養成晚上躺在床上看書的習慣，看到有感覺的地方，就用多次貼便條紙抄下來並貼在書上，等到隔天再一張一張整理到孵夢日記裡。沒多久，書頁上貼滿許多便條紙。我看到這畫面，忽然覺得有趣。如果一本書是一棵樹，那麼這些抄寫書中字句的便條紙，不就是一堆攀在樹上吸取樹中養分的攀藤植物嗎？

二〇一一年十月七日（五）—秋分

37 芥菜種子

叔本華的著作裡，有一段關於音樂的高音與低音，與對物質與精神的比喻，令我拍案叫絕。他說，如果這高音（精神或靈魂）不是由低音（物質）所共振出來的泛音，是不容易維持的。這讓我理解到，一味地追求靈性，而忽略肉體的需求，其實是走偏了。追求的靈性能滋養肉體，才是回到之所以成為人的權力！

今早，看剛收到的〈從心靈到科學〉文章。事實上，之前曾坤章老師曾經給我們看過，但如今重新一看還是有不同的感受。

量子力學的物理，簡而言之，就是一種有「各種可能性」的學說。芥末種子比天國還大，如果沒有量子力學，你還會覺得上帝在說謊！

這觀點是否剛好跟〈從心靈到科學〉裡講的是一樣呢？

中國古代也有關於上帝的概念，即是「三魂七魄」。三魂是三種陽神，長得比較像正派的神（正向情感），七魄則是七種陰神，長得較像鬼（負向情感），但無論如何，三魂七魄都是在人的身上，不是外來的。令人玩味的是，七魄比三魂數目還多，也說明了人總是被自己內在的七魄（負向情感）所限之機率，應當是比三魂（正向情感）來的多。三魂七魄也可呼應叔本華的高低音理論，而且科學上的確有正向情感比負向情感不容易維持的證明。

在昨晚的夢裡，我來到了越南，素人藝術家似乎是我的身分。我找到一本我的畫本，裡面是一些類似剪紙的畫作，有一幅是許多人戴著只有一顆大眼睛的面具，好似要以放大的眼睛來看世界，另一幅則是一群人坐著汽車潛入水裡。接著來到一個院子，我的眼光開始改變，看到當地人家的曬衣架，讓我想起了天邊的花朵，於是我忽然想寫一首詩，那是關於「胡志明市」的詩。

那一年，來到越南，站在梔子花下，妳彎身曬衣的嬌媚模樣，妳回眸一笑，頓時，那俗氣的曬衣架，也成為天邊散開的煙花……

為什麼在夢中，這首詩要叫「胡志明市」？我想應該是在這裡，遇見了「春嬌」！

二〇一一年十月九日（日）—寒露

38 柿子樹

鄰居光明先生從比利時回來後，透過他的介紹，我對於住處周邊的生態又有更多認識，像是住處附近就有一棵巨大的柿子樹，還有第一次看到尾端只有一折的颱風草（應該是在十月份），還有傳說中香港鬼片裡，道士拿來驅魔避邪的「雞屎藤」。我還在那裡亂出主意，說以後樹屋一定要蓋在這棵柿子樹上，這樣直接爬上樹屋就可以摘柿子吃。啊！我應該要來看看文學名著《魯濱遜漂流記》，看看還有什麼可以無中生有的山中玩意。

昨天溫灸除寒，晚上繼續跟鄰居光明先生聊天，邊吃酸菜白肉鍋。凌晨時作的夢十分特別，我也觀察到，當我遇到不喜歡的夢境時，可以像孫悟空駕駛觔斗雲一樣，駕著龍捲風捲回來。那是一個參加研討會的夢，我有兩個行程，一個是到台北，一個是新竹。我原本想去台北的行程，但如果搭捷運一定趕不上，於是在路上攔計程車，還有個外國人用熊貓拉三輪車。當我發現已經遲到了，又回到新竹，來到歌唱比賽現場。接著，我又夢見搬家，想搬回去跟Y住，我跟Y說，要回來跟他一起住，卻感覺住處不合我意。但就像我之前提到的，在這個夢中，只要意念一動，就可以駕著龍捲風捲回來了。

▶大人摘柿子，小孩子就在旁邊排柿子金字塔，邊喝下午茶。

39 艾草

我經常買一些書回來擺著，等靈感來時再看，就好像忽然有股聲音說：「去看看那本書吧，答案就在這裡……」對我而言，看書的樂趣就在於這種賓果效應。這次，在山上的靈氣與感應，讓我重看了兩本道家全真傳人的人體內觀書籍，還有一本《黃曆一〇一問》，忽然讓我領悟到大運及流年合化的五行運作道理！

那天還在思考三魂七魄的「三及七」數字原理，隔天就在有關中醫內證的書上看到，人體懷胎前三月養魂，後七月養魄，故是十月懷胎之故。原來老祖宗的一字一句都有完整的脈絡可尋。

在山上的DIY，總是充滿著古早味的野趣。這個假日嘗試的，是在鄉下雜貨店挖到的寶貝——古早味火爐，只要兩百元。把艾草條放到底下燒，一邊看夜景或看書，一邊烤腳底，其樂無比，還有遠紅外線保溫效果。山上的枯樹枝很多，之後加上各種不同的樹枝一起溫灸，可以達到熏香樹的精油效果。我似乎是在預習二〇一二年沒電及沒瓦斯的生活，可以用此火爐來燒水。

回到家，幫安哥按摩。有道是「白露不露身，寒露不露腳」，目前正當寒露節氣，要特別用溫水泡腳，使足部溫暖。飲食要以暖胃為主。所以我在山上，就特別弄一個古早味的火爐來暖腳。

晚上夢見我重回生物醫學研究所，回去的過程滿有趣的，是他們貼出一個公告，宣稱我已經在他們的新組織下。我看了一下，發現名字忽然在上面，一下子又不在上面。這公告是包博士貼出來的，我似乎是填補L的位置。之後，W說要借教室開會，卻發現她並無照規定，所以借不到教室。而且我好像夢見朋友K，十一月為了發表論文而來台灣。我寫信問他，他說主要是帶小孩回來台灣。

昨天寫完論文，重新整理舒曼波數據後，發現「空間的共振」比「頻率的共振」來得直接。因為使用二十赫茲的共振頻率，就算共振在下半身，也會引起許多的副交感神經能量。這令我想起之前學習藍道瑪微宇宙音樂時，發現「比例」比「頻率」更重要的道理，這也跟叔本華講的道理一致。看來，我要再讀讀《平均律：音符的一場曼妙舞蹈》這本書。

我會夢見回到生醫所，可能是因為寫了一篇〈從意識到意識之外——身心科技的新穎性研究及未來挑戰〉。

我寫了一封信，內容是關於舒曼波的時程規劃。

Dear all：

我想約大家在十月二十一日（五）下午，到X中心看舒曼波原型機，以及討論後續的整合。不知道時間上方便嗎？如果可以，我也會約木工師傅一起到現場看成品，討論該怎麼組裝。還有M可整合控制程式的部分，及後續報價整合，可參考附檔專利紅色的部分。

因為我十月份有三份論文投稿作業要處理，所以要到十月二十一日才能專心進行。如果順利的話，我們十月二十五日前發包出去，十一月中前完成所有採購與驗收，否則怕採購會來不及。舒曼波那邊的振動及噪音減少測試，還請A與B於十月二十一日前多關注一下，或許減噪也是專利及舒曼波論文發表的重點。軟體整合部分，也請M跟S先多費心，發包會隨後補上，以講究時效，再次感謝大家。

二〇一一年十月十日（一）－寒露

40 桃花

昨天在山上時，聊到要幫光明先生介紹女朋友，尤其是提到他家有雙胞胎基因，令我想起可以介紹給原本我想不可能的C，因為C告訴我，說她很想生個雙胞胎寶寶。牡羊座果然是動作迅速，光明先生目前都還沒有女朋友，卻連未來想生的一雙女兒的名字都取好了。他說，他的家族有雙胞胎基因，而因為他喜歡音樂，所以名字分別取明韻及明旋。我常在想，如果他意念強大一點，應該是會實現吧，特別是石頭算他跟C兩人今年都紅鸞星動。

在山上的原始聚會裡，這些男士們聊著過去那些「我們曾追過的女孩子」，大男人的臉上也出現了微酣的羞赧，特別是有一種男人特別會犯錯的模式，就是對那些越讓他們追不到的女孩，越是想挑戰。不過歲月催人老，當年的愛情神話，如今已落實到比較務實的未來——一起走向人生盡頭的伴侶。因為他們知道，過去的許多愛慕與眷戀，都只是午夜夢迴時，被遺憾情懷所充盈的短暫時光，或是偶爾在旁若無女人的Men'talks下，侃侃而談的當年英勇事蹟，不管是淚灑基隆橋，還是三顧雙子座而不入。在光輝的十月星空下，每個男人都有自己輝煌的革命情史。

在這些聊天過程中，我彷彿又回到大學時代扮演男同學的「慧慧夫人」（用玄學幫人解惑），以前使用星座占星是第一階，而隨著二十多年的星盤統計下來，我更加覺得老祖宗的合婚原則，包括三合、六合，都有一定的統計相關數。但更重要的是，這兩個相合的男女有沒有遇到各自的紅鸞星動年才是最重要的。我心想，不是每個人都命帶桃花，隨時都有女人緣或男人緣，所以必須依賴一種更無形的大自然運作來推動。

此時，我忽然想起，前幾天在山上入口處看到的一棵桃花。桃花全株有硬刺，但枝葉卻多向伸展，像極了一個有桃花運的人。我仔細端詳著那枝條，驚叫道：「咦，這不就是稱作花枝招展的花枝嗎？」每一環至少有五到六個分岔，一直延續到天邊，抬頭一望，這「花枝招展」讓原本無暇的天空顯得擁擠又雜亂。我想，這桃花樹枝應該是鳥類最喜歡的吧？想罷，卻覺察到這與人類社會的雙關性，不禁莞爾。

經過多年的磨練，我覺得最高明的媒婆，跟行銷一樣，不是大聲嚷嚷地像賣拍賣品一樣，把人當成推銷品介紹出去。他們必須把當事人視為鑽石，把這人的鑽石部分雕琢出來，然後透過一種「暗合」的方式，讓媒合事件如同四季遞嬗時蜜蜂無所不在地傳遞花粉般自自然然地發生。「暗合」的精神就在於要給出關鍵資訊，但如果雙方都沒辦法接收到這類的「暗號」時，大概他們也無法享受到有如尋寶圖般的愛情狩獵遊戲，只能落入一種殺價買賣商品的現實場景。想想看，當你遇到一顆鑽石時，你若殺價談打折，根本是侮辱自己的身分。

回到家裡，已經是晚上十點多了。我用精油洗頭，感覺頭髮較易吹乾，不易得頭風。我想，頭髮留長之後，我應該只要有一把好梳子，就可以自己洗頭了。睡到半夜醒來後，睡不太著，一直撐到快天亮，我只好下針刺關元穴，才又昏沉地睡著。

夢的第一段，很像我看的勵志片《單腳芭蕾》，影片敘述一名單腳芭蕾舞者跳出如火純青的舞蹈。醒來後，我感覺自己就是那個舞者，不過不是單腳而是雙腳有點麻痺，但是我卻跳得很開心，雖跳得七零八落，卻有種人定勝天的感覺。

在第二段夢裡，我跟一位溫文儒雅的蔬菜實驗專家，學習一種特別種菜的方式，卻感覺這種方式，有點像是最早奧圖使用兩個槽裝心臟來進行神經傳導物質的實驗，似乎在蔬菜與蔬菜間，也有一種神經傳導物質在扮演傳遞植物間訊息的角色。接著，他又說在蔬菜的水耕池裡養土虱，可以加速神經傳導。但我卻看到那隻土虱游過去後，到了池邊變成一隻黑狗。後來，蔬菜專家送我出去時，我看到阿布吉穿了很可愛的小風衣在迎接我，我心想，喔，要不要介紹阿布吉跟蔬菜專家認識。

醒來時，我心想，那植物的神經傳遞物質不就是植物的芳香精油嗎？

我回想第二段夢的內容，根本就是白天在山上討論事情的拼盤。那蔬菜專家就是安哥，我想起白天的蔬菜專家告訴我說：「從蔬菜的葉面，就可以知道這蔬菜是需要多水的，還是少水的。像是白菜的葉子就像是要把水聚起來，所以絕對不能缺水，而像木瓜樹就是要把水分排掉的，所以種木瓜就不能給太多水。」我問：「那包心菜呢？」「當然就是要把水給包起來嘍！」我甚至覺得植物在不同生長期，其外形都會因應水分的需求而改變。我查到生物全息之父張穎清好像在談的就是這個道理。

在山上看精油研究的書籍，發現精油的研究不全是那麼商業導向的。例如，德國的生物化學家Ruth Von Braunschweig所提出的「茹絲的蛋」，是一種精油化學與情緒相關聯的模型，是以靈學科學家魯道夫的「人智學」為架構所發展出來的。

今天把論文的實驗圖整理一番，頗有心得，好的內容還是要靠精準的賣相，就像「茹絲的蛋」一樣。每次整理實驗數據到一個段落，就來寫一段山上的經歷與認識的各種人事物，一小段、一小段地寫著，猶如細嚼慢嚥地反芻著山上的溫情與森林的芳香。

像是回憶起在山上養雞的秦先生，有個兒子目前國小四年級，跟石小頭（石頭的兒子）一樣都是同年處女座的，我第一次看見他時，覺得他沉默寡言，但帥氣的臉龐始終掛著微微卻略帶點憂愁的笑容。我好奇地問他生日，他說是八月二十九日，影星李察吉爾剛好也是這一天出生，而且他們的微笑很神似，我因此稱他為「小吉爾」。光明先生是秦先生的好友，也知道滿多小吉爾的事。這一天，我聽到他一段令人悲傷的往事。小吉爾原本活潑好動，但在家人眼裡是個無法管教的小孩，有一次被父親管教得嚴厲時，小小年紀居然脫口說出一段話：「我不知道我為何到這世界上來……」之後，小吉爾似乎就戴起一張新的面具，沉默但陰沉沉地微笑著，不若同年齡小孩的活潑，似乎是在對這世界做一場不合作的抗議。這令我想起了靈學上的「湛藍小孩」，也令我想起哲學家在定義「憤怒」時，有時候對萬物已無情是比憤怒還更令人驚心，因為它隱含著對這世界已不抱任何希望。那天，小吉爾跟石頭的小孩，因為我叫他們挖土而無意中挖到鍬形蟲時，讓我看到他難得開懷大笑的笑容，我知道地球之愛仍在，仍在滋養著他。

國慶日那晚在山上，跟大夥一起談論往事時，光明先生提到他是家中的長子，跟弟弟年紀的相差滿大的，於是從小就兄代母職照顧年幼的弟弟。我說，我更冤枉呢，小時候應該是母親重男輕女，哥哥和弟弟跟弟都有上幼稚園，惟獨我沒有。弟弟一出生，我就莫名其妙被交付照顧弟弟的責任，可能母親擔心如果我去上幼稚園，就少了一個幫忙照顧弟弟的幫手。

那時候，上幼稚園是我的夢想。我夢想及等待著，有一天能跟許多小朋友到幼稚園去吃甜蜜蜜的蛋糕。小孩子對時間沒概念，直到一天，等我被通知要就學時，居然已經要上小學一年級了。我問母親，為何我沒有上幼稚園。我母親聲稱，因為我一到幼稚園就哭著說要回家。在我印象中，這是不可能的事，我期待要上學這麼久了，怎麼可能哭。也因此，我上一年級後，努力讀書習字，表現優異，被提名為模範生。但是，最後因為一件意外而被取消資格。一群男同學與女同學搶著玩溜滑梯，其中一位居然抓起一把沙子丟向女同學，讓一位女同學的眼睛發炎。回家後，我告訴哥哥這件事，哥哥居然跑去揍那位男同學。我的導師知道我是行俠仗義，但不認同我的行為，便取消了我的模範生資格。雖然如此，我卻有種大快我心的感受。

在國慶日，哥哥生日的這一天，我不禁想起小學一年級時這段有趣的往事，想起自己從小濟弱扶傾的性格，那種自詡為俠女的心情。雖然這世界仍有許多舊思想對女性不公，但很多時候，是女人限制了自己。在看到今年諾貝爾獎和平由女性獲得時，我不禁欣慰著：「除了找個好男人與養育小孩，我們可以做的貢獻還很多！」

寫一封信提醒脈應四時：

Dear All

根據中醫的脈應四時，在準備展出期間（十一月二十五日以後為小雪節氣，已經進入寒水之氣），大多數人為沉脈，不曉得以目前的這款感測器功率及靈敏度來說（感測器模擬中醫師把脈，貼近寸關尺的位置），一旦大規模變成沉脈後，對展演收訊是否可能有影響，是否需要即早因應與準備或做每星期的追蹤？（上次入秋分後，與你們同事做比對，我的脈使用這款感測器就已經量不太到了，在處暑之前量都還可以，後來仔細思考，應該是脈應四時的原因）。還請您協助釐清，感謝，以下資料請參考。

> 脈應四時：脈象隨著四時氣候寒溫變化而相應變化的生理現象。源自《素問．玉機真臟論》。又名脈從四時。人體在春溫、夏熱、秋涼、冬寒四時氣候變化的影響下，脈象相應有微弦、微洪、微毛（浮）、微石（沉）的差異，這是屬於生理範圍。脈不應時，或脈反四時，均屬病態。《素問．玉機真臟論》：「脈從四時，謂之可治」。（來源於《中醫藥常用名詞術語詞典》，主編：李振吉；中國中醫藥出版社二〇〇五年出版。）

二〇一一年十月十三日（四）—寒露

41 雞蛋

昨天，我隨手拿起藍慕沙（Ramtha）的《白寶書》來看。這本書，我已經買很久了，但一直沒心情看。這次看時，卻覺得整個手指能量微微顫抖。書中提到的「你就是神的部分」，正是曾坤章老師以前提到，還有《從心靈遇上科學》（*What The Bleep Do We Know?*）這部電影一直在談的。

看到一半時，一句「妳可以成為妳要的人」讓我有點醒悟。原本覺得自己很貧脊的，現在卻覺得自己很富有。這時，我忽然想起「先有雞，還是先有蛋？」的問題，雖然說「有媽，才有孩子」，但我緊接著想到：「如果沒有孩子，那個女人怎麼能叫媽呢？」

一想到自己是因為阿布吉而成為母親，於是上樓去疼疼阿布吉，跟她說星座的故事。阿布吉好開心，一邊認星星，一邊認星座，忽然間覺得天空的星星並沒有很多，很快都被我們認完了。

教完阿布吉後，我去沖個澡睡覺。晚上，我夢見自己搭上一輛由博士開的公車，這位博士其實根本不想開公車，所以常用自動駕駛。他說他只願意載六名女孩，女孩比較可愛。但有幾次自動駕駛時差點撞上別人，有位女孩跳上駕駛座後被警察逮到。於是我們開始走路，我帶著兩輛嬰兒車及腳踏車，牽著小孩，感覺是要遠離某個場合。

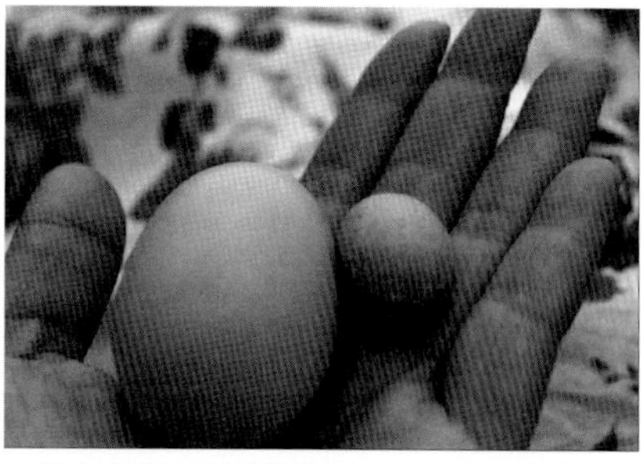

▶給大家看一下迷你雞蛋！不知有沒有打破金氏世界紀錄。

第二段夢，我來到一個奇妙的莊園，裡面有許多奇特的水族箱，還有許多在空氣中飛來飛去的魚，小朋友看了都很快樂。後來，居然還有一種利用調色盤種出來的迷你苗圃，讓我驚喜極了。我心想，這不就是藍慕沙講的：「你就是神，可以創造一切！」

42 綠蜥蜴

二〇一一年十月十五日（六）——寒露

接近也不是，分開也不是，為什麼原子跟原子之間就是要維持一定的距離，以避免它們之間的崩塌？而人與人之間是否也繼承著這些因子？人與人之間的關聯性是如何，是一人張羅著一張網，讓另一人不知情地跳下去，亦或是雙方彼此心甘情願地進入這場混沌的遊戲？

有個科學家對花的顏色與香氣進行統計分析，發現那些越純白的花朵，因為沒有鮮豔的外型，反而演化出最濃郁的香氣，吸引著蟲蠅來採集花蜜。微觀來看，達爾文或許是對的；縱觀來看，這或許是上天的一種公平，對於那些不足的，就另闢一條途徑，產生一個新的維度。

在電影《小宇宙》第二集裡頭，有一個非常經典的鏡頭，兩隻綠蜥蜴在一枝樹根上碰上了，猶如寓言故事裡頭的「黑狗（羊）與白狗（羊）相遇」，但結局卻不是黑狗與白狗大打起來，也不是黑羊與白羊各自退讓。兩隻綠蜥蜴似乎是約定好了，各自扭一下身子，一個朝樹幹上方，一個朝樹幹下方，毫無衝突且和諧地各自穿過樹幹。差點忘記牠們其實是爬蟲類，比起狗和羊的二度平面來說，多了那個自由的維度。

深夜時分在山間，面對著漆黑的森林，內心的疑問似乎是在另一種平日不曾觀看的世界裡相融。就像是《黑天鵝效應》裡談的，把注意力關注到不曾被關注的一面。就像是《山海經》裡出現的那些光怪陸離的動植物，那些荒誕玄妙的神話。是不是因為我們的世界原本是二度的，而當我們朝向那些三度空間以外的世界展開時，《山海經》裡的動物於是一個個出現在生活中了。

手中持續翻著日本漫畫家《手塚治虫的昆蟲世界》。在他們的年代，戰爭似乎是歷史的唯一一條線，但手塚治虫為自己開了一個新的維度——找一種罕見的小灰蝶。內心的一種「永恆的追尋」，是否也是一種在現實的維度中，想要另覓類似陶淵明的桃花源的期盼呢？

這陣子，我開始在山上種植冬季蔬菜，特別挑選了好種的芥菜。芥菜雖然容易栽種，卻無損它在客家人心中的寶貝地位。勤勉的客家人將芥菜製成許多的醃製品，讓食材可以保持更久。我一邊種菜，無意中又發現奧修寫的一段耶穌與使徒的對話。

使徒們問耶穌：「告訴我們，天國像什麼？」

耶穌說：「它就好像是一粒芥菜種子，比其他所有的種子都來得更小，但是當它掉進了耕過的土壤，它就會長成一棵大樹，而變成天上所有小鳥的庇護所。」

姑且排除腦袋裡一直想著芥菜就是蔬菜，再怎麼長也不過是蔬菜，怎麼會變成一棵樹。但是，客家婦女的確是懷抱希望全家人可以在冬天吃到蔬菜的心意，而以多種方式把芥菜保存下來。我們能不能說，那也是像一棵大樹庇護著她的鳥兒們呢？

一顆小小的芥菜種子，是怎麼樣從一個點出發，變成一個難以形容的維度？就好比看似平凡的人，內在一定有某種不平凡的東西存在，就是那些我們無法言喻、難以形容的「純白維度」。

祝福那些純白的男女，都可以在自己另闢的維度上，遇見另一隻爬蟲類！

寫到這裡，終於了解為何夜來香和桂花會那麼香了。

二〇一一年十月十八日（二）—寒露

43 蘑菇

你知道最有名及最窮的地主是誰呢？是梵谷，在亞爾（Arles）地區，到處塑立著「梵谷之地」及「梵谷之道」等招牌。人們爭相把他們的土地掛上梵谷之名。能夠以藝術及心靈的力量就擁有整個世界，這只是很小的案例。

據說梵谷待在亞爾的十五個月期間，總共畫了兩百幅油畫，一百幅素描，寫了兩百封信，堪稱是最有創造力的時期。在這段期間，梵谷不但看活了這世界，也如同他畫筆下的農夫，勤奮地收割著。

我在山上的這段期間，無時不刻調整自己的心情，好好放空，重新觀察這片自然的野性。幾次的畫筆與描述，總讓我覺得有種境界是我無法言喻的。自然的野蠻是那麼難以馴服，所以尼采才說：「自然何以是一幅畫可以收納！」

假日晚上，我開始想像並構畫著未來森林樹屋的風貌。雖然我心中原先有個譜，但越畫越發現內心的魔性開始發酵，最後發現原來魔法森林裡，最理想的樹屋是各種奇妙的蕈菇，這種潛意識作畫的過程，也讓我對這片森林敞開了一種新的觀看方式。

雖然當時梵谷帶可愛感的畫風曾被嘲笑是在塗鴉。但梵谷相信藝術家描繪的一方天地，可以開啟

▶山上的每樣生物都好像外星人，連長在樹旁的蘑菇都閃閃發亮。

▶山上的樹屋畫作。

人的視野。這次體驗後，我也想多進行一些素描，希望能從各種不同情感的心靈維度，捕捉這片森林的「神韻」。大自然精緻細膩，可以讓人思索從有限到無限的問題。

山上的樹屋計畫越來越具體，已開始進行除草整地的工作，包括觀星台也在籌劃中。昨天看了張衡的傳記後，我在想是不是應該在觀星台上架個與星辰自動同步的渾天儀。這個與星辰自動同步的渾天儀，當年在東漢時代也是出自一位亂出餿主意的老兄，後來張衡居然利用顯示時鐘的水力滴漏將其實現，形成世界上第一個星盤圖。

這渾天儀的呈現就跟當今解星座星盤的方位圖是類同的。張衡利用這個與星辰同步的渾天儀，就可以預告接下來的天空會有那些星星登場，讓人瞠目結舌。其實現在每個人都可以擁有這種星盤軟體，來看看今夜的燦爛星空中，到底有哪些星星在對你微笑。

未來這座魔法森林將吸引更多的魔法師前來齊聚一堂，分享生命中的各種奧祕，就跟當年的張衡遇見崔瑗及馬氏兄弟，一起探索世界的過程。

朋友石頭說：「有再多的財富，都比不上健康，以及一群可以一起瘋到老的朋友了。」我不禁想著，如果能夠一直在這裡，建立起魔法森林，建立起中醫小學，那我準備當個「森林宅女」，即使終老到死都不出國，也不會覺得遺憾了。

有一本書叫《斗室之旅》（Voyage Autour de Ma Chambre），台灣版書名為《在自己的房間裡旅行》（薩米耶・德梅斯特著），書寫作者如何能在一間小斗室裡就能進行旅遊，而我的森林宅女可能還是小巫見大巫。等等，且慢，等我進入夢境後，可就不分軒輊了。

這一夜的夢境來到一間奇特的茶泡飯藝館，館內提供一些微形袖珍玩偶及藝品給客人欣賞。但是時間有點匆忙，我們來不及享用他們的各種茶泡飯，就得結束行程。當然，我不管三七二十一，拿起茶杯趕緊嚐鮮。接下來，我指導一些學生做電路板，這次主要是焊接電晶體。我請學生解釋電晶體的腳位時，學生說有一種電子雲像波動一樣跑來跑去。

像波動一樣跑來跑去，像什麼呢？這夢也夠厲害，馬上就有一顆足球，開始在我身上滾來滾去，似乎我已經變成一個微小的原子，滾進去擁有一大片電子雲波動的世界。

入睡前，我還在想，斗室之旅或斗室夜遊，可能是未來銀髮族的最佳旅遊方式，當我們縮小成一隻細菌，或是一隻病毒時，斗室裡的木頭就變成一座森林，而斗室裡的燈火就變成一個銀河系。

年輕學子，與其攻占一〇一大樓或是行政院，不如攻占整個世界與宇宙吧！

二〇一一年十月十六日（日）—寒露

44 大西洋雪松

夜裡，我在山中的庭院作畫，剛畫完一幅〈夢中的樹屋圖〉後，雖不甚滿意，但也可以瞥見近來心思的雜亂度。森林裡如此豐饒，讓畫中湧現許多彩菇，雖然我很想以有條理的方式捕捉他們，卻猶如當初梵谷對於絲柏樹中那一抹曠野的黑，也像是琴鍵中難以掌握的黑鍵。

現實與理想是有差距的，我看著剛買回來的幾株「大西洋雪松」，心想今晚你們諸位是否可以託夢給我個啟發。

我之所以知道「大西洋雪松」可以做為夢境啟發者，是在研究清明夢時，無意中看見芳療大師溫佑君在書中陳述的。之後，我曾經在瑞士的SPA店體驗過這款精油的按摩，也跟曾當過肯園芳療師的朋友聊過。我當時好奇問她，為何選用這款精油。她回答，這款精油針對淋巴及排毒系統十分有用，至於夢境啟發這一塊，她倒是第一次聽說。後來我上網去查，才知道這款精油的價格平易近人，原因是一般家具可使用這種松木，因此精油選自家具加工後的零料，才能如此物美價廉。

這也令我想起前陣子要了一大截肖楠杉所鬧的笑話。我原本打算拿肖楠來製作精油，在網路上看到林務所曾試過，其殺菌力十足。但後來認識的一位咖啡店老闆說：「上等棺木就是使用肖楠木材。」因為他有親戚在做棺材，所以這類訊息特別靈通。我聽了簡直啼笑皆非，原來「死人用的是最好的」，肖楠可以殺菌及防腐，自然成為上等的棺材材料。萬物有它獨一無二的本性，卻無法阻止人類要怎麼定位與使用它。

為何有些精油可以觸及靈性層次？這是我一直好奇的問題，在最近總算有個答案。原來，芳療也有許多派別，而在德國茹絲這一派裡，承襲魯道夫人智學的思想，談的也是人體靈能與這類精油化學物質的對應。

芳香精油也算是能量醫學的一環，過去我學習花精體系，如今因緣際會接觸精油後，也朝著精油對於人體之神經傳導物質的影響來研究。明天準備來為這三株大西洋雪松換盆。今夜，捧著那小巧精緻的硬絨分支，是否有夢境啟發就靠它嘍！

後來，我作了一場夢，一家位在酒吧樓上的飯店，讓我思索著「可兼顧社交及休息」的神奇空間。以前，我一直想開一家可以躺著聊天的咖啡館。作了這個夢後，我問石頭老婆，對她而言，吧檯什麼樣的地方？她瞇著眼說，那是一個會讓她覺得浪漫的地方。或許這個就是樹屋吧檯的啟發，在樹上喝花式調酒，偶爾還有一些蜘蛛絲及毛毛蟲來調味，應該是個很浪漫的體驗吧！

二〇一一年十月二十日（四）—寒露

45 菠菜

昨天跟朋友在網路上玩遊戲，感覺對話滿有趣的，但也覺得這是一種內在的醒思。雖然表面上一方不去回應，但內心卻非常焦躁，並開始有些小動作。這讓我想起，宗教目前的困境在於：到底是真正去信神，還是相信自己已經信了神。不過這或許是宗教所要創造的一種分裂。這跟「內心其實有話要說」與「相信自己是平靜少話」的分裂是一樣的。

打了蚊子再說阿彌陀佛，只是一種設計，目的是為了維持一種高於別人的假象。放羊的小孩，即「自虐即虐人」的原型。

內在生態的澎湃滋長，有時是在暴雨洗禮後發生的。

最好的教誨是寬容，不是訓誡。但是差別式的寬容，形同於更折磨人的訓誡，絕不是來自上天與自然的教誨。審判自己的，永遠是自己，不是上天，也不是別人。同樣的，祝福也是如此。

思想者與通靈者最大的差別，在於是否承認那些自己所說出口的話，是出自於自己而非他人或神明。

昨天，我在美貓男的店裡抄了幾本攝影書的書名，並隨手翻了一下，覺得滿不錯的，有《人像的感應力》、《近拍的奧義》、《快門的生命力》、《攝影的原點》、《曝光的真諦》。

什麼到底是綠色？曾有人說地球原本是沒有綠

色的，只有「青」色（中醫的五色之一），綠色其實是像「菠菜」那樣的顏色，據說是從外太空來的。現在大家都說要「綠」化，會不會外星人已經滲透了。

昨天吃晚餐時，看到店家在播放《大長今》，劇中提到的醫理，對目前的我來說太過簡單。但是轉念一想，知識性與戲劇性是否為兩條互斥的路？如果編劇的人真的那麼懂醫理的話，她很可能會覺得自己編出的故事太離譜。有時候，不要知道太多的知識，保留一點想像空間，可能才容易說出好故事。

二〇一一年十月二十五日（二）—寒露

46 咬人貓

昨晚，我熬夜看了從圖書館借來的《爬樹的女人》（瑪格莉特・羅曼著），內心不禁感慨著，一個為兼顧科學與家庭而身心疲憊的女人，如何在樹與樹之間找到重生的力量。到底森林有什麼樣的魔力呢？我不禁回想起這個假日所嘗試的大膽行動，穿過森林去看看那一頭是什麼。

在住處望向森林時，有一種接近原始欲望的想像，一旦要動身前往，內心卻忐忑不安，擔心在那一片叢林裡是否藏著危機。聽印尼傭人瑪麗亞說：「前些日子看到一條錦蛇將幾隻雞活吞下去……」那應該是蛇類冬眠前的補給糧食吧。而我們這一趟進去，會不會成為牠今年的最後晚餐？

我們沒有準備什麼，簡單的鋸子、斧頭，腳下是泥土未乾的涼鞋。我隨身帶了一瓶防蟲精油。我們並不像《爬樹的女人》那樣準備垂直往樹冠去探索，二度平面的蜿蜒就已經讓人覺得夠刺激了。

我曾經研究過腦波空間直覺，研究都指明，當人沒有一個特別的參考點時，路徑自自然然地就會從直線變成彎曲，所以當天色一暗或是在沒有太陽的陰天時，再怎麼有方向感的人，最後還是會迷路，就是俗稱的「鬼打牆」。

我回憶起當森林的入口逐漸消失時，內在處於

▶為何燃燒的火光，總是可以那麼美？當山中升起營火，我在火中找到了我要的色彩，卻畫不出來。

一種倒懸的心境，人類最原始的警覺本能開始作用，每一處神經無時不緊繃著。當人被拋到最野性的環境時，是一種能夠與自己相處的時刻，必須當下決定往前走或是退縮停止探險。其間，原本興致昂然的心情，在誤踩了咬人貓之後，不禁也打起退堂鼓，才出發沒多久，就已經傷痕累累，而森林裡不知名的瘴氣與蚊蟲，也在耳後肆無忌憚地張牙舞爪著，接下去不知道又會發生什麼事。安哥說：「依照地圖來看，之後會看見一個池塘。」

「池塘？」我心想，如果森林中有池塘，那應該是一個美侖美奐的畫面，但有池塘即代表有水，也就更加保證蛇類會出沒。

森林裡的樹木張牙舞爪著，宣告著它們的野性，我想起《賽德克巴萊》的電影是在一處更野性的森林裡拍攝。對他們而言，那是他們的工作與理想。而我膽小的心，只安於一種宅女的想像，這時候不管是多美的池塘，都吸引不了我，即使安哥拿著砍刀，一面走一邊開路，避免之後找不到路，但當時的我只想趕緊離開這片森林。

森林裡越是靜悄悄的，內心就越毛骨悚然。在森林外面時，會聽到森林傳來的蟲鳴鳥叫聲，但此刻卻是靜得不像話，彷彿一場被消了音的電影。我不能說這是害怕，而是體質敏感的我一直感覺有股陰森森的氣氛，是一種腳不能安靜停下來的氛圍。森林裡的泥土乾溼不一，且因為被落葉覆蓋住，所以常常一踩就會有種被土裡泥怪抓住的感覺。為何陶淵明那麼幸運，穿過森林能遇見桃花源，而我們卻像是從原本的桃花源走入黑暗的世界。

「加油，穿過一片虎尾蘭林，就可以看到池塘了。」安哥鼓勵著，我覺得他倒像匹安居於森林的狼，森林彷彿是他的家。不過這匹狼一到了人居住的地方，就會變成哈士奇犬，以便讓人失去戒心。來到傳說中的虎尾蘭林時，我在剎那間被這幅景致給吸引了。

這一株株深綠色的精靈，幽靜地佇立在森林中央，似乎是亂中有序地生長著。是野生的虎尾蘭嗎？還是多久之前的人種下的。那井然有序的樣子不像是野生的，但又會是誰在這一片野地裡種下這片虎尾蘭？

森林的一切已成為一團謎，而它的謎與神祕也是它與人工花園的不同之處。我被它的獨特所喚起的內在魔性，正悄然地滋長著。這時，我腳上的血止住了，傷口也不痛了，時間像是停頓在異度空間裡。

沒多久，我們快走出森林的盡頭了，還是沒見著安哥所謂的「池塘」。倒是看到森林出口附近有怪手在施工，我心想，有財團來開闢此處嗎？但右手邊吹來陰颼颼的涼風，哇，居然是墳墓堆。我說：「怎麼沒見池塘呢？」安哥指著那墳墓說：「祠堂……在那裡呀！」

這時，我頭上忽然有一堆烏鴉飛過，池塘？祠堂？我幹嘛要穿過森林去看墳墓堆？難怪一路上我就覺得陰氣沉沉。

大腦的認知系統，才是真正的魔法森林。

二〇一一年十月二十七日（二）— 寒露

47 小尾雀

野性要如何定量呢？

在《爬樹的女人》這本書裡，提到作者在樹林裡聽到鳥叫聲時，就能馬上辨識出是什麼鳥類。我忽然想到，或許可以把網路上的這些鳥叫聲下載下來，沒事就聽一聽，複習一下這些鳥類的鳴叫聲，也許還可邊睡邊聽，看是否能聽出一些「聲音符碼」出來。

我邊測試邊聽時，忽然感覺有一股音流能量在體內由下往上跑。我忽然想起昨天的第二段夢，夢中廖博士協助我研究符碼的關聯性，他設計一款遮罩圖案，將它疊在一堆看似亂七八糟、排列紊亂的符號上，接著忽然出現一個整體的圖案——包含了根、苗、花、果的一棵樹。鳥類的鳴叫頻率似乎跟體型有關？好有趣喔，果然如此，有黃山雀、青背山雀、赤腹山雀，果然叫聲頻率照著羽毛顏色排序。

聲音的生理測試

小卷尾

雖然小卷尾的聲音，被我歸類為「中高聲」，但牠的汎音音頻結構完成，豐富不單調，沒聽幾分鐘就讓我身體放鬆下來，心中有股嬌嫩的喜悅油然而生。即便是我正在處理一些瑣事，因此而放鬆降低的心跳，以及不斷被激起的自律神經活性TP值及VLF值，讓我內心像是有一部能量充電器陣陣拍擊著。

雖說要保持客觀，對自己的感受應該超然待之，但看到生理訊號的數字誠實地變化時，我知道我的身體已經跟牠發生了某種「銘記」的關係。

我迫不急待的想再仔細看牠的面容，回想與牠的聲音邂逅時的互融。

我相信有一天，在都市的某處，在樹梢間，我們會再一次憑著曾經被牠聲音親吻的「印記」相認。

二〇一一年十月二十八日（五）—霜降

48 薰衣草

霜降後就開始進入整天手腳冰冷的季節。星期三晚上，我使用肉桂及薰衣草精油洗澡，但還是因為太冷，首度出現醒來想不起夢的狀況。隔天，我做生理訊號實驗，使用共振音樂測試順便放鬆一下，晚上使用鼠尾草與馬喬蓮混合的精油，居然出現很奇特的薰衣草味道。J女郎說，玩精油就跟調酒是一樣的。這一點，令我特別想要回去看這三款精油的化學式結構。

其實，我有次進行薰衣草精油對生理訊號的測試時，發現薰衣草精油不只能讓人放鬆，其效果跟劑量有關係。劑量少的可以讓人放鬆，但劑量超過一定額度就會讓人興奮。

在晚上的夢境裡，我再次出現在體育館，且可以輕易地升空。第一次是我不經意地升空，接下來是他們要求我再表演一次，於是我將身體放鬆，整個人就浮起來了。

接著我來到一個地方，有許多人正在寫他們想像中的飛行體驗，但他們不知道我是個會飛的人。他們盡情地寫，我拿起旁邊的數學書，開始計算一種空腔結構的數學公式。彷彿真正會飛的人不必把真實感受寫出來，因為這是寫不出來的。

後來，場景出現我睡到早上十一點，心中一直想著今天應該要請假。但過一陣子，我自動醒來後，天初亮，時間是八點半，心想還是上班好了。

49 落葉

二〇一一年十月二十八日（五）──霜降

早上開車到辦公室時，披上了一件外套。以前，外套都會多一些白色的貓毛，洗也不容易洗掉，因為我的外套是已過世小頭貓最愛的睡墊。原本可能有些潔癖的我，在養了愛貓之後，慢慢地能容忍這些塵毛。一邊走到辦公室的途中，我在想，我們的偏執、不妥協的心，是怎麼樣因為「愛」而被馴服，甚至因為愛而開始轉念，使得那些留在外套上的貓毛，變成一種溫暖回憶的幸福象徵。

一邊聽著愛樂電台的韋瓦第音樂，一邊沉浸在這霜降節氣詩意靄靄的秋意中，音樂似乎懂得人的心情，邊聽音樂，詩句就自動流瀉出來。因為外套曾經有的毫毛記憶，我想起了「秋毫」的定義，是大自然動物為了因應即將來臨的冬季，而開始長出的纖微細毛。人類，已非猿類動物，該長出什麼來抵禦寒冷的冬季呢？音樂家以音符為世人裹上了一層振動的大衣，詩人再加一條圍巾。到了秋天，我們不再需要絮絮叨叨地與烈陽爭論，要的是貼近身體，最為纖細的、微微擺動的，惹愁的塵埃。

49 落葉

告訴我，落葉的一生！
出生於何時，卒於何時
有什麼樣的情節
有多少作品
有哪些史詩

告訴我，秋天的軌跡
起於何處，終於何地
有什麼樣的航向
有多少的漂泊
有哪些眷戀

告訴我，你的心情
渺小至毫毛，巨大如天際
有什麼樣的歡愉
有多少……
那些，因為秋天惹愁
的塵埃！

二〇一一年十一月二日（三）—霜降

50 球蟒

昨晚的昆蟲課十分精彩，許多人應該分辨不出毒蛇跟無毒蛇的差別吧。昨天，昆蟲老師就帶了一條球蟒過來。

在昆蟲課上，與蛇類第一次近距離無分彼此的接觸互動後，我跟安哥侃侃而談。我說，我對於近來科技所謂的「人機互動」相當失望。為何要人跟機器互動呢？我覺得人應該多跟「生機」互動，才能得到被滋養與啟蒙的感受。昨晚當我跟這條蛇共處時，感覺到人類過去塑造太多的「恐懼神話」，已經讓人類遠離真正的「生機」，而寧可用一個無生命的機器去取代。這種被設限的想像，要如何透過真實來得到啟蒙？

以前，我總想著中了樂透都不知道要怎麼花，因為自己生平無大志，想做的事都可無中生有，不會花那麼大筆的錢。但是，最近一直覺得中樂透應該可以做很多事，所以我要來專心研究樂透星象學了。

昨天睡前，我閉眼摸了一本書來看，發現居然是《天鵝座之謎》，是一本天文考古學，也是探討意識之謎的書，我心想，該不會前一天的「白衣黑裙青春考古夢」跟這個有關吧。

昨晚睡到一半被蚊子吵醒，覺得應該換一種方式打蚊子，不要像以前一樣亂槍打蚊，於是我學習昆蟲課時介紹的蛇類捕捉獵物的方法，先把意識集中在手掌，然後以手掌感受蚊子的能量，接著「啪」一聲，一次就打中了！終於可以蓋上被子，安心地繼續睡覺。

已經接近天亮了，預計再睡下去應該會作清明夢。果然這場夢有三層，我在第三層夢中回到老家，遇到母親叫我起床，但我直覺這根本不是我真正的母親，而是一種相由心生，於是我開始用意念讓她的臉孔開始融解，當她的臉孔融解後，我就來到第二層夢，躺在一張床上。在第二層夢，我遇到老弟，但我又覺得這不是真實的，於是如同在第三層夢那樣，用意念把他的臉孔融解。但來到第一層夢時，我已經不是在床上，而是在一個拍攝現場。這場戲的導演說，他可以拍出每個人的內在男人與女人。我發現我在這場戲的過程中想要被拍成女人，便摸摸自己的衣服說：「看，我連內衣都已經換成有蕾絲的。」感覺變成女人似乎是跟這世界和解的最好方式。

昆蟲課與清明夢的啟蒙，是不是代表我們應該喚起內在的母性，開始與大自然進行和解？

二〇一一年十一月四日（五）－霜降

51 漂流木Ⅰ

昨晚修車後的行程爆滿，一直忙到十二點多才上床睡覺。

第一段夢裡，我先來到C教授的實驗室，這次C教授已經找到一款新儀器，可以快速加熱物體到一定溫度，不需要抽真空。我看了這個有用的工具後，發現應該可以繼續我們的實驗了。第二段夢裡，我來到一個班級，準備上國文課，我先是坐在靠窗的地方，在我前面有位平頭男子不時轉頭回望，我看著他明亮的眼神，想起了國中時的周瑜，明亮而溫暖的眼神。緊接著，國文課開始了，有位學生念著一些文章，而老師則在講台上正式講課，但對我而言，這種填鴨的教學方式不是我要的學習。學習的過程應該是一種共鳴式的啟發。

我在網路上貼爆胎修車的經過，似乎引起一位紀錄片導演（以下簡稱導）的興趣，感覺這似乎是一個有趣的腳本。

我：昨晚爆胎……好像有事要發生！

導：在山上？A Sign？

我：在城市，後來聽說附近有一些人也是停在路邊沒氣，應該是有人集體惡作劇……但很多都是福特車款的！

我：剛開始，我以為是自己壓到釘子，但輪胎是整個沒氣，原本學理工的頭腦還在想各種可能性，但一聽到附近的J女郎二號也是輪胎爆胎，這種巧合讓我想到一定是「人為」的！隔天十一月三日去修車的路上，居然接到大陸一位總經理的電話，希望我幫他開發一項偵測肌肉放鬆的產品。如果我不去修車，就接不到這通電話。我想起可以順便利用這個機會，重新思考及整合一些模組的驗證方向。

我：三日是我的幸運日，我也超級喜歡村上春樹的，所以學柯波拉導演把她常待在那裡寫東西的咖啡座稱為柯波拉角落，而把自己寫作的座位命名為「村上角落」。

導：這發展，果然村上！待後續嘍。

我：其實，我最喜歡的一種電影就是探討偶然與巧合，果然國外有這部電影，名字就叫《偶然與巧合》，很好看咧！

導：破壞毀滅，是新生的開始！？我看了！很棒！那北極熊，呵！

我：隔天到了修車場，剛好遇到修車廠員工的中午休息時間，所以在那裡等上幾小時，把那邊的雜誌都看完了，其中有一本介紹《賽德克巴萊》的演員林慶台及尋找演員的過程，忽然感觸良深。首先是，林慶台的前世是否與莫那有一種因緣，讓他這一輩子只演出他，然後功成身退，繼續他平凡的生活？這跟一般以演員為終生職是非常不一樣的，似乎是一種此生的命定。

導：嗯，是生命來敲門，不是我們去找它。但有些人開門，發現沒人，就把門關了。以為見鬼了。

我：對呀，我最愛那平行牽連又強烈呼應的劇情，顛覆了劇情需要以「衝突」來彰顯張力。

導：生命不斷被人錯過。

我：另外一點是，我反省我在未來電影社的角色及任務，不是要親自當導演，而是促成整件事情發生，讓大家都玩得愉快。如果真要拍一部公開放映的電影，就要在事前思考未來整體行銷及想帶給社會如何的影響。也就是說，就像林慶台一樣，我必須了解這部電影與我這一生的使命是如何連結，是否有種未完成的事務，必須透過它來完成。現在想想，如果不是爆胎去修車，好像沒有這麼大的機緣去反省。修完車，我已經來不及回去上班了，取而代之是去山上。在山上，我又遇見了印尼傭人瑪麗亞，我喜歡她深色的眼睛。我跟山上主人說，瑪麗亞是我的最佳女主角，我已經想好了，要寫一部外勞與大樂透的故事。

導：每天都有人在敲門啊。

我：談金錢與生態之間的和解。如何在理想中達到一種生生不息、自給自足的過程，如何滋養別人，反過來滋養自己的過程，就像生態中的循環一樣。

我：我仔細計算過，如果在台灣，只要有五十萬人看，票房就會破億，但前提就是電影要「同時」讓這五十萬人覺得有被滋養，他們才會願意花一點錢去上電影院。五十萬其實是很大的數目，有些立委及民意代表只要幾萬票就可以選上了，而且還是高票當選。許多導演及劇本，只是想說自己的故事。這是我深思魏德聖的特質，他就是想到電影的本質。最初，他想到的《海角七號》，就是以這樣的出發點，結果電影賣五億，小米酒賣了十幾億（比電影還多），帶動觀光業及大家對台灣平常看不到的地方的一種想像。這部電影，先不管其藝術性或電影性，它的確進行了一種社會意識形態的改造。最後，讓許多不進電影院的人，也開始進電影院了。

我：但電影產業並不會有排他性，一個人可以看很多部電影，當他對電影有信心時，可以把興趣及嗜好，從浪費在批判社會上，或是沒事去放別人汽車輪胎的氣，轉而跟好友一起相聚，討論分享最近看電影的心情。

導：許多人去廟裡拜神，但社會不見得會進步。

導：電影變成一種社會運動，可以讓人民開始透過想像力改變生長的這塊土地，這就是電影背後的力量。

我：電影社會學（我後來去查，還真的有這門學科。）不是從藝術的觀點去評價一部電影。社會的進步很難衡量，因為那是達爾文的思考。我理想中的社會是人人都可以發揮天賦，能夠安於自在，不是一直求無謂的進步。電影提供一種生命尺度的微縮與擴大，喚起某些沉睡的記憶。躺在山上的屋子時，我忽然想起國小時我曾經有的一個習慣，就是一定會看每一期的

《世界電影》及《南國電影》（香港的雜誌），家裡管得嚴時，我就閉起眼睛，開始想像有一部電影在眼前演出。而且很奇特，爸爸從事機場的地勤工作，每次都會拿飛機上不要的雜誌回來，都是這些電影雜誌。印象中，有關父親的記憶是又遙遠又熟悉。但是現在想起，父親喜歡的，似乎都是自己喜歡的，長大後才知道，原來父親跟自己一樣，是水瓶座的。

導：是，生命在感動，不在進步。

我：在山上，我一直放空地思考著，在生命結束前一定要完成的一項作品，必須是讓此生不遺憾的。我想起魏導，他此生應該已經不遺憾了。有時當理想達成時，不是喜悅的歡愉，而是一種平靜、不感到遺憾的感覺。在許多次自我短期目標達成時，我都是這樣的心情。

導：社會是為每一個人，不是每個人為社會，一粒沙，即世界。

我：有些人不透過膠卷，而是透過生命導這齣電影，一個他認為不遺憾的故事。

導：所以停止計算……

我：電影也是一種老二，是可彰顯內在的一種老二。

導：但我最近常遇見很會計算的人，也許，我都不太去算，我只是想，我感動，別人也會被我感動。

我：昨天晚上，一位朋友來看我，並借住在山上，我從頭跟她說了這樣一個「汽車爆胎後一連串的巧合」。我提到爆胎那一天是二號，結果J女郎二號也爆胎，然後載我回家的計程車司機，在我一坐上車就放古典音樂，讓我好奇他的星座。我大膽猜測他的生日是八月二十日，居然猜對了，連到家後的計程車費都是兩百二十元。朋友笑我說，有些巧合是妳自己去想的。我回答說，當然，巧合是一種注意力的呈現，就像「黑天鵝效應」一樣，一般人以他們注意的世界拼湊出一種世界，而另一種人透過另一種專注，拼湊出另一種世界。其實世界是無窮盡的，各種可能性都有，所以我們都可以讓所有事情發生，只要我們的注意力一直集中在單一方面，世界是無限，這就是實相。

導：我喜歡老子，勝過孔子很多。

我：當你發現常遇見很會計算的人，就代表你目前的注意力放在這樣的世界。就像我發現最近「灰色的動物」常被我們收留，於是鴿子來到山上，灰兔也來了。昨天，朋友美貓男又送我一隻灰小貓，甚至可能最近灰鸚鵡也會到山上來。朋友聽到我這番講述後，非常有啟發性地回應我說：「嗯，這就是為什麼各種靈性導師不斷地教導我們，要注意自己的『念頭』。」你所念的，就會圍繞在那身邊，所以蔡明亮認為他拍的電影，只要給一個人看，結果他的電影真的就只有少數人在看。

導：是啊，明明有整片沙灘，卻每天都在圍繞在那粒沙周圍。

我：所以《金剛經》有一個很重要的提醒，「善護念」。意指我們要好好地注意自己的念頭朝向那裡去了。所以，我要持續地來想：我的幸運日，會有什麼好事發生。哈哈，今天是我的幸運日，四號。

導：蔡是多想了。他不想，也許更好。

我：他想了，還說了，甚至透過媒體說，又被放大了。

導：他的電影是少數人的嗎啡。

我：我以前辦活動時，常做一件事，就是把想達到的，送到一種龍穴去放大。自我催眠是非常有用的，但要注意是用什麼當種子。

導：對社會來說，蔡的電影算是一種死亡，帶來新生。

我：有時候，我自己亂想的模型，例如之前感覺清明夢的模式是某某形式，接著就真的有人跑來跟我說是那樣沒錯。

導：您有預知能力，顯然。

我：蔡的電影是表現出頭皮端界於生命與非生命之間的毛髮囊，所以這是他的一種生命詮釋。沒有時間感的人，都可以有預知能力，那就是一種特殊的專注力，墨西哥印第安巫士唐望

（Nagual）也提到這叫「第二注意力」。

導：與其說詮釋，不如說愛好。每個人都能預知那些沒原由冒出來的東西。理想達成時，我會陷入成就感，但很短暫。迷醉是永遠的。然後，你又開始渴望未知。如果每個人都把生命能量發揮出來，每天都不遺憾，神就不遺憾了。

我：剛同事找我去問，「什麼是快樂」，我又把剛寫的講了一遍，彷彿這些文字是準備為他說的。我想，透過書寫，也能把內心的中心思想洗滌乾淨！

我：〈漂流木〉

我的心上上下下，浮浮沉沉
就像那漂流木
當風來時，我順著風走
當風停時，我原地不動
當春天來時，我趴在沁涼的河水
聽它們的歡愉
背後承載著暖暖的太陽
當夏天來時，我聆聽那河水與炙陽
聽它們的爭奪
背後依舊曬著暖暖的陽光
原來我不需要一顆樹的承諾
我要的僅是一只
當春夏交會時
漂流木的安撫

我：即便是當漂流木，也沒有它的遺憾，因為它享受了每個當下。

導：The Story of Amazing Grace. Yap! Floating with the River of Life!

我：Amazing Grace是牽引我一生最主要的航向，她已經誕生了！你太神了，都知道我的生命密碼，哈哈！

導：不是我神，是River神！Good Idea! Coming again! River Keep Floating. And it's going to the Sea, finally!

我：何等奇異恩典！而且一切都是因為「爆胎」，哈哈！

導：「爆胎」是浮出河面的漂流木。

導：Great Opening! Let's see, WHO is coming next!

我：剛跑錯地方，留錯格了，哈哈！你知道多好笑嗎？那天，有朋友說要做一個公仔給她的好友當退休禮物，卻一直無法做出心目中的那個公仔。我在想，應該把這部片拍出來。找不找得到已經不重要，重要的是，當你要找時，公仔已經在內心誕生。

導：Don't worry! one by one, we'll arrive the Sea! And take a BIG BIG breath!

我：或許這部要拍的一部電影，就叫《我要拍一部電影》，敘述拍電影的種種反思，最後真的還是拍出一部電影了。我想到主角一直構思要拍怎樣的電影，而陷入一種不斷給自己挑戰的過程，最後的鏡頭是，主角對著電影院的觀眾說：「看，他們不是已經在看了嗎？」

導：Oh, Yeh!

我：那天提到，走迷宮最快的方式，就是從終點開始走，或許我們應該從大海開始走起。

導：大師，在心中的迷宮！

我：有一幕鏡頭可以這樣拍，當主角想起要為電影剪接切換鏡頭時，她從最喜歡的切菜動作得到靈感。她把許多小朋友帶過來切菜，小朋友忘我的切菜，已經達到庖丁解牛的地步，而且切出來的菜呈現非線性的跳躍，非常具有原創性。然後，她又找了一個廚師好友來切菜，她發現雖然切得不錯，但總有一種匠氣，感覺好像是機器切出來的，看不出特別。這時候她想起了有位導演說：「現在的紀錄片都大同小異，看不出是誰拍的了。」這句話。

導：Oh! Come on! Keep going! 忘我！暫時忘了，海。

我：這有點詭異呢，感覺好像大師會預知我接下來要說的……

導：不是我，是神。Again!

我：我剛講切菜這件事，還沒看到大師寫的炒菜……怎麼說的都同一方向？？

導：So Funny! You all more funny than Godard.

我：更好玩的在後頭！

導：Really XDDDDDDD

導：We must do it! or regret!

我：爆胎的女主角怎麼樣？爆胎的女主角其實有兩位，嚴格說起來，那一區許多人都同時爆胎了！所以有許多故事軸線發展……

導：刻痕，本來可能是傷痛，卻成了美的印記！

導：老人，很迷人，耐人尋味，越老越迷人。

我：爆胎讓我想起可以用廢輪胎做樹屋耶。

導：樹屋！它也來了！

我：應該加入流浪動物，這樣片子大賣後，可增加流浪動物的認養率。我曾想過一種淨灘遊戲，大家爭著去撿海邊垃圾，撿越多，可累積越多的遊戲戰鬥力。所以，海邊的那場戲可以加入這個橋段，慫恿遊戲廠商設計這種真人體驗的遊戲！這樣台灣的海灘就會越來越漂亮。

導：天啊！八又二分之一，費里尼！

我：在片子裡做一些置入性設計，讓財團或廠商朝更好的方向去。灰色的印記，我想起為何是灰色，它代表這世界不是黑白的二元性分立。

我：跟蔣勳講的一樣，生命最後的結局在人間。

導：所有人，眾多女男主角跳成一圈……像海上的漂流木、垃圾……

我：用印尼甘美朗的音樂！哈哈，先換裝回來，真是有趣。

導：閃電，雷鳴了。雨，落下，性感內衣落在男主角的頭上XD！眾女人笑翻了，先去忙了。再見！

我：哈哈哈！哈哈哈！再見！

二〇一一年十一月七日（一）—寒露

52 演石

在霜降之後，還是有許多花在這時候開了，包括孤挺花，還有紫色牽牛花。過去學過花精的意涵，再去搭配花開的節氣與此刻心靈的對照，果然心境孤挺，卻是靈性滿滿。

每次上山都有頭條新聞，這週的頭條是在森林入口附近發現正在蓋窩的虎頭蜂，害我很想來拍這個紀錄片。但首先應該研究是否有可以長期拍攝及自動監控的工具（註：在幾年後，已出現Go-Pro長時間運動攝影機）。我記得，以前一位朋友戴博有一種類似觀星的裝置，可自動拍攝並記錄。我跟安哥說，千萬不要把蜂窩拆走，因為很難得能看到蓋在地上的虎頭蜂窩，又很容易觀察。如果真的被虎頭蜂螫了，就來試試立生丹的功效。上次遇到蛇時，昆蟲課老師就提到蛇；這次遇到虎頭蜂，該不會老師上課時就講蜜蜂吧？我在想，被毒蛇及毒蟲咬的附近，都會有可解毒的草藥。反過來說，如果是在找這類草藥，例如沉香，附近應該都有這類的毒蛇與毒蟲。以前有部電影把它擴大解釋說：「這些蟲蛇是為了保護這些珍物。」但其實是生物界的原則。而這叫什麼原則呢？「順勢療法」裡提到，這就是「The same cure the like」的同類治療原則。

星期五晚上辦完中醫講座後，我們就上山，開始進行來自森林的賜予與醍醐灌頂的學習。星期六還算安靜，樹屋的結構，還有紅樓夢植物的觀察學習，都在進行中。但是星期日（十一月六日），一下子來了約二十人到山上的屋子聚餐。石頭約了鄰居任夫婦上來用餐，石頭太太約了她大學老師一家人。突然間要準備約二十人份的餐點，我跟石頭太太忙得跟辦桌一樣，也挑戰了一下子擠入一堆人的盛況要怎麼應對。後來這位教授經石頭介紹，還想要了解我的研究，看看未來是否可引入到他們的健康照護系統。不過，我現在腦袋裡想的是與「天地人」相關的「中醫小學堂」生態與人本教育及電影社計畫，對於把醫療變成一種資本主義的投資工具，完全不能苟同。真正能夠把健康照護做好的，是靠自己及教育，不是靠醫師及護士，也不是靠付錢了事的健康管理師，到了山上這麼自給自足的地方，還在談怎麼賺錢？真是辜負了大自然。

在山上看完了《紅樓夢植物文化賞析》（劉世彪著），發現大觀園裡有的植物，這裡多數都有；而森林裡有的，像是五節樹與鵝掌柴，大觀園並沒有。我在想，如果這裡沒有，就來試著種種看。在山上，我也開始研究木工。手邊看的這本書，把進行木工藝術的活動說成「木瑜伽」，真的是很棒的比喻。我一邊玩，一邊構思著中醫小學堂的寫書計畫，第一課就準備來寫「柿子的智慧」，剛好可以把最近令我感動的柿子故事寫下來。但是，森林裡不斷上演的一場接一場感人的生態故事，令我的腳

立生丹

藥物組成：母丁香一兩二錢，沉香四錢，茅蒼術一兩二錢，明雄黃一兩二錢。

處方來源：《溫病條辨》卷二。

方劑主治：傷暑、霍亂、痧證、瘧、痢、泄瀉、心痛、胃痛、腹痛、吞吐酸水、及一切陰寒之證、結胸、小兒寒痙。蠍、蜂螫。死胎不下。

用藥禁忌：孕婦忌之。

製備方法：上為細末，用蟾酥八錢，銅鍋內加火酒一小杯，化開，入前藥末為丸，如綠豆大。

各家論述：此方妙在剛燥藥中加芳香透絡。蟾乃土之精，上應月魄，物之濁而靈者，其酥入絡，以毒攻毒，而方又有所監製，故應手取效耳。

用法用量：每服二丸，小兒一丸，溫水送下，被蠍、蜂螫者調塗。

步不斷加快，我心想，寫書應該是要有這類的動力才是呀！

昨晚作了一個「演石」的考古之夢！

夢中有一種石頭叫「演石」（黑色透明類圓柱狀）。為何是這個名稱？因為它會演戲及預測。在歷史上，會把它架在某種紙板做的舞台上，就可以預測哪個方向會有火災發生。

到底是不是真有這種「演石」，我覺得它有點像是候風地動儀與靈擺的結合體，決定來查查看是否真有這種石頭。我把這個夢的紀錄貼到網路上，沒多久網友就開始留言。

吳：石銘•志演石……

廖：圓柱狀？有否角度？六角形柱狀黑色透明晶體應是墨晶，據說古西洋人利用水晶可預測未知之事。我兩年前積極籌劃實驗時，某日一位洋人發福音宣傳單，我拿回家一看，上面竟寫著：「耶穌說，不可用水晶召喚幽靈，於是便停止了這項水晶召喚的實驗……」

我：哇，先感謝廖大哥細心解說，感恩！

吳：感謝廖大哥指導……

我：我夢中的那顆的確像是黑色水晶，已經做成約指頭大。夢中，我特別觀察那色澤，是像水晶沒錯，但它是黑色且有很多角狀。夢中去的那家古玩店，有許多這種石頭做成的商品。通常他們是拿來做紀念品，但因為我一直停留在那裡，店的男主人才細心地跟我解說。夢中原本以為聽到的是「野石」，我再次跟他確認，他才搬出一個紙做的舞台，準備示範給我看，是「演石」，不是「野石」。

我：哈哈，我常玩水晶靈擺，耶穌都不想理我了！

我：我也了解靈擺是人類無意識的放大，跟幽靈根本無關，是人跟自己內在老大溝通的工具。

我：石銘•志演石，這是什麼？

我：剛才查到墨晶可以做七星陣呢。

我：該不會，墨家的名稱起源於「墨晶」吧？

我：看了墨晶的介紹，看來我應該找一條墨晶項鍊來配戴！

吳：您真內行……

我：我只是想說，既然夢老大提醒我，就來玩看看。而且它可以提升海底輪，看起來不錯。

我：或許我應該買一條送給母親，促進她的「心腎相交」。把墨晶放在心口，就是心腎相加囉！

廖：耶穌常在我身邊！這也是十多年前，我在萬華擺地攤收古董時的事，濟公壇的師父說他那裡有古董叫我去看看。到了他的宮廟時，濟公便降乩到師父身上跟我說話，指點我如何做生意，但是祂說我身邊怎麼有個耶穌，我著實嚇了一跳，我受洗的事從沒告訴過其他人，竟被他說出來，他真的是神降乩，不可思議！有部電影《與神對話》，內容都是真的，有宗教信仰的人就會相信，你所信仰的神大多隨時在你身邊，並運用某種暗示在指點你，但是你也要確定清楚。水晶召喚可能是真的，當然要因緣俱足才能達成，但是這種召喚也許得到的好處是「與魔鬼的契約」，所以耶穌透過福音宣傳單告訴我，不要召喚水晶。

我：嗯，文清大哥說的很正確，不管許多老二跟我們說什麼，我們還必須摸摸良心，知道自己的使命在哪裡，因緣俱足，說得真是好呀！

我：我身上不喜歡帶任何東西，像是水晶等。而這類無意識對話的過程，卻無時無刻不在發生，有時會以一個影像出現，或是像廖大哥說的，透過外面的機緣，只要很細膩的觀察，不需要水晶召喚，它隨時都在你的身邊。

廖：其實蔡伶姬在《如來的小百合》透露了很多天機，有機緣與靈接觸，但對方也是有層級執照的分別。我記得受洗時，牧師說，神在看人，就像人在看小雞一樣，小雞吃了自己的大便卻不知污穢，所以人也看不到自己的污穢。我時常思考這句話，其實在我們沒有任何心理準備時，靈界空間若與我們重疊，讓你見所未見，我們的心理無法接受，可能都會發瘋的。所以在某些角度來講，你信仰的神，其實暗中幫你擋住了某些你不該看的東西，或不該遇見的事情。

我：這跟叔本華探討的，我們不能一直發展與靈界的接觸，必須從人間及肉身做起，高頻是由低頻產生的。很多靈性修行的人，自身都不顧了，在我看來不是真修行，是一種過度發展高頻的妄念行為。

廖：這種事勉強而為都不對，我也是後來才知道，希特勒的將領竟然是運用召喚水晶的方法來布局戰爭的。所以，水晶召喚式微了，當然，我們是「小雞」，我們不知道的事情還很多，有多少旁觀的「人」正在觀察著我們。

二〇一一年十一月八日（二）—寒露

53 稻米

剛才終於知道，先前提醒的「脈應四時」問題會導致量測失效，已經應驗了。雖然被我說中，但內心是無限感慨——李爾王的女兒總是要多點耐心。真正的科學就是順乎天地自然的道理，跟專不專家一點關係也沒有，大自然就是真正的實驗劇場。

剛遇到這次竹東的冠軍米得主，我問他「冠軍米」如何評鑑，他說，除了米的營養分析占百分之五十，其他還有口感。話鋒一轉，他提到這次評審不再是清一色的學術專家，而是廚師及美食家居多，所以他終於有機會得冠軍了。話一說完，我馬上跟他買了他多帶來的三公斤裝米。

是的，我們如果真要認識大自然的恩賜，還是應該要多拓展自己的體驗，而非只停留在學術的範疇。

聽見J女郎二號談起她的往日戀情時，很罕見的，她不像大部分的女人抱怨男人，而是平靜且遺憾地說：「他們都很好，只是當時太年輕，沒有看見他們的好！」我想，大概是這類會深深內省及了解自己的女人，才有機會再愛與被愛吧。如果一個鼓起勇氣的男人，聽到女人不斷地抱怨舊愛，而她又是如何為他受苦，大概也會逃之夭夭，心想自己會不會是下一位被抱怨的對象。

還是講山上的一些雞事鳥事，才讓我比較覺得快樂。越是談蒜頭芝麻之事，越能體會「人參」與「當歸」的Home之道。

山上越來越有趣，讓我都不想去台北發表論文了，我看還是找人代班吧。小鴿子孵出來了，讓我想起，在山上就好像諾亞方舟，等洪水退後，剛好可以放鴿子去銜一顆橄欖回來。

星期日，我還跟養雞的秦先生研究如何養出「裝蒜雞」，增加雞抵抗寒冬的能力。我說，趙飛燕為漢朝皇帝的寵妃，體質虛寒，就是去住「椒房」，用花椒當漆，可以溫暖子宮，才得以為皇帝傳宗接代，所以可以考慮幫雞蓋「椒房」。沒想到秦先生說，他有將花椒跟大蒜放到雞飼料裡，成為名符其實的「裝蒜雞」。這時，我也回想起老爸以前養九官鳥時，曾經很「殘忍」地每星期塞顆大蒜給九宮鳥吞下去，原來是為牠增強「抵抗力」。

現在能談共同志趣的朋友都在山上，是一堆懂得養雞、種樹、食療及摘虎頭蜂的達人。我正在考慮把山下房子賣掉，直接搬到山上去住。但是首先要把貓都帶到山上，還有我那成山成海的一堆書，應該來賣掉或捐出去。

二〇一一年十一月十日（四）—立冬

54 虎頭蜂

在山上待越久，就越嚮往山中生活。仔細思考許久，我打算以整理書及把貓接到山上為優先。今晚就要開始將家中的書一箱一箱整理好，賣給二手書店。這星期的進度是二十箱。至於房子要不要賣掉或租出去，等晚一點再說。至少可以藉此機會，把家裡也打掃一番。我想，會留下來的應該是一些中醫、電影、植物的書，其他應該是能夠賣掉就賣掉。人的一生能夠消化多少知識呀？專精一、兩樣就夠了，何必為書自縛。大自然就是一本美好的書，是至今我體會過最美好的創作。在山上，連書都不想看了，只想輕飄飄地等待著一幕幕的山中傳奇上演。看著這麼多「為了搶資源」而面紅耳斥的人間社會，只能淡然一笑。真正創作上的不朽，是來自於心靈的內化，而非一定要到演藝廳才能遇到。它隨時存在我們每天每一瞬間的生活。

你看那虎頭蜂造窩，每銜一口樹皮和泥，就是一種生活中的創作。誰能比得上這些生物呢？

當我第一次在森林看到那完美結構時，便讚嘆不已，心想這會不會是老天爺提供我最好的生態電影素材。過去，人人談虎頭蜂色變，但真正侵犯牠們，毀了牠們家園的，其實是人類，像是將牠們拿

▶山上主人從園區摘捕下來的虎頭蜂窩。

▶在森林裡的虎頭蜂窩，可能因為風大所以蓋得接近地面。

去泡酒後，做成去骨寒的中藥。虎頭蜂是非常有智慧的生物，聽說牠們會聞味道追蹤仇家，那天山上主人的兒子拆除一個虎頭蜂窩後，沒多久就被攻擊了。是不是我這次拍攝的任務，是要讓大家知道，透過虎頭蜂造窩，欣賞牠們的創意，遠勝於喝使用牠們所釀的酒？虎頭蜂是我們的「老師」，整個大自然都是我們的老師。其實學習中藥久了，就知道可以不殺生的方式取得牠們的訊息。虎頭峰的訊息酒，是只採集訊息不殺生，效果比使用虎頭蜂泡酒還強，這類醫學也叫「順勢醫學」或是「能量醫學」。我們遇上的虎頭蜂窩是在地上，我估計是因為山上風大，虎頭蜂覺得靠近地面比較安全。

目前我積極籌備拍攝虎頭蜂蓋窩的過程，發現只要用網路攝影機拉網路線就可以監控，或是使用無線網路方式，然後用Justin.tv，就可以實況轉播。我想，在山上拍的第一部電影，可能就是這部實況電影，名為《蓋我們的家：虎頭蜂蓋窩實況》。虎頭蜂窩耐火防風，可以做為未來綠建築的一項參考，來研究生態與共生建築。

夢中，我來到一個遊樂場，體驗了一款含生理訊號回饋的動態賽車椅。原本我坐上去時，感覺到有一種生命存在，它好像知道我適合什麼樣的駕駛模式。生命的自動駕駛，不允許我以超乎自己體能的方式去設定，是個保護機制。我坐上這椅子時，感覺到它可能是我未來要注意的模式。但也很有可能，它是白天時我要把按摩椅處理掉的思考，或是因為白先生今天要來談舒曼波原型床的製作。但後來，我才發現這跟一位多媒體的學生的創作是類同的。

二〇一一年十一月十一日（五）—立冬

55 狗

昨天晚上，做耳燭後，我又與肉桂精油同枕，作了跟一群同學有關的夢。這群同學一起研究各種電路版，要做一種同步的烤肉機。我穿的是高中制服，卻感覺有男同學，但明明我讀的是女校。醒來時，我心想應該是今晚要舉辦的單身派對，讓我聯想起高中的男女聯合大露營吧。

無獨有偶的，今天下午遇見好久不見的高中同學。這個高中同學跟我很有緣，高中的男女聯合大露營時，她就是跟我同一組，之後我們都念物理系，接著又巧遇並在同一家公司上班。她負責的正是積層電路板的封裝開發，之後我離開公司，到後來的生醫單位時，又剛好跟她同單位。剛才跟她聊天時，發現她的生日是十一月七日，上升在水瓶，而十一月七日也是山上小鴿子的誕生日，以及我尊敬的居禮夫人的生日。原本以為夢的內容跟前一天的經驗有關，但我發現，其實是跟過去及未來都有關。

夢中「同步性」的電路，也許為未來要發展的「生態實況電影」下了一個伏筆吧。

今晚單身派對的最佳男主角其實是一隻狗——球球。據說女主角會觀察球球選擇哪一個男主角，再決定她的交往對象。今晚我就要專心拍那隻狗，藉著拍那隻狗，來為這偉大的時刻做見證。

科學家認為，男人與女人第一次見面時，關注持續彼此的時間決定了兩人是否能相愛。如果一個男人在第一次見面時關注女人的時間超過八．二秒，那麼他就已經不止是被她吸引了。

我想，我要來看誰跟狗在一起的鏡頭最多。

二〇一一年十一月十三日（日）—立冬

56 鴿蛋

星期五的單身派對後，到底J女郎二號會情歸何處？原本要以「與J女郎二號的寵物狗球球的互動是否良好」，來做為判斷依據，但最後發現，球球只喜歡跟我們帶去的貓咪小乖玩，因此得從其他跡象來判斷。

1.J女郎二號vs.光明先生：光明先生當天穿的大衣與褲子，跟球球的毛色百分之百吻合，連下半身的褲子都是淡黃色的，真是的，這男人居心叵側。

2.J女郎二號vs.思遠先生：思遠先生看起來是最其貌不揚的，但很可能是因為怕冷的關係，一直都在會場人群聚集處。他是臨時被石頭叫來烤肉的，所以也沒什麼心眼。但是，兩個人玩易經卡時，抽到同一牌，「火風鼎卦」，而且是問同一個問題，頗有黑馬之姿。

3.J女郎二號vs.陳先生：陳先生的年紀最大，也是最急著找伴的，但是在現場卻不積極互動，反倒是忙著幫大家端烤雞、菜餚，十足的巨蟹座好男人。在現場都把機會留給這些年輕人，但可別小看他。結束後，他已經放話要到J女郎二號的店當VIP會員了。薑，果然還是老的辣。

4.J女郎二號vs.小寶先生：小寶先生是我以前的同事，都已經四十六歲了，還是到處觀望，滿符合雙子座跟他的爹宙斯的習性。小寶在現場對女生都沒有什麼興趣，倒是對狗有興趣，搞不好他以為我辦的是狗的單身派對，讓他來幫他們家的四隻狗物色物色對象。但小寶的外型與J女郎二號最登對，而且家住得最近。或許真的以後蹓狗時會來個「狗尾續貂」之情……唉！我語無倫次了……

我以為男人超過四十歲後，就會主動逮住機會跟女生聊天，結果沒想到，人會單身是有原因的，都只顧著吃，沒找時間互動。我只好親自出場主持，讓善男信女開始求神問卦，並得到滿意的姻緣卦，最後再抽六張包牌卦讓他們去包牌，才使單身派對圓滿落幕。但我有預感，這些男生應該都不會採取行動，都單身半輩子，要結婚早就結婚了。我感覺大家只是希望能重溫這種單身聯誼的快樂感覺。所以這一次收三百元，第二次再參加就要加收五百元的「回收處理費」。總之，能夠以大學時代的「慧慧夫人」之姿，跟大家度過二〇一一年十一月十一日光棍節，也是滿開心的。

這兩天，山上冷颼颼的，開了一天的巴蔘菜花，我還來不及拍照就謝了。更冷的是，剛孵出的小鴿子的爸爸，被大野貓給叼去森林，當冬立進補食物了，可憐的小鴿子與母鴿相依為命，昔日公鴿與母鴿相互戲水的恩愛景象已不復見。山上主人建議用陷阱誘捕大野貓，美貓男也建議誘捕，把野貓養起來馴服。那隻大野貓，我曾看過幾次，全白色、肥滋滋的，卻有一條「波奇貍貓」的尾巴。我把牠馴服是要幹嘛？讓牠當小鴿子的乾爹嗎？大家按讚是指希望看到小鴿子有新乾爹嗎？

豬哥亮：我個人是盼望看見乾爹的出現……滿美的……

我：是呀，我已經打算把家裡的美貓男、美貓女部隊移師到現場，展開美男美女誘捕隊。這種誘捕法好像比較人道。真是的，鍋子裡有兩隻烤過的雞頭，牠不拿，偏要搶別人的爹。

二〇一一年十一月十四日（一）—立冬

57 樹葉

這幾天在山上冷到一直想睡覺，好不容易下山了，光是清理阿布吉的房間及收書，就花了將近兩小時。收拾書時，我一直注意著自己的念頭，包括自己的自怨自哀、為何要收拾這些東西。注意到這些念頭後，我就提醒自己放下負面情緒，專注在收東西上。

一邊收拾，一邊回憶過去自己買書的情景，有時真是瘋狂，居然是一箱一箱的買，完全不管誰會看。今天晚上，我先收了諾貝爾獎文集，就已經滿滿一大箱了，過程中不斷地提醒自己要以懷舊的心情來收拾。

晚間，我睡得很沉很香，像是躺在一個溫暖的列車包廂。這輛列車要帶我去哪裡，我已經不在意了，只想要躺在這裡欣賞雪國的景致。在車廂裡，我聽到一位友人念了一些信給我聽，像是以前我們之間有趣的對話，其間還夾雜著過去年輕時的剪影。列車上，陸續有人上來，也向我示好，讓我感覺很溫馨。

後來，到了另一個團隊教室，感覺又回到當初純真的制服時代，跟許多人在一個用來創作的洞穴裡，各自思考著未來的創作，有些人想以日記的方式，而我只想以臉書寫法文。

今天，找到公視播的《名家名曲》裡有介紹拉赫曼尼諾夫的生平。我常在想，只有俄國人才了解我內心澎湃的心情。

早上，我一直在找音樂取暖，身子暖了之後，才有動力可以工作；沒想到午餐時間在院區遇到許多小光頭，整個心情忽然暖活起來。我問他們為何冬天還頂著一個大光頭，心裡還想著在冷冷北國的拉赫曼尼諾夫始終是平頭造型。喔，原來是剛從成功嶺下來呀，前來服研究替代役的研究所畢業生，一個準備去顯示中心，一個準備去雲端中心。呵，我還以為是高中生來實習呢！

「什麼！阿姊，現在高中生也沒有理光頭了好不好！」我被這兩個小光頭取笑著。

「那麼現在只有從監獄還有成功嶺出來，才有這種光頭？哇！稀有動物耶！」無論如何，在冬天裡看到這些小太陽，雖然只多了幾燭光，心裡仍是暖和和的。

在山上飄著細雨的陰霾天裡，大部分時間無法從事森林活動，我開始讀《紅樓夢》，同時也打算把電子琴帶到山上，希望音樂與火紅的書名可以為漫長冬季帶來溫暖。之前，為了準備讀《紅樓夢》，已經閱讀了幾十本的相關著作。接觸到本尊時，有種雖然「相見恨晚」，但又不得不晚的感覺。如果早一點讀了，卻沒有豐富的人生歷練或是對醫學植物等認識，也無法真正欣賞到曹雪芹爐火純青的文字功力吧。就像先前聽了許多彈奏拉赫曼尼諾夫樂曲的版本，但真正聽見本尊的彈奏後，給人無法言喻的感動，至今我已經無法再聽其他版本了。但有時我也想過，如果沒有之前的從旁摸索與他人的導覽，我真能聽得懂原著滿滿洋溢的況味？

之前在山上辦完單身派對後，正在想接下來還可以辦什麼活動，就有學弟跟我說，他要到山上去拍婚紗照，太有意思了。

消失很久的陽光，讓我記起了懷念是怎麼樣的一種滋味。陽光帶走我的記憶，也帶走我的數學能力。我是一棵無與倫比的樹，如果想要了解我，就試著不要計算我的樹葉。

I am a significant tree. If you want to know me,try not count my leaves.

Je suis un arbre significative. Si vous voulez me connaître, essayez de ne pas compter mes feuilles.

二〇一一年十一月十五日（二）—立冬

58 紅茶

最近開始看《紅樓夢》，又買了幾本《山海經》的書，二〇一二年應該是我的古典文學及電影年。

昨晚清書清了半天，才清了兩大箱，約一百本，離「先清出六大箱」的目標有點遠。但一邊清理，一邊找到以前的物品，感覺滿親切的。像是有一包去巴黎旅行的資料裡，有一張巴黎的地圖，在我回來後就被我裱在畫框裡，無時不刻地想像著在巴黎漫走的時光。

最近，新竹捷運（現為台鐵六家支線）通車後，我一直感覺新竹頭前溪跟巴黎的賽納河很像，而現在河的兩岸開始有鐵道帶動，真的就如同巴黎左岸及右岸的發展。巧的是，頭前溪的左岸就是大學城，右岸就是竹北的商業區，跟塞納河的發展頗為類同。更有趣的是，我現在住的頭前溪左岸這區，跟巴黎左岸的植物園同一個方位，也是我在巴黎最喜愛的一區，而接下來自己要學習拍電影的地方在右岸，在巴黎的右岸也正是發展媒體工業的地方。而且，巴黎聯外交通的北站火車站，跟現在的竹北高鐵火車站位置也類同。

另外，我想起了在地球的另一個面，緯度跟台灣相同的地方，正好就有一個小島叫「福爾摩沙島」，這些巧合真的讓人感覺地球到處就像是個「平行宇宙」的世界。

這些地方，我自己不太可能再去一次，卻希望有一天能和長大後的阿布吉一起去。想到這裡，看著可愛的阿布吉，內心想著能陪她長大真好。阿布吉剪了一個可愛的馬桶蓋頭，我特別抱著她說：「媽媽想了妳兩年，終於等到妳出生耶！」那一年我地支合水，運勢才一格，難免有孤寂感，想生小孩的動力很大。

昨天收書收沒多久，又找到了〈法國十三天〉的琴譜，這才提醒了自己，其實今年已經完成許多願望，包括學會鋼琴，能自我陶醉彈奏〈法國十三天〉。昨天又再次看琴譜彈奏，感覺左手指動作柔暢服順，卻沒想到這大調和絃一開始就讓我的手指抽筋半天。

越去翻找自己以前的紀錄，就發現其實自己的願望無時不刻都在實現。接下來，我就要發願能夠找到名師，教我彈〈拉赫曼尼諾夫的第二號鋼琴諧奏曲〉。誰知道，搞不好我真的會遇到一位古典鋼琴名師。我剛才想到，J女郎好像就是從小學鋼琴的，搞不好我接下來的名師就是她囉。

此外，我也找到一本影片快速剪輯的書，以及一本DK出版的《解夢書》。我想時間也差不多了，就抱著這兩本書隨性地翻一翻就入睡了。

這晚一共作了兩段夢。第一段夢裡，我一直在一家很棒的小書店看書，它應該是二手書店，極富人文精神，而且裝潢的感覺就像是自宅客廳。

後來，我夢見我跟中醫老師在山上舉辦新的講座，但大家好奇的不是老師帶來的藥，而是後面的一大袋茶葉。山上女主人跟我們說，那茶葉是在後面的黃金山上摘的。我看到那山全部金亮，連葉子也閃閃發亮。我心中忽然驚呼：「原來，如果要看食物或食材的品質，就先去看它們的出生地……」

我想這應該是睡前喝哈洛斯茶的原因。

於是我今天的每日一句就是：

The quality of food depends on how it grow, so do man!（食物的品質取決於它的成長，人也是。）

二〇一一年十一月十六日（三）—立冬

59 大白貓

Johnnie Walker舉辦的活動之截止日期快到了，心中一直在想到底要不要投稿，又要以什麼為題目？昨天剛好聽同事提到——我們報名參加A公司的競賽，準備贏得一套價值六十萬的非線性分析軟體，聽說沒有其他人報名，可能就直接給我們一套。不知道這是否為一個Sign。於是我問了易經卡，到底要不要使用「世界的夢」來做這次的參賽題目，結果得到「火地晉」的卦，受到賞識。

要跟誰合作呢？

A—雷水解（有解決辦法了）

B—山水蒙（可能被蒙蔽）

C—雷山小過（小小地過份）

看樣子找到A才是對的。

昨晚很累，上完昆蟲課後，回家倒頭就睡了。作了兩段夢，都非常詭譎，第一段是SYH跑來跟我說，我是他最佳的紅粉知己。第二段夢，讓我感覺很憤怒，是跟目前的團隊產生很大的爭執，我大罵他們難道都沒有「獨立思考」的能力嗎？

醒來後，我一直憤怒不平，想著該不會今天有讓我憤怒的事了。

但是，接下來的發展讓我覺得不可思議，我發現S單位與解決目前團隊的問題，可能產生關聯，或許可以利用S單位在研究的HHT，來解決目前生理訊號的瓶頸。

這個週末，我就要來安裝山中的八大貓屋了。家裡原本目前只有七隻貓，但好友白先生幫我裁了八個貓盒子。他說，因為木板可以裁成八個，對他來說裁七個與裁八個是一樣的。我心想，莫非那隻吃掉公鴿子的白野貓，真的會被馴服，而變成家中的第「八」隻貓？

太有趣了，剛合作的廖博士認識一位專門做動物生理訊號的李博士，接下來就要來測試兔子的生理訊號！

各位：

這段時間，大家都有各自的任務在忙，希望大家花一點時間，將展演後的資料分析與應用，提出具體的路徑與方法。建議可以從生理訊號的技術方向，提出分析的方法。另一，將其記錄的音樂與影像內容如何與生理訊號的訊息內容連結，再編輯出具體的互動內容。希望大家在星期五以前寄給我！

感恩！

Dear：

根據之前比對，N款感應器的結果與真正的HRV訊號尚未完全吻合，計算出的LF/HF等也未必真實。嚴謹度來說，不太能夠說是「真實的生理訊號」。因此，目前可以提供技術相關驗證的有正相關性比對，這部分可以先來進行（但有點瞎子摸象）。目前，我還在思考可能的說辭，或是先避開這部分的說法，直接把它當成一堆「含雜訊的訊號」所代表的互動意義，如果大家有更好的想法，歡迎提出。這部分，我一直糾結著！因為訊號的第一階可以這麼說，但訊號的第二階包括著把雜訊再做一些HRV的演算，我就不知道該稱它為什麼了，它基本上與原本的生理訊號已經失去同調性了！

大家可以想像一幅畫作，如果原本做色彩頻譜分析（類似HRV的數學運算），可以知道它原本的彩度分布；但是鋪上一層薄沙後（雜訊）的畫，再去做彩度分析，可能你看到的主要都是沙的彩度，而不是那幅畫的。

這樣的類比，大家可以想像嗎？

（這部分來自於夢境聯想）

對了，我剛才想到，或許可以以非線性的關聯性分析先濾除這等雜訊，再用HHT分析法去還原真實訊號。但這部分可能要找人及適當的試一陣子，不曉得有無經費可以支持？這類HHT常模找法，通常是在找自然訊號的常模，就像如果一根笛子發生缺陷，還是可能找到自然的聲音本徵質的一種方法。不過，需要找到本徵函數（intrinsic function）。我想，非線性所造成的問題，還是得透過非線性來解決。

60 魚I

二〇一一年十一月十八日（四）—立冬

今天花了一天的時間準備要送交台北文學獎的內容。當開始寫小說時，就如同進入蝸牛的身體般變成雌雄同體，在主角盤子與西鄉先生間切換著。

昨晚坐新竹捷運到市區報名Maya 3D動畫和建模軟體課程，同時試試坐車通勤的路線，之後幫石頭的女兒甜甜慶生，一直到晚上十二點多才回來。

夢中十分精彩。我在山坡上的一個古老街道，先是遇見一位先生找到一具骷髏，他不理會我及旁人提到的詛咒，私自把其中幾根腿骨盜走，後來我才發現他是一位骨科醫師。我離開後，隔壁的屋前，有位擺地攤的人跟我說，裡面有誦經的法會。第二段夢，夢見馬總統在打籃球，我跟一位身子拉長的小毛在一起，我穿著長裙，沒有打球，只有拉單槓。第三段夢裡，我再次遇到陌生人發表一篇文章〈步孟浩然之李其然〉，李其然正是我以前夢見的一位文學家。第四段夢，我看到一幅圖，許多人都不解，但我卻看到裡面有許多的凹槽，我想那正是人體的內觀圖。凹槽正是一種孕育，令我想起了蘊育著生命的河流。

也是因為這個夢，讓我決定文學獎參賽作品以〈心湉溪〉為題。

心惦溪

我是一條魚，溯溪而上的魚
沿著新店溪，與波光瀲灩平行

當風來時，我順著風走
當風停時，我原地不行

春天來時，我趴在沁涼的溪水
聽它們的歡語，背後承載著暖暖的陽光

夏天來時，我聆聽那溪水與炙陽
聽它們的爭奪，背後依舊曬著暖暖的陽光

秋天來時，風吹著溪畔的金柳搖曳
我是那魚，承載著往日的回憶
只要還有點氣息

我原本是一條魚，一條溯溪而上的魚
沿著新店溪，回到那
初識的相遇

（註：藉新店溪的魚，抒發現代文明衝擊下，回歸原始的初心。）

61 熱石

二〇一一年十一月十八日（五）—立冬

昨晚體驗了J女郎介紹的一種中藥能量熱石溫灸法，感覺不錯，我決定等母親來北部時，再帶她去進行理療。

昨晚，我又跑去蓋了捷運站之後的新竹竹中站附近考察一番，真的感覺像夢一樣，原本熟悉的地方，其附近的地貌都變了，不同的土地開發會影響附近的能量場。我也是到了山上後，才開始覺得原本尋常的石頭也是有生命的。上次去盆栽店，看到有人在賣陽明山的石頭或沙，而且真的有人買。

昨晚的夢實在太神奇了，夢見我去修理壞掉的相機，結果是設定跑掉了。我先是到第二層夢裡，看到一種紅色的石頭，似乎是從火山跑出來的，我想要拍照卻發現相機壞掉，於是回到第一層夢。到了第一層夢，遇到石頭，他跟我說可以更改設定，我照著他的話做之後，最後真的修理好相機。接著，我忽然意識到我應該是在夢裡，於是再次醒來。清醒時，我到辦公室一看，果然是我不小心把AF（Auto-focus）調成MF（Manual Focus）了。原本還以為相機被撞壞，機械結構故障，沒辦法自動對焦，正準備送回原廠維修。

在夢中找到修理故障物品的方法，還滿神奇的。

二〇一一年十一月二十日（日）——立冬

62 熊貓

昨天山上風雨交加，手腳也冰冷起來，看了《紅樓夢》，溫灸一陣子後，朋友石頭也上來泡茶聊天，後來玩起姓名論卦後，整個身子暖和不少。晚上時，石頭老婆來催促了，所以他得趕緊下山去。接著，晚間氣溫驟降，我忽然感覺彷彿失去意識般，全身發冷，想進入冬眠狀態。我在床邊灑了一些肉桂精油，避免夜間受寒，入睡後就一覺到天亮。

這肉桂幻化成一襲高中制服，服貼在夢中的身體。我穿著高中制服，樣貌也回到高中時的模樣，但心智年齡卻是十分成熟的。我跟著高中生考試，不用念書也可以答題，還穿著制服在大馬路上騎腳踏車。我真實的心情是不太想回去母校，因我現在覺得，全部都是女生的高中滿變態的。但那時的我，的確需要一個「變態」的環境，來讓我專注念書。

在夢中，我快騎到校門口時，忽然看見高中時的自己。那時我固定跟友校合作（夢中虛構的），所以每星期有一天會跟友校的男生討論，滋補陽氣。我內心覺得好笑，原來年輕時是靠著這種跨校合作來維持男女間的社交。此刻，我穿著極為摩登的高中制服，白色襪子拉到很低，踩的是高跟鞋，十足就是叛逆高中生的穿法，接著我十分不想進去高中教室，而是想回家。

母親開了一家民宿公寓，也成立了她自己的臉書，且加入了許多我高中及大學時的好友，更誇張的是，以前跟我談過戀愛的人，全都成為她的臉書好友（這也是夢中虛構的）。後來，我遇到一位住民宿的女孩，似乎是我以前的高中朋友，說接下來要去看「熊貓科學館」。我印象中在另一場夢曾去過，覺得滿無聊的。熊貓本身懶懶的，人去到那裡也跟著發懶，但是母親似乎希望我當導遊帶她去。我想到我有一輛車，打算穿高中制服開車去戲弄警察，應該也是不錯的叛逆行為。但似乎是沒讓我實現這個叛逆想法，沒多久就醒來了。

我在想為何會作高中制服夢，原本以為跟肉桂有關聯，後來想想，該不會是昨天提到石頭的好友要回來幫他做實驗，而那位好友正是我們以前雄中、雄女大露營時同一組的男生。剛好，以前雄中也有一間「紅樓」，真是紅樓夢一場呀。

晚上聊天時，石頭說，我其實很溫和，但如果惹到我，說起話來也是一針見血的毒。我說，是呀，個性溫和不代表看不出事情的真相；這種人平常溫和，但要揭發事情的真相時，會用你意想不到的方式。從夢中似乎就可以看出來，我已經在找各種溫和的叛逆方式了。

山上冷颼颼的，但欣喜的是遇見養雞的秦先生一家人，也是水瓶座的秦太太還告訴我說，他們有了新的部落格，名為「小秦的禽育世界」。我說，好樣的，果然是水瓶座的另類創意。她笑瞇瞇的說，這名稱不是她想的，是她的同事阿諾想的。巧的是，這位阿諾正是我以前實驗室的學弟，而且也是水瓶座的。我問他們，想不想以SNG實況方式拍攝雞舍。果然一拍即合，他們正想要做這件事，只是還未細究技術面。我說：「沒問題，交給我吧。」

下午好友白先生已經幫我載來做好的貓屋雛型，我試了一下，可以讓小貓及兔子在裡面玩躲貓貓，而大人可以把它當成椅子坐在上面，是可以重組的組合式貓屋。傍晚，我跟美貓男分享了這種新式貓屋，他已經養貓幾十年，家中有二、三十隻貓，也對這款貓屋的設計及運用方式非常喜歡。他分享說，這種貓屋一個在網路上要賣幾千元。我說，接下來要補土及上油漆，之後再彩繪。一想到可以彩繪貓屋，我整個人又熱血起來。

二〇一一年十一月二十一日（一）—立冬

63 豹

晚上繼續收三樓的房間，阿布吉撒嬌地挨著我說，希望我能跟她講《包姆與凱羅》（島田由佳著）的繪本故事。我說，我先講一遍，中場休息時，妳去把玩具收一收，我再跟妳講第二遍。沒想到，講完第一遍後，她真的就把亂糟糟的屋子收乾淨了，讓我又上了一堂實戰的「幼兒心理學課」。在講完第二遍後，她就乖乖地去睡了。

晚上，我拿著Maya的光碟放在床邊入眠，作了一個貝式曲線的夢。我先是作了一個不知道要讀什麼系的夢，因為我有外地大學的學籍，卻想留在新竹選課。我想過是否要再讀「通訊」，這樣就可以跟外星人溝通。但是後來發現，關於理工的知識，我學習得夠透徹了。我現在想精進的還是跟創作有關。夢中，我收到一個通知，受邀去看一場演出。我入座後，看到一條條原本是「貝式曲線」的線條，後面還有雜音說：「這叫作『θ曲線』。」我說：「不對，這是貝式曲線。」接著，這些曲線慢慢隨著觀眾的意念變得複雜，到最後居然變成一隻栩栩如生的「豹」，驚嘆之餘，我心想，這就是我要精進的學習。

剛才真幸運，吳大哥介紹一個陣容堅強的影像監視團隊給我，有他們加入，「生態實況電影」計畫的規模已經水到渠成了。我很興奮及激動，決定讓他們整個團隊都加入。

二〇一一年十一月二十三日（三）－立冬

64 貓尾

昨天到台北水源劇場（水源市場樓上）出差，進行劇場情境的生理訊號實驗，中午休息時到老地方喝咖啡，回程時有一幕讓我十分感動。一位視障同胞的眼睛雖然看不見，卻把他要賣的口香糖以積木疊疊樂的方式，自得其樂地疊成一座高塔，還高高地舉起來讓路人觀看。他的平衡感特別好，眼睛雖然看不到，卻沒有讓口香糖跌落。原本快速通過的我，被這驚鴻一瞥給感動了，又踅了回來，問他：「你的大樓怎麼賣呀？」他笑笑說：「一條二十元。」我交給他兩百元，小心翼翼地拆了他一、兩層大樓。這多餘的錢，我不是出自於憐憫，而是感謝這位街頭大師的教誨。感謝他告訴我，即使身處於最艱難的時刻，永遠要有一顆「雙手蓋大樓」的心！

身旁的故事的確是不斷地來找妳！You Raise me up（你鼓舞了我，喬許的一首歌），水源劇場前的大師！

從台北出差回來後，我趕去參加攝影課。雖然上課的時間不多，卻學到一些拍攝技巧及精準構圖的見解，加上自己翻看使用手冊，試了一些特殊玩法，包括單色調系。回到家試拍了一些，果然頗有特別的風情。我拍了幾張自拍照，加上「貓尾」的拍法，隨便拍拍，桌子上也沒收乾淨，沒想到竟造成這種貓尾貼著名牌的特殊效果，滿像百貨公司的毛草銷售牌。我最愛阿吉貓的尾巴了，是閃電形

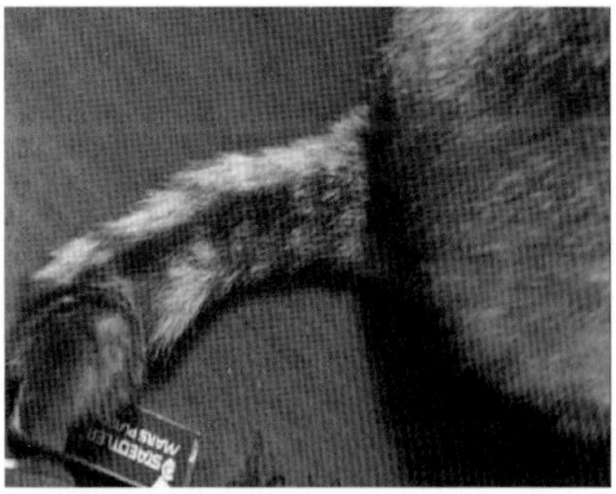

▶這種貓尾貼著名牌的特殊效果，滿像百貨公司的毛草銷售牌。

的，相傳有閃電形尾巴的動物都是來報恩的。

拍了一張阿吉貓尾的照片後，我想再說說阿吉貓的故事。牠算是家中最老一隻貓，沒跟其他的小貓住在一起，但我最近新領養的一隻小乖貓跟牠一起同住後，阿吉貓的眼神變亮了，感覺像是在談戀愛。雖然說小乖是公貓，阿吉也是閹掉的公公貓，但我想阿吉此刻應該是處於回春的戀童癖狀態。

這次的拍攝果然讓我開了竅。剛好晚上看了一本攝影作品的書，書中就提到要拍出好的攝影作品，有時並不需要懂得太多技巧，反而是等待時機與相信巧合，因此濫拍雖然不成大師，但總有一天也會「開竅」。

安哥說，許多大師都是先從單色照片拍起，但我心想，以前哪有什麼彩色照片。不過，單色拍法的確很容易讓我們脫離色彩的迷惑，回到攝影裡「光與影」的本質。

或許是昨晚開了竅，晚間就作了一個有趣的夢。夢中，S被邀請去拍電影，而且場景是在她家，有個小女孩叫她阿姨，而有一位很像Y的扮演她的同居人，但最後是Y與蒲公英演的一場戲最讓人感動。夢中，我好像原本是四處到別人家閒晃，轉存硬碟中的資料，但我主要工作好像是挖掘一些可以拍攝的題材。

光與影

光　輕柔地　吻
影　如雙人舞地　跟
光與影　似交纏綿密的愛人
在人間的華爾茲舞池裡　婆娑甜蜜
光　疾倏地離去
影　慌張如墜落至迷失的地底
光與影　似前世被遺忘投胎的夫妻
乘著因果炸裂的種子　各奔東西
你是光　當你來臨　由你開舞
我是影　當你離去　只好隱形
光沒有了影　仍是光
影沒有了光　隱了愛　沒入地底

二〇一一年十一月二十三日（三）—立冬

65 盤子花

昨晚的第一段夢，是夢見我從南部要回新竹，但已沒有到新竹的車了，於是先坐到台北。我心想也好，昨天剛好看到一家貓的客棧，既然這樣，晚上就去住那裡。接著，我在路上就看到王唯工。

能量武功派系是如何從「紅玉山派」變成「白玉山派」？昨晚的夢中第二段即是這段考察過程。目前市面上普遍的派別是「白玉山派」，但這派系的掌門人白玉山原本叫「紅玉山」，因為家族被仇家追殺，遂在一個特殊機遇下，將傳人紅玉山過繼給白家人，成為白玉山。

我在這場夢中找到這本《白玉山能量武功的祕辛史》，我一邊翻看，發現他們的訓練跟我研究的計畫內容幾乎是一樣的，包括以腦直覺穿越樹林的武功，還有運氣就能通任督二脈。我發現我的研究脈絡好像就是要把白玉山這一派的武功，用人體科學的方式破解。我剛才找了臉書，真的有白玉山這個人，已經加入他當朋友了。（註：後來也知道藏密氣功修練紅脈及白脈平衡，達到中脈暢通。）

我常常夢見一些「人名」，有時現實中還真的找到這些人，方東美（哲學大師）就是其中之一（以前我並不知道有方東美這號人物，還以為自己那陣子喝了太多東方美人茶）。

夢中，我看這本密笈的文字十分清楚，閱讀的速度也不疾不徐，覺得夢醒後應該可以把它帶出夢境。但是我想錯了，夢醒時手也空空，幸好當時把書看得很詳細（夢裡的自我這麼想）。

我心想，既然夢的內容跟一本書有關，便回想昨晚接觸的書，大致上有徐四金的《香水之旅》（昨晚已看完），還有一本《聖經與植物》（昨晚也翻完），另一本是《拉赫曼尼諾夫的音樂人生》，今晚要以隆重的心情來看。

早上，跟製作人開會討論時，她提到跟植物互動有關的事。我解釋，新世紀農耕的農夫包柏使用靈擺跟植物對話的過程，靈擺的原理是跟腦的無意識及直覺運作有關，再透過肌肉的反應顯示。解釋到一半時，我忽然發現，這場景在昨天「紅玉山與白玉山的夢」裡上演過。聽說，我們會找一位新導演來主持未來的計畫運作，真是興奮，明年真的是導演元年。

我去買東西時，順便翻了今天的報紙，看到林慶台的報導。雖然我到現在還沒看《賽德克巴萊》，但他是我心中的影帝。聽他發表得獎的想法時，他也是淡淡地說著，若得到會珍惜。他的本業是牧師，雖然沒有大張旗鼓地嚷嚷上帝或一堆感謝上帝的話，但在他的神情裡，我卻感覺到神跟他是同在的。昨晚看了一本《聖經與植物》（張文亮著），書中敘述各地區植物與聖經相關的故事，十分有趣。不過，文章裡出現太多次「感謝上帝」的溢美詞句，像是歷代皇帝在藝術家的作品上蓋章才能表達對作品的感動一樣。

我把自己寫的一本小說大綱《東城與西鄉》（講大地震浩劫後，人們如何重新拾回信心與愛的過程）排版後的初稿寄給E看。用排版軟體排完後，感覺果然又不一樣。E說，果然很像書的感覺，中文就是要這樣排版呈現，才有味道。她說，這是個很棒的故事構想，完成的篇章也很感人，讓人想繼續讀。而我讀了自己的小說後，感覺也進入了那個世界，排版後還真的很有時空感。這真是一種文字營造空間的魔力。剛開始，我自己也覺得主角的暱稱叫「盤子」有點突兀，因為在講九星連珠，就有「命盤」、「羅盤」的聯想，但再繼續讀，盤子代表著「包容」及「呈現」，和文章很呼應。

其實，我也同步在想「盤子」的意思，盤子是裝各種好吃的食物，還有盤古開天。其實那陣子作這個夢時，我正在測試用盤花花精（一種淨化思慮、洗滌負面思想的台灣花精），一切都是巧合。

我這次是請印刷行幫忙排版，雖然我也想要自己學排版，不過如果他們配合的好，就先長期配合。

那天到台北的水源市場出差，我在附近的咖啡館改小說，心中一直跟小說裡頭的「西鄉先生」在一起。他已經變成一個由我現實生活中的許多朋友綜合在一起的人物，分不出來他是誰了。那天在咖啡館，我跟著小說人物「西鄉先生」的心情上下起伏，揣摩著要不要讓他在地震中斷腿？狠下心來讓他真的斷腿，瞬間感到自己的無助感，猶如「西鄉先生」失去摯愛的母親那般。這就是寫小說的魅力，創造了這樣的一個人物，自此他就長存人們的心中，《紅樓夢》中的賈寶玉不就是這樣嗎？

66 隕石Ⅰ

昨晚是近來最開心的時刻了。我拿起一本自製筆記本，開始依據小說的劇情做影像化的思考，突然感覺回到小學生時代自在畫漫畫的情景。想到小時候拿起數學簿就開始畫，那時候根本也沒有多媒體的2D及3D軟體，直接有筆跟紙，就開始自得其樂地說故事。晚上，我終於又找到這種感覺，不是技巧的問題，不是素養，而是說故事的初心。在這過程中，思想隨著故事不斷地冒出火花，我也終於了解不管是要使用電腦或拍攝製作動畫，先準備紙本腳本的功能，就如同「佛說入胎經」一般，在產生形體之前，能量場會以一種幽微的能量跳躍著，光是沉浸在這樣的能量裡就很開心了。

在第一堂的Maya課時，老師提到作業會以建造工業模型為主，要我們設計一款市面上沒有的車或船等。我當時心想不妙，在小說裡根本沒有出現這種工業化的物品，我一度覺得上這個課對我的創作來說是浪費時間。

但是，後來我們練習特殊複製功能時，把一塊長方體藉由特殊複製的運用，產生了螺旋梯的效果。我馬上就想像這一幕可以使用在某部分的劇情中。緊接著，不管是學到什麼技巧，甚或是在往輕軌捷運的途中，我開始觀察眼前的哪一幕可以放入哪段劇情。

新竹有了輕軌之後，我莫名地感到高興，似乎是厭惡開車時無法仔細觀察周遭環境。在台北時，我大部分的交通工具是雙腳，於是我可以隨意地控制我要的觀察角度及速度。而在新竹，大部分時間都在開車，那種速度根本無法讓人仔細觀察，難怪我一直覺得在台北的那段時間，是我創作力最旺盛的時刻。

原來，我就是在等著輕軌通車，來讓自己的眼光可以回到以前的慢速。輕軌通車的這一年，與我開始進行動畫創作的這一年，居然有這般細膩的巧合存在。

昨天，莫大大提到他對於我在《慰央歌》小說裡，寫的「四色筆奇航」那一段最有感覺。其實，我寫到那裡時，剛好買到一隻四色筆。在台大的一棟建築物前，有個不繡鋼的大型裝置藝術，我拿著四色筆在那裝置間穿梭，像極了一艘特殊的太空船。我心想，外星人如果要雕塑一件藝術品，應該就是像這樣開著一艘四色筆的船，選定一塊「太空隕石」，然後來來回回地咻咻的，就把太空藝術裝置給雕刻好了吧。

Maya課的老師要我們畫一些車呀船呀，讓我很失望，怎麼不是先教人物動畫設定。不過，昨天莫大大說，我可以從Poser軟體下手，讓我驚喜萬分。我也同時想到，或許Maya的課程裡就先設定來畫一艘「四色筆太空船」吧。

在昨天的夢中，我回到鄉間，發現有一些地方著了火，我到處在滅火，卻一直滅不掉。後來總算滅掉了，結果來到一個選舉場合，大家都席地而坐，但後來發現這些人是親民黨的。

我昨天一直作滅小火的夢，醒來還在懷疑，到底是哪裡著火？

看到J貼出奧修有關對前世的看法，因迴異於一般看法，我們便展開一場對話。奧修認為，你無法記住前世，因為它會使你變得很難安排，即使只有這一世，你都弄得一團糟，如果你能夠記住很多世的話，你一定會發瘋，所以不要去想它，事實上它跟你也是不相關的。J覺得，自己常成為許多陌生人之間的莫名連結，這點還滿像乩童的。會相連的人其實不是完全陌生的，都曾經熟識過，只是不見得是在這一輩子。我們的對話如下：

我：事實上，我曾進行類似前世回溯的體驗，跟奧修說的可不一樣，而這個催眠體驗，倒像是看了一場自己演出的電影。為了表達我說這個的誠意，我去找一找貼出來吧。

J：看了一場自己演出的電影，然後怎樣呢？

我：等一下，我貼出來，滿長的，也滿有趣的。之後，我一直研究，我們在催眠或夢中出現的這些人物，其實是一種生命的原型，我會認定它們是我的前世，是因為感覺現世的自己還擁有一部分這類的習性。這種類似「阿賴耶識」（第八意識）的意識時時刻刻都存在，有時會有一些你覺得似曾相識的人、物或電影。雖然有某些人稱其為前世的習性，但我研究阿卡夏紀錄後，覺得應該比喻為「集體意識」比較恰當，也就是前世的意識是一坨泥，當肉體死去後，這坨泥意識還是會打散，就像〈你濃我濃〉那首歌一樣，重新選擇你要的新意識，但因為是泥，不免混了一些過去打散的，這就是「前世意識」的由來。以上是我體悟到的，我也不是看書看到，你要我證明我也沒辦法，只是體悟出來變成自己相信的一種說法。

J：弄清它到底為何？所謂的前世意識。科學研究常無目的？為了好奇？

我：沒有前世，只有前世的意識，至於是哪一世，也有可能同時發生在平行宇宙。前世跟今生，只不過是時間上的前後分別，但在宇宙中，它同時存在在第八意識，這是佛教的說法。New Age則說是阿卡夏紀錄，所以New Age不說前世，它只說隨時，只要願意，準備好了，就可以調動阿卡夏紀錄。不是每個科學家都要有目的，有時是為了信仰。至於我為何研究，不要問我為什麼，要問為什麼研究會找上我。就像一個故事一直抓著一個導演死命不放一樣，當你想放棄它時，卻發現那不是你能控制的；直到你發現自己能放掉它時，你的內心就已經有個故事的答案了。奧修的思想，我覺得《譚崔經典》十卷書是滿有價值的，因為透過他的解釋可以了解古代「譚崔」的精意，其他的看起來都感覺奧修是在講幽默故事，心情不好時看一看可以笑一笑，因為他很會哈啦。奧修自己也說過不要把他的話當真，因為他在說這些話時，會依據問話者當時的狀況，故意當頭棒喝，讓人清醒。

J：所以，沒有絕對的真實？

我：我過去量過乩童的腦波，本來還想去做觀落陰的腦波，後來發現一些事情後，就不再對這類事那麼執著，應該也可說是找到答案了吧。

J：真實，不來自別人，第八意識，阿卡夏到現在找到什麼答案？

我：真實不是發生在一種時間軸上，也不是被人稱的何種事物，真實會自動來找你的，答案也是如此。我記了許多夢日記，剛開始有一堆的問題，但最後發現答案都會自動出現。當我們還會問許多問題時，就像是樹問人怎麼欣賞他。那人說，我先數數看你有多少葉子。但當那人停止數葉子，只是純然地與樹在一起，他就發現答案了，感受到樹的真實。就像山芙蓉花一樣，以前我以為記住它的名字就算了解它了，但跟它相處一陣子後才覺得，原來我們一點都不了解它。我們並不知道山芙蓉其實一天之內會改變三種不同的顏色，像極了花中的千面女郎。以下是我當時的催眠體驗。

二〇〇九年九月的前世催眠體驗

星期四，我去進行人生第一次的前世催眠，其實也搞不太懂是否真的有調來前世今生的資訊。不過，隨著影像的流動，從腦波的紀錄看來，應該是屬於第三階段的催眠。我原本以為自己會有修行人的前世，但我的前幾世都是滿平凡的人。

進去的第一世是個裁縫師，扶養一個孫子及年老的婆婆。第二世出現黑人跳舞的畫面，著實嚇了我一跳，後來才找到原來自己是一位混血的鋼琴演奏家，在國際現場演奏，震得我全身能量通暢。身旁有一位既嚴肅又慈愛的老師（中間催眠師曾經問過我，他是我認識的人嗎？我感覺他的形象跟安哥很像）。這一世活得很久，死前覺得沒有遺憾。

第三世是個壯碩的婦女，臉部表情僵硬，工作是照顧一群像狗的狼。這一世只活了五十八歲，是心血管疾病死去的。很有趣的是，當催眠師問我活多久，我說我不知道。但催眠師問我，眼前有沒有一個數字，我馬上就看到一個「五十八」的數字。催眠師問我是怎麼死的，我馬上看到這個又胖又醜的女人臉部整個漲紅，感覺有心血管疾病。

這一世離開前，覺得活得沒有人類的情感，只有跟狼在一起，沒有家庭、沒有朋友，只有枯燥單調的工作。再來一世，是個在冥思的將軍，面部表情憂心，原來是在擔心著朝廷的內鬥，死得也是滿悲憤的。

一下子就經歷過四世的感受。比對起來，當鋼琴演奏家的那一世，身心滋養最多，也最不虛此生。催眠師看我目前的腦波β波偏低，α波較強，屬於想像多於執行力，且認為我屬於視覺及感覺型的催眠。催眠師也認為我是屬於抽離型的旁觀者。

其實，對於這次的體驗，我覺得不管前世催化是真是假，它都調動了一些潛意識的深層感覺，利用前世回溯的故事，人們較能設身處地思考一生的尺度。我想，這也是它對人的幫助。

書上說，如果早上早點醒來，再睡第二次，這時的夢易記且清明。做完催眠後，晚上的夢就非常清明及精彩。第一段夢，夢見聖誕節的禁忌餐點，還有朋友Michael。夢境片片斷斷，不是連續的情節。醒來時，早上五點十五分。繼續睡的第二段夢連續而精彩，就像一場電影。

故事的開端是一段歌，夢中傳來的歌聲唱著……

故事總是說不出來，情感總是太隱含，兩段平行的夢故事同時展開。第一個平行線上，一位穿著保守的女孩，來到了一個鄉野舞台，女孩抿著嘴總是不開懷，女孩呀！女孩呀！如何能讓妳開懷？

後來，我終於明白，要讓夢中的那位女孩說出心事，不是逼她說，而是要像共舞那樣，讓她自己唱出來。我後來想到，我們潛意識內在的原型，不就是這般地被引導出來嗎？

我之所以去做催眠，也是因為清明夢的計畫。我想了解催眠與清明夢的差別，兩者都是處在陰與陽交界的不穩定點。我認為，這四世都是我現世的原型，它也警惕我，應該像鋼琴師那樣地過活，滋養自己，也滋養別人，才是這輩子要過的。

前世意識與今生意識，就好像雜貨店與便利商店，雖然外觀不一樣，顧店的人從歐巴桑、歐吉桑，變成正妹、正弟，但所需的柴米油鹽醬醋茶等人類最根本的情感意識都還在。在雜貨店買到的，在便利商店也都買得到。買不到的是你對當時時空的情感，就像你忘不了那種古老的身分一樣。

中午休息時，我才想起一直沒吃東西，身體開始發燙，自動補充著體能。在便利商店吃了碗麵，聽著店內的廣播，心想廣播裡不在實體空間的人要如何呈現。觀察四周的人，人群的行走及穿梭方式，停下來對話的方式，化入光影又被吐出，一幕幕像鏡頭一樣帶過。我癡迷在那樣的氛圍，不禁想著，自己要拍的動畫裡所要的場景似乎都自動冒出來；接著，我心想那該要有個動畫主角大一新生的光頭角色吧！不料一轉身，兩位理光頭的成人正坐在餐桌邊聊天。我像調閱阿卡夏資料庫般地，這世界已經成為我的動畫圖書館，意念就是借書證，這世界真是幸福呀！

我們靈魂的所有意識，就像一顆隕石，穿過千萬年，帶著千萬年的記憶，然後到地球落地。

二〇一一年十一月三十日（三）—立冬

67 玉米I

從南部出差回來後就趕到山上，隔天馬不停蹄地進行貓屋及內牆的油漆工程。回來經過那一片蓮花池和山林時，我忽然有種感覺從城市沙漠來到桃花源的感覺。山上主人為了幫屋子擋風，請光明先生做了一片歐式擋風牆，我回來一看，跟出差時那天晚上作的夢一樣，但是現場看更是賞心悅目。把漆好的貓屋格子一排排地放在窗邊，再找張小桌子，就像搬到山上的「咖啡廳」。第三天才恢復體力，可以反芻出差後半段的心情。

看到最近腦科學研究很重視的一個觀點，是有關「Serendipity」的能力，中文翻譯出來就是「偶然發現意料之外的幸運能力」，或者有人稱偶然與幸運相遇本身也是「Serendipity」。我查了一下網路，發現《美國情緣》這部電影的英文名字就叫「Serendipity」。之前也有報導討論到多數美國人公認最美麗的英文字，結果答案幾乎一面倒的是「Serendipity」，這是個翻譯者眼中非常難以處理的字眼，因為很難找到相對的中文。多年前，《商

▶每一塊都可以隨意組合的貓屋雛型，接下來要補土及上油漆，之後再彩繪。一想起可以彩繪貓屋，我整個人又熱血起來。我昨天想到要畫一些色彩鮮豔的卡哇伊鳥，看貓會不會因此對鳥改觀，讓貓感受被食物包圍的奇異感，之後還可以把貓屋放到樹上。

業周刊》在提到「黑天鵝理論」時，曾經將此字翻譯成「偶然力」，而「十大最難翻譯的英文字」，其中之一便是「Serendipity」。

要了解這個詞，最好的方式就是讀它的來源，從維基百科上翻譯「Serendipity」的字句解條，可得知其來自於十四世紀的波斯神話〈錫蘭三王子〉（*The Three Princes of Serendip*）。故事中，錫蘭國王為了磨練三位王子，讓他們徒步旅行各地，以培養對應偶發事件的處理能力；而這三位王子總是能靠著「意外」和「智慧」，找到解決問題的蛛絲馬跡，之後發明了「Serendipity」這個字，以紀念旅程中一切在無預警的情況下所遇到的挑戰、好運，以及學習到的智慧。一七五四年，英國作家華爾波（Horace Walpole）根據上述神話寫成《錫蘭三王子》小說。從此，「偶然力」便代表「意外的智慧」（accidental sagacity）。

小辭典：Serendipity（偶然力）

- 十大最難翻譯的英文字之一。
- 《韋氏字典》譯為：意外發現有價值或認同的事物的現象或能力。
- 《劍橋字典》譯為：意外發現有趣或有價值事物的幸運傾向。。
- 《遠東大辭典》譯為：偶然發現有價值物品的才能。

一九七〇年代後，這個字開始出現在各種辭典上，專門用來詮釋科學上、歷史上，那種無意的、偶然的、幸運的發現能力與智慧。歷史上最著名的偶然力案例，莫過於牛頓在蘋果樹下發現萬有引力。

忽然間，我想到現代有位人物可跟牛頓媲美——賈伯斯。結果一查，果真國外有篇以「The Steve Jobs Legacy: Luck, Genius & Serendipity」，將「Serendipity」這最美好的字獻給了賈伯斯。

在旅途中，我的動態範圍總是可以拉到最大，從雙腿的秒速五公分，到坐上高鐵後的時速三百公里，從低速到高速，解放了平日的限制，就連閱讀的書籍範圍也更大了。這次我帶了兩本書，一本是《紅樓夢哲學筆記》（劉再復著），另一本是九把刀的《那些年，我們一起追的女孩》電影創作書。我原本沒打算看後者，卻在旅途中給釋放了，也終於讓我明瞭何謂「九把刀」雖然自稱幼稚卻是熱情無限的魅力。另一本書《感動腦》（茂木健一郎著）或許可以解釋九把刀的這種效應，就是當一個人有用不完的自信與熱情時，沒遇到「Serendipity」也是很難的事。《紅樓夢哲學筆記》裡有一篇專訪，談到文學的重與輕，當看過太多重的文學後（《地下室手記》〔杜斯妥也夫斯基著〕是謂重之文學），像《紅樓夢》這種「以輕敘重」的手法，也許可讓人不至於被文學之重給壓得窒息。在人生的旅途中，我們也需要依著高音低音、輕與重交替的步伐，來拉開生命的動態範圍。

回到山上，到處巡視花園及山林，雖然寒流來襲，卻又意外地發現一處生機。在原本眺望遠景的山坡旁，長出了幾株結實的玉米，正在納悶時，才想起原來我在清掃時把鴿糞堆放到山坡上，其中夾雜了鴿飼料裡的玉米，它們就這樣自己攜帶養分、自帶便當地定居在山坡了。我端詳這玉米，突然覺得好笑。秋初，我在育苗時，也同時培育了玉米的苗，卻不知怎的，葉菜類的花都開了，玉米的種子卻無動於衷，我心想會不會是季節不對，以前在農地裡種玉米時，也因為冬北季風而使玉米長得東倒西歪。如今，在這種奇特的巧合下，居然讓玉米種子自己找到合適的家，可以預期在不久的將來，

▶隨著鴿糞落地生根的玉米飼料，現在已經快長出玉米了。長這麼大，第一次近距離看到玉米的成長，覺得有種陌生的熟悉感。奇怪，這玉米怎麼是從植株的胳肢窩蹦出來的（見紅色鬚鬚部位），我以為是長在頭頂。

山坡的雜草堆中，將一株株金黃色植株搖曳著。光明先生說，有些玉米苗長得太密了，要我去疏苗。我笑笑說：「就讓它們自然成長吧！」

昨晚，我們約光明先生在山上一起吃羊肉爐，我提到自從那片歐風建築牆蓋好後，我邊漆牆面及貓屋，已經漆上了癮，準備來把幾張看起來破爛的舊木椅也漆成白色。沒想到，光明先生今天一早就興致勃勃地拿了做木工的各種傢伙過來，挑了一張椅子開始噴漆。哇，果然如同我想像的，原本廢棄在旁邊的椅子，一旦上了白漆後，就像是宮殿的皇椅般耀眼。我說：「我好像還有一些金色顏料，之後再把它滾些邊，或是配上裝飾布就更亮眼了。」光明先生說，他最近去百木達植栽店看聖誕紅。我說，我想要把山上的房子漆成白色，然後再擺上幾盆聖誕紅，就可以營造一些冬季「紅白體驗」的感覺了。我在心中越想越覺得有趣，連小灰兔及小乖貓在我上漆時來身旁晃呀晃的，也有點想把牠們的灰衣裳換成雪白大衣呢！

等會兒來把砍下來的竹子漆成白色，或許使用白竹做成的樹屋會更有夢幻感，變成一座森林裡的蛋糕屋，當有光影時，更會像投影在宣紙上的國畫。

下午，光明先生噴漆噴到一半，剛好石頭也來了。光明先生突然提議要用安哥烤竹子的火堆，來煮綠豆湯給大夥喝，沒多久，安哥也煎了任太太送的芋頭糕。在森林裡野餐已經不是第一次，但是今天下午的陽光透過樹葉灑下來，正巧碰到燃燒的煙，若隱若現的景象彷彿林中仙境。沒多久，聽到碰的一聲，一棵被颱風吹倒而卡在半空中的枯樹幹，被光明先生給搖下來了。他身兼多職，一下子噴漆，一下子鋸木頭，一下子煮綠豆湯，像個純真小孩子玩得不亦樂乎。

石頭說，他們最近要搬家，但是再怎麼搬都比不上在山上跟大夥一起享受大自然的樂趣。我也十分感慨，最近出差到高雄，感覺到台灣的美都被炒地皮的人給破壞了。如果我有一筆閒錢，也不會再投資房地產，只想買下這地方幾十年的居住權。

當那森林中的光影，隨著煙霧裊裊地擺動時，我看到的是一種類似電影的心靈影像活生生地呈現，這不是有錢可以買得到，要夠幸運才能碰到。

煮綠豆湯時，總會出現一些東方水蠊（蟑螂的一種），當牠們被趕到火堆旁的廢墟時，我靈光乍現——啊，這一幕可以用來拍一段假想影片，說明火山爆發後，蟑螂爬過火山灰燼的畫面，象徵蟑螂的強大再生能力。我這一說，差點讓大家把吞下去的綠豆湯都給噴出來。

接近傍晚，工作告一個段落，我到鄰近的養雞場逛逛。秦先生正在準備給雞吃的飼料，拌入玉米、牡蠣粉及一些益菌，一點都不比人的食物馬虎。養雞場裡，用竹子蓋了許多高架平台。我說，這樣的確可以看到雞的各種樣貌。秦先生說，雞是鳥類，站在樹上會比較有安全感。我一聽，不禁想著，原來養雞也要考量到雞的心理，難怪這些雞跟平常看到的不太一樣，覺得特別有自信。

雖然在養雞場旁，卻一點都聞不到雞糞味。之前，秦先生說過目前養雞的技術已經很進步了，有微生物幫忙分解糞便，所以也是一種生物科技的進步。自從我告訴秦先生，有關東方水蠊的藥用後，他也準備一個大桶子，一抓到東方水蠊，就把牠扔到桶子裡去養，幾天下來已經有二十幾隻了。而在山上，我們也提醒大家幫忙抓，連小孩子也不害怕，跟著一起抓。一個小小的盆子裡，馬上就有上百隻了。

山上主人打算在養雞場外的草地圍一個柵欄，買幾頭羊來放養。秦先生正想藉機養一頭牧羊犬，也順便看顧他的雞群。我說，那我也去找迷你馬及驢子來放養。光明先生一直幻想可以坐上自己做的馬車，這下子也許有眉目了。一想到接下來，我也可能再帶幾隻貓來山上養，這「山上樂園」已經儼然成為「山上的動物園」了！

晚上，大夥邊吃飯邊欣賞著光明先生的作品。我說，這原本被丟棄的椅子在上白漆後，看起來就像是身價幾十萬的宮廷復古椅。光明先生一邊不太好意思地接受我們的讚美，一邊解釋，木漆有「底漆」及「面漆」兩種，「底漆」比較軟，可以順便修復木材上的刻痕，之後再噴上「面漆」，顧名思義就是可以讓面子美美的上漆步驟。我心想，如果能收集這類的廢棄木家具，利用一些巧思讓它再生，也不啻是為環境盡一份心力，特別是看到那些家具在經過修補後再現風華，會比買一套全新的更有成就感。

下午，我也試著把原本堆在回收物裡，長滿黴菌的竹筷子，還有整座森林俯拾皆是的竹條也漆上白色後，那純潔的白色，頓時散發強烈的光明感。石頭與光明先生名字裡都有一個「明」字，我也幫他們兩人解星盤，兩人的守護星都有太陽。石頭更告訴我們，他因為自己有個「明」字，特別喜歡研究《易經》（因《易經》就是談陰陽、日月，「易」字本身也是日與月的組合）。石頭最近要準備搬家，新住處是個舊房子。我趁機告訴他，利用類似的巧思，依照自己的心意把舊房子改裝成「浪漫滿屋」，或許比花大錢買貴極了的豪宅，更具意義。石頭聽了蠢蠢欲動，再加上看到這些我們花心思改造的白色椅子，更是躍躍欲試。接下來，聖誕節快到了，我打算去找幾個有聖誕紅的抱枕，就可以窩在潔白如雪的「浪漫滿椅」上，欣賞聖誕美景嘍。

二〇一一年十二月八日（四）—大雪

68 海王星

在水源劇場展場等待實驗的空檔，因為太無聊了，所以我開始看九把刀的小說，終於看完生平第一本，即《那些年，我們一起追的女孩》，我還發現連九把刀都不知道的祕密——男孩（八月二十五日）與女孩的守護星居然都是海王星與水星。因為火刑金（刀屬金），海王星配上水星，可謂算計過度的迷航，也造就這本精采可愛的小說。但兩人卻是，當一個在水星時，另一個在海王星；當另一個在海王星時，一個又會到水星！

九把刀最值得我學習的，是他文字裡的熱情。我很好奇他會選上「九」這個數字（代表火星），果然是戰神。其實他的電影滿有動漫感，日本的電影都有這種感覺。

出差回到家，已經十點多，之後又一直在思考九把刀的小說特質與其性格，而白天裡「劇場中不可承受之輕」的故事情節，也讓我輾轉難眠。我持續針刺百會穴及太衝穴，約莫快半夜才恍惚地睡著。

在這場夢中，我似乎在不同國家流浪，有一個流浪教室，聽不同的人說自己寫的心中那一本書的過程，有些比較嚴肅的人寫出科學書，有人則寫出童書，但重點是每個人都要寫一本書。後來又夢到海上的航行，有許多人說著我從沒聽過的語言，但是聽來十分美麗，連字體都很美。我知道那不是地球的語言，但不知怎麼，我就是聽得懂那些外星人說的話。似乎這些外星人是從海王星來的，因為他們的眼神像極了北歐的海洋冒險者，有著如汪洋大海般的眼睛。

二〇一一年十二月九日（五）—大雪

69 猴毛

昨晚舒服地入夢鄉，夢見一個說要投資的團體，他給了許多資訊，但後來我跟他要身分證及電話時，他有些遲疑，我便懷疑他是否為詐騙集團。結果，他的電話是打得通的，但我想在夢中打得通，醒來可能還是打不通。果然，醒來知道這是一場夢。

一個孤單的我，像孫悟空吹毛一樣，在臉書製造無數個我，讓一個孤單的我，從此有了同伴。有時那個陷入憂鬱的我，只能用滔滔不絕的眼淚表達她的存在。一個有智慧的我說，想想白天在咖啡館的那個我說的話。那個我說，當心有疑惑時，任何一本書拿起來都是「聖經」。在床上的我，摸來摸去，拿到的不是任何書，反而是一本日記。結果一翻，居然翻到一九九一年學長寫給自己的信。那個原本還在哭泣的我，忽然停止流淚了，仔細地讀了那個一九九一年的我的後續紀錄。現在的我，看著看著，發現那個時候的我，內心有著無窮多的我。一下子許願希望在睡夢中死去，隔天的願望卻是一天一定要惡作劇一次。每天的我，無時無刻的我，受不了我的我，在咖啡館遇見陌生的我。無窮的我，無時不刻的分裂。

到台北出差時，我提前到達水源劇場附近，我總會來到附近的咖啡館，點杯咖啡歇個息。這地方一直有個神祕的「蟲洞」，在特定的時空之下，就會偶然遇見來自另一個時空的我。這一天，是木星與火星能量交會，蟲洞附近的能量十分不穩定，有點蓄勢待發，我隱約感覺會再度遇見這些分裂的我。

果然，沒多久，我就感覺到有「另一個我」在我踏入咖啡館之前就先推門而入。但因為蟲洞能量不穩定，因此原本還看到「另一個我」明顯存在，但沒多久又消失了。我想，蟲洞是因為木星能量的存在而不斷地擴張，連時間感也不斷地變慢。周圍的客人似乎步調變慢，連我點的一杯焦糖瑪其朵等了半天也未見送上來。

「先到樓下書店去找一本九把刀的小說，來邊喝咖啡邊看吧！」我心想，便到樓下的書店翻找九把刀的小說。一直以來，我對九把刀的作品是覺得陌生的，不管是殺手系列，或是獵命師系列，直覺那不會是我的菜。但是，身旁總有不少人一直跟我洗腦說：「九把刀的小說好看！」連很談得來的，也是最常接近我腦袋的洗頭小姐，也對他稱讚不已。到底九把刀的小說好看在那裡？好奇心開始在內心發酵，我告訴自己，即使自己覺得不喜歡，還是要親自看過，才知道喜不喜歡。

我看了《那一年，我們一起追的女孩》的小說後，對九把刀有不一樣的觀感了。正確來說，這個人跟我應該是同屬於「自我感覺良好」的族類。

我在書店害羞地低聲問店員，九把刀的書放在哪一排書櫃，就像我從不願意皈依各種宗教，我也不希望被路人貼上「九把刀迷」的標籤，便躡手躡腳地來到專放九把刀作品的書櫃。

一個暢銷作家，能在書店有一排顯目寫著自己名字的作品，這讓我想到如果往生後真要有個靈骨塔，大概沒有比這種把思想化成灰，在每家書店都擺上自己作品的文字靈骨塔來得奧妙吧。就像我家中擺著奧修的整排文字靈骨塔一樣，九把刀果然有先見之明，先大量狂寫，在各大書店衝出一個牌位。

九把刀的書都有包塑膠膜，這種無法先看內容的買書方式，滿符合我提倡的「直覺摸書買書法」，拿了一本《樓下的房客》，不能看先內容，我就看外皮，感覺那封面設計的風格比較成熟，於是我輕輕把它拿下來，準備去櫃檯結帳。經過櫃檯時，我又被一本關於談二〇一二年意識的書《混沌點》所吸引。於是，這兩本看似落差很大的書被包在同一個袋子裡，我步出書店外時，隱約感覺它們倆在袋子裡互相排擠。

就如同內在的我也在思索，到底要寫一部名流青史卻不熱賣的書，還是要寫像九把刀一樣以暢銷為主的通俗小說。過去這兩種聲音一直在我腦中反覆地叫囂著。那天，翻看之前買的九把刀小說，初版四百二十刷，這個數字讓我膽戰心驚。過去，像是科普或中醫類傳遞深邃智慧的熱門書——諸如吳清忠的《人體使用手冊》或是王唯工的《氣的樂章》，衝到三十刷，就被稱為此領域的前輩了。

但四百二十刷，對於一個想以文字對社會發揮影響力的人來說，真是一個誘人的數字。但一個不被社會主流看重的九把刀，居然能超越這樣的成果。一天，我看完小說後，適逢又看了一篇新聞報導，報導幾位國家菁英出版一本《○○○白皮書》時，我心裡嘀咕著，花了那麼多錢找菁英寫，傳遞給社會大眾的到底有多少？產生共鳴的又有多少？於是，我想徹底了解九把刀可以讓四百二十乘上一千的人產生共鳴的原因到底在哪裡？

如果認真以六人小世界來說，九把刀跟我的距離只有三個人。因為他是我以前生醫單位同事的弟弟，但是以前跟同事一起吃飯聊天時，提到他弟弟也只是個愛寫文字的普通人，而且老實說，處女座的人再怎麼邪惡也邪惡不到哪裡去，屬於「邪惡不舉」的族群。但或許是越壓抑，內在的邪惡力量就越龐大，因此透過文字方式來抒發就略顯大膽。當然，這些都是我猜測的。

買完書，上樓來喝咖啡，時間感依舊覺得緩慢。不過，此刻「另一個我」終於出現了，原來她正坐在角落的沙發上。我上前跟「那個我」相認。

「那個我」此刻正埋首於一堆宮崎駿的動漫資料裡，在蟲洞裡出現的「那個我」平日看起來冷酷高傲，卻是常有洞燭機先的神來之言。「那個我」跟「這個我」性情差異滿大的，「這個我」從來不皈依各種宗教；「那個我」卻每種宗教都必定朝聖。「這個我」好惡分明；「那個我」卻來者不拒。

關於「一個孤單」的我的回響：

我：也許是這樣，如來手就出現，偶ㄟ要喝咖灰！

乙：正在幫咖灰做分身動作，做好分你一杯，還是要很多杯給很多你，而你，會不會也是另一個易容後的我！

丙：我是用ip分享器，讓好幾個自己同時現身。

丁：無窮的我？都是我，也都不是我！哪有什麼我！

戊：寫成文字後的分身，開始有了自己的生命。

己：我，越來越懷疑，這些寫出來的字，剪出來的影片，是出自我的手！

70 黑洞 I

二〇一一年十二月九日（日）— 大雪

經過昨晚的精神分裂魔考後，我意外發現精神分裂居然是創作的最佳良藥。晚上作了一些亂七八糟的夢，先是我待在一座美侖美奐的後花園，一位大老闆的小情婦闖入參觀，我便讓她隨意走動，最後發現自己正赤裸時，她卻把後花園的落地窗打開。我先是感到羞赧，但隨即想到最邪惡的反擊即是故作從容地展露肢體，讓她當場傻了眼。其他的夢境片段，還包括一些各種職場鬥爭。

我曾經想過，讓自己對人不再憤怒的方式，即是對人性徹底地絕望，但如今我又發現了讓自己抽離憤怒的方式，就是一種絕望式的觀看，用小說文字來表達人性最絕望的接受。這使我開始將精神專注地投入到創作中。

下午，因為很久沒進食了，便到鄰近的便利商店買一杯熱咖啡和泡麵，似乎是希望讓自己的肉身在受虐後，進而產生創作精神食糧的渴求。便利商店旁就是一家漫畫出租店，我吃進基本熱量後，就走到漫畫出租店，詢問店裡是否有九把刀的小說。在還沒熟悉他的風格前，家裡又有清不完的書籍時，我想租賃是最佳的方式。

「九把刀太變態了，我這裡沒有他的書。」

沒想到老闆是這樣回我的。家裡還有一本之前買的《樓下的房客》這本書，我才翻了幾頁，沒想到就

▶ 太興奮了！ Discovery 的影集《絕對好奇：平行宇宙的存在》在 32 分 16 秒時出現一行字：「黑洞是否讓我們與平行世界相連？」太好了！我要把它當作自己要拍成動畫的小說《慰央歌》的結束幕，我們與其找外星人，不如找平行宇宙的自己。

被老闆這般警告著。

不過，這家漫畫出租店，有股神奇的力量在召喚著我。在過去沒有臉書也沒有網路的時代，自己也沒那麼頻繁地孵夢時，漫畫店就是讓我脫離現實的所在。而我也常把現實中的人，一一跟自己看過的漫畫做對照，來增加生活中的樂趣及張力，今天可不能空手而回。在我研究中醫時，我租遍了所有有關醫學題材的漫畫；當我轉向腦科學時，各類奇怪的武功或催眠類型的漫畫，都能取代各種制式論文，帶領我脫離現有學術的思考框架。在潛意識中，我實際要做的研究，應該可以像動漫中的故事一樣離奇且精彩。

接著，我有個奇想，或許能在這漫畫店裡尋到黑洞（要改編成動畫的小說《慰央歌》的男主角）的雛型。要我光是用想像或憑記憶畫，功力尚淺，但畫得太逼真又失去了動畫的意義，不如在這些漫畫裡找找看是否有類似的造型。

於是，我要發揮每次逛二手書店時那種偵探的地毯式搜尋能力，在這一家小漫畫店裡開始尋找黑洞可能的形影，猶如當年達文西到大街去等待他要的畫中主角出現。而人生最奧祕的莫過於此，就在我搜尋時，居然先發現一本畫風非常精緻細膩的漫畫版《達文西密碼》。

把這些見獵心喜的小書一本一本搜括下來時，終於在正前排上方，有個眼神一直在看著我，我一瞄，天呀，那正是我魂牽夢繫的眼神，連故事情節中，男孩也都是打籃球的。這下好了，有許多籃球的分鏡參考資料。同時，我也找到一些跟校園有關的分鏡鏡頭。過去，我找了許多談分鏡的書，但八股教科書果然就是八股教科書，裡面舉的例子都沒有讓我滿意的，且這類書籍又厚重又貴，讓我失血不少。原來出租漫畫店就是最豐富又取材便宜的分鏡資料庫。

我把這整套漫畫也丟進袋子裡，心想應該要有一間專門畫動畫的工作室。於是，晚上又把寢室隔壁堆滿雜物的房間收拾一番，把房客退回的大液晶螢幕當作電腦螢幕，這樣就似乎離開工又不遠了。

晚上，我躺在床上，心想：因為加班出差時的無聊，看九把刀的書解悶，到漫畫店借九把刀的書未果，想到可在漫畫店找黑洞雛型，找到符合自己的創作方式。原來「萬物」的發生，都可以從一個「無聊」開始。

我也看完九把刀的《樓下的房客》，驗證了漫畫店的老闆那句「變態」。但我心想，如果會寫些偷窺及殺人狂到讓人覺得很變態的作家，可能就不只是出自「無聊」了，那原因會是什麼？

那麼，我希望今晚的夢境製作人，給我一些梗吧。

71 羊毛

我想，我要寫的不是九把刀的那種小說，我對於寫真實世界裡的奇幻更感興趣，那些是我們即使走出小說的世界，就像開了第三隻眼般重新感受這個世界，而非只停留在小說的暴力幻想中。也可能因為這樣，只有九把刀所寫的類傳記故事跟我比較有共鳴。

昨晚寫完文章後，我鋪好毛毯，在床邊灑了些肉桂精油，看了幾頁《夢與神話的靈修旅程》（盧德著）後，不知不覺地睡著。

夢中先是遇到Y，我剛結束旅程，一回國就準備去找他，但是他的家好似變來變去，最後我好像也找不到他家。接著是中醫老師講課，但講的不是中醫，而是他的學醫生平，陸陸續續還有人來報到上課。我沒去上他的課，而是跑到另一間教室偷窺另一位老師，但因為行跡太可疑，一下子就露出馬腳，我便轉往另一間教室，以插班的方式進去聽課。結果發現那是一堂織毛衣的課，雖然銜接不上，但我還是硬著頭皮織毛衣。有學生在底下熱鬧討論著織毛衣的數學原理，我輕蔑地跟他們說：「那有什麼好討論的，所有織法不就是一個個巴斯卡三角形……」

夢中的我很厲害，很快就織了一大片，連以前容易搞混的織法，在夢裡都駕輕就熟。老師是一位溫柔的女性，看我織得那麼快，便跑來指導我。她的速度很快，指導我使用金色毛線滾邊時，一不小心就把線用完了。她說，她們已經教了五種織法，以前沒看過我，但下次歡迎我繼續來。我有點心虛，想著有些織法是以前石頭的老婆教的，但以前學了皮毛，如今卻在這個夢裡開了竅，收線及放線運用自如。我把織到一半的大毛毯收到大袋子後，人就醒了！

這場「織毛衣的夢」，讓我了解到所有枯燥冗長無聊的事，只要背後有一定的愛與動機，那麼就不再是原本那樣了。這令我想到，如果明年真的沒有經費來進行腦波研究，與其憤怒，或許我應該開始好好地把這幾年下來的腦波研究，及夢與意識的探討，開始整理寫成書。我想起，只要遇到陌生或初識的人，知道我過去從事腦波與意識研究，就會有一卡車的好奇與問題，而自許為「無實驗室科學家」的我，背後更是有許多說不完的腦波研究探險故事。

也許這是老天爺給我的一個長假，讓我不必再為經費瞎忙奔波，接著，我要發揮的是如織毛衣般織夢的過程，一針一線，從無到有！

72 蔥

二〇一一年十二月十一日（日）—大雪

昨晚經過一場夢的釋放後，終於有勇氣走入劇場。而今天我也發現，我似乎是以一種更抽離、恍若身在夢境般地，去觀察劇場前後台的情況。我曾經在觀賞金馬獎頒獎典禮後說過，如果一個導演有好的故事構想，一定是去找一組經驗豐富的劇組或場務。而我們這邊的組合，所有的嘗試對雙方來說都是第一次，光溝通就已經花費不少時間了。難怪有人說，小說家需要的是文字及說故事的功力，而導演需要的其實是「溝通的能力」。

我在白天的每個過程，開始變得像是一幕幕的分鏡，而聚焦的點也變成分鏡中想要強調的故事或描述特點。這些分鏡也引導著我開始以戲劇化的方式來設計我一天的舉動。

像是一抵達台北，先到咖啡館買咖啡及早餐時，我會習慣性地看一看那個蟲洞發生的沙發地點，看一看今天蟲洞又把我分裂成什麼樣的人。這種將他人變成自己的「神入識人法」，很容易讓

▶山上種的青蔥、插根蔬菜，與隨處可及的盎然生機。

我感覺到那個「另一個我」今天的心情是如何。

今天看了看，蟲洞並沒有分裂，因此我也不傾向去跟一個陌生人聊天。但在買完外帶咖啡後，我看到兩位女孩在織毛線，我心想，這不就是我凌晨的夢境嗎？原來這種蟲洞分裂還會隨著時空更換地點。

我記得，我在夢境中最納悶的是，要怎麼織一些關節轉彎處，卻忘了問老師。於是，我詢問這兩位女孩在織什麼，結果居然是要織一雙手套。我心想，手套有很多關節處，正巧可以問她們。

沒想到女孩笑笑對我說：「我們雖然要織手套，但不是有手指的手套，因為我們還不會。」

我一聽，總算明瞭整個夢裡夢外「織毛線」的意涵了。它似乎就在告訴我，我們的技能有限，但還是要盡力織出一雙手套。以暖暖的心意織毛線，先獲得織出作品的成就感，未來技藝慢慢雕琢後，再逐步增加可能的變化。況且，沒有手指的手套，同樣可以達到保暖的目的，甚至在功能性上比有手指的手套更具創意。

接著，我走在寒冷的水源市場街頭。耶誕節快到了，為了表現熱鬧環境與寒冷天氣的反差，就停下來對著反應出熱鬧夜市櫥窗哈一口暖氣吧！

我飲啜一口剛買的熱咖啡，對著熱騰騰的麵包店櫥窗哈一口氣時，我似乎看到各種在山上吃火鍋，還有採收新鮮青蔥做蔥餅的幻景。我感覺到，自己雖然在往劇場的途中，但我的心、我的感動，還是在那山上的原鄉，在我自己要的創作上。整齣劇只是讓我們好累好累，累到擠不出一絲的感動。

回到劇場，或許連著幾天下來，大家都很累了，也沒力氣互相抱怨，只剩下殘存的力氣，希望撐到最後。就跟拔河比賽一樣，剛開始逞兇鬥狠，到後來能守住就偷笑了。

創作是一場與時間的拔河，如果能跟織毛衣一樣，雖然冗長卻是沉浸在快樂中，這樣的創作能量才能長久。回到劇場後，我再一次檢視在這樣封閉的劇場空間裡，如何讓自己的心靈獲得自由。

是的，那一幕在休息室與技術總監辯論，讓我憤怒到絕望的戲碼。還有另一幕，一位口口聲聲強調要正向思考，卻最容易情緒崩潰的同事。要讓心靈解放，獲得自由的方式，無寧就是——把幕後也當作一場戲。

這一點，九把刀毫無疑問是佼佼者。他的電影創作書《那一年，我們一起追的女孩》，對於想學電影創作的人而言，是很棒的實況入門書。因為九把刀能寫，又能坦率地把這種幕後的創作張力，以精確及深刻的文字表達出來。對於導演該有如何的心理態度及堅持，有很貼近且誠實的看法。

為了讓我們這齣劇的幕後更精彩，我決定來個戲外戲，製造一些感動。我小心地聽著大家的各種對話，然後嘗試來段感人的劇碼。

機會來了，劇場總監正在詢問附近哪裡有洗衣店，因為他已經好幾天沒洗衣服了。我說：「好辛苦，我幫你拿回家洗好了……」這種戲劇化比辛苦的方式，喔不！是橋段，不錯吧！

當有人抱怨睡不著時，我說：「我雖然有睡著，可是一直作公演一年的夢……」

接著，我開始覺得劇場內的這些對白，變成一種創作的對話。他們未來都會是我筆下的每一個主角。於是，我的分鏡就跟分身一樣，也可以自動產生無窮的分鏡……

「這麼多分鏡，反正大爆炸就一起死……」九把刀的小說卻這麼說，拍電影的分鏡可是秒秒燒金。

我說：「大爆炸，才是生命的起源……」我娓娓地笑著，夾了書籤並闔上九把刀的電影創作書，高鐵也漸漸地駛入新竹站。

到家了！

二〇一一年十二月十二日（一）—大雪

73 蟬叫

昨晚熬夜把九把刀的電影創作書看一遍，初步了解如果要完成一部電影或動畫，大致需要預先準備的事情，同時仔細沙盤推演自己還需要什麼樣的資源。看到音樂是電影的靈魂時，我不禁想起了，之前跟阿潘老師開的玩笑，我的電影一定要找他全程配樂。這些年，我不斷認識令我感動的素人藝術家及音樂家，沒有匠氣及千篇一律，真是個大爆炸。

九把刀的書中，有一些加速創作的務實手法，宛如一棒敲醒夢中人。我開始檢討與焦慮目前還在牛步地上Maya課的意義。特別是我最近到台北加班出差，已經兩星期沒去上課了，接下來為了趕老師出的進度，又會妨礙我到山上及實際動手創作的時間，我得想想是否要改變目前的策略。

九把刀說，他一點都沒有導演的背景，但他累積了幾十本說故事的能力。而我，在年已四十歲，才想到要來圓夢，過去更是一點資歷也沒有。雖然我總是貴人多多，對一件事情頗有超前的看法，但藝術是個我尊敬的領域，我不想打著外行人進來亂的姿態，我需要變通方式，讓我在短時間打好一件「沒有手指的毛線手套」，為自己圓夢。

於是，我打電話到電腦公司，詢問我是否可以把課程改成「以創作為主」的「一對一方式」教學，以類似家教的方式讓我把作品做出來，我不必關在電腦教室裡做那些無聊的作業。即使要花上長時間的練習與作業，我也希望把所有的時間與精力都耗在我的《慰央歌》與主角「黑洞」上。

與家教老師的會晤，基本上就是直接針對創作的細節該怎麼鋪陳來討論。我誠懇地跟電腦公司溝通，接下來就是等待他們的回覆。我心想，如果他們因為這樣而教出一位能完成創作的動畫導演，在未來也可以把課程朝向創作方式調整。

在等待回覆的期間，我開始寫昨晚的夢。我夢見非常清晰的「黑洞」臉孔。原來他並非我所想像的皮膚黝黑，反而是斯文淨白。我心想，這應該才是正確的資訊，打籃球的再怎麼樣也是在室內，不可能曬多黑。那個皮膚黝黑的黑洞印象，應該是來自高中時寫的小說人物「樵」吧，因為他是練田徑的，自然會黑一點。在小說裡，不太容易說明這些人物的細節差異，一旦要做成動畫影像，這些細節就會變成關鍵元素。

九把刀的電影書裡，有一章談到這一點。比如說，他們在拍攝冬天相遇約會的那一幕，因為他們是在夏天拍的，只好穿得很厚去模擬冬天。但是台詞可以改變，卻改變不了演員流汗，以及背景音都是蟬叫的窘境。

剛才收到一封免費工作坊的通知。

我真是太幸運了。我正在思索著未來是否可以不靠經費而能繼續做腦波研究，沒多久，就有一位認識的工業設計同學說，她們缺雲端應用的題目，正好解決我需要工業設計的人來解決穿戴設計的問題。而今早又接到一個免費的義大利藝術家腦波與電子藝術工作坊，雖然免費，但需填寫資歷去參加徵選。但我直覺，他跟舉辦單位是想透過工作坊尋找合作的人才。我毫不猶豫的報名了，並以「清明夢」為題。我知道，我的老爸一直在天上幫我運作，我不會放棄腦波研究的。親愛的老爸！我要以這項技術，來實現史丹佛教授 William Tiller 提出的十二次元空間的體驗。

在我越想越興奮時，感覺雖然已經是冬天了，腦中卻仍有蟬叫。

腦波共振平台

我現在的策略就是要把我過去的腦波共振開發平台，變成一種開放式的研究及應用平台，有興趣的學校或醫院，或產業都可以初期免費使用，並獲得充分的技術協助。

1. 目的就是要讓台灣變成腦波王國……
2. 只要有興趣，大家一起出錢出力來灌注這一塊的發展……
3. 腦波促進研究中心，或是腦波平台基金會……
4. 這是人類的珍貴資產，我們保有平台是避免特殊企業攏斷，而是要以平台共享方式，讓台灣企業可以更無憂無慮地開發腦波應用產品……
5. 以社會企業的方式來進行，並以社會企業的方式來撰寫商業計畫。
6. 擺脱過去一直以要贏人家的負面形象為主……
7. 這也是落實科學家企業的方法，以回饋世人為主。
8. 達到收支平衡項目：推廣、顧問、平台使用、腦波應用課程及Toolkits教學、與各大推廣中心安排腦波應用受訓課程，成為台灣腦波交流之開放式平台，舉辦腦波應用創意競賽及後續應用服務。
9. 就像九把刀一樣，開公司跟拍電影一樣，如果是為了賺錢才開，那不如不開，要以愛為出發點。台灣已經這麼小了，應該以合縱代替連橫，就跟大腦的各區合作讓人類生存一樣。

二〇一一年十二月十三日（二）－大雪

74
砷

昨晚原本要去洗頭，但發現身上只帶兩百元，正要去提款時經過彩券行，心中演算一下，當天正是我的雙重幸運日，於是進門買刮刮樂來驗證。過去，我大多只在單幸運日試過刮刮樂，最高曾中過一千五百元，已經陸續測過四到五次成功。在這一天的雙重幸運日時，我很好奇手氣會有多好。我看到有冬季款的雪人刮刮樂，一張兩百元。

我把身上的兩百元交給老闆，結果一刮中了五百元。我把中的五百元再換成兩張雪人刮刮樂及一張「踩到錢」（面額一百元）。兩張雪人刮刮樂沒中，但「踩到錢」中了一千元。我這次先把五百元收回保本，剩下的五百元再買一張更大面額（五百元）的聖誕快樂刮刮樂，結果又中了五百元。我把其中的四百元先收起來，再買一張一百元的「踩到錢」，之後沒中，我就收手了。

這次的雙重幸運日，是我玩刮刮樂連續中三次獎的日子，再次驗證在幸運日與買刮刮樂得到偏財，有明顯的相關性。但我也注意到，如果要玩得盡興又有賺的話，一定要先從小的玩起，中到大的獎金後，一定要先把本錢收回，再用小的繼續賭大的。如果發現幸運逐漸用完時，就要趕緊收手，別死性子好賭，把原來賺的又賠回去了。

我幫洗頭店的小姐們算了幸運日。洗頭店老闆的乾兒子是四月十五日生，我心想，怎麼這日子好眼熟，啊，原來是達文西的生日。這一天感覺雖然只是一種小小的幸運，卻覺得宇宙間充滿著一種神奇的能量。我又想，十二月十二日如果是我的雙重幸運日，那我一定有機會認識這一天出生的人。回到家後，我翻找了生日書，果然十二月十二日出生的人，極為聰明及幽默。（二〇一五年時，我果然在所住社區中，遇到一個十二月十二日十二點出生的小男孩莊大洋。）

我查了一下歷史上的名人，發現寫《包法利夫人》的法國作家福婁拜就是十二月十二日出生。難怪我也滿喜歡福婁拜的文字，當時就覺得他是個很聰明的作家，連文字都嗅出一股聰明的味道。

福婁拜描寫女主角愛瑪服毒自殺時，他為具體了解砷中毒的症狀，認真地研究了醫學專著，讓他感到自己好像也中了毒。他認為，寫文章要盡量做到像科學那樣客觀嚴謹，描寫人物要像定義標本一樣。在法國文學史上，他上承寫實主義，其創作理念影響了左拉以後的自然主義作家。

光看這一點，就跟我的寫作精神很像。二〇〇三至二〇〇四年，我為了要寫跟「量子電腦」有關的小說，就展開長年研究腦科學之路，結果小說到現在還沒寫完，卻一腳先踏入腦科學的研究。不過，後來陸續完成的短篇小說，卻一直跟量子人與量子心靈有關。

在雙重幸運日入夢，感覺身心輕飄飄的，中脈能量很強。我不禁想到，或許應該來作測試刮刮樂的夢。入夢後，來到一列正要穿越山林的火車上，但火車忽然停了，原來前方發生山崩地裂，鐵軌都掉落山谷了。我以為只有前方的鐵軌出事，但不久山崩地裂的情況如骨牌效應般襲來。接著，我腳底下的土地整個被掏空，地球整個消失。

今天（十二月十三日）也是我的雙重幸運日，不過今天的幸運更誇張（有點像是老天爺硬給的幸運），剛才就有人請我免費喝咖啡了，原因是她弟好心買來，但她已經買一杯了……冏！

我心想，要不要來做刮刮樂中獎的生理訊號。每星期都找人來刮並測生理訊號，一定很有趣，之後再來分析非線性參數。昨天，我在速食店舉辦的活動中，撿到一本九把刀的書時，就感覺到雙重幸運日的蠢蠢欲動了！抽到易經卡：「兌為澤——喜悅、分享、良好互動、釋出善意、開放交流。」

我趕緊把這想法跟實驗伙伴分享討論，馬上獲得共鳴。

無尾熊：好啊！把它做成資料庫，期待又害怕的資料庫。要說「刮中就是你的了」，這樣比較刺激。不然就是刮中再加碼，這樣更刺激。

我：是呀，我們可以做很多假設，其實我計算過中獎跟幸運日是否有關，所以也可以來統計一下。當然我們要保留一些資金做為後續買刮刮樂之用，不過剛開始可以先玩玩看。

無尾熊：好啊，我抓人來測。不過，測試方法要先想一下，目前我還想不到要如何量測讓這個數據是有價值的。

我：我們可以先玩一玩，找你學弟來玩也可。我們先測，再慢慢摸索可能的測試及分析方法，搞不好可以發現，會不會中獎從我們的情感指標就可以看出來。使用刮刮樂可以達到真正的三盲實驗，又很刺激，也可以來玩「先許願，中獎後要還願」的模式！

無尾熊：試看看，說不定真的可以找出一點跟直覺相關的蛛絲馬跡，例如每個人在刮的時候，興奮度會不會影響刮的運氣。

我：我前年在做腦波直覺研究時，就已經找到一些生理訊號與直覺相關的研究，但當時他們是使用恐怖或喜悅刺激圖片，來做為預先的刺激源。但我始終覺得這種刺激源根本不真實，沒辦法反映真實生活中的喜悅與失望！如果使用刮刮樂，再進行各種可能性的預設，包括事先問卷，問當事人感覺會不會中獎，也可以挖掘每個人對未知事物的敏感度。

（註：相關的直覺研究論文，可參見二〇一四年筆者發表的論文：《望聞問切之前被遺忘的神農嚐百草——談心腦直覺共振與藥物訊息接收》。而當中提到的雷丁教授經常到賭城去測試賭博時的心靈預感。）

二〇一一年十二月十三日（二）—大雪

75 玉米Ⅱ

辦公室裡，坐在我旁邊的同事阿泰（遠流人物後來訪問過他），一直是我佩服的人。他力抗保守主流，推動社區農村，關心這片土地且身體力行。其實我要寫的「西鄉先生」也有一些他的影子。每次在山上遇到一些跟種植有關的新消息，我一進辦公室就會跟他分享。那一週在山上無意中發現鴿糞裡的玉米飼料居然長成了一株株綠意盎然的玉米，我興奮地跟他分享。

阿泰聽了好像若有所思，接著開始問我許多關於養鴿子的事。我沒想那麼多，劈里啪啦地講起許多鴿子在那座宛如諾亞方舟的山島上，與其他動物，包括兔子、貓，還有各種天敵的生活狀況，當然也不會忘記提起那一段母鴿與公鴿恩愛卻天「人」永隔，留下母鴿獨自撫養小鴿的淒美愛情故事。

但阿泰關心的似乎是鴿子好不好養，一問之下，原來他說鴿糞是目前含磷肥最多的有機肥，平常他在實驗農場種菜時，為了添加磷肥，還會特地找養鴿子的人家要鴿糞。

我一聽之後覺得十分好奇，有時在山上偶爾會放鴿子出來散心、伸伸筋骨。鴿子一出來，馬上就下一坨糞便。常常我才剛清好地板，就來個意外的黃金傳奇。聽阿泰這麼一說，鴿糞裡蘊含珍貴的磷肥，看樣子下次鴿子來上一坨糞便時，我應該要趕緊跪下來，感激鴿子大神的恩賜。

阿泰說，植物需要的肥料有氮肥、磷肥與鉀肥。如果要讓它的根長得好，就需要「鉀肥」；葉菜類要長葉，就需要「氮肥」；而要開花結果就需要「磷肥」，而通常「磷肥」多來自於海鳥的糞便。

我知道若不特別除掉雜草的話，雜草的根有助於固氮，所以只要不過度拔除雜草，很容易保有氮肥的。阿泰這次提到要讓植物開花結果需要磷肥，我想山上的土壤應該是缺磷肥，難怪前陣子種下去的小番茄，結的果實並不大。我原本以為是天氣太冷且非小番茄的產季所致，沒特意處理。但是就如同阿泰提醒的，無意中被鴿糞磷肥灌溉的土地，感覺好像有了生長激素一樣，玉米植株長得肥滋鮮嫩的，似乎不久就會讓我們有玉米可吃。

我把山上土壤缺磷肥的想法跟阿泰分享。果然，他拿出一份土壤檢查表來，說明他目前的土地酸鹼度是八・五，屬於超鹼性，建議可以增加磷肥來恢復酸鹼值。難怪他一聽到鴿糞就在思考這件事情，而討論此話題。

但我開始有一堆的疑問。一定要讓土地恢復成中性嗎？我直覺土壤的酸鹼值應該受到許多因素的影響，包括氣候、當地植被或生態。這是需要一定的時間才會維持一定的平衡狀態，難道我們真的要花那麼大的力量去讓它回到平衡質嗎？

我問阿泰，我直覺土壤要變酸性應該比較容易，如果要再把它變回鹼性，應該就沒那麼容易了吧！搞不好，這土地被利用了幾年，自然而然就會變酸性了，應該趁它還是鹼性的時候，思考它是否有不一樣的應用方式。

阿泰忽然因為我的插話而想到什麼。他說，沒錯，他們的農業老師也是這麼說，土壤要變酸性很容易，要變鹼性卻大大不容易。而他的土地屬於「回填土」，是從同一區土地的一定深度挖出來之後，再填回去的土。

我一聽更是覺得，既然變成鹼性那麼不容易，應該要來思考是否可以種些偏好鹼性土壤的作物，而這些種出來的植物也屬於「偏性作物」，具有特定的療效，沒錯，就是種植「中草藥作物」。

我告訴阿泰，搞不好老天爺特別送你這一塊「超鹼性土壤地」，祂並不是要你去種市面上到處可見的蔬菜，而是要考驗你的智慧，看你會不會運用這塊地種出台灣大部分土地都種不出來的中草藥，讓你更有體會及數據去告訴大眾，植物工廠目前不關注土地原生靈魂的盲點。

阿泰笑得很開心。他說，跟我這麼一討論，果然想法又有些改變，他會去多找些超鹼土壤的作物資料。

我回到座位上繼續胡思亂想，磷肥可以促進花果成長，也會使土壤變酸性，就像身體吃肉也會使身體容易變酸性。那麼，超鹼性的土壤是不是就跟吃素者或修行人的身體一樣，體質比較不會偏酸？但同時我們又知道，吃素者或修行人比較沒欲望，那麼是否也不容易開花結果（產生性慾）？

在開發土地時，如果曾是墳墓地，因為磷肥多，適合用來種水果。我也聽石頭老婆說過，她們老家以前有株瓜藤，原本結的果實很小，老人家就把一隻死掉的家禽埋進去，結果就有多到吃不完的瓜果。

我越想越覺得，我們的肉體就跟土地的肉體一樣，中醫講的補土，我們身體的肉也屬土。這類抽象的形上學思想，是不是觀察土地生長萬物的過程中所累積的感悟呢？

天上如此，地上亦如！（As above, as below.）
現在地上如此，人身上也亦如此！

二〇一一年十二月十五日（四）－大雪

76 貓

上午開未來的腦波應用潛在的產品開發會議，我似乎是使用著過度疲倦的身體在全力說明。得到許多好評後，我總算鬆了口氣，準備下午要補休，不料無尾熊臨時跟我約，說他學弟要過來討論，打算未來一起加入做腦波的研究。無尾熊是個動作敏捷的人，我心想那位學弟既然特地從苗栗坐車來，我若不出現，可能不太好意思，便答應跟他們談一小時。我塗了點沒藥精油，感覺原本有點胃抽筋的現象舒緩了一些。但是當他們過來時，我發現我的能量居然恢復了。

那位學弟是一九九〇年一月二十八日生，我一眼看到他，就感覺他不是一般人，整個眼神充滿著靈性（也很像貓）。同時，我也覺得跟他很有緣分，如果我上大學時有生小孩的話，他應該就跟我小孩的年紀相仿。

我們約在咖啡館聊，因為我跟無尾熊是熟到再也不能熟的朋友，便邊玩起易經卡，邊幫這位學弟思考他未來可能做的腦波題目。學弟本來想做的是跟「觀落陰」有關的題目。這題目我也很有興趣，但是一定要找到適合的道場配合。我們抽了易經卡詢問後，發現不被允許。問了關於樂透、菸癮的題目，都不樂觀。

先前學弟曾寄自傳給我，我就發現他非常喜歡小動物，也希望做跟動物的腦波與生理訊號有關的題目。我原本也希望，他如果有興趣做「兔子催眠」的題目，就可以將動物催眠題目整個串聯起來，不料易經給的答案仍是不同意。最後，無尾熊居然問了是否要做我目前的腦波共振題目，而易經居然給出了「山天大畜」的好卦。多年前，我在猶豫要不要踏入這個玄妙的研究領域時，也得到同樣的卦象。當時，我並不知道這種機制的名稱叫

「腦波共振」，如今幾年下來，總算抽絲剝繭破解其玄妙的部分了。

一看到這個卦後，我終於知道，這位學弟是上天派來幫助我，讓我得以在沒有經費的情況下完成這個心願。

我說過，我要用宇宙間最「黑暗」卻最龐大的力量，那就是一種「無我」的力量，我能感覺當這種信念存在時，全身的能量滿盈，所有的能量都與自己互融。任何時刻當自身有這個感覺時，橫在眼前的阻礙與困擾都會自動消失。宇宙間最深邃的黑暗，能吞噬人間不堪一擊的黑暗。

在這一個關鍵時刻，我要把它記下來，以茲紀念。從今天下午開始，連續一天半的補休假，我要在咖啡館寫「清明夢」的投稿研究論文。一字一句敲下「清明夢」的論文草稿，有種很神奇的感覺，居然可以把在床上發生的事（或是說另一個世界），拿來寫學術論文。

晚上，我夢見自己變成一隻貓，我的主人在辦古典偶像劇的研討會。但是沒多久，我又跑出去找其他跟動漫有關的資料（雖然我只是一隻貓）。回來時，我發現大家都還沒離開，便乖乖地坐定，跟著大家一起看。這時，我的主人拿著一塊薄紗走過來，冷不防地把我的頭給包住並抱著我，我感覺他似乎以這個舉動說著：「把妳包住，看妳還要跑到那裡去……」忽然間，我感覺我好像一隻寵物貓被心急的主人逮回來了。

原本主人以為我只是去兜個風，但我實在是太野了，要到那裡去都沒有說一聲（我只是一隻貓，沒辦法交代去處）。我的主人如此地野蠻，但我的毛毛掌居然也伸出去摸摸他的頭髮。他粗魯及野蠻地緊緊抱著我的毛毛頭，我感覺到他哭了，喔，不，是我哭了。原來，我一直以為毫不在意我的主人，居然如此地在意我。雖然我哭了，但下次，我還是決定要再一次野放自己！

不知道這個夢是因為小胖貓在山上都不回來，還是因為今天剛收到一隻要人認養流浪哈士奇犬的原因。似乎在二〇一二年海王星進入雙魚座之際，各種生物都開始選擇迷航了。

獻給每顆想流浪的心

你是太純情的那片雲彩
所以總也無法理解風的無常
你是太晶瑩的那串淚珠
所以總也無法猜透大海的鹹澀
你是太蕭瑟的那抹影子
所以總也無法體驗彩虹的絢爛
你是個本該回家的稚子
卻甘願作漂泊天涯的浪人

二〇一一年十二月十六日（五）|大雪

77 大麻

今天補休假，我去J女郎那裡調養身體，也跟她分享如何以中醫照顧身體及發現身體異常的經驗。我發現，對我而言，能夠用自己研究的知識來為身邊的朋友解惑，真的比創作更有成就感。調養之後，身體就像充飽電般，十二月份以來的疲累盡除，我又生龍活虎了。

我找了附近一家有無線上網的咖啡館，這是冬季時能很快提供我「安全感」的地方。星盤上說，十二月份中旬開始，我有成為各路人馬「搶手貨」的現象。果然現在就有這種感覺，我到處推廣腦波意識研究對身心醫學的重要，從幾年前被當作研究「玄學」的不務正業科學狂，到現在已經逐漸開花成果。更誇張的是，今天又收到某醫學大學教授邀請我加入他們的專家行列。

這種成為「搶手貨」的感覺，只能更加驗證接下來是寶瓶座時代，人們對於心靈已經可以允許超科學來共襄盛舉，並一起面對及探討了。

但此刻，我的心境是十分平靜的，「無我」的力量早就讓我習慣，這原本就是屬於「寶瓶意識」的大同境界。此刻，這種力量透過海王星進雙魚，只會更加速打開人們封閉的心靈。

對我而言，所有的成果都將回歸於宇宙，而我，真的，只要留給我一個可以棲身、有無線上網的咖啡館，就已經足夠了。

讀到《*Advanced lucid dreaming*》（清明夢進階）前三章，提到大麻及酒精都會壓制會產生夢的REM睡眠期。今天洗頭時，正好看到歌手戴佩妮提到她那段酗紅酒來幫助入眠，卻越造成睡眠品質不好的後果，正是一個很好的例子。所以說，有夢的REM睡眠，才能真正讓人的身心恢復活力，而不是有些人提到的，作夢會導致睡眠不佳的迷思說法。

78 甘蔗與青蔥

昨晚又開始整理書籍，從家中四樓要搬到一樓，的確是辛苦。但我靈機一動，買了個滑輪及C型夾，加上繩子和洗衣籃，把書整理完後，直接從陽台搭升降梯滑下去即可。粗重的工作忽然變成有趣的物理實驗。在大大降低搬書的負擔同時，偶爾倚在陽台旁，居然看見天空的獵戶座皮帶的三顆星，好清亮，像是手一伸出就可觸及的星辰。

收書時，我又找到一本二〇〇六年的紅皮日記，我一直有寫日記的習慣，但也會在日記寫完後就亂塞。後來，改用電腦寫日記後，我以為自己已經很少手寫日記了，頂多是寫手札，但這次找到的這本二〇〇六年的日記，真是令我驚訝。原因是，那年我瘋狂地進行一場接一場短暫的異國之旅，而且那陣子我苦於一種中西醫都查不到的「暈眩病」，甚至於在台北公館過馬路時跌倒很多次。但後來身體調養好後，已經沒再發生過。在自學中醫之後，我也知道自己得暈眩病的原因。而更巧的是，昨晚入睡前就來上一陣暈眩，我趕緊摸摸自己左手的脈，幾乎摸不到脈，屬於血虛暈眩，便躺上床入睡並持續照紅外燈，到隔天再吃一些「十全大補湯」後，已經摸得到脈，人也不暈了。

終於可以到山上了。一到山上，就看到小何與光明先生在蓋房子，據說是要蓋一座新的觀景咖啡館。聽小何老婆說，小何是讀設計科系的。我在那裡看了半天，他們的工法果然厲害。小何老婆也幫忙解釋這種工法如何抗壓及抗震，後來聊起各自的星座，她說她是射手座十二月十日，小何則是十二月三十日。我感覺她很好客，生活也安排得很充實。她邀我去看他們的菜園，就在秦先生的養雞場旁，菜園裡果真是琳瑯滿目，還種了甘蔗。她特別示範，種甘蔗時，必須時常為它剝去外皮，才可以讓甜莖長得更好。這也是我第一次看到甘蔗的植株，並了解它是怎麼種的。

逛完菜園後，我回到山上小屋做手工蔥油餅。為了防蟲害，我在菜園裡穿插種植了許多青蔥，沒想到山上的環境滿適合種蔥的，沒去理它，馬上就綠油油地長滿地（註：二〇一五年，我查到陳俊旭醫師的書，蔥果然是強鹼食物，跟我先前認為山上適合種鹼性植物的想法一致）。我幾次利用現摘蔥做奶油土司，鮮美極了，於是動起念頭想做蔥油餅。一包高筋麵粉買了很久，卻因為工作及出差忙碌而擱著，終於今天可以來做了。揉完麵粉加上熱水，我也是抓個大概的量。剛開始不太順，要怎麼裝滿蔥，又不至於在壓扁時露出來，真不是件容易的事。後來，我想起蔥油餅小販的作法，他們都是先把蔥油餅包成包子狀，等到放到油鍋裡煎時，才用鏟子壓平。果然，這麼做的話，麵皮就不容易變軟，也不至於破掉露餡了。

我煎了一整盤的蔥油餅後，灑上一些黑胡椒鹽，便拿去工地給辛苦的工作者吃。大家都說好吃，我總算鬆了一口氣。食物果然是要一群人，而且是辛勤工作的人來吃，就會特別好吃，尤其是在這冷冷的冬天，配上新鮮嫩蔥。看著大家滿嘴帶著胡椒味的幸福感，我也終於完成了想在山上利用現採青蔥做蔥油餅的心願。

做蔥油餅的練習，除了我本身愛吃蔥以外，也是在練習怎麼樣能夠以最少資源生存下去。特別是將來要是發生水災、海嘯、地震等災害時，要怎麼樣就地取材過活。

幾個星期沒整理菜園，旁邊長出的野草比菜還要多，有幾種看起來很美麗，卻不曉得能不能吃。我拔了幾株，想拿去問山上主人，但一看到山上主人悶悶地在收茅草，準備蓋茅草屋時，我就把問題擱著了。大概是因為他養的黑狗兄錢哥跑走了，幾次遇到他，都覺得看起來悶悶的。

不過，我隨手把野菜扔到天竺鼠窩裡，沒想到天竺鼠一窩蜂地搶著吃，一下子就不見野菜的蹤影。我看到這情形不禁笑了，原來下次我想確認哪些野菜能不能吃，可以來請教我新的老師——天竺鼠。

已經過了大雪的節氣，居然還能在山上看到蟑螂，而且是特大號的，一次就看到兩、三隻。這次上來，秦先生又有新心得。原來他自從聽我說地鱉（就是山上的蟑螂）是中藥的一種，他不但拿大箱子放些腐木，一抓到蟑螂就丟進去養，這次更透過他在大陸的哥哥，買來一本大陸的地鱉養殖手冊。秦先生真不愧是「禽育達人」，有夠努力與認真的。

我簡單地翻看了書，裡面有教人如何看背部結構分辨地鱉的雌雄，因為只有雌蟲才會被拿來入藥。而山上這種老師稱為「東方蜚蠊」的地鱉，其實學名為「金邊地鱉」，在胸前兩側有金色的鑲邊。更有趣的是，將雞糞和土混合在一起，是地鱉最好的食物。這樣一來，養有機雞的秦先生，簡直可以讓雞與「地鱉」形成一種循環的共生生態。

我找到一個大陸網站的介紹，還真的有人把牠從藥用變成餐飲市場的寵兒了，看樣子，沒東西吃時，牠還真是個寶。當時日本三一一大地震及海嘯時，我直覺認為，與其等外地的救援，不如看看是否有本地仍存活的野味或蟑螂，說不定是活命與抗輻射的妙藥。現在看來應該是沒錯的。記得有次去瀋陽出差，吃飯時就曾經看過類似的東西，炸的酥脆，可能就是當地叫土元的「地鱉」。（查古書，土元湯還可以治療狂犬病。）

79 鴿子

二〇一一年十二月十八日（日）—大雪

到山上時，聽光明先生說，山上主人又養了一隻新兔子，之前養的幾隻兔子都陸續生病死了。光明先生的觀察力十分敏銳，這次他觀察到這隻新來的兔子又開始在抓癢，覺得這隻兔子未來的情況也不太妙。先前，山上主人因為怕兔子被狗叼走，把牠們關在池塘中的小房子，後來又把牠們移到樹上，完全沒有接觸到地氣。兔子並不怕水，而是在潮溼的環境裡相當容易生病，食物含水量高時，也容易拉肚子，所以平常自然會避開水遠一些。但是這兩處兔子的住所，不但被關起來隔離，又是接近蓮花池的水塘，溼氣相當重，自然容易得病。看樣子，還是得要從經驗中學習教訓。

萬物的天性及奧祕總是令我癡迷，書本上的知識總是無法完全滿足我。我必須親身體驗這種實有存在與奧祕。現在，山上總共養了兔子、貓及鴿子，而且是清一色的灰色系。原本擔心的天敵問題，似乎並未發生在牠們三者之間。

清晨時，我把這對母子鴿放出來後，牠們就相約到後面的蓮花池去洗太陽浴。鴿子似乎完全不怕水，還一股腦地在水池裡蹲半天，天呀！天氣這麼冷，牠卻自得其樂的在那裡泡澡，沒多久，連牠的兒子小鴿子也跟著下水去泡，母子倆很開心地在蓮花池裡戲水。鴿子愛水與兔子怕水，真的是萬物的本性。我好奇屬兔的人是不是也會怕水？

鴿子們邊練習飛翔邊戲水，兔子則跑去山坡上吃草，平常牠吃牧草飼料，放野時，山上有各種鮮美嫩草，牠愛吃什麼就吃什麼。觀察兔子平常都吃什麼野菜，也成為我的樂趣之一。結果發現，大多時候牠吃的都是大花咸豐草之類的野菜。山上種的一些香草植物，牠則興趣缺缺。大花咸豐草是很棒的草藥，是急性慢性盲腸炎的救命方。

我不承認貓是鴿子的天敵，卻承認貓的天性還是「好奇」，這隻四個月大的小乖貓，趁著鴿子離籠時，一下子跑進去體會當鴿子的感覺，一下子又跟在兔子後面聞牠的屁屁，以為自己是公兔（還是以為對方是母貓）。（註：二〇一五年，我又領養了兩隻公兔，同性之愛真的讓我搞不清楚自然的奧祕。）

二〇一一年十二月九日（一）—大雪

80 男人

・極品男人：三十至四十五歲，常把未達到的理想放在嘴邊，潔身自愛不濫交，看見美女只會更加矜持，不輕舉妄動，但會適時表現紳士的風采。

・老男孩：四十五歲以上，保有一種童心，以及固執地做他認為對的事情，常有一種幼稚卻純真可愛的性情。

・美貓男：年紀不限。對美感要求極高，個性潔身自愛，甚至有些潔癖。身材完美，體態優美，就像是一隻美貓般。

・野男人：三十五至四十五歲，討厭醜女及保守的女人，看到美女就想追，但追到手後就會擺出一種大男人的姿態，常常是讓女人產生「女性自覺」力量的男人。

・呆伯男：大多是工程師，但目前也散落在其他族群，特點是只要聊到「工作」以外的話題，就會變成很好的傾聽者。

・官方男：講話官腔官調的，動不動就說是官方規定，沒什麼主見，卻經常是老闆的得力助手，且完全沒有其他的人緣。我懷疑他們前輩子曾入過宮。

怨世男

所謂的怨世男，是在水溝等陰暗處死去的蟑螂、老鼠、小貓、小狗和十元硬幣，其怨氣在長久時間的催化下，所形成的一種東西。初形成的怨世男是白色霧狀的，被太陽曬到就會馬上蒸發。

隨著年齡的增加，吸收了足夠的死靈怨氣，霧氣越來越濃，漸漸的可以稍微抵擋陽光的照射，等到吸收了相當程度的死靈怨氣，達到最高境界時，不但完全不怕陽光，還可以將自己的霧氣濃縮，化為人形，變成怨世男。

老男孩原型

會產生「老男孩」的想法，是因為那天在山上遇見陳先生時，他興沖沖地跟我分享一件事。原來上次他跟我們在市區吃飯時，看到兩位可愛的女生往我們這邊笑。陳先生一高興，就跑去跟人家要電話和地址，對方當時還嚇了一跳，讓我趕緊緩頰說，我們都是在山上開墾的朋友，歡迎她們來山上玩。然後我回瞪陳先生一眼，嘴裡咕噥著：「哪有人家這樣釣女孩的？把別人都嚇死了！」

這次遇見陳先生，他說，他打電話給那兩個女孩了。正當我滿懷高興地以為他是以邀請她們來玩的名義通電話。沒想到，陳先生居然說，他打電話跟她們傳福音，還要求對方不要一個人到教會，一定要兩個人約到教會。接著，對方似乎是把他當成神經病，就掛掉電話了。

這讓我覺得好氣又好笑。陳先生的個性不錯，但講到追女孩，卻七顛八亂地，毫無章法可言，一下子說要追人家，卻又以傳福音為句點。不認識他的人，還真以為他是神經病。我一直想起這些年紀已超過五十歲，但做起正事常常有幼稚卻可愛邏輯的男人，實在不輸《那些年，我們一起追的女孩》裡的那些男孩。我想，就叫他們為「老男孩」吧！也希望女人們偶爾寬容一下這些「老男孩」，畢竟他們還是比嚴肅到古板，動不動就卡出一堆痰的老男人，創造出更多生活上的趣味。

昨晚，我夢到了一座後山，是一個有錢人買下的，七百多坪卻要幾十億。在這山上，有牛羊，還有一匹迷你馬。我笑說，怎麼想要有一匹迷你馬的夢想這麼快就實現。中途醒來後，快要天亮了。接著，我想練習在夢中穿梭行走的過程，果然當我睡著時，我置身在一家飯店裡，那是我以前出差時常停留，可眺望新店溪的一家小旅館。

我穿過一個有酒吧服務生的長廊，來到電梯口，其實滿好奇夢境會帶我去哪裡。一起搭電梯的人們，還問我要去哪一樓，我說：「隨意吧！」但我卻想著，跟著人群走比較安全。結果我跟著搭電梯的男人們走，這裡居然變成有豪華三溫暖的飯店。這三溫暖有分男湯與女湯，正當我心想著真是奇怪，也打算下去泡湯時，就醒來了。

（註：有關男人的辭典，隨著遇到男人的種類越多，也增加了辭典的內容，像是月經男、美佛男等等，這些不同性格及品味的男人，都能為生活增添不同的樂趣。）

二〇一一年十二月二十二日（四）—大雪

81 虎爪豆

昨晚看了《野性的變奏：鋼琴家葛莉茉自傳》後，感受到她的叛逆與孤獨。但文字中充滿詩性般的真摯，每一字每一句都像琴鍵般重重擊打我的心。

或許，我想寫「世界的夢」，也是想抒發這種創作及不被了解的孤獨。最近，我感覺自己想賭一賭的性情越來越高，夢境裡，常是我到各處去旅行的夢，一次又一次提著行李旅行的夢。是不是該要離開了呢？但是又要到哪裡去呢？哪裡是我的原鄉？

在看了《*The Advanced Supplement*》後，我深受吸引，被這些可以幫助清明之夢的神經傳導物質，引導到一個專注力極高的境界，特別是可代替左旋多巴的豆子（Mucuna Pruriens）。我上網看了它的照片，全身毛絨絨的，讓我對自然界的神奇連結又恢復了信心。

如果不昧對自己的良知，我只有拚命地寫，寫到發現不得不起身旅行為止。

Mucuna Pruriens（MP）

Mucuna Pruriens是熱帶的豆科植物，中文有很多名稱：油麻藤、血龍、虎爪豆、富貴豆、刺蒺藜（豆）、發癢豆、刺毛藜豆。在老鼠試驗中，發現MP能在腦部皮層保存更多的多巴胺，而在黑質紋狀體通道處對左旋多巴、去甲腎上腺素及血清素，以及其代謝物的影響卻很小。但是它的確能明顯改善PD（帕金森氏症）的症狀。因此，似乎MP還存在左旋多巴以外的機理。印度在千年前就已經知道MP可以用來治療PD，至今印度人得PD的比例仍比較少。

82 龍

二〇一一年十二月二十三日(五)—大雪

我們的祖先為何可以將相距遙遠的一些星星，串成一個個神話象徵？如果相隔好幾光年的星球都可以投射在人類意識中，產生流傳已久的神話象徵。為何同時發生在同一地點的事情，不能拼湊出有意義的巧合呢？

昨晚收到四包書，有紀錄片導演寫的《留味行》，新海誠的創作導覽書《空之記憶》、《秒速五公分》的書和漫畫版本，《3D World雜誌》，還有星相書《冥王星》及《土星》等。我一下子看《留味行》看到流淚，一下子看新海誠的創作解析，書中對動畫製作過程及軟體操作的解說，讓我總算大致了解新海誠那種很棒的意象到底是怎麼做出來的。接著又看了《冥王星》，發現我跟莫扎特都有「冥王星」在第四宮，而帶來一種從小與父母的緊張關係。

我心想，這幾本書的種類及類型相差那麼大，卻在同一天來到我的身旁，就像那天上相隔很遠的星星，因著人類意識的召喚，在剎那間有了「人間的意義」嗎？

我看了新海誠的動畫，2D部分都是用人工及photoshop慢慢描繪，有的是照相取材描繪的，特別是新海誠導演對光影的捕捉相當敏銳的，會加強光影的變化及特殊運境的處理。這本書解答我很多在動畫製作上的疑問，但是因為是日文的，我還在消化中。

我的心情本來很陰鬱，但是作了一個奇特的夢，把我的陰鬱一掃而空。在夢中，老闆要每個人填問卷，其中有個問題是「你認為的體驗是什麼」，有點像塔羅牌的直覺選項，但是前題是要跟董事長選的一樣才算正確。結果董事長選的是「這群人簡直是瘋子」，我們趕緊對號入座去濫竽充數，大家都笑得好開心。承認自己是瘋子，果然讓心房整個打開了。

夢中好像還有一些紫葡萄與綠葡萄，但是印象不深。不過吃早餐看報紙時，居然看到馬總統跟葡萄農合照，簡直是太詭異了。

當一位創作者或體驗者對一項不完美的作品感到百感交集，在激情與疲累過後，或許可從不同角度來思考。最近適逢金馬獎頒獎典禮，最令我感動的就是「年度台灣傑出電影工作者」獎項，由王偉六（六哥）獲得。他是電影場務出身，入行超過三十年，參與過一百二十部電影。

這樣的一位工作者，如何在他的第一部電影或第一年裡，面對跌跌撞撞的學習及當時不景氣的電影產業呢？這一次劇場展演生理實驗計畫中，許多結合都是第一次，能夠有勇氣面對這充滿許多衝撞的第一次，讓人對幕後及幕前更加點滴在心。

在這次的工作中，我給自己一項最嚴苛的任務，亦即扮演李爾王女兒的提醒角色。當穿過迷宮，這些科技及互動並沒有讓自己感到特別，還因為排隊太久感到無聊。我還是好奇，這樣一個藏在身體裡的「我」，真的是感覺到無聊嗎？

在讀完一本日本腦科學家寫的《感動腦》之後，我決定使用可量到真實訊號的心電訊號（ECG）配上行車記錄器，親自驗證主體感受與生理訊號這件事情。其實，去年我已經在苗栗的矮靈祭驗證過此事，如此我才相信生理訊號的變化的確反應當下的特殊情感，特別是「苗栗向天湖的矮靈祭」這麼一個充滿靈性神祕的祭典。

終於，我透過劇場活動的道具，親眼看到自己的生理變化了，原本交副感還算平衡的狀態，一進去之後，從頭到尾都屬於「交感」接近滿格的狀態，進了龍捲風旋轉台之後，就一直處於交感被箝制住的感受，這類感受反應就是會有暈眩的感覺。而一般生理訊號上，若有暈眩感，交感指數一定偏高。這種現象跟我在向天湖矮靈祭時搭巴士暈車時的生理指數反應一樣。

如果目前的偵測器是可信的話，我們就可以大規模收集資訊，看到真實劇場的每個人的實際情感反應，進而進行動線或道具互動的修改。但很可惜，訊號目前並不可信，即時動態量測也將是未來這類研究能否更反應實境的關鍵及瓶頸。

更多細膩的生理參數還在整理及整理中。但「假博思」雖然姓假，仍信奉「誠實」面對為上策之圭臬。畢竟真正開拓性的創作路是要朝更長遠的尺度去看。最後，為很賣力的「演員」及辛苦的大家都拍拍手，給自己的勇氣及任何的懷疑拍拍手。

一直感覺在山上遇到的這批達人，在某方面應該會群聚起來。果然，今天上山時，聽建築設計畢業的小何說到森林後方探險的過程。我曾經描述過森林後方是一座有錢人的祠堂，當時感覺氣場陰森森的。但是這次小何跟山上主人去看過一遍後，把整個森林的龍穴給點了出來，如那裡是龍脈、那邊是青龍、那邊是白虎端等。小何是從風水雜學裡綜合討論出來，我看著他滔滔不絕地說著，還興沖沖地說要去埋生基（把身上頭髮或指甲放到風水寶地）。

我實在忍不住，以前量子巫師的身分也開始曝光了。我說：「目前的風水理論應該還有不完備的地方，不然王永慶當初幫他寶貝媳婦找的生基應該有用才對呀。」其實量子巫師把風水看成一種能量，能量沒有絕對的好，只有跟你適不適合。有些人的體質是，就算有再怎麼好的能量，如果自由意念沒有啟動，也無福消受。

不過言談過程中，小何提到他的大女兒有陰陽眼，從小什麼神鬼都可以看得到。這群山上達人都熱衷東方雜學，看來以後還有更多可聊了。

剛才接到Michael的來信說，中國醫藥大學副校長已經同意協助我們進行人體研究。看樣子，進行腦波共振的臨床研究也是一步一腳印地展開。我記得，離劉仙師講的脫胎換骨時間還有一陣子，心情起伏特別大，但也是兢兢業業的。也許等到走過後再回頭看，所有點滴都在心頭吧。

83 百香果

二〇一一年十二月二十五日（日）—冬至

剛才整理書時，又找到一本二〇〇九年的日記。那一年我瘋狂地進行生物場導訊息場的實驗，種了許多小苗。看日記時，我覺得很「恐怖」的一點是，我想達成的願望一定會在未來實現。

二〇〇九年十月三十一日，我寫著：「有朝一日，我一定要種百香果……」以我當時的狀況，要種百香果的困難度很高。一來我住的地方沒有空間放攀藤架，二來我也不知道可以去那裡買百香果的苗。

結果，今年八月搬到山上後，就在平常我買苗的地方，居然擺了幾棵百香果的苗，不但便宜且生長狀況良好。在山上種下之後，應該要等到明年的生長期吧。秦先生的養雞棚就是用百香果當爬藤裝飾。前陣子，我到他的雞舍逛時，也看到百香果結實纍纍了。而現在，我們可以使用水耕方式種百香果了。

為何我會對百香果情有獨鐘？其實是與它的花有關。百香果的花叫「西番蓮」，在花精裡是屬於藝術家的花。在一次上花精課程時，我因為不想交找人抽花精卡的練習作業，硬是自己掰了三個角色——「常前惠」，她的媽媽及她的妹妹（花精課程規定要找三個人練習）。

那陣子，我常在做生物場導實驗，就把實驗前的我稱作「常前惠」（場導之前的我）。但沒想到老師臨時問我這個「常前惠」是誰，我居然把十九歲的我給搬出來了。那時的我正是藝術氣息風發，並因沒走向藝術而感到遺憾。而正巧我幫這個「常前惠」抽的第一張卡，正是「西番蓮」。

這次的體驗發現，即使是虛擬的人物，還是會透露原作者的潛意識。這也不難了解，創作者再怎麼創造出一些人物，終究還是在說著自己不為人知的故事。

像我現在每天的日記，就是寫著我要拍電影、做動畫，幾年後再看這幾年的日記，一定會覺得太神奇了。

我在山上種下胡蘿蔔的種子後，一直沒理它。這次上山一看，已經有橙紅的塊莖長出來了。不過看了這一期的《花草遊戲》，裡面提到要長成兔寶寶可以吃的大小，大概還要一百二十天。那天，我把兔子放出來溜，牠還跑到雜草間，硬是咬了幾口胡蘿蔔的小苗，看樣子這兔子是識貨的。

84 螳螂 I

二○一一年十二月二十五日（日）—冬至

關於螳螂，我一直到冬天才開始對牠產生好奇。為什麼呢？從大雪節氣開始，就陸續在山上各處，不管是住的地方，還是在馬路上，總會遇見牠們。或許是春夏秋季要看的昆蟲實在太多了，到了冬季眾蟲息影，卻仍看見螳螂的出現，讓我對牠們產生興趣。特別是這幾次看到的螳螂，外觀顏色從翠綠到深褐色，而那天光明先生還興沖沖地跑過來，展示他剛抓到的一隻略呈紫色的螳螂。這麼多顏色的螳螂，是季節變遷使然，還是不同品種？

翻了中醫的虫類製藥書，螳螂身上居然有一種叫「螳螂蛋白」的物質，可以破瘀及抗癌。佛書《四分律》中，早已說過萬物皆藥，在適當的時空都可以做為藥用。而《法布爾昆蟲記》對這些說法就有點大驚小怪，特別是對當地說螳螂的窩可以治療凍瘡，頗持懷疑的態度。事實上，這類虫類藥物，在使用上都需經過特殊的炮製，製法不同，當然藥效不一定能彰顯。

不過，法布爾的書幫我解了一個可能的謎團。雖然螳螂平常兩手合併像是在祈禱，也有個「禱告上帝」的外號，但螳螂在交尾後，就如同蜘蛛一樣，雄螳螂會被雌螳螂整個吞食。原本我抓了兩隻不同顏色的螳螂放到生態箱裡，想找時間查牠們的覓食習性，卻因為當油漆工，一時忘了牠們的存在。等到我意識到時，已經不知道過幾天了，而令我不解的是只剩一隻螳螂的屍體。

「另一隻到底去哪裡了？」我當時還在想是否

自己眼花，還是自以為抓了兩隻，但其中一隻是牠蛻下的皮。

不過，現在有很大的可能是，不管兩隻有沒有交尾，有「昆蟲界老虎」之稱，且為肉食性的牠們，應該是在我以為牠們只吃草的狀況下，因極度饑餓而把另一隻同類給吃掉了。

關於螳螂的很多神祕謎團，就像今年的冬天一樣，又冷又殘酷！

二〇一一年十二月二十六日（一）—冬至

85 葉脈

今日占星

十二月二十六日出生的人，受數字八（二加六等於八）及土星的影響。土星帶著強烈的責任感、小心翼翼、自我限制及宿命。這種保守和宿命的傾向，在十二月二十六日出生的人身上更是明顯，因為魔羯座的主宰行星就是土星。數字八的人對於生命和事業都是小心經營。雖然實際上他們可能是很熱情的人，但是土星的影響卻讓他們在外表上顯得冷漠、有距離。

昨晚看電影《午夜巴黎》看到半夜，一躺下去就睡得死沉。夢境中，我原本好像在做一些工作，特別是在撮合什麼。之後，我走到一座花園，花園裡大部分的植物都已經凋零，但仍可以看到一些特殊的樹種及落葉，我似乎是被那奇特落葉被溶蝕的葉脈所吸引。我俯身撿起一些，發現它們似乎可以拼湊出一些圖騰密碼。我努力回想，到花園之前是在做什麼，但記憶越來越模糊。

上午開完會後，整個腦袋快要爆炸了。我感覺到這段時間有被多方孤立的感覺，十分無助。當下我強忍淚水，希望找到一個出口。我打電話給石頭，有被安撫的感覺。我無法昧著自己的良心去做事，但眼前希望息事寧人的氣氛卻讓我覺得窒息。

最後，我央求石頭陪我去找劉仙師，後來還發生劉仙師誤以為我報的是國曆生日，而發生調閱資料錯誤的問題。我當場真的想說：「十二月二十六日兩顆土星，把我的心約束到一個極點。」（註：摩羯座的主星為土星，二十六日的數字加起來為八，又是另一顆土星。）

後來，石頭請我吃飯，大大地補了一個土（中醫認為脾胃屬土），又破戒吃了好多冰淇淋，放縱自己，結果後來開始有點反胃。自虐一陣子後，我終於全身疲憊，可以好好地睡一覺了。

分享最近看《留味行》的心得，這是紀錄片導演瞿筱葳申請雲門流浪者計畫後所寫的書。當時，她坐在面試室裡，表示想要走一趟奶奶生前逃難的路線，林懷民老師對她說：「如果妳去，妳就放空，什麼都不要想。」

但她心想：「真荒謬，一個充滿思念的人，如何什麼都不想？」

關於那些我們無法追隨而去的靈魂，始終讓人無法淡忘，偶爾想起時仍會感到切膚之痛。那人不是因為死而消失，而是我們忘了緬懷的方式，或許有某種媒介，能夠將留不住的那片雲，化成一種可以銘刻下來的物品，讓心能獲得療癒。看完書後，我很感動，寫下小詩一首。

再怎麼召喚，最終發現我們還是擦身而過
你是來了，還是走了！
人間除了分陰陽
也相隔
陰陽！

昨晚吃火鍋時，有點自虐的放縱大吃，結果肚子有點脹痛。我在關元下針後昏沉地睡著，沒多久還意識到自己摸著一根針。接著，夢境中，我來到一棟房子，到處在找一架鋼琴，想要談出「So、Si、Re」（右手）與「Re、Fa、LA」（左手）的和絃。我找到一架桌面式電子琴，但有一些孩子搶著玩。後來，我終於找到一架鋼琴，但仍無法彈。接著，我去看阿泰種菜，他們有一種特殊的種法，是種在塑膠箱子裡。我不是很喜歡，調頭就走，接著在查找臉書時，發現Y留言找我。他說，最近有許多自動刪除臉書留言的病毒，他懷疑我是不是中了病毒，不然怎麼一直沒看到我的新留言。

在夢中，我曾經醒來在另一個夢時，努力記住以上的夢，其中還出現死去的父親。不過，這次父親的頭髮較少，很像死去的好友KK（過世前頭髮逐漸稀少）想變身父親卻變身不成功導致的。

唉，在陰陽的交界處，你是來了，還是準備走了？

寫一封信與中國醫藥學院的張副校長：

張副校長您好：

不知我們與貴單位是否有機會一起提衛生署中醫藥委員的計畫，進行更長期的共同研究？我過去研究中醫及能量醫學，一直苦於思索使用一種中西方都可通用的語言，來描述中醫及身心醫學所面臨的整體問題之生理參數及對照，後來藉由腦波及生理訊號等非線性參數，終於可以有一些對應，附檔即是這些年來做的一些研究心得，還請副校長指教。希望明年能盡快跟您會晤，獲得您的指導！

也敬祝佳節愉快！

二〇一一年十二月二十八日（三）—冬至

86 獵戶座

晚上上完昆蟲課，看到天邊掛著眉月，回到家時忽然好想到頂樓看星星。我手邊有一本民國八十一年編的《玉山的星空》（陳培堃著）圖解書，是大學時打工並省吃儉用而買下來的。許多物理方面的書都早已被我扔掉了，唯獨這本書仍留在我身邊，這是平地買不到的書，當時我特別委託常登玉山觀星的同班同學幫忙買。在過去網路資訊尚不發達的年代，許多星空的故事，我都是從這本書上得知的。

因為自己會判斷星星的方位，過去聯誼時反而被同行女性友人包圍。我想，這或許是讀天文的男性所給女人的一種浪漫想像吧。不過，以前一位男同事熱衷觀星到婚後把老婆丟在家裡，自己去觀星，可能讓之前以為懂觀星的男人很浪漫的女人感到幻滅。

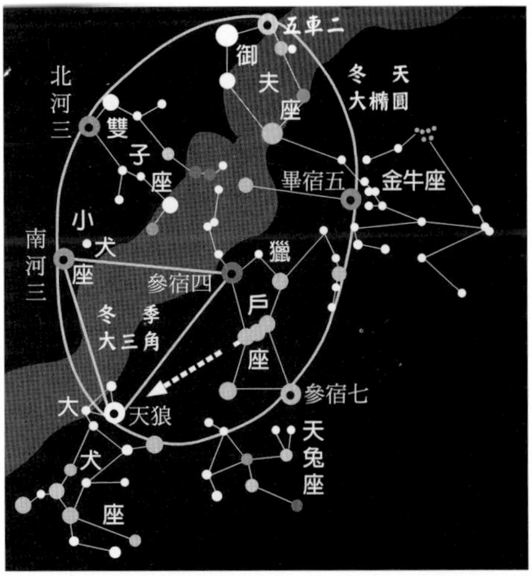

冬夜雖然寒冷，卻擁有四季最為燦爛的星空，整個天際有二十二顆一等星，能在冬季看到的就占了十顆。辨認冬季星座的首要祕訣就是要面向南方，即可找到冬季星座之王——「獵戶座」。藉著獵戶座的導引，可一一找到冬季星空的主角——「冬季大三角」和「冬季大橢圓」（有七顆，其中兩顆跟冬季大三角重疊）。只要學會在每個季節裡認出一個主要星座，在山上迷路時就不用擔心找不到方位了。

獵戶座很好辨識，只要找到由三顆星星連起來的腰帶就是了。

三顆星的下方有一團馬賽克，神話中說，那是獵戶座的匕首，其實是一團星雲。獵戶座下方有天兔座，天兔座的下方還有天鴿座。冬天的天空好像是山上的寫照。

在獵戶座左下角的大犬座，主星是「天狼星」。相傳古代如果看到天狼星由青白轉至紅時，就代表天下有大亂了。

懂華文的人看到獵戶座左上方的雙子座，一定會會心一笑。因為整個星座的形狀看起來就像是「北」字，而它的兩顆最亮星，分別是雙子座的α星、β星，正巧叫「北河二」及「北河三」。

獵戶座主要由七顆亮星組成，分別為肩膀兩顆星、腰帶三顆星和左右腳的兩顆星，星座圖繪是一個右手拿著棍棒、左肩披著獸皮的英勇獵人。中國二十八宿中的「參宿」就是獵戶座所在位置，與夏季星座之王「天蠍座」在天球上的經度相差約一百八十度，所以兩個星座永遠不會同時出現，杜甫曾以這兩個星座為例，寫出「人生不相見，動如參與商，今夕復何夕？共此燈燭光。」的詩句，比喻經年分離而無法相見的朋友。

先前看一本內觀的書中就提到，對著「參宿」納氣就如同吃人參一樣，是天地星辰間吃不完的人參。

看到沒，金牛座的V型頭正要去撞這顆冬季大巨蛋。金牛背部還有一個非常漂亮的疏散星團，名為「昴宿星團」，俗稱「七姊妹」。昴宿星團好像是補脾胃吧，上網查「昴宿」就會找到一堆外星人的資料。

真是佩服星座神話的發明者，在天空的每個星座都有故事，而鄰近星座的故事也不是各自發展，而是有劇情連結的。就像圍繞在獵戶座旁的星座，都跟它有故事牽連著。整個星空簡直就是一個超級宇宙大舞台！

二〇一一年十二月二十九日（四）－冬至

87 咖啡I

昨晚，一直整理二〇〇五年的數位相簿到快天亮為止。在夢中，我似乎跟一些很年輕的男子在一起，但醒來卻完全忘記。今天在寫「清明夢」的論文時，比較昨天睡夢中的感覺，現在似乎有一種輕飄飄且充滿能量的感覺。因為內心感到滿足，心情也變得很陽光，看我的臉書色彩布置變得較豐富，也可以感受得到。莫非這就是論文中提到的「促進腦內多巴胺迴路」的效果嗎？

最近在研究腦內神經傳導物質，我才發現自己常把「多巴胺」與「腦內啡」搞混，唯一可以確認的是，待在咖啡館裡，的確能讓我的這兩種內分泌都飆高，因此寫起文章來特別有感覺及效率。

資料上說，如果遇到事情便產生生氣、緊張或壓力的情緒，則會分泌「去甲腎上腺素」及「腎上腺素」，對身心及腦部都會產生傷害作用。以快樂正面的心態來生活，一般人能做到的，大都只能分泌到左腦的腦內啡，因為人在三、四歲開始接受填鴨式教育後，右腦就封閉了。可是左腦腦內啡的分泌量很少，只能帶給人少許的快樂及療癒。

不過，左腦啡的分泌可活化右惱，右腦的腦內啡量就非常多，且威力更大。所以，右腦的腦內啡分泌一旦被啟動，除了能夠自我療癒、有強烈的第六感外，還能使人進行圖像思考（如日本將棋巨星羽生善治，據說能看到接下來的兩百步棋，就是因為圖像思考及記憶的關係）。同時，因為腦內荷爾蒙中的多巴胺，處於類似迷幻藥那種令人陶醉的畫面中。

昨天做完腦波共振實驗，無尾熊、詠運跟我都感覺身體好像進入一種類似全身按摩後的修復狀態。那麼或許使用全腦腦波共振，會是啟動右腦腦內嗎啡量最有效率的方法，也許是它未來之所以可以產生強大自癒力效果的基礎。

豬頭大大說，滿多動畫色情片就是用類似 **Facegen Modeller** 軟體製作的！看起來太真實，反而不像動畫了。我覺得動畫業若是加上腦波共振儀，形成互動式動畫會更有市場，可幫助轉變腦的意識狀態，更融入情境，刺激活化右腦。工作單位的3D影像技術部門的高層主管跟我說過，其實來找他們的廠商，大多都是拍A片的。

修行人並非沒有情慾，而是透過修行等法門，在類似腦波意識的共振下體會到佛法的法喜，已經達到更高的喜悅，因此不需要靠世俗的喜樂。

像美國山達基教派都在發展這種工具。特別是越保守的宗教越想要做這種研究，因為他們有太多教義上的禁忌了。但對意識科學來說，這些都只是一種腦意識的現象。（註：二〇一五年，我遇見一位山達基教徒，對這個教派有更多的了解，知道他們不完全算是宗教，大多是用科學工具來輔助身心靈覺察。）其實大部分的宗教才是欲望更高的，特別是有想達到「某種境界」的欲望。

「清明夢」的論文終於寫好，結論如下：

在本研究中，我們對於夢境清明與腦波複雜度的關聯中，利用腦波分布及一些非線性複雜度多尺度熵（Multiple Scale Entropy, MSE）分析，得到比較不同的睡眠或催眠型態。

1. 有夢睡眠的腦波皆有α波及θ波分布，多尺度熵（MSE）皆可達到2。
2. 記不清楚的有夢睡眠，腦波分布較散亂，多尺度熵（MSE）略低。
3. 如果是屬於催眠心像的類睡眠狀態，α波及γ波分布豐沛，多尺度熵（MSE）皆可達到2。

由多尺度熵參數，可看出腦區活化程度及複雜度，也了解腦神經元在不同夢境品質過程中與複雜度的關聯性。

夢境是否具清晰品質與腦內全部區域高度複雜的協同合作有關聯，其中可能包括先是在腦幹區的膽鹼作用誘發的REM期，並伴隨接著的連結腦與邊緣系統作用的多巴胺迴路（dopamine pathway）

促成的情感認知，此在清晰夢境或是類催眠心像中所呈現的大腦腦波之高度非線性複雜作用，也讓我們未來對清明夢境的看法，將具有更積極性的意義。

（註：這篇清明夢的研究後來改寫為專欄文章，刊登在美國赫芬頓郵報：〈Sleep Science Next: The Extreme Lucid Dream Consciousness〉。）

清明夢後量到的七輪全開頂輪能量特強

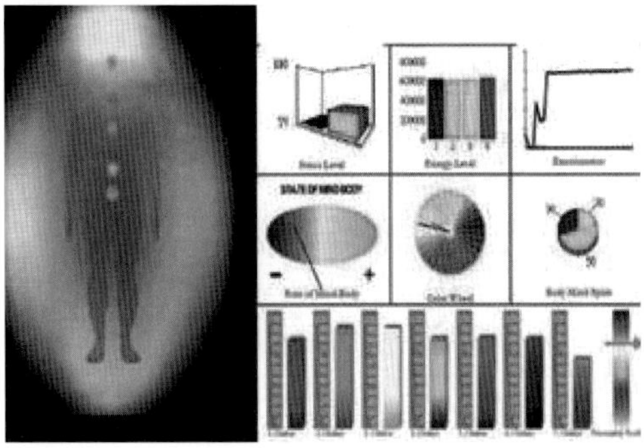

▶橙－黃光：冒險、擅長分析、科學、自信、邏輯強、喜歡學習。

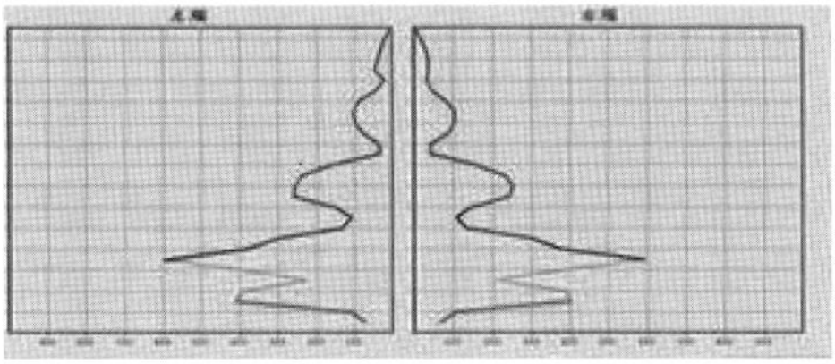

不同睡眠與催眠的腦波及對應的頻率分布總整理

型態	無夢	有夢	有夢	有夢	催眠
內容		清楚連貫，有意圖可操控	計算數學	記不清	有心像
編號	1-2	1-3	1-13	1-12	2-1
假勢波分布	較無特異波	α 波、θ 波	α 波、θ 波	有四段分區分	α 波及 γ 波豐沛
MSE@Max	2	2	2	1.8	2
Rolling MSE	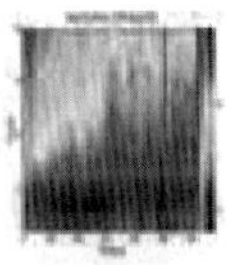				
腦波分布 -STFFT		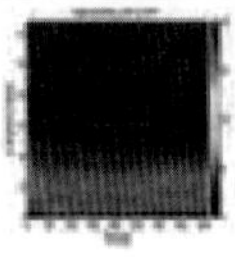			

88 咖啡Ⅱ

今天在咖啡館寫論文，居然巧遇以前一起創業的K。剛回國的K分享了許多經歷，還有目前準備要做的神經傳導物（Neurotransmitter）研究，我也談到這幾年下來自己做的研究。後來，我們的談論也回到如何利用腦波讓人變得比較聰明。因為他現在在新加坡大學當教授，收的學生約二十幾位，對自己的體力及能力不勝負荷。

我跟他說，變聰明不是一種「什麼事都親力而為」，而是一種捨棄，只專注在一種讓自己有不虛此行且快樂的方向。K說，他未來有比較多的資源，或許可以交流合作。其實我目前應該走不開，但如果有機會去新加坡走一走，也不錯。

K一直跟我有著某些默契，過去我跟他一起創業奮鬥的時光，也是我的學術及事業產量最豐饒的階段，甚至通過二十多項被國際大廠引為前案的專利。他聽了我這幾年下來的研究，也說應該拍成紀錄片，應該寫成小說，應該如何如何……

我相當興奮且笑著說：「你說對了！我正打算要這樣做……」K真的很了解我。或許K本身如果有這些故事，他也會積極地把它做出來。我回想，過去和他共事時，我比較是老二及懶散心態，常常需要他的督促與鼓勵，才有動力繼續往下做。不過，跟他一起討論專利到將近深夜，總不會感覺到疲憊。我想，他在鼓勵他人之際，也是親力而為的人吧！

K是個認真積極的人，但有時我覺得他是用力過度、接近工作狂的人。或許是創業那幾年下來太過用力，但投入並不成正比，足足虧了兩千多萬。讓他如今只好專心做自己擅長的學術部分，對於創業致富這件事保守多了。

他想知道明年的事業（學術方面）會如何，

我便讓他抽易經卡，結果抽到「雷地豫」的卦。我想這應該是指一個新領域的預作準備。他離開後，我也幫自己明年的事業抽了一張易經卡，居然出現「乾為天」——能量無限、積極、開展、主導、陽剛、主宰一切的無比力量。如果真是這樣，那我就先安心放長假吧！

我滿能理解西蒙・波娃在陽性擅長的領域內，若要有自己的言論，必須有類似像沙特這樣的男性，來扮演提攜與鼓勵的伙伴。即便是美國現代文學家葛楚・史坦因（Gertrude Stein），早期也受心理學之父詹姆威廉斯的啟發。這幾年下來，我也體會到一個人要獨自在陌生領域裡闖出個頭緒，已經不能分男性意識與女性意識了，而是隨時要把自我的意識整個拋棄，讓宇宙集體意識來主導，或許才更能降低孤獨感。但我也感覺到，這種科學與宗教越來越不可分的意識，是未來的一種主導能量。

特別是每次在跟朋友講這些時，我儼然像個通靈者，在用科學語言講著未來的世界。那種能量不屬於陽性，也不屬於陰性，好像有另一股聲音透過我把它說出來。

回家陪小朋友睡，第一個夢居然是夢見阿潘叔叔。阿潘叔叔到處在找建商，我以為他是要準備買房子，但後來才發現他想要幫建商看風水，藉此來賺錢。之後，我大約在四點醒來，看了《花神咖啡館的情人們》（*Les Amants du Flore*），從這部影片可看出當時巴黎存在主義的發展背景。看完後，我回去睡覺，接著作的夢就非常離奇古怪了。

我跟一群人被分派到旅館，進行一項「全像動畫推理遊戲」，有幾種狀況需要我們去推理在情境中誰是殺人兇手。原本大家把焦點都放在那幾個導引的男人，我卻從不同觀點提出一些蛛絲馬跡，但是大家似乎都想去睡了。旅館房間的床像是宿舍八人房的床位，每個人都找好了床伴準備要睡，我想找一個空床位，卻發現大部分床位都被占據了。

接著，我到另一個夢。我牽著一輛腳踏車，要去尋找一家百貨公司。原本我以為走過公園的轉角就可以到達這家百貨公司。但是等我停好腳踏車後，上了電梯，詢問了路人，才知道要穿過這棟建築物到下一個路口，搭○○號的公車才可以到。我出了這棟建築物，發現正在下雨，但我不理會，直接到走對面找公車亭，接著就醒了。

夢似乎在說，即便你是個可以看出細微差異的天才，但是能不能被眾人認同或是找到自己要的那家百貨，還需要更長遠的路。我想，這似乎是在講西蒙・波娃的境遇，雖然她勇於做自己想做的事，但是她沒有遺憾嗎？一個女人用另一種反傳統價值在現世裡生存，面對許多異樣的眼光，如何孤獨地生存著？

我並不是很欣賞西蒙・波娃，即使她沒有走入婚姻，但有許多部分，包括思想上，她還是依附在某一個主義上，而且為了堅持她曾寫過的理念，決定違逆自己的情感需求。《花神咖啡館的情人們》這部片拍得滿細膩的，但我覺得它講述西蒙・波娃和情人艾斯林在一起時，把波娃拍得太嚴肅了。

我看過西蒙・波娃的《越洋情書》，從書中的照片可知道當時的波娃笑得很甜蜜，是回到真正身為一個女人的自由。但一個女人的自由，不該只建築在學術上的自由，也包括愛的自由。在這一點上，波娃給人的感覺仍很牽強，不夠奔放。我想這或許跟當時的社會背景有關，似乎存在主義只是為了反抗某種意識所建立的，它的立場是在一種反抗的吶喊，而不是一種全然的奔放與自由。這一點，我覺得我就喜歡葛楚・史坦因（Gertrude Stein）更甚於西蒙・波娃。

回到東方哲學，陽與陰原本就是互相消長，要尊重身體內陰陽的召喚，每個人都可以是雌雄同體的蝸牛。而女性主義或存在主義走到後來，變成一種二元化，實在可惜。不過，在現在這個到處都可以發表個人獨特性的時代，社會意識已經更加多元化，大概誰也不想再回去那個充滿迷惘，只有幾個哲學家有舞台可以大放厥詞的「存在主義」時代吧！

做完腦波共振後的睡眠狀況有點奇特。夜間入夢後，作完第一個夢，然後在約四點時醒來，第一個夢通常記不太清楚，但是四點後的夢就非常清楚且奇特。一般說來，四點以後的夢最容易作清明夢。四點之後的夢，我跟一群人在聚會，一邊吃瞬間可長大的蔬菜，一邊欣賞美景，我還帶了相機要拍照，卻沒拍好，後來發現是沒插電的關係。接著，江蕙出現，唱了幾首歌，大家也跟著唱卡拉OK。但最令我興奮的是空中補給樂團的兩位主唱到現場，我們一起唱了他們的各種曲目。我在夢中大聲地唱，可以感覺整個嗓子都唱開了。唱沒多久，好像有位女生來提醒他們該走了，大家都依依不捨。

醒來後，我在想，在做完腦波共振後，可以感覺自己的音色變得較為豐富，卻不知空中補給到底怎麼了。我在四點多作完夢後，剛好摸到一本書，是談腦開發的書，提到讀短詩可以啟發全腦，並舉曹操的〈短歌行〉為例：「青青子衿，悠悠我心，但為君故，沉吟至今。」我也不曉得這本書怎麼會放在我床頭，而且很巧的是作者為新加坡華人，而我昨天才跟新加坡K教授談腦的研究。更巧的是，我上臉書到胡思書局的粉絲頁看頭條，也看到《短歌行》的詩句。（註：二〇一五年，我開始投入同時性的研究，才知道這種大量出現的同時性現象就是一種奇特的意識轉變。二〇一一年時，是偶爾發現有這樣的經驗，在腦波共振心腦同調後會出現得更頻繁。榮格在記錄夢境的《紅書》之後，也開始研究同時性現象。）

二〇一二年一月一日（日）—冬至

89 鵝掌柴

昨晚跟石頭一家人及光明先生，在山上跨年及看山下城市的煙火。雖然今年看到的規模不若去年在龍潭乳姑山上看的那般壯闊，不過省去了交通的奔波，更覺得自在。跨年後送客離開，我一覺到天亮，不像前幾天那樣在四點醒來。這天作了一個舞台劇的夢，醒來已經八點半了。

在山上總是可以睡得少卻精神好，起床後，簡單吃個早餐後，將一些肉類加上四物藥材，放入電鍋煮。接著，我到菜園巡視一圈。菜園裡的小番茄已經開花了，有些也結了果實。以前在山下種番茄時，總被專業農夫取笑說，他種的番茄只要四星期就可以收成，我種的卻一點也沒動靜。他還一邊指正說，要搭棚架，不然番茄容易倒。但我知道番茄是因為根部沒有扎實才容易倒，在它正努力要把根莖長得扎實時，我們卻一直希望它開花結果。我知道專業農夫使用的肥料量很大，但那不是我要的方式。

我希望我的番茄就像木村阿公的蘋果一樣，因為人類很少干預而能把根莖長得扎實，可以更穩固地吸收這塊土地的養分。幾個月後，我的番茄植株長得粗壯，一點也不需要搭棚架，便直挺挺地站在田中向我招手。

這次在山上種菜，更可以自主了，我同樣也不干預它們，讓它們有時間及空間去探索這一塊它們將要安身立命的土地。

我摘了一些野菜，準備到山下餵天竺鼠，回程時，忽然看到牆壁上伸出一團漂亮的花，那花團錦簇的模樣，像極了昨晚的跨年煙火。我問山上女主人及印傭瑪麗亞，她們說是山上主人今早在水塔旁的那棵樹摘下的。我跟女主人迫不急待地往水塔走，主人正在澆花。他說：「那是鵝掌柴呀，森林有很多……」

先前進入這片森林時，曾經跟著山上主人到這裡來，看過鵝掌柴，山上主人一直覺得它很特別，卻找不到更多跟它相關的資料。森林裡仍有許多我們不懂的樹木，外觀看起來不起眼，要等到它開花時，才看得見它的獨特。

有一棵鵝掌柴就長在樹屋旁邊。當初選定樹屋的坐落處時，是以相思樹為主幹，當時有點小失望，因為除了相思樹，旁邊就只有不起眼的鵝掌柴。但為了牽就樹屋必須蓋在木材結實的樹上，所以無法選擇靠近柿子樹的那棵樹，我只好打消坐在樹屋上摘柿子吃的幻想。

沒想到，今早我看到的鵝掌柴，居然有這麼夢幻的花朵。我趕緊爬上剛蓋好的樹屋，看向鵝掌柴的樹冠，那整簇含苞待放的煙火，令我內心充滿著喜悅。

我仔細端詳著那立體透射出的花架，心想：「昨晚的煙火看得不過癮嗎？可以看看這個，花中的煙火！」

光明先生目前也開始育菜苗，他給了我一個好點子，可以育水耕蔬菜，像是空心菜之類的。這山上大部分屬於旱土，如果要大面積進行土質改良，可能大費周章。況且，我已經觀察到利用野草做的菜籬，似乎有保持土壤溼潤的功能。不過，種一些水耕蔬菜，池子裡再養一些大肚魚，應該也可以做為另一種生態觀察。聽說，如果在水池邊種鳶尾草，水中會含有大量的氧，如此魚兒會像是吸了大麻一樣輕飄飄的。到時，生態電影如果拍出來了，一定滿有趣的。（註：幾年後，我才發現原來這樣的概念就叫「魚菜共生」。二〇一六年時，我也吃到秦先生利用魚菜共生種出的草莓。）

說到鳶尾就想到梵谷，往山上的路途剛好會經過一片種滿向日葵的綠地，總是讓我想起有次的瘋狂之舉。有一年，我除了在家裡的牆壁上畫滿了向日葵外，還想要讓家裡籠罩在真正的向日葵環抱裡，於是跟花商訂了約一百盆的向日葵，幾乎擺滿了前後院及每一層樓。那陣子，每次看到滿室燦爛的向日葵，我就有置身在普羅斯旺的感覺，並想起了熱情的梵谷。但對我而言，向日葵種子以斐波那契（Fibonacci）數列排列的自然界神祕之處，更是令我醉心。

但好景不常，當時我沒注意到向日葵是一年生的草本植物，過沒多久花就謝了，又下了幾場大雨，原本光彩奪目的花，頓時變得枯槁。我為了清理這一百盆枯盆，著實花了一番功夫。但有什麼關係呢？至少我曾經擁抱那個夢想，如今那感受已烙印在我的腦海裡。

經過這片花海時，我又開始蠢蠢欲動，一直想著：向日葵的種子要去哪裡買？數量那麼龐大，會不會很貴？接著，我忽然想起，向日葵的種子不就是我們常吃的葵花子嗎？早先我在進行生物場導實驗時，曾到處找各種種子育苗，就曾到鳥飼料裡去找未炒過的生葵花子，後來也有育苗成功，卻壓根兒忘記葵花子就是向日葵花的種子。

下山時，我去鳥店買了一斤的種子，只花新台幣六十元，還再三跟老闆確認這是不是向日葵的種子。我也問老闆：「你怎麼沒想到要種向日葵呀？」老闆笑笑說：「我哪有地可以種呀？」

原來我是這麼幸運，有塊地讓我種向日葵。我打算把它們撒在可以眺望夕陽的那片山坡上，這樣每年花季時，我就可以時時擁抱這片花海的黃色熱情，並陶醉在神祕的斐波那契數列裡。

二〇二二年一月二日(日)—冬至

90 金星

元旦看完的一本書《昆蟲知己李淳陽》(莊展鵬著),裡頭提到李淳陽晚年時因眼睛發生病變而無法長期寫文章,因此他發明了一款「盲人寫文版」。我真是佩服他的恆心毅力。我想到,接下來如果要完成龐大的書寫工作,勢必會導致腰背痠痛,打算嘗試「躺著打字的方法」:用一個手寫筆,再加上有角度的支架,就可以躺著寫作,這樣可以把重量分攤到全身,就不會因為長期坐在電腦前寫作而產生腰背疾病了。

一年又過去了,對時間有一番新的體會,整理了一下生理訊號尺度vs.時間尺度的意義與生活經驗。

1. 腦波基值波為十至十二赫茲,因此視覺刺激必須超過二十四赫茲,大腦才會視其為連續。這也是電影一秒二十四格的來源。鬼或UFO的頻率一定小於二十四赫茲,所以才會有人一下子看得到,一下子看不到。作夢時,腦波頻率降到四至八赫茲及三至五赫茲,這時原本看不到的就看到了。靈學科學解釋這叫「精微意識」,只是意識頻率換檔的結果。(註:有一次,我在山上跟小黑狗熊熊睡覺,半夜牠好像看到一團能量而狂吠不停。我當時被吵醒,果然在剛醒的腦波意識下,也看到了黑狗看到的那團能量飄走。)
2. 成人的ECG心臟訊號約一・二赫茲,根據取樣法則,外部刺激必須超過二・赫茲,才會感覺連續。
3. 身體基礎體溫:女性一個月的週期變化。
4. 正常人頭髮變白:一甲子的變化。

胎兒在子宮的時間感

成人每分鐘的心跳數大約六十至一百下。胎兒每分鐘的心跳數大概是介於一百二十至一百六十下。胎兒的心跳率約為成人的二至二・六倍。

地球繞太陽公轉一圈約為三百六十五個地球日。金星繞太陽公轉一圈約為兩百二十四・七個地球日。因此我們會說，胎兒在母體的感覺接近在金星的時間感。

水星繞太陽公轉一圈約為五十八・六個地球日。水星的速率比地球快六・二倍。

海浪拍打的頻率，相當於放鬆時的呼吸。

二〇一二年一月五日（四）－冬至

91 秧苗

凌晨時，我作了一個夢。我死去的好友ＫＫ出現，他邀請一些人到他的豪宅玩。他的豪宅比我在夢中的小斗室要大上好幾倍。接著，有位小女生有一些問題，我介紹她到一家郵局去抽籤詩與解籤詩。她解完籤後，忽然來了一群歐巴桑及歐吉桑。我跑出去問那女孩，她說因為她的通訊資料改了，許多朋友會找她。剛好她被找時，正在問籤詩。朋友聽說很有效，就一窩蜂跑來了。接著，我看到外面擺著一壺「小陽的水」，求完籤詩再喝下它，會更有效。但沒多久，我看到小陽搬來一張大椅子，這裡衍然成了一個廟會……

醒來時，我還在想那籤詩是什麼？後來，我忽然冒出一個念頭，即是「永續思考」。因為大部分人不是聖人，很難做到正面思考，「正向思考」只是高調空談。但是，人總是要走下去的，不管如何都得要走下去，甚至是倒著走……這時，以前常聽到的一句詩出現在腦海裡，我查了一下，原來是彌勒佛化身布袋和尚的一首偈語：「手把秧苗插滿田，低頭便見水中天，六根清淨方為道，退後原來是向前。」

「向前走時，肌肉作用力大，乃脾之用為主。退後走時。筋之作用為大，及肝之用為先。」前進和後退在全身骨骼、肌肉及筋的運作上是不同的，所以在正常動作中造成的錯位和偏差，有時可在倒退走的過程得到自身的調整和恢復。我想到，小時候看農人插秧，往往一工作就一個上午，一個人彎腰行進這麼久，腰部應該會很痛，但從沒聽說長輩在插秧工作後有什麼下背痛的。我本以為是老一輩的人身體比較硬朗，現在才想起來，插秧不是彎腰向前，而是彎腰後退，和平日的身體運作是不同的。這是我近日體悟的「退步」之道！

二〇一二年一月八日（六）－冬至

92 蘿蔔

今天晚上，石頭配了一些藥材，煮了一鍋羊肉爐帶來山上吃。光明先生也一起來，大家開始聊起中醫經驗。石頭煮的羊肉爐特別香，喝了一些湯後，感覺整個身子變暖。他說，在學中醫後，他懂得使用藥材，如果是到藥房買配好的羊肉爐藥包，老闆一定是給你次級藥材，因為一般都是使用較沒藥效的來做食療藥包。除非是親自配，才能確保藥材的品質。此外，一般會加薑，但薑性屬升散，在這麼冷的天氣裡，如果沒感冒，一升散開湊理後，反而更易受寒，因此他改用肉桂取代薑。石頭是對的，肉桂聚陽氣，不若薑升散，所以中醫才說「冬吃蘿蔔，夏吃薑」。

我們這群中醫班同學，在學了之後，不但學以致用，而且越用越精。平常聚會時，總有聊不完的新體會，加上又都是理工科學實驗背景的，沒親自驗證是不可能輕易相信的。

我笑著對石頭說：「石頭，你們巨蟹座的，其實是很講究美食的族群，現在又懂得食材的性味配伍，簡直就是如虎添翼了！」

他也提到，以前的副主任因肺腺癌症去做化療後，沒多久就過世了。我們在學習中醫時，老師就

▶在眾野草間冒出的蘿蔔葉。

千萬交代「肺主氣，又為嬌臟」，人體最為嬌嫩的臟腑一旦接受化療，很難不掛點的，就是神仙也難為。

我分享我母親先前的案例，她在感冒時，跑去照肺部X光。醫師跟她說，肺部有白點，疑似癌症，建議她切片檢查。我當時好不容易勸她說，目前感冒氣虛，當然肺部會有水氣，不然等感冒好了再去照一次，不要急著去亂切片，一切片就有傷口，現在氣血虛更不容易好。幸好，那次她有等到感冒好後再去檢查，果然發現白點不見了，才沒有白白挨一刀。

石頭說，現在他開始每天教十歲的大兒子石小頭及四歲的小女兒念《藥性賦》。剛開始，大兒子還會疑惑，為什麼要學這個。石頭便以他們副主任為例子。他說，他們的副主任以前每次都考第一名，從台大畢業後，成功地成立了一家公司，後來也成功地當上高官。但是你贏了一堆東西，最後沒有學會照顧自己的身體，少學了這一樣，學其他的都沒有用。

我看著石頭，內心十分有共鳴，這也是我一直想推動「中醫小學」的初衷。我們在越年輕時學到這些知識，對我們的未來就有越多的幫助。我們也很感激中醫老師黃成義先生。過去，中醫似乎在我們的父字輩斷了根，如果要從小就在中醫世家耳濡目染地接觸中醫，簡直是不可能的事。但黃老師把我們這一代做父母的中醫水平拉起來了，讓我們的下一代有類似古時候中醫世家耳濡目染的中醫接觸環境。

如果說到黃老師對近代中醫的偉大貢獻，應該是在教育方面更勝於至聖先師孔子。他讓每個人都有機會學習中醫，難怪當初要製作老師的教學影片時，我第一個想到他的頭銜就是：「中醫至聖鮮師」。

我在網路上找到了一本《藥性賦》，以後也要每天念給阿布吉聽。

二〇一二年一月九日（日）－冬至

93 土蜂

晚上睡在山上實在很冷，半夜頭又癢得受不了，讓我猛抓頭髮。但入夢後，一群陌生人開始依偎著取暖。大概是天氣太冷了，管不了羞恥心，盡情地享受對方的溫暖。我感覺到這陌生人有厚實的堅膀，不管我的頭髮怎麼癢、怎麼髒，這人似乎都不怎麼在意，反而是輕輕地撫摸著我的頭髮。我心想，我也裝睡並摸著他的頭髮好了，卻發現那人是小平頭，原來不是陌生人，是我認識的人呀。

但沒多久，在夢中被叫醒說，工作團隊要搬到台北的一間辦公室。主管都已經先過去了，但房間還在整修。從這棟辦公大樓下來後，有人特別介紹附近的交通狀況，包括有哪幾條捷運。但我們仍像是待在城市迷宮一樣，後來遇到主管的先生，他以前也是我們的老師。接著，我們又來到一座迷宮樓梯，必須摸黑跟著一個女人往上走，直到頂樓。頂樓是一座遊樂場，但我卻只想找洗頭的地方。原本我已經找到了一家洗頭店，她說要洗到五點半。我先是給她兩百五十元，但最後卻反悔不想洗了，因為怕過了五點半以後，天就要暗下來了，會找不到回去迷宮的路。接著，我就慢慢地甦醒了。

早上遇到一隻蜂，整隻棕紅色的，不確定是什麼蜂。我看牠行動力不足的樣子，便帶下去問山上主人。山上主人的兒子說，他被虎頭蜂及土蜂叮過。被虎頭蜂咬過後，會一直痛並腫起來，而被土蜂叮到後，只會痛一下就不痛了，但之後還是會腫起來。看樣子，在山上常會遇到各種蜂類，應該要來深入了解這類既危險又神祕的鄰居。回程時，正好經過昨天光明先生提到的韓信草，正開了奇特的紫色花朵。聽名字就知道它跟韓信有關，後來查了一下，發現韓信草可治療刀創傷，是劉邦建立天下的幕後功臣。

有時覺得，透過中國的傳奇故事來了解這些花草的身世，似乎比起冷冰冰地讀花卉圖鑑來得更有感覺。我常常想，古人是在什麼樣身心陷落的情況下，遇到這些花花草草，而帶來人生的轉機。而幾千年後的時空，人事全非，帝業也改朝換代，但這一株株小小的生命居然可以穿越千年時空，讓我們以特殊情懷緬懷歷史上曾經叱吒風雲的那些人物。

中午，終於第一次嘗試煮「金門炒泡麵」了。喔，應該說先前曾經很漫不經心地試過一次失敗後，讓我知道原來要煮出美味，有些細節還是要注意，不是全部倒進去煮就好了。後來在洗頭時，看到雜誌上有介紹作法，便準備到山上來試試看。

這次終於測試成功，煮了一大鍋，剛好光明先生結束導覽活動，就進來一起吃。原本的食材有肉絲、高麗菜、洋蔥、胡蘿蔔、蛋及蒜末。我只買了洋蔥及胡蘿蔔，其他就用肉燥取代肉絲，用山上種的菜取代高麗菜。山上的青蔥只要一下雨就多到吃不完。沒想到，果然真的滿像外面賣的道地金門炒麵。維力炸醬麵有附清湯調味包，吃炒麵再配上清湯，真的很有飽足感。

我想起了昨晚跟石頭講的，烹飪真的不是一件簡單的事，它啟動了我們的右腦思考。我也開玩笑地說，為什麼居禮夫人的物理化學實驗做得比居禮先生好，那是因為她白天做實驗，回到家還繼續做實驗（烹飪）呀！

吃完炒麵後，光明先生回去上工，我也要繼續我的油漆工作了！

金門炒麵的作法

食材

1. 維力炸醬麵一百二十三克重量包
2. 豬肉絲或蝦仁八十克
3. 高麗菜六十克
4. 紅蘿蔔絲二十克
5. 洋蔥絲二十克
6. 蛋一顆
7. 蒜末
8. 蔥花少許
9. 液態油少許
10. 水少許

作法

1. 將高麗菜、紅蘿蔔、洋蔥切絲準備。
2. 維力炸醬麵用熱水燙兩分鐘。
3. 將高麗菜絲、紅蘿蔔絲、洋蔥絲炒熱，並加肉絲及蛋。
4. 將麵加水一起炒。
5. 加上蔥花

94 韓信草

二〇一二年一月十四日（六）－冬至

昨天繼續看《千面女郎》的漫畫，發現裡面有好多關鍵元素，是針對演員與互動的部分，包括觀眾及個人表演方面。但是，我們很少人有「長腿叔叔」，大部分人都是在尋找幻想中的「長腿叔叔」卻幻滅後，勇敢地走向與她相同的信念。

今天收到主管的回覆信件，讓我又再度陷入星盤所謂的黑色恐怖中。或許是這陣子看了《千面女郎》，讓我很快地透過書寫釐清一些關鍵點，也再度重燃自己所堅持的信念。我注意到《千面女郎》的女主角剛開始受到不公平的對待時，是如何先暫時放下反擊，在委屈地哭泣過後，讓內在那股力量逐漸匯集。奇怪的是，當我把想說的文字表達完後，忽然發現我只願意保留我想表達的部分，而主動把帶有「抱怨」或是「負面」的字眼刪除。

在選舉的這一天，我的內在也在進行一場清明的投票。

尼采曾經說過，科學或是藝術再怎麼厲害，都只不過呈現出大自然的一小部分。不然為何這麼豐沛的大自然，始終可以讓無數的科學與藝術，以不同角度投射出他們的心靈？在大自然的面前，我是極度謙卑的。但我也看到無數科學家及藝術家極端自大，說什麼要超越自然，要如何如何……我想，這也是現在地球環境如此不協調的原因。

一位偉大的藝術家或科學家，就算創作了一件偉大作品，能夠流傳多久？但是，當我第一次看見「韓信草」這朵小花，它居然在漢朝時就已經存在了，而且是韓信幫劉邦打天下時用來治刀傷的草藥。我對大自然的敬仰，及她以生命力延續下來的方式，讓我無時無刻地感動，每一天，每一秒，每一刻，生命中有多少奇蹟是穿越時空過來的！

95 獅子Ⅰ

半夜三點十四分，我突然覺得很焦燥，於是醒來，決定來寫投影片的內容。

談《神農本草樂》創作經過的投影片內容：

在上大學之前，我很喜歡畫畫，經常參加比賽得獎。大學時，還熱血地創立動畫社。後來，大學及研究所畢業，再加上創業，居然有超過十年沒碰畫筆。一方面是工作太忙，後來又生孩子。當孩子稍大，開始想塗鴉時，我原本不想和她一起畫，因為怕她會破壞我精心畫好的作品。這個顧慮一直讓我沒辦法專心畫畫。直到有一天，我作了一個原住民女孩自由畫畫的夢，她告訴我，即使是不小心滴下一滴墨都會很美的，這才是畫畫的心境。於是二〇一〇年，我開始重新畫畫，並開始注意畫畫時身體能量的流動，而非用好看不好看、有沒有畫了什麼來評斷（後來我知道這塊領域叫藝術治療）。

我的工作長期都是跟機器接觸，最貴有上億元的儀器，也曾帶領團隊研發世界最小的無線模組。但我真正嚮往的是——「無」模組，卻可以體驗到通訊的極致。在做腦波研究後，我思索著，過去我有太多的人與機器的相處與互動，即「人機互動」。但在畫畫的經驗裡，我卻體會出，在心靈的那塊國度，要的不是「人機」，而是一種「生機」。於是，我開始思索一種體驗，我稱之為「生機介面」。人機介面或是腦機介面，都只是第一階，為的是要體驗到極致的生機。

什麼樣才是體會到「生機介面」的極致呢？「神農氏嚐百草」就是個好例子。相傳神農氏可以嚐百草，是因為他帶了一隻透明的獅子，了解各種生機背後的祕密。我覺得這隻「透明的獅子」就是我認為的一種「生機介面」。但那是什麼？

後來進行能量醫學與中醫，以及腦波及生理訊號的研究後，我認為可以用生理訊號的「細膩變化」來進行此種「生機介面」的概念。但是要用哪一種生理訊號，才能充分表達如此多的生機？

「生機介面」的多重面向，在不同尺度下，必須用不同尺度的生理訊號來表示。後來，我找到了非線性的系統——可以看出老子《道德經》所提到的：「道生一、一生二、二生三、三生萬物。」目前一般對生理訊號只是停留在第二階訊號處理，我感到有所不足，情感應該是生生不息，以「永續情感」代替「正向情感」。

去年八月，我們住到山上的一座森林裡，其豐富的生機讓我難以言喻。它偶爾以寂靜來迎接你，偶爾則是萬鳥鑽動。剛好那時我心裡發生一些堅持上的問題。那一週我想放空，於是畫下了這一幅畫。真實世界與心靈空間，原來有很多奧妙的差距。當天，我在一種出神的狀態下完成這幅畫。在這裡，我看見了內在神與魔的一種溝通，不只是用我一個人全部細胞畫下的，而是全森林與我一起溝通，我感受的一種與森林、與宇宙的共創。

回到工作崗位後，我開始思索要如何把這種森林生機的體驗，結合生理訊號呈現出來。我想到在森林裡，我們每個人就跟神農氏一樣，感受到自然界的「草樂」。佛書《四分律》也提到：「萬物皆藥，萬物在一定適當的時間，都可以成為滋養人身心的一種藥。」

把生理訊號的不同呈現（不管是用腦波或是HRV），做成不同草樂的概念，我需要很本質的一種「音樂」（聲音形式）。我要找的是同時具有「泛音結構」，又與大自然本質很像，即使全部一起放出來都不會覺得吵。後來，我找了台灣鳥類八十八種的鳴叫聲，一一比較牠們的特質，先挑選其中十種，對應不同的生理訊號反應。（我也意外發現鳥的顏色跟體型與聲音都有關聯。）

「聞百草」的部分，我就以各種「精油」來取代。當然在實驗過程，我必須先了解不同味道對生理訊號的變化關聯，以做轉化。因此，可說是重新以「花香鳥語」來營造一種詮釋生物多樣性的「生機介面」。

這些鳥為何要高聲鳴叫？牠們是最不懂得「節能減碳」，卻又活生生的一種生機。

我一直寫到快天亮，才又入睡。我好像夢見W跟我說，要整理這些複雜度，但又忽然發現W跟母親的臉重疊起來。看到母親的笑容與W的笑容。

最近投入科技展演的世界，開始看《千面女郎》漫畫，覺得內心五味雜陳。記得這部漫畫在我年輕時就已走紅，但當時我就是提不起勁去看，對演藝圈的生態也沒有興趣，反而喜歡《窈窕淑女》的記者生活，或是《尼羅河女兒》的考古探險故事。不過，自從幾年前開始做科技藝術相關的研究後，近年來幾部跟音樂及演員有關的漫畫就沒錯過。不過，這星期開始看《千面女郎》時，發現這部的確是經典之作！

96 沒藥Ⅱ

二〇一二年一月十日（二）—小寒

今天是馬雅曆白狗日，要愛自己。馬雅曆還滿準的，可對應這星期一及星期二的中心評論報告。星期一時，大家好輕鬆。可是到了星期二，有許多人一邊報告一邊哭，還有位基督徒同事邊哭泣禱告，會後我趕緊送一瓶沒藥精油和一瓶肉桂精油給她。後來收到她的感謝回覆。

「非常感謝您，這麼慷慨的送我兩瓶精油，希望沒有剝奪您的振奮時光，新年快樂，神祝福您與闔家。」

很奇妙，我去年下半年也是靠這兩種精油度過人生很難過的一關。有次回家，居然我母親也喜歡這兩瓶精油。她的心臟一直有問題，但在那次寒流中，我用這兩種精油幫她按摩，讓她感覺到很溫暖，也漸漸打開我們之間原有的心結。

二〇一一年底，我正申請了電影創作社，希望能聚集同仁來說故事，也會邀請一些老師來教導從無到有的拍攝過程。成立電影社的目的，是希望讓自己歸零，從頭學起。就像五年前，我一點都不懂中醫一樣，但我希望有一起學習的同學，大家互相幫忙，一定會事半功倍。目前已經有超過二十位熱血的同事參加，申請單也已經送出。

在一場場「腦內風暴」（Brainstorm）結束後，我再次回到那咖啡館的「蟲洞」。那個能量轉換的角落，像是超人準備換裝的一個神祕角落，我憶起了幾年前開始構思的小說《克拉瑪與克農尼虛實時空》，一個關於研究腦科學的女科學家李挪亞的虛實轉換，會分裂成克拉瑪與克農尼，以及寶琳娜與安德烈的故事。

在蟲洞咖啡館，時光常常會平行的交織。時而回到過去，時而到未來。偶爾中途起身，經過一位鄰座女孩時，看到她捧著一本漫畫旁若無人地笑，彷彿我也回到了大學動畫社時，靠著動漫滋養的時光。她的臉龐前所未有地笑開，小小一本書就能讓人沉浸在這樣一個「咫尺王國」。這種笑容是會感染的，我飛奔出去，到附近的書店挑了一本新上架的漫畫，呵，是《來自紅花坂》。啊，漫畫不就是電影的分鏡表嗎？

寫著寫著，我居然不知不覺地展開了長達五、六年的腦科學研究生涯，彷彿自己活生生地在上演一段關於李挪亞的故事。劇情似乎已經要接近落幕了，角色也準備卸下。入戲太深的我，竟開始分不清我是李挪亞，還是李挪亞是我。是的，在這蟲洞中，我似乎開始與原本那個角色抽離，就像《千面女郎》一樣。

我是比不上白先勇，他只消一天在舞廳，就能捕捉《金大班的一生》。我好奇著白先勇的蟲洞可能威力比我的更強。那麼，接下來呢？我翻開了也是幾年前萌芽的一部小說《總統的情婦》，一個談量子資訊與量子心靈的小說情節。我隱約地感受到一股新的力量將我推往新的角色，接下來會如何？我好奇著。

《總統的情婦》裡的「情婦」（mistress）是量子資訊的一種密碼。因為當初量子密碼就是從Alice and Bob的通訊要如何避免竊聽來切入，因而產生量子密碼與量子心靈的概念。當初，我是想將這個概念轉變成小說，順便介紹「量子密碼」的概念。（其實同時性的科學模型，就是量子通訊裡的同調糾纏態，一旦進入到量子糾纏態，所有的事件就進入到同步性，在時間上就是所謂的同時性。）

那天森哥報告後，我想跟他分享一些研究。森哥過去曾協助我的腦波研究相關計畫，即舒曼波共振平台要創作出類似的經驗。我跟他提到，曾造訪外太空的太空人，受太空的神祕經驗和地球的美所感動，而覺得自己經歷了某種宗教感觸。美國太空人米切爾，一九七一年在阿波羅十四號的衛星上回望地球，看到一幅令他透不過氣的景象：「黑沉沉的浩瀚天空中，飄浮一顆藍白寶石，美得令人難以置信。」他覺得自己經歷了「近乎顛峰的宗教體驗」，而腦科學也針對這部分最令人感動的神祕體驗做研究，可參考網路文章：「腦部影像顯示，神聖經驗會刺激腦中神經網路」。

在咖啡館的寫作與思考下，我忽然想起「沒藥」精油的笑話，「沒藥」就是沒有藥，也就是本來無一物的意思。這時，我腦中忽然閃過一個題目：「二〇一五年以前會消失的十大科技」，以後每年都來預測接下來五年的，變成日後的智庫。這有點像星象學，每年都做接下來一年的預測一樣。因為會消失，代表有不滿意，以及會有新的科技及產業鏈發生，可以做為產業快速提升及轉型的參考。

我剛好在咖啡館遇到一位資訊中心的顧問，我把這個題目跟他分享，他劈里啪啦地說了一些像是Flash或是Notebook會消失的觀察。我覺得很不錯，也正在整理中。說實在的，我對一些科技產品真的不敢恭維，很希望它消失。「二〇一五年以前會消失的十大科技」這樣的題目與研究，應該是可提醒院內及產業研發要更加創新，因為當初賈伯斯也是這樣反骨，才有更好的東西出來。

就像「沒藥」，或許是在提醒世人，世界上真的不需要的就是「藥」，而是如何喚醒人的自癒力。

97 蝸牛 II

這幾天的夢都只記得一些特定場景與單一事件，比較無整體情感的感受。昨天的夢發生在某個場所，唯一的互動是，我似乎一直在解決一個複雜的電路分壓問題，而我嘗試以一種電源驅動的等效電路來代表。我熟稔畫起電路圖，來清楚解釋原本解釋不通的問題。

終於可以好好的喘口氣休息一下，來寫寫一些自己想寫的東西。腦海中始終無法忘懷的是《千面女郎》中「紅天女」投胎的台詞：

「當世界還是一片混沌時，神的孩子降臨到世界上，同一個靈魂分成陰和陽，分別寄宿不同的肉身。當有一天邂逅時，陰陽調和、合而為一時，人就會變成神，為了產下新的生命……你是另一個我，我是另一個你，你我相遇，在這裡活下去，這樣就夠了。這是因為有不可思議的力量在運作，那是乞求對方靈魂的力量，不在乎年齡、外貌及身分，相遇時彼此會互相吸引，為了找尋那另一半……」

在山上時，我巡視下雨過後的菜園，看到高麗菜上爬著一隻肥碩的蝸牛。但我並不像菜農一樣憎恨蝸牛，反羨慕那雌雄同體的蝸牛。

看到在亞特蘭提斯黃金時代，情侶們若想要結婚，祭司會檢驗他們的氣場，以確定他們的情感與靈性是相匹配的，他們不交換戒指或信物，因為他們相信這個自由意志的世界，沒有人能占有與限制別人。婚姻是為了提供孩子安穩的成長環境而許下的神聖及終身承諾，他們希望確保孩子在平衡的陽性和陰性能量中成長，且撫育下一代被視為偉大的靈性責任。

菜園旁有一株鵝掌柴，又名「姜某」，因為雄花與雌花共生在同一棵樹上，卻常分不清彼此，所以才會稱為「姜某」（台語「公母」）。

剛才收到一封郵件訊息，說水瓶座可以看電影《真愛挑日子》，故事描述著有滿腔社會理想的水瓶座女俠，遇上品味和道德上都很自我的雙子座玩世少爺，曖昧流轉在友情和愛情邊界長達二十年。他們究竟是一對朋友，還是戀人？

水瓶座作家吳爾芙，也創造出這樣一位人物——變男又變女的「美麗佳人歐蘭朵」。我們欣賞這位人物，並不在於他的男性或女性角色，而是他本身的魅力，且是超乎性別的，雖然最後常以性別的吸引為終結。如果以此來看，吳爾芙已經不同於西蒙．波娃還執著在女性的角色，而以一種更超乎性別的思維在創作。

這世界真是奧妙，有很多生命與生命的關係，不是那麼容易說得清楚的，但總是感覺得它的存在。

二〇一二年一月二十六日（四）—大寒

98 辣椒

在節氣交接之際，日夜溫差大，跟四川的氣候類同，而四川人喜吃辣就是為了因應這樣的氣候。

過年時，我跟四川來的弟媳學了麻婆豆腐的作法，一回到山上就趕緊買好材料準備大顯身手。弟媳說，最好挑「老干媽」豆豉辣椒醬，先把絞肉炒乾，再放豆腐，之後加水及豆豉辣椒醬，最後再放蔥花。弟媳還交代，如果豆腐想吃脆一點，可以先煎一下，如果想吃嫩一點的，就直接把豆腐加水煮即可。

我自作主張地放了許多蒜頭，沒想到我的處女作「麻婆豆腐」，居然嚐起來有模有樣的，真的要拜選對豆豉辣椒醬所賜。但我也很好奇，如果是選用別的牌子，是否有這種酥香的滋味。

昨晚，我又敗了一堆書，發現要戒掉買書，還真是困難。不過我也發現，自己喜歡的書種已經開始有所轉變，自然生態觀察的科普書越買越多。一逛之下，發現消失文壇已久的苦苓居然跑去當國家公園的自然生態解讀員，也因此寫了一本自然生態的解讀書。

吳明益，東華大學中文系教授，一位生態作家，我竟找到了他再版的《迷蝶誌》，而翻開書扉，居然是先前網友介紹的小說《複眼人》之作者。了解吳明益過去的生態寫作背景後，就不難理解他為何會構思一部由垃圾旋渦組成的一座島所引發的故事。

其他的書，還有幾本是跟古代皇帝的御用菜單典故有關的。不過，與《迷蝶誌》這本書對照強烈的是宋代蘇軾（東坡）寫的《物類相感志》。才華洋溢且閱歷豐富的蘇軾，親民的為官作風加上好奇的天性，讓他對於市井小民的日常生活，舉凡食、衣、住、行、育、樂等多有觀察，進而將這些所見所得記錄在《物類相感志》，使今人能透過此書了解古人的生活百態。

若衣服被醬油弄髒了，現代人大概是把衣服給扔了，但是古人愛物惜物，懂得用藕汁來除去污漬。以萬物的本性去解決生活中的各種難題，那些美好的古代樸實耕讀生活總讓我魂牽夢縈。

一邊吃著麻婆豆腐，一邊翻著蘇東坡的《物類相感志》，感覺有種對味的氣氛。原來寫過〈赤壁賦〉的蘇東坡，本身也是四川人呀！

剛才去看了網路上教的麻婆豆腐作法，看起來有點麻煩，還不保證比例對不對、味道會不會走掉。原來弟媳教我使用現有的「老干媽」豆豉辣椒醬，是最方便的方法，難怪我在煮時，總覺得好像沒費什麼勁。

活到四十歲，第一次煮出很好吃的麻婆豆腐，真的感動得想哭。

很奇怪，網路上有些麻婆豆腐都有紅紅的顏色，到底是多加了什麼？

二〇二二年一月二十七日（五）—大寒

99 小雞

原本以為昨晚應該會作很神奇的夢，因為旁邊就是小雞窩，可聽到嘰啾嘰啾的叫聲，我希望能夢見——雞奴李維。結果我作的夢是如何延續舒曼泛音共振的計畫，跟鳥也有關吧。這個夢其實不簡單，因為我在夢中拜託W，請她讓我繼續做舒曼波的計畫。她穿著一件紅色西裝，而我不斷地檢視舒曼波還需要多少經費，加上阿山哥及晉榮，大概需要四百萬元吧。阿山哥展示由不同橡皮帶組成的穩定順暢的馬達帶振機構，最有趣的是，他們標示橡皮筋的方式還是用某家麵店使用的。後來Michael也來了，試躺一下覺得不錯，就準備以躺椅的方式來進行後續的計畫，但隨即出現在我面前的是一襲紅色的浪漫躺椅，名為「夢露躺椅」。

接著，我再度獲得W的通知，要我跟小天使約時間晤談。我問小天使是誰，結果居然是袁〇〇，但她已經離職了，到底W要跟我談什麼？是好還是壞？我想，抽易經卡好了，結果抽到一張看不懂的易經卡，不曉得是誰把不同的易經卡混在一起了。

夢境非常清楚且漫長，應該跟我做溫灸，增加了身體能量有關吧！這個夢，應該是提醒我今天要好好地來完成「舒曼波計畫的結案報告」。

我醒來時，還是很好奇易經卡對舒曼波計畫的未來發展會有何指示，結果是「水火既濟」（代表已經完成了）。

二〇一二年一月二十七日（五）—大寒

100 颱風草 I

一回到山上，還是照常巡視環境及敦親睦鄰一番。過年，大家都沒出去，秦先生與光明先生趁著天氣好，趕修那座五星級的豪華雞窩。原本心想，有那麼急嗎？但回到住處隔壁那間暫放小雞的溫室一看，才兩星期不見，那原本小不點的小雞，已經變成青少年了，而原本寬敞的雞窩也顯得擁擠。

五星級的豪華雞窩雛型已抵定，用輕鋼架輔以浪板與玻璃做成溫室。剛開始蓋時，生性浪漫的我，左看看右看看，開始出餿主意。

我說：「秦先生常常在山上工作到很晚，回去太晚，不如在這雞窩旁的觀賞室直接弄一個和室，平日自己及家人可休息，假日還可以出租給遊客，體驗親子與雞一起共眠的經驗呢……」

沒想到，秦先生跟光明先生一致贊同，接著沒多久，就看他們把原本觀雞區隆起的一塊土堆鏟平，準備來做「觀雞和室」了。

接著，我又走到五星級雞窩的外面看，那裡剛好是一片平台地，目前堆了一些廢棄的家具。先前我已經搬了一些回去，修整後居然也有樸拙的可愛之處。如果好好利用這裡剩下的舊木頭，就可以闢成簡單的露營區或喝茶室，未來大人在外面喝茶，小朋友在裡面賞雞或寫生，應該是一幅和樂的景

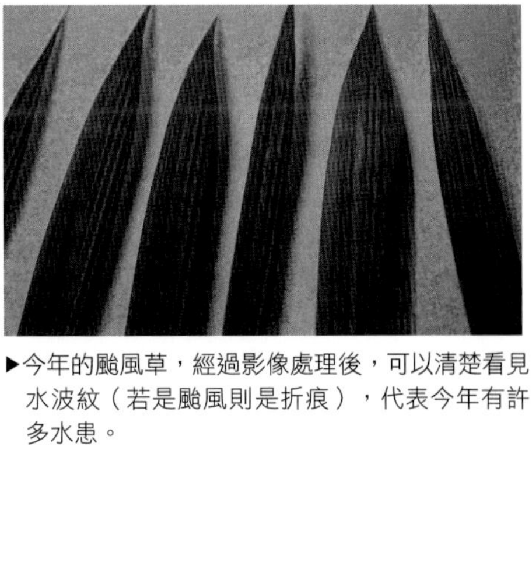

▶今年的颱風草，經過影像處理後，可以清楚看見水波紋（若是颱風則是折痕），代表今年有許多水患。

象。

我天馬行空的想，也瞄到旁邊一叢叢的颱風草，已經二〇一二年了，來看看今年颱風草有多少折痕。看老葉有一個折痕，應該是去年二〇一一年的颱風次數。我仔細地挑起新冒出的嫩葉，朝著陽光透看，天呀！是我看花了嗎？怎麼居然有四到五條折痕。

當年的颱風草是不是要看新發的嫩葉，老實說我也不清楚。不過，二〇一二年是個災難之年，各方面多多未雨綢繆總沒錯。

二〇一二年一月二十七日（五）—大寒

101 雞

原本今天是要吃昨晚做的菜，卻聽到秦太太說要請大家吃蒸餃。我怕一下子人太多，菜不夠吃，順便也把昨天煮的麻婆豆腐帶下去湊合湊合。大夥在剛落成的玻璃茗蘆內用餐，大紅燈籠高掛，反而像是四海兄弟般，聊起大夥家鄉的名菜。原本我還在擔心，如果只有煎餃而沒有飯，麻婆豆腐吃起來會不會太鹹辣。沒想到有一鍋飯等著，而且這意外帶來的菜餚，讓大家食慾大開，居然很快就一掃而空。

我一邊分享著麻婆豆腐的作法，一邊學習其他菜餚的作法。這頓宴席裡有個共同的特色是，使用的食材大多是自己在園區裡種的，像麻婆豆腐裡的青蔥就是。而山上女主人特製的醃大頭菜，使用了山上種的檸檬葉及迷迭香，口味更是不同傳統的客家醃菜，嚐起來別有一番風味。

秦太太笑說，以後只要把大頭菜切好、用鹽醃好，再拿來給山上女主人加持即可。大家一聽都笑翻了。這種分享式的聚餐很有趣，而且可以「以菜會友」，似乎讓大家更能體悟出「食養文化」的民風。我跟女主人的祖籍都是廣東，廣東人最有名的就是愛吃，我以前一直都不認為自己是喜歡做菜的，而是喜歡裝飾菜餚更勝於做菜。但如今在山上的體驗就是，若要有做菜的興致，來自於是否有一群等著被餵飽的食客，這樣做起菜來才有意義及成就感。而且，一定要「一群人一起吃，東西才會好吃」。在山上，我似乎找到了可以持續鍛鍊廚藝的地方，而這也是我為未來《美味的物理》寫作的練習場。

用餐期間，話題還是跟雞有關。我提起最近看蘇東坡的《物類相感志》中提到的：「雞下卯，辰則雄，暮則雌，日中對日下亦雄。」我查過網路並無此類說法，而最快的方式是問養雞達人秦先生。秦先生說，大部分的雞是天亮會下蛋，而且他曾看過資料說，下了蛋還不確定是公是母，可以靠後天的溫度來改變雄雌。我們笑說：「說不定有些雞是晚上下蛋……」秦先生說：「雞下蛋時會叫，跟人類生小孩陣痛會叫是一樣的。」

我們接著大笑，原來雞的性別跟孵蛋溫度還有關係。我先前聽說，海龜的蛋是公是母，的確跟孵蛋的溫度有關。雖然常常吃雞肉，對於雞的生長卻相當陌生的現代人，跟自然的律動越來越遠，要不是這本《物類相感志》，還不知道雞下蛋背後的奧祕。我想再找看看有無關於《物類相感志》的註解，卻發現這類書少之又少。以前學到的生物學原本就離我們的生活好遠好遠，學了那麼多年，卻回答不出一個離生活那麼近的生物問題。

安哥也說，過去我們被華德・迪士尼的動畫洗腦，一直以為兔子是吃紅蘿蔔的，但他養的兔子，每次吃紅蘿蔔就會拉肚子死亡，後來才知道，不是所有的兔子都可以吃紅蘿蔔。到底是今兔非昔兔，還是今日的紅蘿蔔不再是古代的紅蘿蔔，原因已難解，我一直認為台灣的教育應該改成「達人教育」。因為許多老師教的、書本講上，都不見得是真實的知識，而這些達人是透過多年來的探索與實際觀察，才漸漸形塑出生物的真正風貌。我想，這正是我們未來要給小孩的教育，也是中醫小學未來的使命。

記得高中熟讀宋詞時，不愛〈赤壁賦〉，卻愛兩茫茫的〈江城子〉。這次因為《物類相感志》，讓我嚮往著蘇東坡的生活，也對他的生平感興趣。蘇東坡的仕途大起大落，一生漂泊，卻認命地在各種惡劣環境中表現得泰然自若。網路上，根據林語堂的說法，蘇軾是十二月十九日生。如果是指農曆的話，就跟我的農曆生日是同一天。接下來，要好好來讀林語堂先生寫的《蘇東坡傳》。人到中年，對自己的情感有更深一層的領悟，重讀蘇東坡，想必終能理解為何高中時代會鍾情於〈江城子〉的原因吧！

看到林語堂為何要寫蘇東坡傳的緣由，又讓人動容。古今交錯的兩位文人，透過這樣的方式完成一種跨越世代的交流，不知東坡居士在當朝是否也有類似的感應，才會特別欣賞李白的「今人不見古時月，今月曾經照古人」，而寫下把酒問青天的詩？

102 土撥鼠

二〇一二年一月二十七日（五）｜大寒

立春將至，森林生機開始蠢動，久違的鳥群也出現了，但牠們的天敵——老鷹也盤旋在天空中。吃過飯後，山上主人說有個東西要讓我看看，接著看他把一隻毛絨絨的、不太真實的小動物遞出來。

「這是土撥鼠，破壞花園的元凶。」山上主人說，一邊擺開那小東西的前掌。我看不出一些端倪，不過看來看去，感覺牠好像沒有眼睛。

他接著說：「土撥鼠有幾個特色，前掌比後掌發達，沒有脊椎，沒有眼睛……」喔，果然是沒有眼睛。我看著這小可愛，心想帶上去跟兔子養在一塊多好呀！

「牠已經死了！」山上主人冷冷地說。我也驚嚇到，原來我剛剛是像法醫勘查屍體一樣，在看著這隻土撥鼠。

春天將來，許多動物雖然熬過冬天的殘酷，卻躲不過天敵的誘捕，甚至還有更進一步的，人類因為非天敵的因素而捕殺牠們。生生滅滅，雖然有許多活著的機會，但也無時無刻存在死亡。

二〇一二年一月二十八日（六）—大寒

103 土鱉Ⅱ

早上作了跟死亡有關的夢，是關於拍戲迎送一位人物的骨灰，而接近天亮時的夢，是我提了一袋的土鱉到處講學。早上醒來看電影《真愛挑日子》，實在不明白為何兩個掙扎二十多年才相愛的人，最後在一起了，卻要以意外死亡來處罰那個苦守的女孩呢？

今天，我要把剩下的四張廢棄小椅子漆上玫瑰白色。光明先生的上漆過程像童話，他把粉藍稱為「丹尼爾藍」，取自Hello Kiity的男友丹尼爾。

我的上漆過程，則好像在進行一場場的人生告解，彷如奔向死亡前遇見的白色光明，有許多往事都會隨著上漆的那一剎出現，隨即又被抹去。也是在上漆過程中，我才回想起「算命男」跟我說的，其實我非常適合白色。剛聽到時，我直覺不可思議，因為我很怕穿白衣服，總是怕弄髒，但回想過去的經歷，我的確養過不少隻白貓，愛牠們的純白柔軟。

二〇一二年一月二十九日（日）—大寒

104 翠鳥

最近發現，我跟榮格很有緣，不但找到了他跟衛禮賢寫的《金花的祕密》，買了一本申荷永的《夢是靈魂的使者》，都是跟榮格有關。但從奧修對「金花的祕密」之闡釋，似乎重點在於「無為的奧祕」，而這無為的奧祕似乎是我目前要學習的功課。整理郵件時，才有機會好好看一看好友分享的一些好書。這陣子不曉得在幹嘛，有點不斷地外求。

昨晚，我把《夢是靈魂的使者》讀完，恰好有一段作者的體驗可以說明這種感受。申荷永千里迢迢地來到蘇黎世的榮格學院學習分析心理學，卻被當地一位友人詢問：「你來這裡做什麼？」榮格學院的人，認為榮格想學的正是東方思想，而一個東方人不好好地在自身的地方學習，卻跑來這裡學，有點像跑到歐洲去吃台灣小吃的感覺。

這個經驗也讓申荷永體會到榮格的分析心理學，是要在自己的生命史上去做反省及自我分析，是在自己的意識與潛意識的國度裡周遊列國。我想，這應該也是之後申荷永能在夢中見到他的夢中老師，以及投入川震後的心靈花園工作的一大啟發點。

我很高興有心理學者現身說法，把自我追尋的過程寫成動人的故事，特別是他們提到的——跟榮格一項經驗很像的翠鳥的斐勒蒙之夢——將夢及潛意識變成一種「真實的心靈體驗」。

昨晚入睡後，我再度作考中學的夢，但這次我很清楚自己無法考上好的明星學校，頂多只能上技職體系的高職，但我很享受穿那件高職制服的感受，覺得可以去嘗試原本生活中沒有過的經歷，該有多好。讀高職時，不必只念課本上的死知識，可以學習更多生活上的藝術，包括美容美髮、烹飪等。我也恍然大悟，我在山上的這群新朋友都是技職體系畢業的，而我雖然讀升學高中，但還是喜歡走動手做的實驗。

在這一連串的閱讀及反省後，我慢慢地理解多年來我不斷作「考試夢」的深層理由，也再次感受到夢真的是我的宗教、我的老師、我的靈魂啟蒙者。而我相信，夢也是每一個人的內在老師。

105 大猩猩

昨天晚上，我夢見森林裡有隻白色的大猩猩，還有我變成《千面女郎》漫畫的主角，在我的秋俊傑面前表演服裝秀，表演到後來，連秋俊傑也跟著我一起換裝。另一段夢是意念遨遊的構想，我的想法以被盜用的方式為他人所採納，而我告訴自己，也許可以看看別人在這方面如何展現更真實的感受。

後來，我在夢中與一位鄭同事合作，感覺相當好，他始終站在我這邊。我們一起腦力激盪，他也準備負責更有趣的整合。

今天是我的宇宙無敵幸運日，一早不但收到同事送的護唇膏。無尾熊從峇里島回來，也送我一組高級精油。另外，我學長CCU抽到董事長的十萬元紅包。我說，我生日快到了，要許願能獲得一台iMac。他說，要達成我的願望。今天真的太誇張了，好像在作夢一樣。我決定買刮刮樂試手氣，結果一共中了一千五百元。

晚上回家後，我開始看《念力的祕密II》（琳恩．麥塔格特著）。這本書真是棒，讓我破解了「算命的祕密」。引述當中一段話：「一個次原子粒子只有在被測量或觀察時，才會被固定在一組單一狀態，這個事實讓許多科學家想到一個極大的可能性：科學家本身的角色（或在真實生活中，生存意識的角色），其影響會以某種方式將最小的生命要素轉成真實的事物。這意謂著宇宙是觀察意識與被觀察者之間的合作企業：需要觀察者與被觀察者來成形。」

這一段正是榮格所提到的，如何將潛意識的心靈真實化的一個過程。

以量子力學觀察者與被觀察者的實驗來解釋

套黃一農院士說過的話，有人問他：「農民曆有很多版本，到底要相信哪一個版本？」他說：「就相信你手中有的這個版本吧！」

「算命」，命還沒算時，都是處在一種混沌狀態，有許多不同的可能。一旦被某位算命師觀察到某部分而你又相信的話，就會如量子崩塌到他算的那一個版本。

同時，《念力的祕密II》在第二章也提到「表觀基因學」及最近的科學發現，已經可以完全解釋「生物場導」的機制，也就是基因遺傳不是主要的機制，而是由環境來控制及改變基因的各種開關，讓人體產生各種不同的變異。這一段跟先前是呼應的，每個人出生都有一個基本盤（基因），但控制何種基因表現要不要打開或關閉，卻是後天的環境與情感所決定。

如果是喜歡算命的人，又不想被套到一個算命者意識的版本的話，最好多嘗試各種算命方式，之後再挑一個自己比較滿意的版本，千萬不要被某位算命師的意識版本影響，讓自己活在他創造出來的世界。有關算命的迷思，可以參考《蘇東坡的主張》（了無居士著），與《念力的祕密II》這本意識科學的書交換看，可以釐清一些脈絡。

二〇一二年二月二日（四）－大寒

106 內乳花

我昨天作的盲人之夢，有兩種可能的解釋。一種是石頭幫我找到一塊導電的黑布料，這是由郭大頭做的，而他原本的目的不是要做導電布，而是要做生物相容性的生物介質材料。我一摸到那塊布，就感覺對了。而且經生理訊號測試後，得到很漂亮的結果，剛好解決了目前生理訊號最嚴苛的穿戴問題。我高興得請他們去喝下午茶，郭大頭直說我：「瞎貓碰到死老鼠，要發了！」

另一個解釋則是，我昨天跟兩位J女郎（其中一位有陰陽眼），一起協助一位卡陰很嚴重的人。一位負責直接處理的，一位在旁邊協助，兩人在處理後都想嘔吐。

晚上回來後，已經很晚了，我倒頭就睡。第一段夢很難忘，是個清明夢，我夢見父親帶我去找一種奇特的植物，名叫「墨西哥內乳之花」，因為她的外觀很像一個碗內有個點。整個氣氛是昏黃和諧的，母親也在附近說要找地。但是之後，我忽然想起，父親不是已經過世了嘛？於是開口問父親，沒想到父親在瞬間就消失了，只留下那朵花。而此時的氣氛也變得較慘白。

我在夢中意識到自己在作夢，便想著一定要把這段夢記下來，甚至在夢中寫筆記要記住這個夢。深怕這午夜第一段夢的記憶會因為第二段夢的出現而消失。

我果然作了第二段夢，但是因為太想要記住第一段夢，所以醒來後居然只記住第一段夢，而忘記第二段夢，不過倒是記得我在夢中一直寫日記，想要記下第一段夢。

為何會夢到父親，我想應該是昨天晚上洗頭時，跟美貓女聊到父親的頭髮是紅的，一直以來都是染白。美貓女順道問起，那現在父親的頭髮呢？

還有染嗎？我苦笑地說：「父親過世了！」

雖然目前跟他人提起父親的事，口吻滿理性的，但我已經知道它是父親來夢境的「感性定錨」！

算命大師阿花與阿土

算命為何會準或不準，請看這案例就知道。一位算命大師有兩個身分，一個是阿花大師，一個是阿土大師。總統大選時，阿花大師負責預言小馬當選，阿土大師負責預言小英當選。結果不管誰當選，這位算命大師都是很準的，也是不準的。原因在於結果本來就有各種可能性，而他分散投資。這也是量子基金的運作模式。

107 颱風草Ⅱ

今天凌晨作了一個很嚴重的地震夢。我跟一群人到一座山谷中的飯店，結果發現經期來了，我趕緊回飯店要處理。但是忽然轟的一聲，飯店的一面牆往右邊倒去。我趕緊告訴大家往倒下的那面牆逃出去。我清醒時，一直感覺到東邊有震波在響，沒多久就聽到秦先生的群雞在鳴叫。

昨天，石頭幫我跟他老婆把脈，發現我們倆都有「脾熱」的現象。我跟他說，女性在經期前後，脾經及膀胱經的能量都會飆高，而且女性的身體狀況越好，經期跟月亮的週期會幾乎一樣。

昨天也有些奇特的觀察，一過立春（二月三日下午）山上就開始吹西南風了。我也在驗證，如果舒曼波的變異可以偵測到地震，那麼人的腦一旦變成舒曼頻譜的話，是否跟舒曼波一樣靈敏？因為在山上的空曠地方，人能夠與舒曼波更同步。

唐山大地震時，是木星最接近地球的時候。若要從星空辨識木星最接近地球的時間，可以從星盤觀察木星逆行的日子（從地球的角度來看）。難怪星盤中常說當行星逆行時，常有重要大事要發生。（註：二〇一六年二月六日台灣南部美濃大地震，也是發生在木星逆行期。）

我查了幾個特殊的日子：二月三日，海王星正式進入雙魚座；二月七日，土星逆行；二月八日，月亮在獅子座。

我在湖口市場找了四種野菜——龍葵、山芹菜、山茼蒿及紅鳳菜，打算種在山上。野菜的生命力還是比較強。「鄉土蔬菜」也就是我們一般知道的野菜，其微量元素比一般蔬菜還高。自己來種野菜或是學會辨識野菜，就不怕颱風或下雨過後蔬菜漲價了。山茼蒿可以扦插，存活率高，好種、好管理。晚上，我在那塊用有機廚餘養好的地，把買來的野菜全部都以扦插法種下去了。龍葵性寒，料理龍葵時，最好用薑及黑麻油來平衡食物的屬性。

下午去找中醫黃老師，問他怎麼看今年的颱風草。他說，他還沒空看，不過依照今年的五運六氣來看，今年天候不佳，太陽寒水司天，太陰溼土在泉，歲木太過，民病寒溼。要小心脾胃的溼病。他估計颱風草上不會有折痕，而是水痕。原來颱風草也可以看是否有過多的雨水，那麼不知是否有「地震草」？

壬辰年的五運六氣

太陽寒水司天，太陰溼土在泉，歲木太過，民病寒溼。小心脾胃的溼病。

大寒至春分，歲木當位相火居之，地氣遷，氣乃大溫，草乃早榮，民乃厲，溫病乃作，身熱頭痛嘔吐，肌腠瘡瘍。宜治少陽之客。

春分至小滿，金勝木，大涼反至，民乃慘，草乃遇寒，火氣遂抑，民病氣鬱中滿，寒乃始，宜治陽明之客。

小滿至大暑，天政布，寒氣行，雨乃降，民病寒反熱中，癰疽注下，心熱瞀悶〈腦膜炎之類〉不治者死。宜治太陽之客。

大暑至秋分，風溼交爭，風化為雨，民病大熱少氣，肌肉萎，足痿，注下赤白。宜治厥陰之客。

秋分至小雪，木生火，火勝金，陽復化，民乃舒。宜調少陰之客。

小雪至大寒，地氣正，溼令行，陰凝太虛，民乃慘淒，寒風以至，反者孕乃死，木運制之，土乃鬱，宜治太陰之客。

（摘自中醫養生保健協會討論區）

二〇一二年二月七日（二）——立春

108 番薯

昨天的第一段夢是夢見我在中醫老師家，他那裡有一些新書是以很亮的紫色為封面。但我卻聽說那就是傳說中的「紫禁書」。我心想，如果是古人寫的，為何被視為禁書？接著，我很擔心會有官員來查禁這些書。這時，真的有衛生局的官員來了。我並不害怕，一直看他們的精氣神，發現這些官員似乎不是當代人，難道我們是到了古代嗎？

第二段夢也跟書有關，我到了一個人的家裡，被一本很大、很厚的書所吸引。這本書是紅色，上面似乎只有一個人的名字，不知叫「劉漢典」還是「陳漢典」。但看了之後，整個人的身體就會黏到那本書上。這本書很厚，雖然不知道裡面寫什麼，但就是覺得有趣。

醒來後，我心想，夢中這些書並非具體的書，而是每個人身上的意識。這幾天，我開始要把自己的書全捐出去，忽然有一種大徹大悟的感受，認為最棒的書應該就在每個人身上。

跟J女郎聊了最近幾年投資房地產的甘苦談，也跟她提到最近開始清理家裡的家具及書，每次回到家，看到逐漸清空的空間，就會想，人到底需要幾箱東西在身上？最近發現隨著清空的東西越多，想要帶走的東西就越少，也讓我逐步認清心中真正「永恆」及最「珍貴」的東西是什麼。

最近讀了一篇報導，是關於新內閣的財務申報，其中包括了近億元的報值，主要是來自一棟約一百坪的房子。我看了這篇報導，總算了解這社會的貧富差距是這樣來的。土地被少部分人炒作成這樣，當然可能創造出一種虛幻的財富。我接下來要搬去的地方，有一大片森林，如果以能量的價值來說，應該超越了擁擠地段的豪宅。這些豪宅對身體能量來說，並不是一種最佳的狀態，卻已形成一種變態的財富象徵，完全無助於人類精神的提升。我相信這種現象在這幾年會快速被摧毀，到最後，人會被更大的意識能量推回到自己本身的價值上。

前天的夢境，是出國參加研討會遇到下雨，在躲雨時，被一位在地人帶到他家開設的咖啡圖書館。昨天的夢境，也是去參加一個很特別的讀書會。這些夢應該反映出，其實我身邊有許多像一本開放「大書」的經驗及體會。

我這個人是很反骨的，看到某牌雞精利用腦波研究做出喝雞精可使人變聰明的影片，我內心有很大的問號。我想到，番薯也有中醫所稱的補中益氣效果，也許吃番薯粥的腦波效果，可能比喝雞精更大。

因此，我很想拍一部短片，故事如下：

男主角阿土從小跟阿嬤相依為命，但是家境清寒，因阿嬤是用傳統方法種番薯的，常常吃賣相不好的番薯而被同學取笑。特別是家境很好的阿福，常說他每天都會喝一瓶雞精，還說有研究顯示雞精可以讓人變聰明，來暗指阿土又土又笨。但是阿福卻不知道，阿土靠著每天吃番薯，得以做好家裡大量的工作及學校的課業。

有一天，腦科學家阿寶先生來了，他在尋找用古法種植番薯的達人，想研究古代的中醫精氣神理論中，能完整吸收地氣的食物。他同時也觀察到阿土的眼睛裡神水十足，代表腎水旺。一經測試後，發現阿土的腦波資料是目前為止最好的。這項研究讓阿土重獲信心，也對長久以來一直堅持用古法種植番薯的阿嬤心懷感激。

運動會到了，阿土早上喝了一碗阿嬤辛苦熬的番薯粥。最後一幕，阿土衝破一百公尺的障礙。最後出現一顆番薯及台灣的合成圖。

二〇一二年二月十一日（六）—立春

109 法國香水花

當我聞到山上主人交給我們聞的法國香水花時，我忽然感覺到這是老天爺安排的一場最純樸的人與人之間的互動。原因是這樣的，這次來到山上，我特別帶了四包海鮮丸子，其中兩包交給山上女主人，沒多久，就收到山上主人親手摘的法國香水花。而這四包海鮮丸子是怎麼來的？這又是一段奇特的故事。

話說星期五的白天，我為了要做實驗用的穿戴配件，便到竹東市場找裁縫師。我找了好幾家，對方都嫌太複雜、不願意做。後來，我進到一家不起眼的裁縫店，一溝通後，發現這位裁縫師非常聰敏，很快就知道我想要的設計，我便放心地交給她處理。等待時，我到市場裡逛逛，想起凌晨作了一個大火及喪事的清明夢，心想今天到底是怎麼回事，便買了一張刮刮樂試試今天的運氣。沒想到，買一張一百元的，就中了一千元。這種奇特的感覺，讓我像是身在夢境一樣。後來，我回到裁縫師那裡時，看到有位攤販正在打擾裁縫師。一問之下，才知道攤販是賣海鮮魚丸的。我便掏出剛才中獎的一千元給攤販，不只是想為裁縫師解圍，也好奇著這海鮮丸子的滋味。

現在，在山上，一群人吃著這些丸子，我也邊分享這些丸子的由來，其實是老天爺請大家吃的。

幾天前，我作了一個「陳漢典的夢」，本來還在想陳漢典是誰？結果在便利商店看到一本周刊的標題是「陳漢典介紹紹興醉雞」。我心想，自己最愛吃醉雞，難怪在夢中昏昏沉沉地被吸引。今天照著周刊上的食譜做一盤，煮好後用紹興酒醃著，等明天就知道口味如何了。

石頭看到這道菜，照例要講這道菜不能在飛機上吃這道菜（墜機）的笑話。不過，今天倒是跟石頭老婆學到處理紹興醉雞更細膩的作法，包括在煮之前就要請雞販先為雞腿肉去骨，不然雞肉很容易碎裂掉。此外，陳漢典的醉雞食譜中並沒有加當歸及枸杞等配料，但石頭老婆說，她通常會另外熬煮當歸及枸杞，之後再放到紹興酒裡一起醃漬。加上當歸枸杞後，可以去除掉雞肉的腥味。

看來，陳漢典或雜誌社記者，可能不擅長烹飪，寫出來的紹興醉雞煮法似乎不是最高竿的。不過，能夠透過一個夢來導引出做醉雞的興趣，這種經歷也滿奇特的。

昨天作了一個跟回憶有關的夢，讓我想起一個名詞：「掏憶」，游移在各種附有回憶的物品上，猶如在記憶的廢墟掏寶。我心想，這是不是帶有回憶的物品逐漸被清除時，在潛意識中產生的一種迴光返照？

110 豆漿

昨天回山下後，我找到肉桂精油了。晚上作了三段夢，其中第一段夢跟第三段夢具有延續性。

第一段夢中，我握著一個連接到網路的奇特時尚杯子，杯子是銀白色的，卻有點像是太極魚的外型。接著，奇妙的事情發生了。我只要告訴這個神奇的杯子：「我要喝豆漿。」雖然沒看到任何液體，卻能感覺到有一股豆漿的能量湧入嘴裡，而那種豆漿的甘美滋味是我未曾體會過的。接著，我又對著這個杯子想：「我要喝可口可樂。」同樣感覺到嘴唇有被氣泡電到的微觸感，類似喝可口可樂的感覺。這種無水卻充滿能量的品嚐飲料的感受，讓我對這個靈杯充滿好奇。

正當我意識到這可能是一場夢時，我跳到了一個場景，我準備搭地面上的捷運到台大去。這捷運像是德國的地面輕軌，隨時可讓人上下車。但是途中遇到一位從桃園上車的男士，他的樣貌我看得非常清楚，是我清醒時認識的人，但因為在夢中他的髮型完全變了，令我想不起他到底是誰。

在夢中，他也沒說認識我，卻拿一本繪本給我看。他說，他也是要去台大，並特別告訴我，這繪本是一位女生態保護家的故事，她跟她的父親一生都在保護棕熊。我記得這位女生態學家的名字好像是「歐奈兒」還是什麼歐的。我記得在這段夢時，我以為我掉了黑色復古鞋，但因為知道是在夢中，好像眨個眼，鞋子就出現了。

接著第三段夢，我又接續到第一段的靈杯夢，不同的是，我已經開始教一些人如何使用靈杯了，甚至於解釋如何利用腦科學技術製作這種靈杯的效果。醒來後，我發現這其實一點都不難，因為腦科學裡有提到一種幻肢現象，跟靈魂出體的經驗相同。只要能找到觸動過去喝飲料經驗的幻覺，把這些飲料當作是類幻肢來看，就可以設計出這種「靈杯」了。其機制原理，可參考《尋找腦中幻影》（*V.S. Ramachandra*著）這本科普書。

昨晚修理完電腦網路後，洗好頭（使用沒藥精油），一直整理要清掉的書到十二點。睡前再重新看了有關中醫五運六氣的一本書後，很快就入睡，作了一個很有趣的夢。一位似乎是以前認識的顧問，原本以為他很呆板固執的，但沒多久他居然扮起了Cosplay，逗得我哈哈大笑，也讓我對他的印象大為改觀。今天是情人節，我想應該弄個Cosplay來增加情人間的情趣。或許應該將舒曼波調成情人模式，並設定單身者及有伴侶者兩種模式。

最近忙著搬家，讓我很懶得出門。現在，我對那些要找我去演講及講課的人，都順水推舟安排他們來參加目前制定的每週五「舒曼波體驗日」，已陸續有各大科技公司及學校預約參觀體驗了！我應該把已經參觀過的來賓拍照記錄存檔，當作紀念。

二〇一二年二月十五日（三）—立春

111 紅鸚鵡

昨晚回家後，繼續整理要清掉的書，因為隔天就要打包搬走第一批書。不過，有關生態及中醫學的書，我還是捨不得丟，畢竟搬到山上後，就是要來與書本的知識做體驗性的對照，希望能過晴天耕作、雨天讀書的日子。後來，我想到一個好方法，或許我可以把書放在山上主人的泡茶咖啡廳裡，弄個小圖書室，也分享給遊客看，或許是兩全其美的辦法。

我心滿意足地睡著後，夢見我到一間學校找一個人，沒多久，一位資通系的老前輩出現，卻不是我要找的人。接著，有一群年輕男孩走過來，似乎是以前和我一起玩技術的伙伴，接著有一部自動吸塵器載著一個紙箱來到我身邊。我直覺那包東西是要給我的，便把它拿了過來。但這時，我忽然被一隻紅色大鸚鵡吸引，便跟著牠走出去，來到另一間學校。接著，我開始關注那包物品，一打開來看，居然是初戀情人寄來的大包裹，裡面都是他在分手之後的照片，從年輕到長了白頭髮，還有一些是我在許多不明狀況下被拍的照片。我看到這些細心收集的照片非常感動，驀然一想，原來我們都變老了呀！當中還插播一些我在學院練習鋼琴，還有跑去做SPA的平行宇宙片段。

接著，我從一個夢境中醒過來，原來我剛才是掉到另一個夢裡去看照片了（在夢裡作白日夢），我發現自己趴在一間學校的女生宿舍，這時又看到原本引我進到這間女生宿舍的巨大紅鸚鵡，正在窗外盤旋，然後又飛進來讓我撫弄。此刻，我也發覺到我剛才趴在桌子上作了一個讀照片的「黃梁一夢」。

接著，一位女學生走了進來，她並不驚訝我在裡面。但我卻急忙解釋說，我是被那隻紅鸚鵡引過來的，並想詢問那隻鸚鵡是她們養的嗎？她說不是，那隻是野生的，今天第一次進到屋內來。我覺得我跟這隻紅鸚鵡很有緣分，但想不出是什麼原因，似乎牠和我老早就認識了。接著，我的意識緩緩離開，醒來已是清晨七點。

這個夢裡似乎有些元素跟前天晚上有關係，包括情人節，還有清理家裡舊物時找到自己的一堆日記。另外，還找到了一個吸塵器的套子。以前買了許多有關飛行及鳥類的書，都被我視為不能丟棄的。我一直對鳥類為何能飛行以及鳥的身體結構有興趣，卻不明白為何夢中出現的是隻未曾見過的巨大紅鸚鵡，而且整個夢境是復古無色調的，卻出現色彩鮮艷的紅色。我直覺想到，會不會那隻並非是鸚鵡，而是古代的「紅鸞」？後來我查過網路，紅鸞似乎不是一種鳥，而是天上的星辰。

立春到雨水這陣子，十二消息卦屬於「泰卦」，非常適合作清明夢，要早點上床睡覺，把握這段時間。

112 鹽

昨晚到J女郎那裡看她新買的球形鹽燈。我盯著那鹽燈看，簡直著迷到出神的狀態。不久後，我發現我的右手開始抖動。右手抖動，可能是左腦呈現活躍狀態，下次要更精細地確認是哪根手指，或許可以知道哪根手指對應到哪個腦區的活化。

不過，我一直在想是否有儀器可以直接量出鹽燈發出的波動，或許可以使用我之前量植物波動的儀器來改良。產生氣動後，我回到家，閉眼休息時，忽然感覺我可以在黑暗的視野，找到一個很細緻的螺旋黑體，而當我開始專注對焦在這個黑體時，我發現它開始帶著我去旋轉，這黑體似乎像是一種神祕的天體黑洞，一邊以順時鐘方向旋轉，一邊就將能量灌到身體內。我想，我似乎是找到了內觀內在黑洞（內觀太極球的方法）。

因為最近看一本《掏寶筆記》（打眼著）的小說，提到以靈眼辨識骨董是真是假的方式，我也想到自己之前的鹽燈不像這盞球形鹽燈的吸溼性那麼強，也沒有那麼強的氣動。是否市面上的「鹽燈」也有真假（或是不純）之分？

前些日子，我才跟山上養有機雞的秦先生討論，要找一種像橘色月球的燈（此款燈有生育共振訊息，我之前用那種燈養魚，生出的小魚比平常多且漂亮），或許能促進雞生蛋。今天看到這種鹽燈，我想應該是最合適的，又可兼保暖及除溼用。

先前彥宏給的資料裡提到「地震跟星球體」的關聯性，跟我這次觀察到鹽燈球的情況很類同。如果說星球體接近地球時，就會使身體內的能量場變動（氣動，也是一種磁動），那麼當星球體接近地球時，引力的改變會誘發地震發生，也許就是地球像人體內部一樣發生氣動（磁動）。這樣的關聯似乎可以說明「大宇宙與小宇宙」的相應關係。

昨晚的夢似乎是跟銷售科技有關。我跟哥哥到了國外一個有點像威尼斯的廣場，我想體驗一些不同的旅程，但哥說麥當勞最單純。我覺得不滿意，於是到處去逛逛。逛到一座噴泉旁，附近有些藝術家在織布。為了讓她有創作的動力，我把她織的四塊布都買下來。接著，我收到一種新款手機接到的訊息，說有一種新的飲料要推出，現場的廣場上只剩下最後一罐。奇特的是，這款銷售手機可以馬上連線到另一個銷售業務員，可以看到銷售員在另一個國家的銷售實況，也可以跟他約定寄貨的時間。我心想，關於銷售的科技越來越進步了，似乎是誰能最快把東西呈現在你面前，誰就是銷售的贏家。醒來後，我找到《意識的解釋》（丹尼爾・丹尼特著）這本書，覺得很精采，書中提到類似的概念，看來現實世界有很多科技還是比不上夢中世界的科技。（註：二〇一五年後，看到LINE的互動模式就跟這種手機即時銷售的模式一樣，但是二〇一二年我在作此夢時，LINE科技才剛在二〇一一年六月發表。）

看到一篇文章如下：Anyone can do the same thing and may already be doing it unconsciously. If you sit in a chair and move your foot so that it's resting on the ball of the foot and you get it at the right angle, your whole leg will start to vibrate or oscillate. When that oscillation is close to the SR frequencies, it facilitates trance.

內文大意是原來有人會不自覺地抖腳，也是跟舒曼波發生共振有關，這跟乩童還有一些宗教儀式會晃動是一樣，就像自發功，在身心放鬆、安靜、自然的情況下，氣機自行發動，不用靠意念操控。從外在可觀察到人體自動動作，做出打拳、旋轉、舞動等平常不會做的動作；內在方面，氣自行運轉，可感受彷彿有青蛙沿著經脈跳動的情況。有時為了專注寫東西，上身也會晃動！真有出神起乩的感覺。所以俗話說：「男抖窮，女抖賤。」其實是誤解歧視。我倒覺得抖腳很舒服，還想拍一部這樣的微電影，從咖啡館一個專注讀書的男人的抖腳，拍到樹葉上隨風搖曳的抖動。樹葉每天都在抖腳，我們有說他窮嗎？此外，能夠無意識的進入到寫作狀態，是腦波跟宇宙的舒曼波連結所致，也就是跟阿卡夏連結，是很棒的充電及創作狀態。

其實，這跟靈擺、碟仙及尋龍擺的無意識抖動是很類同的，通稱為觀念運動作用（Ideomotor Effect）。我現在終於了解，為何乩童發功的震動或是類似刀療的震動，可以幫一些人治療疾病。曾經有位總經理就跟我說過，他原本不信宮廟系統的，但後來他的蜂窩性組織炎就是這樣被乩童打好的。

最近一直有心想事成的狀況，就連在非幸運日買刮刮樂都會中獎，昨晚又中一張四百元。而山上主人也同意我把書及鋼琴都擺到山上的咖啡館，還有開辦中醫俱樂部及電影創作社要開始上課的事情，都好像迎刃而解，多虧各方好友幫忙，我感覺自己很幸福。

先前量過號稱修行到「九重天」舒曼大師的腦波，都已經覺得到頂了，現在又有一位自稱是「無極天」的人說要量腦波，真好奇他的腦波會到舒曼波那一階？

今天凌晨時，共作了四段夢，前兩段是跟參加跳舞表演有關，我好像穿上了小學時的綠色舞衣，準備走到附近的國小去。第二段，我到一棟大樓搭電梯，原本要到八樓，卻看到電梯一直往上衝到十八樓。這時，樓層畫面一直跳到十八樓，實際上卻沒有十八樓。我穩住情緒，心想這該不會是夢吧？接著，我又看到一棟很高的大樓整個倒塌的畫面，醒過來時是凌晨五點。

醒來時，我想起今天一大早搬家公司要送小紙箱來，我怕自己睡過頭，便設定鬧鐘後再繼續睡，卻夢見一個搬家公司騎著三輪車載了四個約十公分厚的木箱來。我讓他把木箱釘好，卻發現搬家公司搞錯了，我要的是厚一點、可以搬書的，怎麼弄這麼薄的紙箱來。夢中還出現我用MAC以物件導向做動畫的情景——想要有雨水，點一個水龍頭，就會做出雨水的特效。我心想，原來MAC做動畫有這麼人性化的設計，簡直跟上帝一樣。但醒來後，才知道原來是我在作夢。我想，賈伯斯作夢也沒想到，原來真正「人性化」的影片製作，是要像這樣可以「呼風喚雨」的吧！

特異功能人接通的右腦頻譜分析，主要基頻及諧振頻帶為 7.83, 14, 20, 26, 33, 39 及 45Hz	其共振腔頻的頻率落於超低頻（ULF）及低頻（ELF），約為 5-50Hz 的頻段間。主要基頻及諧振頻帶為 7.83, 14, 20, 26, 33, 39 及 45Hz
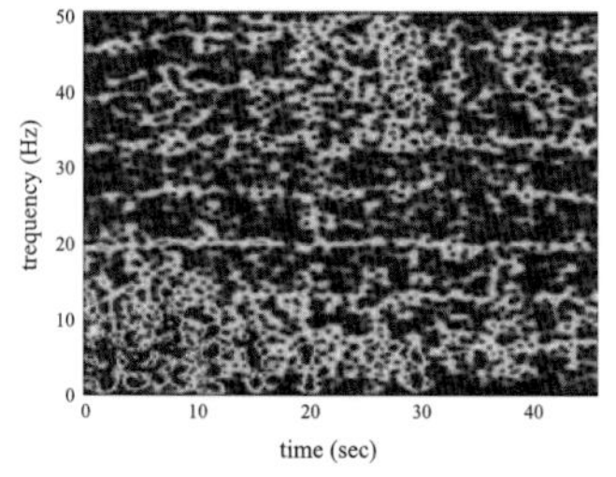	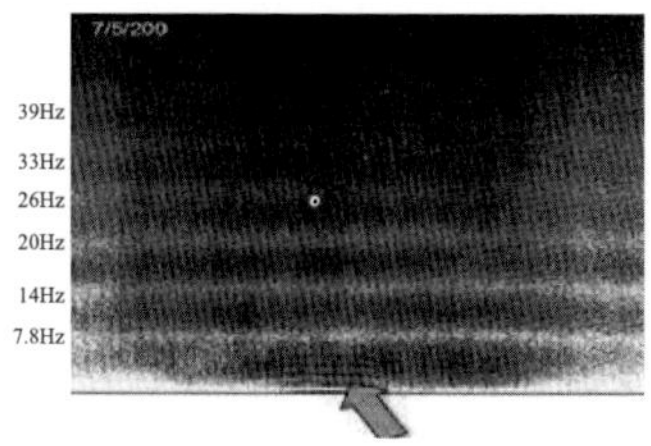

▶ 舒曼波與直覺接收

由特異功能人士的腦波時頻譜資料分析。他的腦波居然就是舒曼頻譜，其多尺度熵（Multiple Scale Entropy, MSE）也是目前量到最高的2。所以之前的舒曼波與直覺接收事實上是一回事，也就是天人感應。而這個概念也呼應了一篇文獻有關遠距心電感應，有可能是透過地球的地磁波及舒曼共振的的猜想（註：HAARP "ss THRREEATT TTO TTHEE" "VOIICEE OFF TTHEE PLLANEETT"）

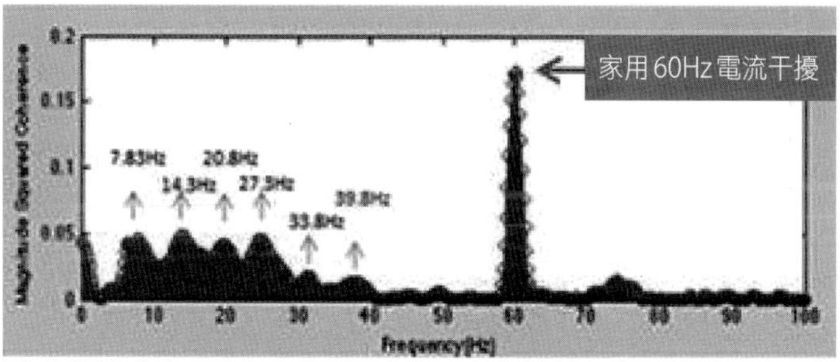

▶ ECG-C3M2（ECG 頻譜與 C3M2 腦波的關聯頻譜落在舒曼頻譜）

後來進行同步檢測EEG（腦波）、心電圖（ECG）及自律神經HRV檢測。可以發現人腦與心臟之間，用來互相溝通的共振波頻率為7.83Hz、14.3Hz、20.8 Hz、27.3 Hz、33.8 Hz、39.8 Hz。與地球上空環電離層處強度較高的頻率竟然一致。證實不只是腦，而是每個人的心腦同調都可以跟舒曼頻譜同調，而前述的特異功能人士（舒曼大師），因為心腦同調更強，使得他腦波呈現比一般人更容易看到明顯的舒曼頻譜分布。而一般人若是無法在腦波頻譜看到（因為腦波訊號太微弱），也可以透過心腦同調分析看出舒曼頻譜同調程度。

113 月亮Ⅰ

前陣子在讀蘇東坡的《物類相感志》後，就一直想找一本蘇東坡傳來詳讀。結果清理家裡的書時，居然找到一部有關蘇東坡的大陸劇。在學生時代，我就很喜歡蘇軾的詩詞，意境優美，令人感觸良多，特別是〈水調歌頭〉裡「但願人長久，千里共嬋娟」的意境，一直是人們所嚮往的。

這陣子進行舒曼波的共振測試，加上論文裡提到的舒曼波就是一種「千里共嬋娟」的載波。而這幾天收到球形鹽燈後，連續兩晚作了相當神奇的夢，越發覺得這顆鹽燈好像帶著來自月球的訊息。打開這月球鹽燈，與朋友聊天的過程，果真有「舉杯邀明月，千里共嬋娟」的心靈契合感。

第一天使用月球鹽燈睡覺時，作了一個跟喬治克魯蛋拍戲的清明夢。我在指導他們不用吊鋼絲，直接使用飄浮氣功來拍特技電影。而第二天在山上作的月球鹽燈清明夢就更神奇了，是關於一群特異功能人士，相約要去控制一場神奇的籃球賽。大夥一起出發前，我們還在基地裡用一顆球來練習如何用自己的意念控在那顆球，讓它漂浮起來。我跟一位小不點被分配在同一組，我們前往任務分配地時，還露了幾招飛岩走壁的招式。不久後，來到籃球場，我下意識先看看小說《慰央歌》主角黑洞在不在，但後來我們幾個搗蛋鬼就開始用念力控制籃球。

有了月球鹽燈後，作夢都有飄浮感，讓人感覺這夢似乎是發生在月球上，而我是登月太空人，都飄浮起來了。我想蘇東坡或許會羨慕我們吧。寫著寫著，突然發現蘇東坡與舒曼波的發音怎麼這麼像。

水調歌頭

作者／蘇軾

明月幾時有，把酒問青天？
不知天上宮闕，今夕是何年。
我欲乘風歸去，唯恐瓊樓玉宇，
高處不勝寒。
起舞弄清影，何似在人間。

轉朱閣，低綺戶。照無眠。
不應有恨，何事長向別時圓？
人有悲歡離合，月有陰晴圓缺，
此事古難全。
但願人長久，千里共嬋娟。

114 奇雞

昨天作了好幾段夢，其中一段是跟電梯有關，還有在一處城市裡走迷宮，正當我找不到路時，恰好遇到老哥帶著我走。接著，去世的好友KK交付我一個有關「水晶腦」的題目給我解。

我經常夢到跟電梯有關，以及在城市或某地迷路找不到路的夢。過去，我尚未統計它的象徵語言是什麼，但這一次我覺得這種夢境的象徵似乎跟「解題」有關。孵夢好幾年後，最大的感受就是，許多問題的答案都在自己的腦中，只不過在夢中會安排許多角色分身來幫助自己解題。

週末時，秦先生的雞被另一隻火雞攻擊，我拿中藥白笈粉給牠塗，但也好奇著雞隻在受傷後的痊癒狀況如何？是不是要塗個紅藥水或什麼的，這類城市鄉巴佬才會問的問題。

秦先生跟我說，其實雞被啄傷後，傷口大約會在兩、三天左右自動癒合。隔天，我到雞舍去探視那天傷痕累累的雞，居然精神不錯地在溫室裡休息。

「真是奇蹟，奇雞……」看著這隻雞，我也對跟薩滿教練一樣會金雞獨立功法的這些雞，越來越感興趣了，希望與雞共眠的民宿可以趕緊弄好，讓我能體驗「跟雞共眠」時會作什麼樣的夢。

二〇二二年二月二十一日（一）—立春

115 絳珠紅草

Howard曾提到利用腦波做「前世寶鏡」（我特別加了一個「寶」字，增添《紅樓夢》的感覺），或許可以用心電訊號／自律神經及腦波來整合↓產生特定圖騰↓網路以圖找圖的方法，找出對應的奇花珍草。（註：這個想法已經在二〇一五年以前，完成舒曼床產品中天人合一與生命之花的體驗。）

不過，我一直認為，若前世是動物，感覺起來比較不浪漫，或許前世是某一株花或草，就如同《紅樓夢》般地呼應到古典文學的內涵。《紅樓夢》裡的每位女子在前世都是一朵花，且呼應每朵花的含意，剛好可以給使用的人一種哲學上的想像。之前搜集《紅樓夢》的相關資料時，找到了絳珠紅草的身世後，看到那顆如淌血之心的小草，內心真的感動萬分。

大寶提到的「太虛幻境」的名稱很好，特別是太虛幻境是賈寶玉與秦可卿發生旖旎之情的想像之地，應該有虛擬實境遊戲的市場。

在山上，未來有一系列跟「紅樓夢食養文化」相關的規劃，特別是從《紅樓夢》裡的人物去談中醫的體質及對應的性情與養生之道。我當初就想要把氣場分析儀當成道具，先測出每個人的體質，再對應出適合的「十二金釵花草茶」及對應的《紅樓夢》人物，讓大家玩一玩《紅樓夢》的角色扮演。如果有了這個「前世寶鏡」，就可以在這些活動中做為進入「大觀園」的入場遊戲了。

剛好手邊有一把尋龍尺，過去，我一直要把腦波直覺的偵測加到尋龍尺的功能裡，以便一邊玩一邊尋寶。那天看了大寶的腦波燈，想說有無可能做成一顆小球放在尋龍尺上，燈亮到某個顏色時，才可以往那個方向走。那顆球就叫「尋龍珠」好了。

「尋龍尺」使用方式的訓練要很久，當牽引的力量與舒曼波共振時，就會被一種無形的力量拉著走。我很好奇那時的腦波，我曾測過，應該就是腦波複雜度（Entropy）最大的時候。上面可再加裝GPS定位系統，連到Google Earth，就會變成很有趣的尋寶圖。若把這產品商品化，一定會很有趣。

「腦波尋寶機」做完後，我最想帶著它到後面的那片森林去做測試。在那片森林裡很容易迷路，我想看能不能找到路、水源或什麼寶貝等等。聽一位警官朋友說，常有高額破案獎金，或是找人的懸賞獎金都沒人領，或許可以組一個尋寶兼偵探社，專門幫人找遺失的小孩或協助警方辦案。

116 翡翠吸蜜

二〇一二年二月二十一日（二）—立春

昨天晚上到動物商店，看到了水族館裡稱之為「腦」的珊瑚，還到可愛小動物區去逛逛。這次發現了一隻可愛的迷你兔，最有趣的是牠跟山上養的那隻奇奇兔，毛色的分布剛好互補，讓我覺得牠們兩個就是一對。接著，我又逛到我喜歡的鳥區，看看先前我特別好奇的胡錦鳥是否還在。原本有三、四隻靈巧的胡錦鳥，現在只剩下兩隻。很奇怪，不知自己是否被ViewSonic洗腦了，當胡錦鳥沒有三隻在一起時，就覺得看起來就不像胡錦鳥了。

後來，我被一隻綠色的鳥吸引住了。牠一直在玩一種球，我對牠的技巧感到震驚，在心中驚呼，「這不就是鳥中的『林書豪』嗎？」我雖然沒親眼看過林書豪玩球，但這隻鳥的玩球方式像極了最巧妙及最頑皮的人在玩球的模樣。旁邊還有一隻同樣的鳥，原本牠定定地站在那裡，但似乎看見我在旁觀看，沒多久也開始跟這隻玩球的鳥玩成一片，好像在跳接觸即興舞蹈。我看得出神，也看到一旁有這種鳥的介紹，牠叫「翡翠吸蜜」，特別有「玩雜耍」的天賦。我心想，等到春天天氣好一點時，或許可來養養這種鳥。

後來，在晚上的第二場夢中，我似乎就變成了翡翠吸蜜，跟我的鳥同伴玩起接觸即興的遊戲，最有趣的是旁邊有許多人在觀看。但我們絲毫不理會他們，反而玩得很盡興，還因此害我忘記了原本記得清清楚楚的第一段夢。

晚上收拾到殷海光的書時，自然把它放到要送人那一箱；而收到方東美的書，就覺得要帶著它一生一世，差別只在於——我因為夢見「方東美」而認識他，卻不曾夢見「殷海光」。我想，能入夢的人，和我之間一定有光索連結，就像催眠時能看到的那一世，也是有光索連結的關係。

二〇一二年二月二十一日（一）—立春

117 黑貓

沒想到我搬家的舉動居然可以造福許多人。首先，搬家公司有家具可以回收來賣，書也部分捐給學校。而最令我訝異的是，當我把中醫及生態植物書籍，還有鋼琴，搬到山上的咖啡廳安置後，山上的許多人都很高興（其實最高興的是我，不但書有個新家，還可以以書會友），而山上女主人看到那架漂亮的白色鋼琴後，也直說要來學鋼琴。當然我也極力向她推薦阿潘老師。

我覺得一切好像夢境一樣，把自己擁有的東西分享出去後，沒想到會是這麼的快樂，我終於能感覺到二〇一二年的新時代即將來臨。在工作上也是如此。當我先訂出「星期五舒曼波體驗日」後，每次來體驗的多有修行的高人，分別教導我好多事。像是上次的陳組長，還特別告訴我，要怎麼從生理訊號看出戒定慧中的「定」（可以維持生理訊號的穩定）及「慧」（一念與一念之間的中陰）。我才理解到做「舒曼波」這計畫，是很有福報的事。

昨晚作了兩段夢，第一段是在C教授實驗室的夢，我似乎已經知道要以什麼為畢業題目。中間醒過來，覺得這個夢很平常，沒想到再睡之後，就夢見一隻會說人話的黑貓。正當我納悶時，一位老婦人來找她的黑貓，身邊還帶著另外兩隻黑貓，但是我定眼一瞧，發現那兩隻黑貓其實是兩個小男孩，而我再仔細看原本那隻黑貓，才發現他也是一個小男孩。

這時，老婦人告訴我，這三個小男孩是在野外被母黑貓帶大的三胞胎，其中一個沒辦法被馴化，所以外型最像黑貓。

我醒來後，覺得這個夢很怪異。不過，今天整理舒曼波導引報告及寫完夢境日記後，我忽然知道這個夢的涵義了。

我們在做舒曼波的過程，一般人很容易進入導引的狀態中，但是有幾位修行人因為有自我的控制系統，反而無法順利進入導引中，有點像是到雙重駕駛的狀態。這跟這三隻黑貓的狀態很像。（我剛好在比較兩位一般人的數據，及一位修行者的特殊數據。）

為何要成立「電影創創社」學電影創作？因為我一直想拍一部紀錄片《世界的夢》，去拜訪這些我所認識的寶貝奇人，談他們的夢和故事，當有一天我跟子孫說，我認識某某人時，我的子孫可以看到這些人的影像紀錄。

《世界的夢》的計畫，我投Johnnie Walker的比賽活動已經兩年了。第一年投時，我只有雛形。沒被錄取後，我得到其他經費做研究。第二年，我繼續投稿，又沒被錄取，但是我已經把研究做完，影片雛型也出來了。我希望第三年再投稿時，可以告訴他們我已經開拍了。

所以，投稿像是在向上天發願，只不過經費不一定會從那裡來，大家一定不要放棄自己的夢想，老天會用奇特的方式幫您兌現。

118
鯖魚

午後，山上咖啡廳來了一位韓國帥哥，劈頭就說想要在這裡Long stay。無奈目前園區內已經沒有空房。他與他的友人繼續喝茶，我跟任夫婦閒聊著，沒多久，我忽然想要試看看，彈了韓劇《冬季戀歌》的〈法國十三天〉。我彆腳地彈了幾回，果然沒多久，韓國帥哥過來說他也會，而且彈得真好聽，一點也不輸阿潘老師。我原本想用音樂來歡迎他，沒想到反而讓大家享受一個很棒的浪漫音樂午後，音樂果然是無國界的。

把鋼琴及書都搬到山上後，感覺變得很不一樣了，特別是我也很好奇鄰居們都會挑什麼書去看。

今天來的兩批客人都十分特別，因為他們都不是當地人，在陰雨綿綿的天氣中，還特地從外地跑來，而且對園區內的民宿都感興趣。園區內唯一有短期民宿的房間，在韓國人來之前，已經被一家人捷足先登了，而且他們還帶來一對雙胞胎。為了歡迎這家人，我特地送了一條挪威鯖魚給他們加菜。

未來長住在這裡後，我應該也學著招呼客人，幫忙介紹園區的藥草植物，這樣可以認識更多世界各地來的朋友，我的生命好像又會邁入另一個奇妙的階段。

二〇一二年二月二十五日（六）—立春

119 向日葵Ⅰ

現在大雨狂打在屋簷上，大約是舒曼共振第四階的效果。而此刻，我也在窗台前記錄這星期五下午我跟詠運學弟進行高階舒曼波的腦波與自律神經實驗的結果。當頻率一階一階提升時，先是出現右腦最先接受到共振訊息而發生轉變。而當左腦的β波逐步提高時，也會忽然感覺到眼睛一亮。但是當頻率提高到第四階後，就會看到左右腦波達到平衡和諧的狀態，自律神經達到異常的平衡。這種平衡跟平常的平衡是不一樣的，因為是在高階震動下達到的一種快速動態平衡，有種動中禪定的感受性。（註：特斯拉過世時的房間是號碼，就是舒曼諧振第五階及第四階的頻率。）

我感覺到一種無法形容的內在能量開始躍動，接著整個人處在一種「無法言說」的妙境，似乎是身體內有個巨人甦醒過來，我既驚喜又擔心。

早先實驗時，一直都不太敢測試舒曼波高階頻率的實驗，擔心自己的身體會受不了。這次會鼓起勇氣進行測試，是因為剛好這星期要把腦波及自律神經的同步儀器架設起來，有了多重的偵測做為終點警示，我也比較敢做這個高階實驗。

做完實驗後，我與學弟一起吃飯，並送他去坐車，但我的肉身還在調適這種高能量，直到晚上睡前都不太想看其他書及做其他的事，只想靜靜地等待內在那位巨人後續的吩咐。

這天，我作了三段很棒的夢，第一段是我在一大片金黃色玉米田及向日葵花海中檢視玉米，並用電腦記錄玉米的成長。已去世的父親也來協助我。我跟母親提到父親出現之事，母親也提到她在夢中知道父親有回來幫忙，這時我才意識到自己是在作夢。

第二段夢，我跟一群人坐遊覽車，不曉得要去哪裡，但是感覺到這是一個有任務在身的團體。裡面有一些我認識的人，大家在車上分享一些糖吃。

第三段夢，終於來到了第二段夢要到達的目的地，原來我是要到架設舒曼波床的地方。我見到了能量醫學之父鍾傑教授（當時尚未過世），他預計規劃八組實驗床，而我正與安哥在計算組裝八張床的成本。

這場夢醒來後，我似乎看到未來舒曼波的應用會進入到臨床醫學。而在我多年來的心願已實現後，就過著第一段夢的生活。未來，我希望住在向日葵花海裡，繼續探索美妙的大自然，而且持續地在夢中與已過世的父親相遇，獲得支持。

很奇妙，經過這次的夢後，我怎麼感覺跟《接觸未來》的女主角一樣，在以常人無法想像的科技達到此生的願望後，希望餘生能平凡地做跟孩童推廣教育有關的工作（中醫小學）。這似乎是這次內在巨人甦醒後給我的啟發。

寫到這裡也該休息了。明天將好好地重看實驗紀錄影片，並做實驗紀錄。

早上，接到以前說要投資我的黃總來電。我告訴他，東西做出來了。他很謙虛地問我，他們有沒有機會可以技術轉移授權（他目前在經營抗衰老的國際事業）。我才剛夢到跟能量醫學之父鍾傑處理舒曼波床量產的事，一直對這個夢抱有希望。

每當我心裡感覺較不確定時，夢中的那個高等自我總會給我信心與希望。現在我較少參加一些靈性團體，反而都是去睡一覺，看看夢中的高等自我要告訴我什麼。

昨天，我夢到了胡因夢、張小燕和黃子佼等人。胡因夢在夢中並不是那麼溫柔，反而是大剌剌的。我看著黃子佼，告訴他很少看到三十歲的男人還可以有這麼純真的笑容，但我看了看張小燕，似乎更難得有這般純真的笑容。

二〇一二年二月二十五日（六）—立春

120 楊桃

昨天的夢有點詭異，我跟一群人到處閒逛，像個尋寶觀光團。我們逛到一個洞穴，原本以為是一般的洞穴，沒想到一進去就有溫泉自動注滿洞穴。但因為是夢，並不會感到潮溼，只覺得有溫暖的感覺。沒多久，我才知道我們這一團有個微服出巡的人，聽說就是「乾隆」。我似乎是想要讓他看看本世紀仍然有腐敗的一面，特別舉了一個很熱心且自動自發，卻被主管排擠的人的趣事，給他聽聽。沒多久，有人要帶乾隆去看發射太空船的火箭台，但他似乎不感興趣。但後來，他看到我在玩一種東西，就湊過來說要玩我們這種。就我夢中的記憶，乾隆不高，但很開朗，有一口白牙齒，不知道真實的乾隆是否就是長這副模樣。

晚上，山上的陳大哥跟我們一起彈鋼琴，後來他就吟一首詩。我以為是他寫的，結果是乾隆寫的。我猜我可能夢見假扮的乾隆了。

連續三天兩夜看大陸劇《步步驚心》，把作息都打亂了，作的夢也十分雜亂，無法記住。昨晚特別早睡及運氣，把身體的能量調整回來。

在今天凌晨的第一段夢裡，我為了發表一篇學術論文，來到一家有庭院的旅館。初到此地，我先到庭院，發現那裡種了許多果樹，其中有一棵是楊桃樹。我從一棵楊桃樹上摘了一顆碩大的楊桃，切成五角星狀後分給大家吃，那甘甜的滋味令人至今無法忘懷。如果清明夢產生了極細膩的味覺，代表發生了什麼事？目前我想到的可能性，是第五脈輪在夢中強烈活化著，而第五脈輪正是喉輪，可以刺激味雷。

夢中，我接著回到旅館內，準備看我預計發表的論文——是跟「波臍」有關的運作。我被安排在最後一個場次，倒數第二個講者。這是新的理論，只有兩篇論文要發表，都被歸在「波臍」理論的場次。醒來後，我找到一張圖，終於知道什麼是「波臍」。這張用舒曼波轉成的圖，是把人的不同舒曼波比例（也可以用現有的腦頻）轉成一種曼陀羅，我現在會把神農本草樂的程式改成這個。

把這波臍曼陀螺的波動，想成地球與電離層的舒曼波共振腔，只要舒曼波的所有頻譜都出現，就可以傳遞地球表面上所有的訊息。難怪曼陀羅是煉金術的一種象徵，原來這是一種波動的呈現，就是金花的祕密，而這朵花就是地球及其星體體（外表的舒曼波）。

（註：自二〇一三年六月開始，我在冥想時可以觀想到這細緻的同心圓，也知道這就是第八輪——梵穴輪。）

121 草莓

二〇一二年三月十一日（日）—立春

這陣子很忙碌，但都不是忙自己的事。從上星期日辦中醫把脈課開始，狀況連連，不是來上課的同學迷路，卡在半途，就是來山上玩的小朋友掉到池塘裡大哭，只好趕緊讓他們到屋子裡換洗衣褲。直到這星期六忙完第二波的課程後，星期日總算能輕鬆一點。

在我的夢境中，更是反應了各種狀況。星期六的凌晨，我作了淹水及膝的夢。早上醒來，想著下那麼大的雨，該不該取消課程。結果早上八點半時，雨停了。後來，聽到山下的放山雞舍淹水，有些雞被溺死，讓秦先生很無奈。我回想起前不久，曾經跟他提到今年很容易有水患（從颱風草可看出來），只是沒想到來得這麼快，而正巧前陣子他又把大多數的雞移到山下放牧。今天是三月十一日，也是日本地震週年，這一年來，由於天災頻繁，我對各方面的考量都保守許多，盡量避免花大錢享樂或出國。光是天氣變冷以來，沿路都看到有人家在辦喪事，到底有多少人安然度過二〇一二年？我們把許多精力花在無意義的娛樂或研發上，到底是不是對的路？這一切都不斷地在我的夢中沙盤推演，並以各種形式，包括考試的夢來提醒自己。

今早，我在吃早餐時，有訪客來了。原來是上星期跌落水池孩子的母親，送了三盒草莓來答謝。她把草莓放下後就先離去。我把草莓洗乾淨後，端下去給大家享用。這時，我想起昨天課程中的用餐時間，大家把藥膳雞吃得精光，臨走時還捧場多買了兩斤放山雞的雞蛋。我想，在發生各種意外或天災時，人與人能互相體諒，盡自己的棉薄之力，一起面對困境的酸酸甜甜的心意，或許就如同嘴裡含著的這顆草莓般，是滿口的滿足與溫馨吧！

122 川七

星期二，我拜訪中國醫藥學院時見到許多人，包括張永賢副院長。針灸科李主任已經同意以中國醫藥學院內部的提案資源，來支援舒曼共振的臨床前導實驗。四月三日，中國醫藥學院內部的提案主持人陳柏源教授將來院內先行參觀，目前將先針對自律神經失調與失眠之患者做較多次及長期的追蹤。

見到張副院長時，他特別讚許大家對醫工器材的研發及投入，頗有前輩提攜後學的胸襟，令人十分感動。我給張副院長看舒曼波與人腦波共振時的實驗數據時，一般人都會覺得驚訝或是不相信，但他的臉上似乎就是「所謂的天人合一本來就是如此」的表情。似乎是學中醫到一定程度，天人合一都已經變成一種根深蒂固的信仰。

談到自律神經的問題時，我詢問張副院長：「是否可以『自律神經動態平衡』當作一種朝向健康的指標？」張副院長的回答跟郭博昭教授曾經闡釋的資料很像。他說，男女相較，男生會交感稍多一些，女生會副交感稍多一些，不過女生在更年期後，就會變得跟男人較像，呈現交感稍多。但整體來說，還是要以交感及副交感平衡為主，這也是中醫講的陰陽為主。（註：張永賢副校長後來寄了一本他的著作，還有關於氣功與自律神經的研究論文，內容非常紮實。）

依目前我們近期量測的數據來說，也呈現出身體健康的人，自律神經動態平衡較佳，舒曼波導引的效果也較好；若有脊椎不平衡或開過刀之人，或身體有殘疾，舒曼波導引比較緩慢，而且自律平衡失調狀況明顯。從目前的數據也可看出自律神經平衡時，與正向情感的MF指標，具有正相關性。而初步將自律神經平衡之RRI數據進行多尺度信息熵

（MSE）之分析，也發現當自律神經發生動態平衡時，與正向情感發生正相關。

今晨在山上，被鳥鳴聲喚醒，連續幾個月的溼冷冬季終於結束了，山上也回復生機。一大早起床後，我就到森林去遊晃，見見久違的野菜，偶爾也瞥見山野菜川七，我像隻初嚐春天氣息的野兔，對大自然充滿好奇。誰看得出來才一、兩天前，我還是奄奄一息的病貓。

話說，自從星期二去中國醫藥學院回來後，上呼吸道就嚴重不舒服，整個人疲累，不但當晚無夢，隔天喉頭就發炎得說不出話來。偏偏隔兩天有超多會議要開，我貼著辣椒膏撐著身體，一直到星期五做舒曼波實驗時，我心想，應該自己來做一下舒曼波。因為這週就是要測試使用舒曼波前後的氣場，而生病的自己正是很好的案例。這一量不得了，氣場顯示出「卡到陰」，不但很亂，還有許多虛白的點。我讓自己躺了一個多小時後，氣場能量有上來，但還未完全恢復。這時候，我才知道自己病得很嚴重。

說來真巧，這天下午原本就安排一位老師拿他的能量墊來做測試，沒想到也是我親自下場，而且還是最棘手的卡陰問題。能量墊的效果不錯，我躺一躺就感覺到有一股冷氣從脊椎一直到被逼到大椎穴。後來，我乾脆讓老師把能量墊留下來給我。經過星期五晚上躺一整天，終於恢復元氣，原本的症狀完全消除。

我回想這段卡到陰的期間，內心真的很消極，有種四大皆空不如歸去的感覺，雖然我很明瞭那不是真正的我的感覺，卻感到有股悲傷的能量在身體裡流竄。當時不知道自己卡到陰，還想透過夢境來了解為何自己對未來如此悲觀，甚至有想離世的念頭，一直到測量氣場後，才發現原來那不是自己的能量。

卡陰這幾天的夢境，都是不知不覺到了一個無名的地方，感覺很擁擠，原本睡在床上的，還自動要讓出來床位，準備睡到地上。剛開始還不知道這夢其實已暗喻著「靈魂自動讓位」。

連續兩個星期的假日沒好好休息，星期二又到台中去談舒曼波的臨床實驗。在那天晚上，我終於因為太累，一夜無夢，隔天就小感冒了。

我覺察到自己無法作夢時，真的很驚恐，彷彿失去了與某個世界的聯繫。等到星期三晚上，我去進行耳燭平衡法後，趕緊針灸關元穴調息，終於很快地進入夢境。

夢中，我去參加考試，有些很高分，有些很低分，但是統計後，分數仍是最高的。正當大家在統計所有人的分數時，我被一種輕音樂所吸引，接著我看到有一間教室在教一種很特別的曼波舞，我親眼看見這舞姿，先是左手擺動，再右手擺動，然後以一種特別及輕盈的方式旋轉。我邊看邊跟著做動作，身體也輕盈了起來。動作雖然是重複的，卻是饒具風情，因此也不會顯得無聊。我心想，這該不會就是白天提到的「卡農音樂」的舞蹈形式吧！

醒來後，覺得人清爽許多，最高興的是夢又回來了。

昨天看了一篇文章，提到「深層睡眠」與「淺層睡眠」可以從多尺度訊息熵的趨勢來辨別。訊息熵的觀點是，深層睡眠代表由慢波攜帶的訊息較多，也說明有夢的REM睡眠屬於「深層睡眠」。而我們從過去那篇清明夢與催眠的對比來看，催眠是屬於淺層睡眠。

過去，有些人一直誤認作夢代表沒睡覺或沒睡好，其實是一種錯誤的觀念。反倒是，沒夢的睡眠，既失去樂趣，對我來說也是身體火力喪失的前兆。

二〇一二年三月十八日（日）—雨水

123 外星人

星期六辦的「中醫華陀夾脊」課程，人數不多，卻讓我可以更自然地跟前來的朋友深談。其中有一位上次也有來的T先生，我一直覺得他跟自己很有緣分，尤其是上次看到他帶著身體不方便的母親一同前來，就想多幫幫他，跟他多聊聊（事實上，我當時是很感動的）。我聽說，因為他父親癱瘓，所以他母親想要來學中醫的穴道按摩，好幫丈夫減輕痛苦。我心想，這一家人是多麼有緣份及福報才能在一起生活。

辦課程的過程中，常會遇到這些感人的故事，讓我想要在房子賣掉後，不收費的常態辦一些可幫助人的中醫課程。

我跟T先生閒聊後，發現我們有許多共同點。他的姓名學人格跟我一樣，本身也對生命靈數和宇宙同步的玄妙事件感興趣。我拿一本《張寶勝奇人奇事》給他看，他如獲珍寶，並分享說，他的一位朋友是張寶勝的好友，只要拿著張寶勝折過的麻花捲湯匙到大陸，就會遇到張寶勝。他也認識陳建德院士，說陳院士目前買了一塊地，但沒有蓋房子，反而是跟他老婆在假日搭沒天頂的帳篷，看一整晚的星星。（這是我接下來的目標！）

他看書的速度很快，我拿了一本《數字珍寶》給他，他一下子就看完了。他說，他有學過速讀。我趕緊拿那一本最重的《人體經穴全書》給他，想試試看他的速讀能力有多快。發現自己又開始搞怪，我想身體應該恢復得差不多了吧！

後來，我還幫大家算了算幸運數字及幸運星。沒想到，T先生和他女友的幸運星都是土星加上月亮，真是令人驚喜。如果榮格在世，看到我用這種方式去算速配，會不會很羨慕我？因為在「榮格占星學」裡，必須把星盤排出來，把月亮星座等都找出來才能算。

有擅長掐指一算的祖先的我們，當然要掐指間就算出來，才夠格當其子孫。同樣地，我也算出T先生母親的幸運星是火星及太陽，難怪會想幫人，而且是「近水」支援的那一種。

這一次，我也見識到潘老師「見人視證」的神奇功力，他看到一個人，就馬上告訴我們這人是「血痺證」（不是雪碧喔），而且還同步翻到《傷寒論》裡的相關條文，說明此證的相關症狀。

這天晚上作的夢，跟白天不無關聯。我們先來到一個俱樂部，我幫一群人算星座，而且我還可以做心理學的邏輯分析。我也遇到一個鬼。我說，我要猜他的星座。他一聽就鐵齒說，他不相信星座。我硬說他是牡羊座，但他否認，說自己是雙魚座。於是，我得出可以測出一個人是否口是心非的方法。如果那鬼不相信星座，那麼是牡羊座，還是雙魚座，對他有影響嗎？何必在意呢？不管是在夢中還是清醒時，星座與數字都只是一種社交上的開場白。我跟那鬼說，我不相信你是雙魚座的，因為雙魚座的人（或鬼）都很浪漫體貼。沒多久，那鬼端了一塊黑森林蛋糕要請我吃。

第二段夢更有趣，我同樣來到一個俱樂部，不知道那些是人是鬼，只知道他們要進展一項「飛碟船」的遊戲。首先要分組，而他們分組的方式就跟我計算生命靈數的方式一樣。我這一組是「天王星加木星」，沒多久，我認識的一些人都到我這組來了（好像包括雍正皇帝），我們一起手牽著手，圍成一個大圈，接著這個圈就逐漸變成了「飛碟」。原來啟動飛碟的能量，就是靠著要飛回同一星球的同一批人的意識能量。我記得雍正皇帝是十二月十三日生的，果然是木星加上天王星，和我是搭同一班飛碟的。

我想，我會作這種一般人會覺得奇怪，自己卻覺得興奮的夢，表示身體應該是好了。

接下來，我要來看《雍正王朝》嘍！而且今天七點多就醒來，精神超好的。

二〇一二年三月十八日（日）｜雨水

124 公豆

上次的中醫把脈課後，我跟朋友M在山上吃天香回味鍋。我跟M說：「旁邊有種一些野菜，要不要摘一些來當火鍋料？」她說：「好啊。在台北通常是高檔火鍋店才會附上野菜。」接著她就蹦蹦地跑去摘。誰知道，她摘回來的並不是我原本料想的，而是長在旁邊的不知名野菜。不過，我們這幾個人也夠大膽且具實驗精神的，直接效法神農嚐百草的精神。結果大出所料，自己種的野菜比較苦，摘來的野菜反而香甜無比，很像山芹菜的香氣。

今早，我摘了這野菜下去問主人，他說是一種藥草，可以吃，但他也沒吃過。他聽到我們這群大膽的人已經吃過，也摘了一片葉子嚐鮮，果然也是讚不絕口。我心想，接下來應該很快就會知道這野菜的名稱了。

等一下，我還要帶著尋龍尺，繼續去找一些野味。

大抵說來，生日星有顆木星的人，都是精力旺盛的玩樂者，無尾熊是，山上的秦先生也是。我跟這些人一聊起新鮮玩意，總是你一句我一句，越玩越樂。早上跟女主人及男主人分享吃野菜的心得後，他們中午馬上就煮了一鍋野菜蛋花湯，來讓大家做人體實驗。

▶山上到處可見，吃起來很香甜的野菜，但至今為止仍不知其名。

畢竟我跟M、阿May已經都進行了第一批人體實驗，應該沒問題，但我還是戰戰兢兢地抱著一大堆野菜圖鑑到咖啡館查閱，希望在大家享用之前，知道那野菜的真實身分。沒想到，喜歡研究的山上主人，因為一大早回答不出我的野菜問題後，就關在書房裡查閱，該不會也是擔心大家會問這是什麼野菜吧！

今天中午，大家的話題都圍在這野菜上。主人的兒子說，他都把這野菜當成雜草除掉。秦先生也附和，但他是把野菜拔去餵雞。哇塞，原來在我們做人體實驗之前，他早已經做了動物實驗。這樣大家應該就安心了吧！

後來，我提及到台中出差時，跟無尾熊及大寶們品嚐了所謂的「公豆」咖啡，味道非常順口。沒想到秦先生也提到他去上咖啡課，第一堂課就提到公豆與母豆，還讓學員們一顆顆地挑出來，並品嚐公豆與母豆的差別。他們班有一個女生在自我介紹時，提到為何來學煮咖啡，理由是她母親到東南亞旅遊時，被人帶去買了一包昂貴的麝香咖啡，回國後卻苦於不會煮咖啡，便叫她來學煮咖啡。

秦先生說，他正在找摩卡壺（泡濃縮咖啡的咖啡壺），若是買到了，應該沒多久山上就有咖啡飄香。秦先生還說，他準備種一些咖啡樹，據說三年就可以收成。接著，他要來餵雞隻吃咖啡豆，再收集雞糞裡的咖啡豆，製作成罕見的「薩滿雞咖啡豆」（名字是我附會取上的）。

好樣的，有木星交會的人果然玩很大。想法越不切實際的人，果然越是受我崇拜。

二〇一二年三月三十一日（一）—雨水

125 竹子

昨晚，我跟阿潘老師聊到假日上課的情景。一來是要感謝他，在人數不多的情況下，仍然熱心地分享。阿潘老師一直強調漢字的重要性，但我認為透過對「字」的理解與表達，讓人受到幫助，才是我在意的。文字只是工具，學過或理解過應該就放下。

這個感觸一直發酵著，連帶著晚上臨睡前看了一本《探測器感測的奧妙》。因為我接下來要使用「尋龍尺」這種探測棒來進行腦波實驗，而開始細讀這本書。書中提到探測器的原理不在探測器，而是在人心。因此，若要強化探測的效果，可以想像自己是個通道（中空的竹竿），與探測棒合而為一後，就可以增加身體對能量的敏感度，也因為這跟人的固執有關，所以孩童、女人或老實人，最容易探測準確。

這本書強調探測棒本身就是一種「動態靜心」的過程，而探測棒只是一種工具與媒介，真正發揮作用的是人與宇宙能量互融的當下反映。讀到此處時，我終於知道為何在研發舒曼波的此刻，我開始想要玩腦波尋寶的研究，其實已經進入到「後舒曼波時代」的探索了。探測棒只是一種輔助工具，有些人只要熟悉能量如何進出後，不需要探測棒就可以開始啟動能量的感測。

後來，我作了相關的夢，夢見我跟一群大學室友在玩探測棒。我大學有三位女性室友，都是水瓶座的。夢中有許多摸黑的場景，有幾幕還是在以前的宵夜街。

一早醒來，我便試著使用探測棒，沒想到我簡單問幾個問題，身體就開始產生氣動，並很快地帶動探測棒進行轉動。我把探測棒放到一旁，不由自主地開始打了一些手印，也同樣透過不同的手印產生了不同的感受。我想，手印的功能應該跟探測棒很像。

奇妙的是，我到辦公室後，就接到一位好友，也是TRIZ專家，來電說星期五要過來。他目前正在做小朋友的創意教學，星期五要到新竹的學校談這件事。我心想，太好了，我正想要把腦波尋寶法用在小朋友身上，特別是在昨天看到的書裡，還提到小朋友玩「尋龍尺」的效果最佳。

這位TRIZ專家正是水瓶座的，跟夢中的大學室友一樣，這是巧合嗎？

二〇一二年三月二十日（二）—雨水

126 隕石Ⅱ

昨天，我思考著如何以物理原理來實現耳燭療法的概念，想到了鼻吸器。我到藥妝行找，卻發現鼻吸器的馬達聲太大而作罷。回到家後，我開始看《來自天使的訊息——捷克隕石》（馬龍著）的書。

這位作者馬龍的書寫方式一直很吸引我，前天才看了他寫的《探測棒的千古奧祕》，《來自天使的訊息——捷克隕石》是他的另一本著作。原來「天鐵」就是指「鎳鐵隕石」，從外太空來的，難怪陽氣很重，可防止卡陰。

關於「捷克隕石」的能量，我先前在陳建德院士的「氣場實驗室」感受過。它的能量非常強，我當天才吸收一下子，指尖就開始發抖，必須靠鉛塊把能量導掉。而當天晚上，也能量高亢到睡不著覺。那時就感受到「傑克隕石」這種異質能量，恐怕非常人能接受。

書中的寫法很動人心弦，當中提到古董也不過幾千年的歷史，但隕石卻是有千萬年的歷史，因此能讓人有穿越時空與整個大宇宙擁抱的感受。而馬龍廣搜博聞指出，「捷克隕石」能使人作「清明夢」，將捷克隕石放在枕頭下睡覺，夢境會顯得更為清晰明白，或對個人而言均有特殊意義。這頓時讓我眼睛一亮，開始產生「嚮往」，想要尋得一顆捷克殞石。（註：幾年後我收到一小塊捷克隕石當禮物，仔細觀察，是墨綠色的玻璃與石頭混合物，不過還沒拿來孵夢前就遺失了，真是天意。）

這幾天，我跟外太空還真有緣，不但作了飛碟的夢，清理家裡時還找到我在薩滿人家買的外星球墜子，也撿到我之前蒐集的一塊黑曜石。看這本書時，我還想起高中時因為參加科展獲獎後，被學校派去參加一個地質考察活動，在那裡撿到一塊奇石，之後一直珍藏著，還常跟它說話。有陣子，我還去撿黑石回來做熱灸用，遇到珍貴的砭石，也好想給它敗下去。

石頭為何具有這種能量？外太空來的石頭，為何更讓人嚮往？是因為它把宇宙全部的訊息都記錄在裡面，讓我們擁有緬懷跨千萬億年的多重情懷嗎？

我們只知道邱吉爾有憂鬱症，卻沒想到他也珍藏著一顆「捷克隕石」，他在與內心的黑狗對話時，這石頭是否已經成為靜悄無聲中的溝通氣息？翻閱此書，也讓我的夢境來到神祕的歐洲國度——捷克。

第一段夢裡，我跟J來到有點像捷克的小鎮上旅行，我們原本已經訂了一間一千四百元的飯店，卻因為被當地的風土民情吸引，遂想捨棄飯店，在附近住宿。飯店也很乾脆，確認我先前是刷卡的，只要再刷一次就可以取消。順利取消訂房後，我來到當地一家青年旅館的大廳，遇見剛到此地的一對外國父子。青年旅館雖然比較便宜，卻已經客滿。我們失望地走出青年旅館，卻想著應該有一些有趣的民宿。於是繞進巷弄，看到每家民宿都有櫥窗展示櫃，還標有價格，越往裡面走就越貴。終於，我發覺自己是在作夢，而且也不想再走下去了。如果醒來，就不必再找住宿了。原來「回到現實」也是一種逃避夢中「現實」。

第二段夢比較奇特，我好像變成一位青少女，而且有一個處處跟我較勁的對手。我不清楚我們為了什麼而競爭，但抽屜裡有一疊獎狀，最近一張是四月六日頒發的。

老師想辦法要讓我們擺脫一些競爭的干擾，但是那位女孩卻一直不放棄。直到最後，我發現一大疊的稿紙，似乎是一位青年作家的草稿。我興致勃勃地看著，雖然沒見過這位作家，但我直覺他跟自己有關聯，甚至他的文章裡也是記錄自己作夢的一些奇異情境。

我完全沉浸在這疊稿紙上的文章，雖然沒有仔細雕琢的文筆，卻是生靈活現，讓人的目光無法遠離。這樣的文章，有一種奇特的魔力。

後來，老師輔導另一位想跟我較勁的女孩去開美容院。那位女孩看到我的方向跟她不同，於是在那棟剛開的美容院等我回去跟她隨時較勁。但我仍興趣缺缺，我寧可跟著文字去遨遊暢飛。

昨晚享受了我的耳燭夜，也跟眾J女郎聚會。有陰陽眼的J女郎一號問我，覺得她最近氣色如何？我說，還不錯喔。她卻告訴我，最近身邊有許多親人相繼過世，或即將離世，最讓她不捨的是她的奶奶，一個從小對她最好的人。這段對話又讓我想起，我要拿一本《西藏生死書》給她。

J女郎一號大概還沒有經歷過親人過世的狀況。我邊聽著燭火的剎茲剎茲響聲，邊喃喃道：「其實死亡並不可怕，可怕的是面對死亡的未知……」

過去，我也不曾有過關於靈魂不死的經歷，一直到父親過世後。父親在此生與我有父女之名，卻始終沒有太多語言與心靈的交集。但是自從他過世後，他的靈體自由後，我們在許多次夢境中重享著父女團聚的溫馨，甚至父親從靈界那裡帶給我許多的啟發。每次夢見父親的隔天，我的生命就像是充滿了電能，可以更寬廣的視野待之。

J女郎一號默默地聽著，彷彿我把「死亡」說得像是一件很美好的事情，把所有的不自由及侷限都打破了。其實這些論點在《西藏生死書》裡都有說明，所謂「中陰」的意識，是存在於不同尺度間，在清醒到死亡之間，小到一念消失與一念產生之間，大到出生到死亡之間。如果我們隨時覺知那念頭生滅的間隙，就可以體驗到生與死的幻境。

這時，比較會搞笑的J女郎二號用餐回來了，話題也變得比較活潑。我說，我這陣子的能量場很奇怪，都是遇到二十、三十歲的年輕男子，而且就我當年的審美觀來說，多屬於極品之男。這些年輕男子，不管是到我實驗室幫忙做腦波量測的，還是我在網路上看到的郭敬明等，都是很有想法的人，感覺未來有股不同於我們那個時代的能量正在發展。

「改天我把這些人介紹給妳好了！」我還是不

放棄要幫J女郎二號介紹的心情，來完成《算愛》小說的劇情。不過，當我問到她會不會帶姊妹淘一起去時，她說，當然會啦！這時，我更邪惡地問，如果她的姊妹淘跟她愛上同一個男人時，她會如何？她大剌剌地說，她會退讓。

是真的還假的！但如果套句布袋和尚的諺語：「退後原來是向前……」不過，我加了一句：「妳應該加上一句，『代表我眼光好』。」隨即聽到她那高亢誇張，略帶點布袋戲黑道人物的狂笑聲。

把左耳喚醒後，晚上我繼續把捷克隕石的書看完。這幾天晚上，夢境清晰得不得了，情節也很多。在這個夢中，我到了一間研究室，有一些學長保留位置給我。我才知道一路研究下來，我身邊的合作對象及同伴大多是男性。跟男生相處久了，個性也變得很像男生。特別是白天，我還在跟J女郎二號聊到，奇怪為何都是男學生找我研究腦波，為何都沒有女生喜歡研究腦波。我彷彿也在高空中看到，地球有一個女生的身影，沒事帶著腦波儀研究腦波的那個地球上的我。

我很難想像，如果遇到跟我一樣喜歡研究腦波的女生，我會有什麼反應，是惺惺相惜呢？還是從此改變性向？但是到目前為止，我認識喜歡研究腦波的都是男人，而且每位都是極品。（註：二〇一四年終於有兩位女學生找我學腦波了，而且還發表了絕佳論文，就等續集再提吧。）

在夢中，原本幫我保留這個位置的學長們不知去哪裡了。這時，闖進一些看起來像黑道流氓的男人，實際上卻是要進來偷看這些學長們的研究。他們看我是一位弱女子，態度便和緩下來，問我那組超級大模型在哪裡。我指一指桌上顯而易見的地方，接著這些極道男子便想找一些電線，自己來玩玩看。他們痛哭地說，他們沒辦法像這些學長們有很好的資源受教育，但他們也好想玩這些看起來像是聰明人玩的玩具。我安慰他們的老大，也幫他們把電線找出來，一步一步教他們怎麼接成自己的模型。

我說，我那些學長很容易厭倦，研究做一做，買了一堆高級零件後就不玩了。其實用這些便宜零件，也可以做出很棒的模型。在這些學長身邊實習多年的我，對他們的高傲也有點看不慣，反倒是這些看起來很本土的極道之男對事情的投入，喚回了我對研究本質的熱情。

我跟極道之男一起把模型接起來，享受著前所未有的研究及探索模型的趣味。學長們不在實驗室的這段期間，大概不知道會有這一段插曲吧。

參考資料

捷克隕石的靈性功能

http://www.out-of-body-guide.com/best/Best007.htm

127 陽光

第一次在山上時，不上網、不用電腦，只是單純地曬著暖暖的太陽，真是舒服呀。每天不是讀《萬曆十五年》，就是聽鳥蟲鳴叫。世人想要賺大錢，不就是希望每天過這樣的生活嗎？如今，我們只要一念放下，也可以立馬過著這種「無為」的生活。

萬曆皇帝還是真辛苦，面對群臣的監督，他想要過這樣無為的生活，還真是困難重重。國事如麻，再加上各種禮教的枷鎖，皇帝還真不是人可以幹的！

我會讓自己如此懶散也不是沒有原因，這陣子完成了一些腦波的研究後，感覺目前沒什麼新鮮的玩意讓我玩了。一些實驗都是很制式又官僚的，連做人體研究都要通過審查，有點矯枉過正，其八股風氣不輸古代的朝代。在萬事都還不確定時，我索性讓腦波進入到「無為」的模式，盡情享受難得的豔陽天。

這些文官群臣為何要制定一堆規範？或許想要確認自己的存在感。看看古書，對照今日，覺得古今月亮都是一樣的，人性依舊沒有改變。難怪最近穿越劇會那麼紅，無非是透過以古鑑今，評論過往，也嘲諷現世。

記得上星期五逛完夜市後，與安哥及OK男聊起了《步步驚心》這部穿越劇，其實是比較符合「腦意識科學」的原理。哲學家哥德爾就提出，要解決時空旅行的問題並不難，只要把原本的參考座標系，變成另一個宇宙的可以了。而這個宇宙正是盤據我們雙耳之間的那個「大腦宇宙」。

《步步驚心》就是這種轉換宇宙座標到大腦座標的劇情，女主角的意識到了清朝，而肉體還留在現代，很符合類似《星艦迷航記》裡的「量子傳輸過程」。而《回到未來》的男主角整個肉體穿過一個屏障到達過去，就出現了愛因斯坦的相對論謬誤性，也無法用量子傳輸來解釋，純粹只是電影的娛樂效果。

與古人「無為」了整個週休二日，星期一早上就收到天下文化出版的《念力：讓腦波直接操控機器的新科技．新世界》這本書。看了一、二章後，覺得西方腦科學真是狹隘，什麼「脊椎刺激術」，根本就是「華陀夾脊法」，還有一堆東西，根本就是針灸。

我開始在腦中碎碎念，看到作者是位巴西人，自豪巴西的腦科學進展，未來還想在二〇一四年奧運時，讓癱瘓兒童用腦波開球。內心越來越嘔，真正的腦科學應該是讓癱瘓的兒童站起來！

想到這裡，內心開始「有為」起來，很想寫一本屬於東方人的腦波意識科學書。想想假日與老祖宗的無為假期，那麼，乾脆來寫一部《腦科學家的穿越劇》吧！

二〇一二年三月二十七日（二）─雨水

128 化石

晚上躺在小房間裡，聆聽拉赫曼尼諾夫親自彈奏的鋼琴曲。這是一種聲音與情感的化石，把拉氏當年當下的情感烙印下來，隨著時空的遞嬗傳到這萬籟俱靜的夜晚。雖然我不斷地談著情感多樣性，但是當你遇到了那首令你魂牽夢縈的樂曲時，卻再也聽不下其他樂曲了。

曾經我以為自己對其他的古典音樂沒有很沉迷，是因為我不懂得鑑賞古典音樂。但是，我卻被拉氏那親手彈奏的北國澎湃情感交織的音符所震撼。從此，陪伴我到天明的音樂，就容不下其他音樂家所詮釋的版本，心中更是覺得為何當今的音樂家要詮釋別人的音樂，而不自己創作音樂，因而腦中喋喋不休。

對詩也是如此，過去再怎麼收集古詩，或是現代中外詩人的詩集，或是偶爾自己隨興寫下的詩句，當它們遇到倉央嘉措的詩，全部都相形失色。有時，我懷疑我不再寫詩的時間點，可能與發現倉央嘉措詩集的時間點一致。

是拉氏的音符與倉央嘉措的文字，兩者的極致，讓我們甘心當一個讀者或傳揚者嗎？

幾年下來，我來到號稱最有創意的地方工作，在兩耳之間的「腦波國度」遊走多年，發現許多真相或真理，但我卻逐漸喪失了寫詩的能力與情感。當同事一直想著生理訊號的應用與商業化時，我卻發現那些都不是我關心的重點。我頗懷念二〇〇二年那段極度不穩定，卻有龐大情感要宣洩的詩心。

是不是要把自己的心，再次抛到如拉氏及倉央嘉措般，彷彿被世人遺棄的極端邊緣，如此以來，只有那內在蓄積而待發的情感，方能共鳴到人心最幽微隱蔽的境地。

夜晚，十分寧靜，我多次希望在夢中能遇見拉氏或是倉央嘉措本人，但在一些雜亂無章的夢境後，看來是無望了。無意中選到的〈馬勒〉這首曲，好像知道我的內心。

啊！乾燥的生理訊號，乾燥的腦波
為何您出現時，像是擰毛巾一樣
把水汪汪的情感，也擰得一滴不剩！

二〇一二年三月二十八日（三）—雨水

129 稻草稈

今天收到我們參加「逸奇科技Visual Signal徵文比賽」的亞軍得獎通知。我們是以「清明夢」為題參加生醫組的比賽，仲雯特別為比賽做了一個陽春版的Discovery影片，真是辛苦她了。原本這篇論文要發表到人因工程研討會，但如果要參賽就得放棄其他的發表權，衡量之下，我們認為透過廠商去推廣，應該比較能夠把「清明夢」的科學性真正普及化。明年Johnnie Walker的比賽活動，要再來投稿。我直覺，第一名機電組、第三名太空組，應該都是我未來做現代版「候風地動儀」的夥伴，下一次就用「候風地動儀」去參賽。

昨天到咖啡館看論文及若水堂找書，找了一堆歷史小說與一本厚重的圖解八字書，甚至於找到一本心理學家以臨床角度寫的「黃帝內經觀點來解夢」的書。最近，我開始貪婪地閱讀中國的歷史。中國這個神奇的祖先，到底是怎樣發展出像是中醫、氣功，甚或曆法、易經、八字等玄妙科學，變成我未來的研究重心與主軸。

晚上，我買到一款大陸廣州做的耳燭，有各種精油，我買的是薰衣草、檀香和茶樹。現在，晚上睡前及早上都可以自己做耳燭，每次做完後心曠神怡。上次使用腦波燈測工程師做耳燭的過程，發現可以維持在紫色專注及放鬆狀態。接下來，我也要到山上讓朋友測試做耳燭時的腦波狀態，看是否有普遍性。我也想做這類療法的人類考古誌。

昨晚，我連續做了三對耳燭，感覺慢慢地把腦中的溼氣排掉了，身體變得更輕盈。我看到耳燭的包裝上說明，原來不只是北美印地安人，包括西藏等地，耳燭已經流傳了三千多年。人類老祖宗最早使用的工具並非蠟燭，而是燃燒一種稻草稈，最後才由加拿大人發明耳燭的用法。

網路上，我也看到一些文章警告做耳燭有燙傷的危險。不過，只要是用火的，當然都要小心。就連煮菜不小心都會燙傷。不過，就我接觸過的這麼多身體除溼的方式，耳燭算是最迅速及神祕的。特別是進行耳燭時，我都會感覺到神奇的湧穴氣動，而使用之後，夢境也會特別清明，讓我想要對耳燭與腦波的變化做更進一步的研究。

今晚的第一段夢，是關於接下來會有災難的夢。我很清楚地被告知房屋的屋瓦會被掀開，至於是什麼災難讓屋瓦被掀開，就要靜觀其變了。第二段夢是有個敘事者跟我對話，而另一位挑戰者買了一艘飛天腳踏車進行飛行。騎飛天腳踏車似乎是他的夢想，並透過一個看不見臉孔的敘事者傳達給我。而我也跟敘事者談到我寧可在地上走到目的地。

在耳燭後，夢中出現了一位敘事者的角色，可以在夢中對話及討論。不知道是否因為耳燭燃燒產生的耳膜微振動，也類似舒曼波的微震動，震開了中脈而產生類似的效果？

130 蛋

現在，我每天早晚做完耳燭後，都會觀察自己的變化。今早做完後，我感覺有放鬆淨空與歸零的感覺。

一早到辦公室前，我一直想著要找石頭問新竹是否有醫院可以申請人體試驗（IRB）。原本打算進辦公室後再打電話，結果一到大廳電梯前就遇到石頭。

這種意念產生巧合的隱規則，常常讓我有張嘴說不出話的感激。

最近常常發生這樣的事情。前幾天遇到B時，一直想跟他說在山上看到一本書中的能量床圖片，話還沒說完，他拿出一張紙來，裡面印的圖就是我說的那一張。就時間上來說，B製作這張圖，應該早於我要跟他講這張圖的意念，所以這次應該是我接收到他的意念。至於今早遇到石頭，我想找他的意念早於遇見他的意念，所以應該是發射端通道暢通。

不知是否當身體清得越通時，不管是發射還是接收天線都暢通，這種完美的溝通真的是未來的「腦機」溝通方式，特別是它具有一種「隱規則」的巧合。

前天，我才跟同事說，量子醫學用的隨機亂數產生器產生作用的基本原理，一位老兄（William Nelson）利用這產生器去當醫療儀器賣，結果被美國食品與藥品管理局（FDA）通緝。而另一位普林斯敦教授則利用此原理來建立公益型的「人類全球意識計畫」（GCP Project），所以原理就在那裡，端看你如何去運用。

談到「隱規則」，我就不得不談到最近自己在下班後的德性了。回到房間，點起耳燭，翻看歷史小說，活像個抽大麻菸的末代浪蕩女，心思卻一直游移在不同朝代的更替節奏中。但這種無為卻不盡然會導致一種滅亡，反倒是一種放下。

統一是最耗能量的，所以秦始皇王朝才那麼短。而相較之下，萬曆應該是休假時間最長的皇帝，但他在位時間也很長。為何現在還是有許多主管或主事者想要登高一呼，創造出唯我獨尊的場面呢？

歷史總是教人一個萬年不變的道理，那就是「人們永遠不會從歷史中記取教訓」。

昨晚的夢依舊清晰，我似乎回到了國中時代，卻是整天都在外面玩的放牛班。雖然被視為放牛班，但是我說我們讀起書來卻不輸人，看，我拿起課本來「聞」了書的味道後，就把書的內容都背下來了，為什麼大家還要把不想念書的人，貼個「放牛班」的標籤呢？

131 七雪草

清明節，園區遊客稀少，但在山上卻不得清閒，石頭的孩子動不動就吵架及哭鬧，夾雜教訓孩子的聲音，讓身子孱弱的我好想棄山而逃。後來，我躲到森林裡升了一盆火，補足能量後，回來時看到他們全家幫忙打掃房子，才想到原來自己的負面情緒跟身體不舒服有很大的關聯。

晚上吃完「酸中傳奇——酸菜白肉鍋」後，石頭幫我們每個人把脈，把到我的脈是肝氣不足，腎氣也摸不到，覺得我是肝腎兩虛，可以吃點六味地黃丸。我想起家裡還有些「返瞳丸」，正是補肝腎兩氣。後來，我找到一些八仙長壽丸並吞下後，回屋內小睡一番，醒來後，竟有一種安定的感覺。

石頭說，補肝腎兩氣後，比較能躺得住，副交感也會提高，所以能睡得比較沉。石頭老婆說，體質虛弱的她，當天是難得精神好，也回想起早上她吃了一鍋的蛤蠣。大伙這才想到蛤蠣就是入肝腎兩經。後來查到蛤蠣為石決明水族類，「宜足以生木而制陽光，故獨入肝家，為眼科要藥。命曰決明者，丹溪所謂以能而名也」。

看來，這陣子應該可以吃點九孔、石決明等海產。市面上賣的蜆精相當貴，一、兩口就喝完了，不如去市場上買新鮮的蛤蠣，加上蒜頭，更具風味。

晚上回到山下，原本討厭吞藥的我，也乖乖地繼續吞中藥丸，果然睡得很沉，也作了一個清明夢。我在一個園遊會上閒逛，後來又到一個小房間，遇到一位以前把我陷害得很慘的小老闆。這時，我立即明白自己是在作夢，因為我好像變成了岳飛，嚴厲地給他警告——害人者永遠會被自己的夢境給審判，我會透過夢境讓他自相慚愧。他看到我居然可以侵入他的夢境去警告他，嚇得兩腿發軟，好像遇到鬼了。原來補完肝腎後，我的膽子也大了，總算可以在夢中發洩冤屈了。

醒來後，覺得這個夢十分有趣。我一直覺得自己對於外界的一些紛擾是不在意的，沒想到在潛意識裡都把帳記下來，當肝膽氣通後，負面情緒也透過夢境發洩。特別是在自覺的狀況下，以清明夢的方式發洩，讓我透過這次生病而理解到情志病源的關係。

我持續服藥中，也感覺身體能量在復原，晚一點再買些蜆精來補一下。還有，針足三里的效果也不錯。

記得幾年前，我跟中醫老師做手診儀的一百人臨床實驗時，也是在清明節掃墓後。一百人裡就有三人卡到陰，讓老師摸脈時被電到，趕緊叫人去點檀香。當時我也學會摸卡陰者的脈，是不黏但會被吸住的感覺（依照卡陰程度而異）。當時，有位女同事在掃墓後感冒，吃什麼藥都好不了，回去照老師的話去洗茉草澡，隔天感冒就好了。

上次，有陰陽眼的J女郎給我兩包廟裡面賣的「避邪七聖草」。我一直擺著，總覺得自己應該不會卡到陰。後來我才知道，到山上的途中都會經過夜總會，只不過草太長了，一直到最近經過掃墓整理後，我才發現它們的存在。

但這次不管是使用能量毯、舒曼波或是吃藥，似乎都沒效。看來還是得要用老祖宗的古法。

因此，今晚我的驅魔大作戰如下：

第一步：使用避邪七聖草沐浴。

第二步：針灸十三鬼穴。

第三步：晚上把我的小舒曼波產生器放在床邊。

第四步：念二十一遍轟麻麻…轟你刷哈…

不要說什麼學科學的人還相信有「卡陰」這種事。我遇到太多實際案例，真的得用「祖宗古法」才得以破解。人類的意識邊界，還有許多我們沒想到的境界。

避邪七聖草，有大赦草、茉草、香茅、桃枝、艾草、刺仔草、芙蓉，這禮拜想去買苗盆回來種。

今晚上電影課時，邊針百會穴（諸陽之會穴）好像也有用。

二〇一二年四月八日（日）—清明

132 牛

昨天上完中醫拔罐課後，我們這一群的「食神」無尾熊提議要到新埔那家赫赫有名的牛肉麵店光顧。為何稱無尾熊為食神呢？最近被他帶到各地去吃料理，又聽他跟潘老師在「食仙拚食神」地講述各地好吃料理，以及各種料理要怎麼煮才好吃的絕招。我心裡在想，果然人家說真正厲害的廚師是男的，這一句話真的不假。

他們聊到諸如水餃煮好後，要怎麼利用急速冷凍把水瀝乾，並讓鮮味鞏固在餡材裡，不至於吃到水水的水餃。不管你用什麼食材來炒飯，最後讓炒飯變好吃的祕訣，就是加上美乃滋。聽起來，這些訣竅藏著許多物理原理，未來撰寫「美味的物理」不缺題材嘍。

他們在吃到美味料理的同時，還會興致勃勃地討論下一次要去嚐鮮的地方。

這陣子，我因為卡陰，脾胃不怎麼好，也在「食神與食仙」的開路下，漸漸恢復胃口了。

自從卡陰後，我一直在找恢復「陽氣」的各種方法。剛好這陣子找到了治療「卡陰」的「十三鬼穴」，特別大膽地請教未來要一起合作的中國醫藥學院陳教授。陳教授特別回信說明。

「關於十三鬼穴治療某些神經精神疾病，其證明方式大多是以刺激某一穴道，其神經傳導物質（如多巴胺、乙醯膽鹼，或是血清素會提高許多）來證明其對精神疾病有一定的療效，ECAM應該有不少相關的文獻。」

看到他的回覆，我忽然想起那天副院長提到一位魏凌雲教授的文章，其中提到四赫茲的電刺激頻率可以增加「腦內啡」，或許未來在腦波共振頻率與針灸的科學對應，也是有其相關聯性。

其實這趟「卡陰」的過程，明顯地在精神上沒有十分開心，包括工作上一些特定討厭的事務，及搬家的繁瑣事務，如果照著十三鬼穴激發人體腦嗎啡的現象來看，那麼努力去尋找讓自己開心的事，似乎可以讓靈體免除「卡陰」的處境。

星期五做完實驗後，我帶實驗夥伴們一起去吃火鍋。接著，我去做耳燭，同時補進缺貨好久的肉桂精油。星期日，我跟大夥去吃知名牛肉麵後，在山上幫阿潘老師慶生，也幫無尾熊的兩位同學做耳燭。大夥體驗了做耳燭後的回春及腦袋變鬆的感受。而阿潘老師也提到，這就是古人所說，服了藥後身體變輕的感覺。

我能夠把耳燭的好處分享給好友，也幫助自己，心中有種快樂的感受，慢慢地分泌起腦嗎啡。或許，漸漸地，我的卡陰之旅，就會在滿滿濃厚的友情、養生探索與美食中，悄悄地落幕了。

133 紅刺蔥

星期五晚上，我作了一個變成貓的夢。

星期六，我買了一些新的植物苗盆回來種。原本我要買上次看到的茉草，卻已經沒貨了。看來百木達花市的當季限量植物，下手時可不要手軟，否則下次可能就缺貨了。

今年過植樹節時，感覺特別有意義。往常，植樹節只是個名稱，對自己的生命來說不痛不癢。自從去年開始在山上種植藥草及植物後，每次看到植物在不同季節的變化，還有跟朋友分享種每棵植物的心路歷程與觀察心得，才能體會紀念種樹這件事情的意義。

這次搬回來的植物，共有何首烏兩盆，紅刺蔥、甜羅勒、九層塔、羊奶頭，還有兩小盆銀杏幼苗。有時候我也好奇，有些屬於野生植物，可能根本不適合在城市裡栽種，是哪些人跟我一樣有收集植物的癖好，會特別收集這些藥用植物來栽種呢？

這次，我在百木達花市遇到一位在裡面工作的達人。他教我紅刺蔥可以拿來煎蛋，而羊奶頭的果實可以泡酒，有顧筋骨的功效。也是因為他的介紹，我才對這些外表不怎麼樣的植物產生莫大的興趣。

我查了相關資料，阿美族在傳統上會拿紅刺蔥嫩葉煮魚湯、雞湯，滋味鮮美，香氣撲鼻。原住民食用的紅刺蔥就是漢方的「食茱萸」，可以袪傷解鬱、治風寒，植莖上有刺，鳥兒不敢碰，有「鳥不踏」的別名。

我勤奮地收集及學習藥草知識。阿潘老師說，他一位朋友的親戚，也跟我有一樣的癖好，不過他是收集種子。他的論點是，等到世界末日，新世界來臨時，他要用這些種子來建立新世界。哈，我此刻也是把山上當成是我的諾亞方舟，準備把每一種藥用植物都種在山上。

我始終覺得在藥草的領域裡，我們永遠有許多不懂的知識，我們無法只限定用某種特定方式去理解它們。就像我今天下午清晰地看到了那隻發出「狗機壓狗機」的鳥，居然是白頭翁，但我曾在別處聽過白頭翁的叫聲，還有網路上查到的叫聲，都不是那樣叫的。

《莊子・內篇・養生主第三》提到：「吾生有涯，而知無涯；以有涯求無涯，殆哉矣。」面對這些穿越或更早於人類史的植物，總讓人有一種時間感消失的感受。

二〇一二年四月十日（二）—清明

134 豆腐

最近開始在練習剪輯了，把以前的照片排好，剪著剪著，忽然間覺得原本平凡的記錄照片開始有了故事。而當我因缺少配樂而稍作休息時，就在開車聽廣播時，聽到一首韋瓦第的曲子旋律正適合搭配影片，彷彿老天爺都會送上靈感來，電影創作真是件奇妙的事。

剪輯→靈感→生活→產生靈感→把靈感實現→剪輯……這樣的學習真是讓人有動力。這次，原本是我為了交作業而去翻箱倒櫃，找到一堆在山上亂拍的照片，沒想到放進剪輯軟體裡，忽然感覺好像在演出一個故事。套句鄒老師舉的電影剪輯就像廚師的例子來說，如同「麻婆豆腐」當年被發現的過程——由剩下的食材無意中湊成的。

已經連續好幾天，在凌晨四點多時自動醒來。醒來後，看了最近台北市都更的新聞，覺得心情更加紛亂。在這個資本主義掛帥的年頭，跟建設公司打交道並不容易。之前，因為建設公司偷工減料，讓家裡的天花板漏水，他們卻不願意負責。我用科學方法找出證據，公布在部落格上，並要求他們限時處理，否則要投書到媒體上，才讓他們終於願意出面了。

為了再度入睡，我必須轉移注意力。這時，我聽著拉赫曼尼諾夫的音樂，邊以「無臂的維納斯」為題，想著可與這些旋律對應的歌詞，就慢慢入睡了。

夢中，首先是我躺在一處休息，W跑來親我，說我先前講過女人要透過談戀愛來產生動力這件事。我說，沒有啊，可能只是隨便舉個例子吧，並不是真的是這樣。

後來，我到了一家餐廳，沒多久，這裡被改成一座婚禮禮堂。接著，有一群穿著「建功大學」校服的人進來了，他們要舉辦婚禮。我對他們的校服顏色特別有印象。我看到裡面有一個較矮的男人，很像是他們的校長，但之後有一位胖壯的男人陪我去坐公車，說是深夜了，擔心我一個人在外面走很危險，要陪我回家。這人看起來很老實，我就讓他護送了。

我醒來還在想，這個夢的一些元素，包括兩個比較特別的男人、婚禮，還有鍺藍色的衣服。

一整天下來，我沒有再回想這個夢，直到要吃晚餐時，遇到搬家公司老闆七條通先生正在大排檔吃晚餐，並找我過去跟他一起吃飯。他穿的衣服顏色，剛好跟我夢中的校服顏色一樣。

我加點了幾樣菜，坐下來閒聊後，才知道七條通先生沒有外表看起來的那麼老，而且更年輕時還曾經跑過船，因此蹉跎了青春，目前仍孤家寡人一個。

我提到單身J女郎們的店，或許他可以去找她們聊聊。接著，我們又聊到中醫，聊到《東醫寶鑑》的許浚。我說，我之前卡到陰，使用了各種方法才慢慢去除，昨天做了自律神經實驗後，也發現自己逐漸恢復正常（卡陰那段期間是副交感飆高到底）。七條通先生笑說，以後如果卡陰的話，可以找他，他那邊有一包某高僧加持過的「金剛砂」，用來塗身體就可去除卡陰。

台灣民間怎麼這麼有趣，連隨便在路邊遇到的人都有一些法寶。接著，我問他，店名為什麼要叫「七條通」？我當初看到店名時，一度懷疑這是否為黑社會老大開的店，但是一見到七條通先生，又覺得他憨厚老實，帶些幽默風趣，並不像是混黑社會的。不過，他倒是提起他如何收了過去曾吸毒及耍流氓樣樣來的小徒弟，並一步步連哄帶騙地讓那二十歲出頭的小徒弟步上正軌。這時，他舉起結實的臂膀說：「看！做我們這一行的不用上健身房，就可以鍛鍊出結實的肌肉了，比起那些二線流氓更屌吧！」

七條通先生補充說，過去二線流氓的確常以搬家當藉口行敲詐勒索之實，但是這類的偽搬家公司為了躲避警察，通常不會有店面，而是張貼小廣告誘人上鉤。所以，如果是有店面的公司，應該不會有問題的。接著，他說，因為他喜歡數字「七」，開店時讓朋友幫忙取名，取得「七條通」這個俗擱有力的本土名。其實，「七」也是我十分喜歡的數字，因為「七」是「奇」的諧音，此外，跟父親名字裡有個「勤」字應該也有關吧！

「七條通」這個名字，也將七條通先生未來的心願給描繪出來。他說，他先從搬家及二手家具的回收買賣開始，未來想要從二手成衣市場、古玩（骨董本來就是二手的）等七大領域去拓展。說到這裡，我忽然覺得七條通先生深邃的眼神裡，透露出有個熱情強韌的台灣本土靈魂在他身上流竄著。

從以前開始，我就著迷台灣在地市井小民背後，那股在資源缺乏的狀態下依然強韌有力的阿甘精神。我喜歡寫他們的故事，甚於寫一些學究派的人事，總覺得這些人的生命歷程，比起那些平步青雲當官或是當教授的人，更讓我著迷。就像有一次，我認識一位郵差，無意中發現他的投球精準度不輸給王建民，繼而一想，原來郵差每天的工作就是在「練投」。

我想到晚上巧遇七條通先生，跟前晚夢境的關聯性，不覺莞薾，其中有滿多相關性的。清明夢的奇妙預言性，總是領我去經歷白天平凡生活中的神奇之處。未來，或許我真的會用影像把這些生動人物的故事給記錄下來。

二〇一二年四月十一日（三）—清明

135 獅子Ⅱ

最近看了八字全書，看到一些八字化合的道理，感覺跟目前在研究的「非線性科學」解生理訊號似乎有一貫的脈絡。

看到約莫十一點時，我就昏沉沉地睡著了。其中一段夢見有人要找我們的中醫老師，還提及被他治好很多病。另一段是我參加在日式草堂裡舉辦的研討會，照例大家又在爭吵某位學者提出來的一個方程式。正當大家吵得喋喋不休時，我走出草堂，往可望見滿天星辰的古道走去。後來，搭上一班奇妙公車，來到類似非洲大草原的地方，看到了野生獅子與其他動物，感到十分驚奇。有些人甚至下車去跟動物互動。這時，公車忽然騰空升起來，我望著底下的動物越變越小，中途還看到自己掉落下去的綠色錢包，趕緊降落撿拾。再次騰空時，大草原越縮越小，漸漸地，我們飛離地球，看到地球整個懸浮在一種奇特的力場上。更令人覺得超現實的是，我居然看到一群巨人在地球的另一端抬起這顆懸浮的地球。而在上升的中空隧道裡，我還曾看到死去朋友KK的影像。

看到這一幕，我心想，草堂裡那些學者在爭吵的那個宇宙方程式，簡直是白吵一通，其實地球的運轉是由這一群巨人在背後撐起來的，根本不是什麼方程式。

醒來後，我也想到白天跟萬大哥聊起，做研究將人類情感透過生理訊號的方式表達的過程，跟人們想要將「斷臂維娜斯」的手臂裝回去的矛盾心情是類同的。

醒來時，天已亮，這次沒有在半夜四點多醒來，睡眠品質還不錯。今天是我的休假日，雖然還要整理數據，以及寫論文摘要等工作，但一想到可以在悠閒的咖啡館裡曬著暖暖太陽，心情十分愉快。

修好電腦，移走一個被誤植的病毒程式後，電腦總算安然無恙。我邊寫文章邊神遊，不知不覺居然連上了六福村的生態旅館，想說是不是要來安排一趟短期的休假。邊看簡介時，才忽然想起凌晨夢見的大草原。

通常我們研究者在寫論文時，不會把這些關於研究者矛盾情感的部分寫下去。所以看研究者的論文時，並不會看到這類研究本質上的問題。因為研究者面對的是研究組織的壓力，以及一些利害關係。所以有些比較良心的想法，大概只能在研究者的私人日誌中看出端倪吧！

二〇一二年四月十二日（四）— 清明

136 南風

昨天買了一些滿有趣的新書，包括《步步驚心》的小說，及《數知道答案：易經的數術理論》、《解讀地母經》、《滋陰補陽不生病》等書。做完耳燭後，回到家，我看完《步步驚心》及《數知道答案》後就睡著了。

半夜四點時雖然有醒來，但很快又睡著，而之後的夢神奇無比。我看到一位老師在示範太極拳，這位老師的長相不像是我先前看的那位打「鄭子太極拳」的人，反而比較像是晚上看的《數知道答案》的作者張開新。我在夢中看著他的功法，似乎是左手先旋轉，右手再旋轉，而身體就隨著手的旋轉開始得氣起來。我體內的氣看著他的姿態，沒多久就動起來。這時候，我發現有個能量源源不絕地從腳底開始灌進來，我手上的氣也開始飽滿，甚至到好像有一粒硬球在中間似的。

接著，我忽然覺得這是在夢中，想把看到的一本書或雜誌的名字抄下來。我可以看清楚書中的每個字，其中有一個人名叫「〇魯」的。在清明夢中，我以為自己已經抄下來了，但是後來才知道那是夢中夢。

醒來時，我感覺能量飽足。這時，我忽然想起這陣子吹南風，所以家裡地上因反潮而潮溼。吹南風是否意謂著地球的磁場也正在活躍中？我原本是睡東西向，這幾天醒來時腳卻自動朝南邊，是否代表人體也是個磁針，會順著地球目前的磁場而對準方向，並對著人體進行「充磁現象」。（註：幾年後，我跟廠商進行一種地表電流的分析，發現地表電流果然在南北向有更強的舒曼頻譜分布，驗證了老祖宗擺設床位的想法。）

如此一來，若想要讓地球直接對人體充磁，那麼晚上睡覺時朝南睡也是一個好辦法。

137
蠶

四月十二日的清明夢裡，我想抄下來的那本書或雜誌的名字，以及名叫「〇魯」的人，我已經找到答案了。星期五晚上，我開始看《解讀地母經》時，發現地母經是以六十甲子為一輪，每一輪給一卦，以預測農作物、漁獲的收成狀況，還有地方上可能發生的事。結果我查找今年壬辰年的地母經時，發現真的有個「魯」字。原來我在夢中抄的居然是地母經。

二〇一二年歲次「壬辰」，也就是龍年。《黃帝地母經》：「太歲壬辰年，高下恐遭傷。春夏蛟龍鬥，秋冬卻集藏。豆麥實，桑麻五穀康。齊魯絕炎熱，荊吳好田桑。蠶子延筐臥，哭泣問桑娘。見繭絲棉少，租稅急恓惶。地母曰：『是歲遇壬辰，蠶娘空度春。禾苗多有損，田家又虛驚。保福收成日，卻得六分成。』」

解釋如下：今年（二〇一二）是太歲壬辰年，各方面恐怕會遭遇到天災與人禍的波及。春、夏時節，農作難以豐登，到了秋天會比較好轉，而冬天便可安全度過。豆類與麥糧結實卻不實，桑麻五穀必須因地看情況，方能有所收成。譬如中國華東與華北會很炎熱，兩湖與江南一帶的桑田卻有收成。不過蠶絲產量恐怕銳減，加上課稅所致，唯恐這年頭不好過了。因此，地母說：「今年遇壬辰，養蠶人家恐怕是要空度了。農作物也多半會有毀損，農家將要面臨一場虛驚。而在收成時，恐怕只有六成的收益了。」

以《黃帝地母經》來看，整體說來，今年收成不利，恐有天災人禍，春無燕至、夏無水糧，秋盼回升，冬可安詳。五穀欠收，畜牧瘟瘴，人難平安，畜難繁長，經商不立，功名多漲。因此，壬辰年不求財富僅求安康，年初點個平安燈，祈求壬辰年安穩渡過。

（註：二〇一二年歲次「壬辰」，納音是「長流水」，天干「壬」屬於「陽水」；地支「辰」屬於「土」暗藏「戊十五乙三癸二」，為水庫蓄水之象，經濟為水，可期經濟開始轉好。從五運、六氣分析均主正常氣候。因辰年為太陽寒水司天，上半年寒氣主事；下半年太陰溼土在泉，溼氣主事。可知今年風氣、寒氣和溼氣為全年之主要特徵，故為寒溼之年。）

二〇一二年四月十五日（日）—清明

138 艾絨

這次一上山就聽到個好消息，因為春暖花開，山上的外國住戶打算在下星期六舉辦一個音樂派對，大概會有一百多人參加。據說，還會有人在草地上搭帳篷過夜。我心想，果然還是外國人比較狂野，能夠好好地利用這山光水色。不過腦筋動得快的秦先生和我，則打算在旁邊賣現泡咖啡或烤香腸什麼的。秦先生還特別拿來一些煮咖啡的工具，吆喝大家來試喝並驗收他現學現賣所煮的咖啡。我們喝了他的卡布奇諾及黑咖啡，感覺味道順極了，都慫恿他的「小秦咖啡」趕快開張。

但下星期六的中醫課可能就要改到星期日了。

這星期六上中醫課時，有個來為音樂派對做準備的女士，剛好身上痠痛，被潘老師找到痛點按一按，居然就舒緩了。這是有可能的，因為之前同學阿雄上艾絨灸課時，也順利改善了長達半年的腰痠狀況。

這位女士很可愛，她的疼痛被潘老師處理好後，直說自己好像遇到觀世音，直說下次會約朋友一起來上課。我則取笑潘老師，說他開始有阿嬤級的粉絲了，阿嬤的信仰是最虔誠且務實的，一旦你對她們有幫助，她們的號召力可是不容小覷。

不過，我心想，以前使用老祖宗的方法照顧家人的，不就是我們的阿嬤嗎？曾幾何時，我們的阿公阿嬤太依賴健保，變成到醫院報到收集藥單，而非發揚老祖宗的傳統？我們學中醫這麼多年來，知道馬上減輕疼痛是件小事，連牙痛都可以針「足三里」在五秒內止痛，若是經痛，按三陰交穴也是不到幾秒就會改善。只是，因卡陰而造成的身體病痛，中醫處理起來比較棘手。不過，最近從八字的喜用及忌神下手，好像也找到一些處理方法了。

這次，老師介紹了幾種「老年失智症」可能會用上的藥，包括「柴胡龍骨牡蠣湯」、「桂枝茯苓丸」、「當歸芍藥散」。他特別提到「柴胡龍骨牡蠣湯」跟安神有關，我不禁聯想到，它是否也可以治卡陰？

研究八字後，發現火土是我的喜神，昨晚特別試做了「肉桂粥」（肉桂數火土），作法十分簡單，直接把香肉桂葉子摘下，撕碎後跟粥一起放到電鍋煮即可。起鍋後再撒上胡椒鹽，味道香極了。

二〇一二年四月十五日（日）—清明

139 毛毛蟲

昨晚，我吃了肉桂粥後，作了一個很懸疑的夢。我們單位的人全都捲入一個國際政治陰謀。第一幕是單位內有兩個人失蹤了，後來逐步發現是被韓國的特種部隊給抓去，原因是為了爭取世界某博覽會的演出，韓國要把台灣給幹掉，所以先把核心人員抓去。可能我不是核心人員，所以沒抓我。但接下來一幕，我要回高雄，搭上一輛計程車，但我覺得這輛計程車怪怪的，司機坐在右邊，而且戴墨鏡，好似專程來接我的。我說要回家，他卻帶我去一家醫院，在那裡，我遇見了另一位核心人物與我的主管，這時也慢慢知道韓國的陰謀，接著就醒了。

（恐怖，一邊寫懸疑小說般的夢境時，就覺得小腿有毛毛的感覺，一看原來是隻毛毛蟲……真是嚇人。）

白天，秦先生的兒子小拉跑來，一股腦地嚷著：「好無聊！不知道要做什麼。」奇怪，他不是要幫他爸餵雞嗎？他原本想玩我的電腦，被我制止了。這時，我想到昨天潘老師講的，一個人如果不能自己找樂子，什麼事都要朋友陪，也是滿辛苦的。像古代的琴棋書畫，就屬於可以自得其樂的嗜好。誰說下棋一定要兩個人下？看古代的「棋譜」就跟玩現代的「數獨」一樣有趣。

後來，我到車上拿攝影工具，看到裡面有一個小萬花筒，便把它送給小拉。沒想到，這萬花筒讓小拉展開了尋奇探險。我手中剛好拿著攝影機，便一幕幕地拍下來。我邊拍時，就產生了下一部要剪輯的創作名稱：《萬花筒的咒語》。

我試了剪輯軟體的萬花筒特效，感覺沒有真實影像拍得好。用真的萬花筒拍起來，會給人一種「感動」的感覺。

昨晚下山回家後，因為隔天要參加人體試驗（IRB）的考試，所以只看了幾頁《挑燈看清朝：乾隆卷》（鄧榮棟著），在十點前就關燈。但不知是否有睡午覺的關係，完全睡不著。既然睡不著，我就開始想著接下來的電影《萬花筒的咒語》要怎麼拍，如何使用先前買的針孔相機來做微電影拍攝。想著想著，我居然把整部影片的流程都想過一遍，連片尾都決定要引用威廉布萊克的詩〈天真預言〉。

之後，我還是沒睡意，打算想些好玩的事，才不會作跟明天考試有關的夢。天空在下雨，於是我想到海外去玩，便開始回想，可以到哪些城市找朋友。後來，總算孵夢成功，跑到海外去找朋友了。

這是一個像台北又不是台北的都市，我穿著一襲白色的無袖小洋裝，飛過去時遇到朋友正在開會。旁邊有兩男一女（還是一男一女），我的朋友似乎很累，但也一邊聽那兩男一女在檢討某事。我心想，到了這麼美麗的城市，為何還要那麼緊張地開會呢？這東方城市到處都有腳底按摩店，不妨移師到那裡去，邊放鬆身體邊討論，或許會有不錯的火花。

見過朋友後，我忽然想念起死去的一位雙子座朋友KK，每次到台北時，他總不忘帶我到有趣的角落去探險。夢中，我知道他已經過世，並出現他天真的遺容，讓我不勝唏噓。

接著，不知道是否整個假日沒吃什麼東西，我居然作了一個電路板變關東煮的夢。我們跟學生在向操作員學習如何為電路板安插零件。但沒多久，我們把零件插完後，就被操作員拿去煮，後來這些插好的零件居然變成了關東煮。

最後一段醒來前的夢，我一直在彈鋼琴，但這種彈鋼琴的方法很奇怪，有點像「對嘴」，亦即我一邊在彈，但音樂是從其他地方來的。我檢查一下，才知道我彈的電子琴沒有電。我檢查完電池，忽然砰的一聲，電池爆炸了，我也因此醒來。

原本早上八點三十分就要出門去參加考試，而現在已經不用鬧鐘的我，本打算若睡過頭就要棄權。沒想到出門時還不到八點。

一到辦公室，我就收到熱騰騰的早餐，感覺好幸福，考試也覺得十分順利。接著，我聽到了舒伯特的第八號交響曲〈未完成〉，才想起昨晚想了半天的電影情節，居然漏掉了配樂。而這首舒伯特第八號交響曲，正符合接下來要拍攝的劇情。

上次看到十二星座的幸福之所在，水瓶座是在夢裡，真是一點也沒錯！

二〇一二年四月十七日（二）—清明

140 鮪魚 I

外送幸福早餐的「幸福先生」問我：「每天早上都吃鮪魚三明治、煎餃及紅茶不會膩嗎？」

我說不會，我有時先吃鮪魚三明治，有時先吃煎餃，也可以一口三明治、一口煎餃，偶爾還可以把其中之一當午餐，也可以邊聽音樂邊吃，還可以在整理數據時吃，怎麼會膩呢？

在平凡的日子裡，偶爾出現一些意外的小插曲，就像一陣漣漪攪動一池春水。

話說自從讓無尾熊學會耳燭及按摩技巧後，他幾乎以一天兩人的次數找人練習。沒多久，他就跟我表示，原本旺盛的能量被吸得一乾二淨。其實不單是他，我在山上示範耳燭時，也是示範了好幾個，不過，我都盡量不進行太用力的按摩，把重點放在耳燭本身的效用上。雖是如此，也感覺到能量需要補充。因此，我準備調整為示範教學後，讓學員們互相練習的方式來進行。

昨天下午，他帶了一個潛力廠商來參觀舒曼波機台。無尾熊說，大家最近氣場都不好，還說要吸我的氣。我來不及拿肉桂精油擋他，被他吸氣後，渾身不對勁，縮筋嚴重，腰部特別痠痛。

晚上，我到竹東夜市吃完飯，看到附近有家SPA店，上面貼了一堆七輪能量等廣告，一股腦就鑽進去了。其實，幾年前我曾來過這家店，當時我還未大幅度研究腦波及能量意識。

我在門外按了電鈴，許久後才有人來應門。我進到裡面，看到幾座鹽燈，聽到嘩啦啦的水聲，彷彿進到另一個時空。

「妳怎麼了？」這位女郎親切地問著。

「我腰有點痠，幫我處理一下……」我不想把自己的狀況說得很玄，說被人吸了氣全身不對勁之類的話，但之後我發現我的顧忌是不必要的。

這位女郎幫我處理腰背的手法十分細膩及獨特，像是輕靈的天使以四兩撥千金的方法，如撥水般地划動。我覺得她的手法有點類似「撥筋療法」，但她卻說是撥動骨縫與骨縫之間的筋膜。沒多久，我原本僵硬如鐵的背部居然完全放鬆下來。而且我能感覺到她的能量令我十分舒坦。接著，我們的話夾子打開了，談論各種生命靈數、精油，還有奧修等新時代（New Age）的話題。原來是修新時代的，那麼我姑且稱她為「新時代女郎」好了。

新時代女郎做SPA業已經十幾年，自從接觸New Age後，讓她自己和人際關係都改變許多。這一點我滿能同意的，在被她處理身體的過程中，我深深地感受到她的能量溫柔卻強而有力，不只是肉體，還有心靈的。自從發展舒曼波以來，我很少給人按摩，因為常常覺得被按摩後，身體能量似乎被按摩師吸走。

我很好奇新時代女郎的能量為何如此強而穩定，問了她的生日後，發現她跟我都是三號女郎，而且她是牡羊座的。我在腦中排出她的生命靈數，排盤居然跟我一樣。

我接著問她，如果我的生命靈數缺「五」和「八」該怎麼處理。她不知道我已暗中算出她的生命靈數，驚訝地回應，她也是缺「五」和「八」，所以平常除了靜心外，她會使用生命靈數「五」和「八」的精油。她特別強調今年變動特別大，所以「五」和「八」號特別需要。後來，我還請她幫我訂購生命靈數「五」和「八」的精油。我後來發現已經有廠商把各種生命靈數數字及數字線串，做成了生命靈數精油，包括主要成分及數字線的意義，都很容易就可以查詢配用。新時代女郎還提到有些人玩生命靈數精油網站，玩到每天還會抽精油，看看當天缺什麼能量再來補足。

新時代女郎也是每天都會作夢且記得十分清楚。我問她，知不知道如何讓夢境變清晰（作清明夢）。她很直覺地回答，只要七輪通暢，不管是作夢或白天清醒時，都具有清明覺知的能量。我聽了之後很高興，也跟她分享先前作完清明夢後，用氣場儀器測到自己的七輪能量飽滿的狀態。

回到家後，因為身體非常放鬆，所以看了本吳爾芙的《自己的房間》後，就沉沉地睡了。

夢中，我請假來到台中的一個大草坪，但沒多久就被通知我的請假無效，必須回去換發票。我原本是騎摩托車到台中，後來去換發票時，決定要開車去。

沒多久，路旁有人跟我說，換發票的地點在中東街上，我鑽進了她指的小巷道，居然發現別有洞天，裡面有家「傳奇」影印店（其實這家店的現實版是我認識的一家大洋行，每次影印都是半價），但這不是我要找的店。我到更上面的一家店停下來，開始跟她換發票。正當我換發票時，有點談不攏金額該怎麼換算。後來，我忽然看到他那邊有一本《場導之父姜堪政》的傳記，我提議，不如妳把那本書給我，我就不換了。但此刻，我也察覺到自己是在作夢，只要一醒來，就不必管換發票的瑣事了。

第二天早上，我的能量十分充足，氣色好極了。早上無尾熊來找我時，說昨天吸了我的能量後，舒服多了。我則說，被他吸了能量後，身體怪怪的，之後巧遇新世紀女郎的事。不過，我也跟他說，其實亂吸別人的能量是不太道德且有風險的，如果不小心連對方不好的習氣也吸進去就慘了。這時，我帶他到戶外，教他怎麼吸樹木的氣。我說，到大自然，愛怎麼吸就怎麼吸，也推薦他看能量醫學之父鍾傑教授寫的文章〈樹木療法〉。

但是，我一邊重看這篇文章時，一個很熟悉的名字——姜堪政（場導現象的發現人）又映入眼簾，讓我想起幾年前到大陸瀋陽的一段場導探險。那是一段不平凡的日子，我記得出發前一天，還夢見跟姜先生與袁先生一起吃山東水餃。

我在網路上持續查找場導最近的狀態，查到了嚴中先生當時寫的一段場導體驗文章：「從頭到腳都有氣流脈動的情形，進艙後很快進入夢鄉，鈴聲響時才驚醒，似乎感覺才進艙幾分鐘，竟然已過四十分鐘，有如瑜珈大休息狀態甚感舒泰。經蔡博士（我）以腦波儀前後比對，發現左右腦波平衡度明顯，甚至出現左右腦波數據完全相同的情形。全身從頭到腳有股溫熱、平均又舒暢的感覺，彷彿『金光罩體』甚覺玄妙。除了全身溫熱外，體內還有一股萬蟲鑽動的感覺，彷彿沐浴在一大能量場中，使得身體在此一共振空間中。剛好今天身邊帶了一個靈擺，測一下能量場，正旋轉角度非常大又有力，是非常少見的，可見正面能量信息強度之大。」（出自《生物電磁波揭密：場導發現》，姜堪政、袁心洲合著。）

我看了這段文章，不禁驚呼，原來我早就發現場導的祕密了。當時我在做腦波平衡實驗的量測，發現只要腦波平衡，人就會覺得舒服。而嚴先生當時使用能量靈擺，已經測出正向能量。

之後，我因為做「劇場正向情感」的實驗，已經找到正向情感與自律神經平衡（跟腦波平衡）的正相關性，也得到此刻腦波的複雜度（MSE）是最高的。其實說穿了，「場導」為何會有神奇的醫療或是正向功能，原因就是讓人變得平衡。不管是陰陽平衡，自律神經平衡，或是腦波平衡，元氣平衡，只要能達到平衡，身體的正向能量就會源源不絕。

啊！平凡的日子，一切都是那麼的平凡。但偶爾出現一些奇特的夢境，讓自己在自己的夢境裡爬梳出一些不平凡的領悟。

二〇一二年四月十八日（三）—清明

141 向日葵Ⅱ

昨晚搭火車到市區時，順便看《認識電影》，電影裡的敘事與火車包廂及窗外流動的掠影，形成一種異常詭異的空間，那是一種動中靜，而靜中又蘊藏動的無窮疊代的時空。難怪有許多創作者特別喜歡火車場景。

在誠品書店看到《他們在島嶼寫作》的紀錄片已經上架了。新竹的書店冷冷清清，不若台北看到的書展場次，人群踴躍。影片靜靜地躺在樑柱下的小平台上，漠視著低調的空間氛圍。

我翻看著樣本，被一幕幕作家的親筆筆跡給觸動，手指中撫弄著那結實的方盒，心中暗自盤算並感受到靜靜躺在影碟盤裡的每一寸影格。

想像總是美好的！我空手離開誠品，心想：「在得到之前，先讓我在心裡存一點綺麗遐想。」

在回程的車廂上，朝著不同的方向。有種思緒，是關於電影及寫作的。如果我能夠離開目前的工作，如果有機會，我將不滿足於只在每日處理數據之餘，以有限的時間創作。能夠全心進入創作狀態是我貪婪的夢想，我想要以某種專心而非業餘的姿態來創作。

其實我也不知道我在等什麼？我既不是每年要被評鑑一次的老師，也不是需要加班熬夜的工程師，但總是缺少那麼一點真正的觸動，像是車子缺少啟動器一樣，還在摸索中。

晚上回家後，我開始看改編自二月河小說的《雍正王朝》，才看了幾集，就明顯地看出它與《步步驚心》的差異。二月河還是一般所謂「陽性的書寫」，《步步驚心》的桐華則是一種揉合陰與陽的書寫。

看到桐華的介紹，讓我好生羨慕。她說，她高中是讀理科，大學是讀商科，從來沒有寫作的經驗，只是到了國外，覺得很無聊、很平凡，在網路上一開文就一發不可收拾的寫了，一寫就四十萬字。《步步驚心》的小說是以自敘口吻，理性地娓娓道來，並不像一般女性書寫，會加入許多多餘情感的華麗文藻及贅詞。或許她設定的角色具有腳踏古與今的兩個身分，因此在一落筆後就是一個很吸引人的文題。

我並不了解桐華當時身在異地的心境，是否真的無聊到需要穿越時空，並以文字與古人相濡慕情以排解寂寞。或許，「平凡與無聊」才真正是「創作」的啟動開關。

我翻閱《認識電影》及吳爾芙的意識流著作，雖然兩者看似沒有多大關聯，但在我內心的分析表上，卻是一種陰陽創作的資訊。《認識電影》裡大多是男性導演，在大量的陽性創作上，找不到一種較陰性或是內隱的觀點。勉強有一些個性比較陰柔的導演，像是伍迪艾倫，可以透過一些較奇幻的敘事，來剖析女性真正的心態。不過，現代的純粹女性電影，我又看不太下去。像是吳爾芙那樣強大自我的意識流，美其名是令人驚豔的幻麗文字。但，這樣沒有組織如脫兔般跳躍的文字，也是一種效果強大的催眠咒語。

我心中嚮往的書寫，應該還是一種「知云所云」，能夠調動陰陽，將情感收放自如，讓讀者心頭迴盪出一波暖暖的共鳴。《步步驚心》的陰中夾柔，應該是一部很具典範的作品吧！

夢中，我來到一個教室，被分配到的任務是解數學。許多人等著我解出答案。但我似乎是沉浸在數學的原始美中。許多人認為數學是一種討厭的工具。但是，過去我特別喜歡數學，光是數所結合的一種特殊幾何，總讓我驚嘆不已。萬花筒之美、向日葵及松果呈現的費氏數列之美，以及音樂律動中的節奏頻譜的規律，都是如此。可能大部分的人只學到數學的「陽性表現」，忘了這世界到處都存在著數學中的「陰性表現」。

今早在看《他們在島嶼書寫》的紀錄片預告時，想到楊牧的詩也具有一種「數學美學」的表現。

二〇一二年四月十八日（三）｜清明

142 蓮花

昨天下午，我原本想要邊讀論文邊喝下午茶，卻巧遇蕭博士。我們聊到對於意識的研究，未來可以朝向「唯識學」的探索。他提到，這種唯識學不必從宗教的觀點，可以從本質的意識去探討。他並介紹我可以讀徐梵澄譯的《五十奧義書》。

兩個人偶然巧遇，就像兩個泡泡碰撞後產生一種微型空間，那空間裡的時間，在整個生命中也許微乎其微，但是剎那間的微意識交會與波動，卻有可能引領著截然不同的生命方向。

微意識，或是微空間、微電影。最近，這個「微」字，變得很巨大！

就像是周夢蝶的詩中的微字那樣……

若欲相見
只須於 悄無人處 呼名
乃至 只須於心頭
一跳 一熱
微微
微微微微
一熱 一跳一熱

晚上的夢不是很長，夢見我想到一棟特別的木屋去住，那裡會有一道陽光斜射進來。但我遇到阿山哥，他跟我說那棟房子並沒有那麼好。但我還是很懷念那棟有陽光的小木屋。

早上起來翻看《步步驚心》小說時，翻到四阿哥心煩時躲藏的蓮花池微空間，正是我所嚮往的。

今天在圖書館借到了二月河的《康熙大帝》及《雍正皇帝》，溫潤流暢的文字滿吸引人的，這週末打算在山上的音樂派對中看完。最近開始從圖書館借閱二月河的小說，感覺他的文體與《紅樓夢》滿像的，都以一首楔子詩做為每章回的開場白。但相較於《紅樓夢》，二月河的文字更顯得氣宇炯然。未來應該要珍藏他所有的紙本書籍。

二〇一二年四月二十一日（六）—穀雨

143 光

昨天下午，我跟詠韻測試了舒曼波的星空投影系統，發現不知是找來的投影機解析度差，還是使用的反射布不佳，很難投射出我想要的深邃星空的感覺。試了幾個小時後，我放棄了，想要重新思考「光」的意涵。

後來，我跟他、無尾熊到咖啡館稍作休息，也帶著攝影機及電腦過去，給他看我最近剪輯的作品。星期五的下午比較慵懶，咖啡館裡有許多人，我拿著相機隨意拍，偶然取到一些特殊光的角度，感覺要捕捉到最自然及美感之光，實在可遇不可求。

許多咖啡館的成功之道都在於它的燈光。那種略帶些溫暖卻明亮的光，與咖啡的底蘊協調得恰到好處時，營造出現代人需要的休閒氛圍。

最懂光與影的藝術家莫內，就是這樣去捕捉光的。他不像現代人到處去找光，而是選擇在同一個地點，在不同時間與季節裡，等待不同陽光自投懷抱。如此看來，莫內滿懂得與東方思維相符的節律變化。

詠韻跟我說，他原本的名字是「詠運」，但他一直覺得不對，如果是「詠」字，那應該是「詠韻」才對，所以就把名字改成「詠韻」了。但我卻有另一種想法，「詠運」也可以代表歌詠這大千世界的各種運作，包括音韻或是無形的能量，如果是這樣，「詠運」兩字的意涵或許比起「詠韻」來得更深刻。像是古代的農民曆「節氣」，或是《易經》提到的循環變化，不就是一種老祖宗的「詠運」紀錄嗎？

最近，我開始迷剪輯，才發現原來電影就是透過近景及遠景的鏡頭呼吸（Zoom in 及 Zoom

out），產生一種影像的生命律動。我分享作品及心得後，沒想到我們這「舒曼波三人組」開始有一些對電影的共鳴與話題。詠韻更是滔滔不絕地講起最近想要用「火車」來拍電影的想法。

原來，他是想用火車的移動來當播放器，讓貼在隧道旁的動畫圖片變成了一張一張的影格。我那天拍資源回收婆婆的影片《黃衣天使》時，她跟我說，資源回收的過程是先收集，再慢慢分類，並琢磨未來的用途。當時我就想到「資源回收」跟影片製作的過程很像。沒想到，詠韻舉這個火車的例子，也跟電影的「影格播放」類同。

我好奇著，生命中的大大小小事件中，還有什麼跟「電影」無關？

正當我跟詠韻細談製作影片的過程時，我幫他們查了一下生日書，看看大家跟電影的關聯性。發現詠韻有「電影製作人」的潛力，我有「電影導演」的潛力。而看了無尾熊的，我們都笑出來了，原來無尾熊是有「演員」的潛力。這樣看來，以後我要找演員，都要找生命靈數主軸有「二五八」連線的。（我遇到好幾個二五八都有演員的實力）

無尾熊說，他做了幾小時的3D影片實驗，頭痛得很，想到山上走走。我們到山上後，吃了晚餐，無尾熊就幫詠韻做了一場耳燭SPA。我們把露天餐桌鋪上毛毯當作床，我則在旁邊拍紀錄影片。微風涼涼的，加上山中森林裡的蟬鳴，有點像是峇里島的天然SPA。

因為詠韻是從苗栗騎摩托車過來，做完耳燭SPA後，我就趕緊讓他們下山。不久後，天空居然下起傾盆大雨，濃厚到看不到遠景的城市夜光，讓我有點擔心詠韻在路上騎車的安全性。

我會開始覺得下雨天很浪漫，是學電影的安哥告訴我說：「在電影裡，當雨天把地上都鋪上一層水時，在鏡頭裡的世界裡就會捕捉到來自各方的光。」

前晚看《雍正王朝》到半夜兩、三點，體會到無法記夢的遺憾。這天晚上，看到約十二點，電腦發熱到當機，我就索性把《雍正王朝》暫時擱在一旁。

終於又恢復作夢了。夢中，我來到一家醫院找朋友，當時雖然夜色霧朦朧，但也饒富風情，所以我不急著回家。剛好看到醫院旁的青年旅館還有空房，且最讓我滿意的是，這裡沒有床，而是以席地的毛茸茸懶骨頭沙發取代之。

我訂了一間房，想等還在醫院工作的朋友佳慧下班後到這裡會合，但沒多久就接到母親的電話，叫我不要在外面晃，早點回家。我當然覺得可惜，但記得後來沒有住進這個青年旅館。

醒來後，我想到五月初要到台中領獎並參加晚宴，肯定要在當地找住宿，目前還沒有找旅館，但這個夢倒是提醒我可以上網找看看有無青年旅館。出國玩時，我喜歡住青年旅館，感覺會有一些當地的小特色。已經好幾年沒出國玩了，或許這次就鎖定以青年旅館為這次到台中遊玩的目標。

剛才上網去查，台中居然有個藝術村，附近也有一家特色青年旅館，看到價格，居然跟夢中出現的相近，讓我不禁露出會心的一笑。

二〇二二年四月二十三日（一）—穀雨

144 火 I

昨晚，我一直在想這幾天在山上經驗，感覺如夢似幻，特別是幫許多人做耳燭後，感覺好像有許多訊息莫名地來到身上。這時，我腦中跳進一個小說人物——「耳燭師」，並開始了許多的內心獨白戲。

在「神入識人法」中提到，人身上任何的訊息都可以表達出其靈魂中的訊息。剛開始，我只覺得從耳燭出來的火焰及白煙，好似攜帶著這個人過去累積的各種情感，在被導引出來並釋放之後，所有過去的事都會煙消雲散。但人是有「自虐」慣性的，這也許是「耳燭師」未來要面臨的課題。

我曾經自豪於找到這樣的耳燭物理方法，能讓人像是瞬間喝了「孟婆湯」一樣，瞬間忘記方才的煩惱。星期六晚上，我遇到一位有點醉的加拿大人Jeff，還看到他在咖啡廳外跌倒。等到他被帶進咖啡廳來，介紹他是山上未來的鄰居時，我對他的第一印象是，一個金髮外國人卻身穿著一件印滿《般若波羅密多心經》的T恤，而且背後靠近大椎處還印著一個「佛」字。

我問他：「您是佛教徒嗎？」他說，他父母親是基督徒，但他覺得自己的「腦」是佛教的。好有趣的回答。我直覺，自己跟這人在未來應該會有不錯的情誼及互動，當下就問他要不要體驗耳燭SPA。他也說好。

許多人對於耳燭療法的態度，剛開始是出自好奇而去體驗居多，反正這是非侵入式療法，也不用更換衣服。不過，體驗過的人都覺得這像是「魔術」般，能在短時間讓人好像「忘盡煩憂」，到達一種前所未有的「定」狀態。

如果說佛家要人藉由「戒定慧」的修持過程，來通達佛的體驗，那麼耳燭這種「似乎跳過戒的過程」的療法，可以快速讓人體會「定」的狀態。我雖然沒修佛法，卻能理解這種生理現象跟修佛過程中所達到的境界是類同的。或許，我是透過這種療法，才會拋棄「各種佛法的論述」，直接以原始的火燭觸發，讓人回到本心。

這種擺脫學理，以各種自然方法讓人回到本心的方式，算是類似New Age的作法。在幫人進行耳燭時，我也感覺到這火光與繚繞的煙，似乎也透過著大腦的「鏡像神經元」幫我清理許多意識細節裡的魔鬼。常常看到體驗者變輕鬆了，似乎我也跟著輕鬆。而當體驗著哪裡不舒服時，我也很快就能感應到他的不適。

雖然我是新手耳燭師，但這種體悟已經超脫了傳統方式，是一種可以直接讓我感覺到人身內腦的波動，或是平衡能量的一種工具，並透過雙方的「默許」展開儀式。難道這不是類似「皈依」的一種放下及交付出去的過程？

實習越多後，我也在過程中思考替代方法，但在山上看完了「海火舞」（拿著火把跳舞）後，我決定不以科學的自大去變動這原本有「火」的儀式了，之後我才慢慢參透，透過這小小的微火，它共振到的是我們內在的拙火。火的原始訊息，不是其他科技人工替代品可以取代的。

晚上想孵夢，想見一位好久不見的朋友。但我只夢見背影，好像是個啞謎，要我猜猜看那個人到底是誰（有兩個人選）。我終於記起為何當時認識這人時，總覺得這兩人是很神似的。但後來，我放棄解啞謎，來到一家書店，裡面有許多時尚的小玩意，但我卻著迷於一些書本中活靈活現的道具。天亮醒來後，我覺得沒解這啞謎怪怪的，於是想再入夢去解。但第二度入夢後，來到一處大宅院，是母親邀我們回去同住的大宅院。我住了一陣子後，才了解到，原來這地方十分荒蕪。我以為母親會找我們同住，是因為附近有許多凶神惡煞般的混混。等到住定後，才知道這大宅院裡有許多鬼魂，會讓人心神不寧，所以要用人來增加「陽氣」。

夢意識的東西真的很奧妙，我到現在都還在摸索。上班時辦的事，都變得很瑣碎及不重要了，不知這是喜是禍？有些朋友問我說，常出入這些地方（夢中無形界）是否有宗教護身，也評論我的大膽。科學目前是無解的，必須思考從唯識學上精進！

另外，我也想重新看巴謝拉的《火的精神分析》。許多清明之夢的鍛鍊者，都會對著燭火進行鍛鍊，應該有其深刻意涵。

寫完後，我發現夢中的大宅院就是我們的意識，母親應該象徵著原始，陽氣則與火呼應。同時，原本第一段夢的啞謎似乎也解出來了。那個兩個神似的「鏡像神經人」，似乎說明著每個人身上都有共同的意識，在特定的共振下就會產生。

145 油桐花

二〇一二年四月二十四日（二）——穀雨

今早出門時，望見遠山，油桐花似乎是在一夜之間就開了。

我想起這陣子沉溺在影片的鑽研與嘗試，感覺許多茅塞頓開，生命中的一念與一念之間也多了許多的色彩與想像。

回想起來，每次電影課的作業都有隱含的意義。像是第一次用相片串聯，就是先讓我們以較慢的速度來播放。而第二次的作業：「一個人在一地做一事」，雖然看似簡單，卻可達成一個人編故事、當導演、準備場務、當攝影師、做後製及配音樂的「一個人做全部的事」之完整的獨立電影製作的「必經訓練」，真的很感謝鄒老師的用心。

當導演不簡單，要當一個包辦所有事的導演更不簡單，這也是此次學習電影創作的命題。因為唯有如此，創作才會真的自由，才可以隨心所欲，不必靠大資金或等待別人的時空跟自己對上，就可以創作。文字或繪畫可以單人創作，電影也能朝向個人化的過程。

這讓我不禁回想起星盤的預言——個人意識的抬頭與發聲的多重管道，將是這世紀的重頭戲。現在的我像個海綿般地廣泛學習，也深入思考電影與意念及意識的作用原理。電影是一種意識重組的過程，而這些重組會產生意想不到的驚奇畫面，也頗令人玩味。像是「運鏡」是不是除了「空間」還有「時間」的鏡頭效果，但拍攝手法只能處理空間的，時間必須透過後製來處理。

我也很好奇，夢境的奇特意識效果，與電影的哪個手法類似？最近在思考較晚入睡的夢與固定時間入睡的夢，有何差別？較晚入睡的夢，似乎摻揉更多第七意識的元素，把前天的經驗做一種變形。

二〇一五年四月二十七日（五）—穀雨

146 蘇合香

一拿到《地球大拙火》（德隆瓦洛．梅齊哲德克著）這本書，我很快地就讀了一半。有些共鳴的點，包括作者本身也學物理，卻走上追求薩滿之路。他提到，他跟著許多上師學習，但這些上師不是具有肉體的在世上師，而是在冥想或夢境中出現的上師。另外，我對於他提到一種社會的轉變，頗有體悟與感觸的。他提到，我們的社會過去是「心靈」去體會，目前則是以「心智」去取代。

我跟好友聊到與小朋友的互動時，就特別有感觸，因為我一直很喜歡看小朋友探索的過程。很多時候，我感覺到他們的探索過程很類似薩滿人的「心靈過程」，等到開始有了老師，甚或是書本的學習後，就轉變成了「心智過程」。於是，在「心靈過程」中，融入情境體驗時那種自我沉浸的神情與心境，慢慢地變成了追逐知識與世俗認同的「心智過程」。

如何讓「心智過程」再次回到「心靈過程」，或許是接下來的重大課題。但是，仔細想想，有時這並不是那麼難，當偶然瞥見了落葉，感受到它那難以言喻的蕭瑟之美時，不必太多言語，不必太多的哲思，就只是靜靜地與它同在，一瞬一須臾都可以重回到那「心靈過程」。

二〇一二年四月二十七日（五）— 穀雨

147 蛹 I

昨晚下過雨，地上溼溼的，於是我拍了一些地上的水，沒想到跟肉眼看到的不一樣，非常漂亮。晚上看完《雍正王朝》劇集後，有種完成一些功課的感覺，同時一直在思索如何以「雍正王朝」拍一部微電影。我們的現代生活如何與古代的意識同步。

此外，接下來到底要看《康熙王朝》或《乾隆王朝》，讓我有點舉旗不定。照理說，看《乾隆王朝》應該可以讓我跟著他去神遊，但是又覺得乾隆跟我交情沒好到要我再次犧牲睡眠去看他。所以，目前想暫時遠離大陸劇，等有更強的動機讓我想看他再說吧！

拍攝跟雍正時空對話有關的劇情一波三折。原本，我昨天到便利商店買了兩碗泡麵，一為葷，一為素，打算設計成雍正想吃素的橋段。無奈我先是忘了把《雍正王朝》的書帶回家，接著照相機又沒電，而充電器放在山上。於是，我把所有的道具都帶到山上，想在今晚開拍，結果下午阿潘老師上完課後，說他很餓，又看到我帶來的泡麵裡有他最愛吃的牛筋麵。我心裡一橫，就拿給他吃了，同時還陪他吃，把那一碗素的吃掉了。（哦！親愛的導演，偶綿把道具吃掉了。）

如今，泡麵道具沒了，如果真要拍，就得明個兒下山後再重買了。拍戲真是辛苦，天時地利人和都好重要。

不過，空白也是有收穫的，我心裡又想，可以找我親手帶大的那三隻小熊貓布偶，來分別演「康雍乾」三代，越想就越開心，在腦中拍電影，也滿有趣的。

我準備把那隻最憔悴的熊貓（是我從資源回收箱撿來的）取名「雍正」，最胖也是最老的那隻叫

「康熙」，比較鬼靈精巧的取名「乾隆」。

另外，為了幫這些皇帝配音，我還得要找女聲變男聲的軟體。

昨晚終於提前睡了，好久沒來的夢終於又清晰出現。

148 蛹Ⅱ

二〇一二年四月二十九日（日）——穀雨

在山上辦的保健社認識草藥的活動結束後，緊接著由無尾熊示範耳燭，讓我再次見到耳燭的威力。有些人頭痛好幾天，做完後就不痛了，大家都笑說無尾熊可以開店了。我也當模特兒讓他示範一遍，覺得真的不輸外面的SPA店。

為了保健社的草藥導覽，我拍了許多影像，打算要剪出一部影片。課後，我跟阿潘老師一直討論電影配樂的事情，我覺得接下來如果還要再精進，應該是在配樂和劇本研究上。昨晚，我找到一本碩士論文《雍正王朝電視劇劇本的研究》，看得津津有味，原來該劇導演跟張藝謀都是讀北京電影學院的。昨天剛好跟朋友聊到學電影的事，如果真要學電影，我反而比較想去大陸，因為可以順便研究古代歷史與中醫。

晚上的夢，我夢見石頭老婆，只看到她在SPA店躺了一夜，原因是她說雖然在SPA店花了滿多錢，但只要待一夜就值得了，因為可以抵旅館費用。

最近，我陷入了創作困境，雖然對接下來的影片有大致上的構想，卻一直找不到適當的配樂。這幾天在山上，我先把這件事拋開，看一些閒書。

今晚從山上回市區時，我在車上拍著雨後的城市夜景，那晶瑩透亮又變化無窮的街燈，透過各種不同形式的水珠反射，城市的光影就變得不一樣了。我靜靜地欣賞這條每週到山上都會經過的城市光廊，它是串連山上山下兩個空間的一條蛹道。這時，我腦中忽然響起了〈Secret Garden〉的音樂。接著，腦海中的影片開始自動播放。

終於，我想起來了。在山上時，我問阿潘老師有關配樂的問題。他說，這很難，問題是人們到底懂不懂得樂器的特質。我當時非常不耐煩，覺得沒有得到我要的答案。

但此刻，這首〈Secret Garden〉為何能代表我的心境呢？

這首曲子裡的高頻的小提琴與低頻的黑管，中間似乎有一條無形的蛹道牽引著，也把我擺盪在兩極之間。音響物理曾說過，如果你要測試音響好不好，就拿小提琴奏鳴曲來做測試，因為它的動態範圍最大。

原來，真的如同阿潘老師講的，必須了解樂器的特質，才能用配樂營造出影片的時空感覺。

記得以前在台北寫小說時，也是一直重複聽著某首有感覺的樂曲，邊琢磨著裡頭的情節與文字。看來現在應該會重複以前的過程，只不過把文字換成了影像語言。（註：後來我真的剪出一部短片，名為「皇朝再興」。）

二〇一二年五月一日（日）—穀雨

149 相思樹屋

今天，陽光炙熱，風也很大。傍晚時，我想起或許可到樹屋上邊溫灸邊看書。

我準備了艾灸等工具後，一爬上樹，卻覺得似乎走進了一個異度空間。我索性躺下來，靜靜地體會這空間的視野。

我先是驚訝這時可在白晝看到月亮，而約莫五分鐘後，便發現這抬頭的視野正是國內班機的航道，因此不時就會出現飛機穿過白晝月亮的奇特景象。

不同的樹，會給人不同的感覺。這樣的念頭，讓我把焦點拉回到環顧四周的樹上。這樹屋平台其實是搭在一群相思樹間。

當初會這麼做，倒不是有什麼浪漫的理由，而是附近只有這棵相思樹最為結實，且相思樹的木質也硬，能夠撐起平台及人的重量。

昨晚喝完桂枝甘草湯睡著後，作了兩個夢，其中是遇見好友「國」，很久不見「國」，夢中的他居然已經有啤酒肚了。但好友就是好友，雖然有了啤酒肚，但是覺得他坦率可愛。

▶在相思樹屋上，仰看穹蒼，當文字剝落殆盡，相思與音樂是我最好的安魂曲。

另一個夢，則是有一張好大好大的床，床上有一個好大好大的白色毛毯，我喜歡鑽進毛毯裡，像是鑽進一個奇特空間裡探索。這不就是小孩子們最喜歡玩的遊戲嗎？但這夢中的白色毛毯卻比真實的毛毯更為遼闊與自由。這只是一個簡單的意象讓捕夢網捕捉到了，卻讓我醒來之後的精神感覺滿足。

在樹屋平台上回想自己的夢境，當焦點再次回到天空時，天邊白色雲朵翩翩，我念頭一閃，此刻的天邊景致，不就是夢中那張具抽象意義的白色大毛毯嗎？

明天，我打算拿著攝影機，就躺在那裡架起來拍攝，或許會有新的拍攝想法。

（註：校稿時赫然發現之後推出的雲朵舒曼床，原型在此。）

二〇一二年五月五日（日）— 穀雨

150 咖啡Ⅲ

每次作吃東西的夢，我都好奇到底發生什麼事了。有種說法是，在夢中腎氣振動連帶著產生腎陰生津，才會有吃美味食物的感覺。

這陣子的飲食相當清淡，一方面在清理身體，不想讓身體的負擔太大，二來是想要使意識清明，對周遭事物有更敏銳的感受。飲食清淡些是好事，可把能量集中在精神層面上。

今年，一半都還沒過完，從我家到大馬路的街上，至少有十家辦喪事了。所以我不敢掉以輕心，外人看我悠閒重養生，其實今年最大的功課就是要「放鬆」與「放下」。可以仔細觀察今年有許多人汲汲營營後，終究是一場空。想抗爭的，一場大雨一來，把人都掃走了，這是老天爺在提醒著：「要放下，要放下，不要再做無謂的強求」。

晚上研究今年的星盤後，赫然發現今年有個大十字變動星座的能量。有時，看星盤書跟看中醫書一樣，得多看幾回，第一次沒看到的，時間一到，就會像有聚光燈日照射似的，讓你看得清清楚楚。

第一個夢，我跟一群人去參加研討會，但是重點不是研討會，而是一罐奇特的飲料，可能是咖啡或奶茶。我舀了幾匙，泡給其他人喝，第一次大家

▶利用萬花筒，加上山上隨手可及的素材拍攝。

都說太淡，調濃之後，大家都說好喝。我也喝了一口，覺得美味極了，既不像咖啡又不像奶茶。我仔細看發票，是在春天百貨裡買的。我心想，能參加研討會是其次，能買到如春天氣息般好喝的飲料才是真的。

醒來時，我一直在想，這如春天氣息般好喝的飲料到底是什麼？目前想到的應該是我目前在吃的「桂枝湯」加「五苓散」，還是今天秦先生又會研發出什麼好喝的飲品了？

原本以為可以換季了，我便換上短袖。雖然我吃了秦先生煮的免疫防感雞，卻在傍晚時穿來陰風，直入我的腦門，讓我開始偏頭痛，便趕緊把剩下的幾根耳燭燒完，來緩解頭痛。我頭昏昏地進入夢鄉，只求別來個惡夢才好。

後來，雖然不是作惡夢，卻是有點詭異的夢。我被派到西域出差，辦的事情大概跟外交有關。回國的行李大小包，還怕弄丟。回到國內的工作岡位上，我一到定點，就被叫去下載影片。我正納悶著那是什麼影片，卻看到爸爸交給我一個光碟片。我放出來看，是很漂亮的七彩影片。爸爸跟我說，那是外星人幽浮的影片。我心想，外星人幽浮的影片怎麼會這麼美麗，便趕緊把影片存到我的硬碟。後來，我到了一間教室，三人一桌準備開始研討，我就醒了。

早上醒來時，太陽滿亮的，我想應該來拍些影片。本來打算到樹屋裡去拍，但東摸西摸，忽然想到一個拍萬花筒的好法子，沒想到架起來拍攝的測試效果很不錯。這時，秦先生也說要做蛋蜜汁給大家喝（原來夢中像春天般的飲料是蛋蜜汁），所以我打算把這些行動拍攝用具帶到咖啡廳去拍，這些小朋友應該可以幫我收集好材料。

拍著，拍著，我忽然想到，這萬花筒的影像，不就是夢中的「外星人幽浮」景象嗎？

二〇一二年五月六日（日）— 穀雨

151 松鼠

整個下午，我都在山上的咖啡廳拍攝萬花筒，我被那色彩繽紛的畫面給吸引了，便捨棄使用軟體特效的想法，直接拍攝真實肉眼看到的萬花筒世界，這樣更能呈現詩人布萊克「一花一世界」的意境。

賞玩萬花筒讓我忘了時間，也令我想起最早引領我認識萬花筒奧妙的一位水瓶座朋友。他收集了各式世界各地製作的精美萬花筒，讓我擺脫萬花筒僅是小學生玩具的淺見。他說，有許多藝術家自己打造手工萬花筒，在收藏家的市場所費不貲。他還跟我提到，萬花筒的製作過程，還有人寫成專利。

那幾年，我剛做腦波實驗，看到觀賞萬花筒有這種神奇的感受，便跟他借了他收藏的萬花筒來做腦波實驗。剛好一位常觀察天文的戴博士來訪，我就找他當受試者，居然發現在戴博士觀賞萬花筒時，腦波出現了七・八赫茲的波頻，而這正是舒曼波的基頻頻率。自此，我開始有收集萬花筒的習慣，玩賞萬花筒也變成我的興趣之一。

一直拍到下午時，忽然有小朋友驚叫：「有松鼠耶！」原來從咖啡廳望過去，有松鼠的飲食台，會在固定的時間來報到。

152 月亮Ⅱ

昨天是超級月亮日,安哥把兩隻兔子奇奇跟恩恩關在同一個籠子裡,沒多久就看到恩恩騎到奇奇身上。兔子的交配很快就完成,我是第一次親眼看到。不曉得牠們的交配是否跟超級月亮有關。

下山後,我使用了艾絨來泡澡,感覺滿不錯的。

後來,夢見我在W及H前面像個發瘋的人,但是很快就過了。而在接近天亮時,我夢見Y了,他的胸部好像有些毛。我很想念他,於是抱緊他。但此時也可以感覺到窗外有人在偷看,我便去把窗簾關上。我在想,夢見Y是否也跟超級月亮及兔子有關。

早上,我忽然想到或許可以拍3D的萬花筒。

我最近在拍攝萬花筒,感覺真實拍攝的效果比較棒,軟體演算出來的有點假,可能得看是否有控制所選取的影片資料庫,或是轉速或影片的快慢。這陣子我會先把影片弄好。到時,要做一版用生理訊號或是腦波產生的3D萬花筒曼陀羅圖騰,來問問大家是否有使用過3D萬花筒。

二〇二二年五月七日（一）—穀雨

153 紫羅蘭Ⅱ

多年前，我經人介紹買了有關藍慕沙的《白寶書》（傑西奈著），因為感覺頻率不對而看不下去。今天看完這本《暴君最後的華爾滋——重讀預言》（JZK Publishing編），卻發現自己這一年下來都實踐藍慕沙的教導，包括開始到山上過自給自足的生活，還有把房子賣掉，搬到有土地的地方，再來就是種一堆可以吃的植物，或是至少知道野外什麼是可以吃的。今晚，不知道是否因為滴了五號精油，讓我自由度大開，而能看得下書中講的東西。還是說因為學了電影製作的「藍幕去背」，對「藍幕」這兩個字開始有了熟悉感。

晚上，我終於去拿訂了很久的「生命靈數精油」，這次訂的是五號跟八號的單數字精油。新時代女郎說，先用五號，再用八號。吃晚餐前，我就先滴了一滴，聞起來特別清香，而且是我從未聞過的味道。後來查了一下，我才知道那是紫羅蘭與薰衣草。

我玩單方精油有一陣子了，鼻子也訓練得滿敏銳的，只要有用過，大致都聞得出來。但這五號精油讓我感覺有點熟悉，卻認不出是什麼味道。

五號精油為自由數，代表的挑戰性、變化性。沒想到，我一滴下去沒多久，就看到電視新聞在報導「微節目」，馬上就讓我想到未來中醫可以朝著「微節目」的方向來思考。這好似跳脫了原來的自由度。

我發現自己好喜歡五號精油，一聞就有很放鬆的感覺。八號精油是跟財運有關，來看看接下來有無財運。

數字真的很奧妙。我先前研究數字學，不久就讓我在二手書店找到一本厚達九千頁的《誕生日大全》，比起網路版的生日書更為詳盡。本書最有趣的，是針對每個誕生日，都列出哪些日子出生的人會是你的戀人、貴人、損友、心靈伴侶及對手等。我不只是沒事翻一翻而已，還可能沉浸在裡面，去研究每一個我所認識的人，而我跟那個人的互動關係，在書中也都會被點出來。

之前，一位我不是很熟的同事，也是水瓶座的（一月二十一日生），曾跑來問我，她身體不舒服該怎麼調養的事。我對不太熟的同事，特別是在上班時間，都不會特別跟他們介紹中醫，只告訴她一些準則。沒想到，我今天經過她的位置，去看我接下來的新座位時，她居然跟我分享最近她發掘的寶石湯匙（也是新時代物品之一）。一聊之下，我才知道她後來有去看中醫，而且很快就解決了她的問題。

回家後，我好奇我們倆誕生日的關係，沒想到，我的生日是她的友情及愛情，但反過來並沒有。

誕生日書真的很神奇，裡面描述由生命靈數構成的個性，還真的滿貼切的。這個由卡巴拉數字學延續下來的數字密碼，再配上數字精油後，數字與自然生命訊息的對應，真的能夠玩上一陣子。

二〇一二年五月十日（四）─立夏

154 半夏

昨天下午，我因經期來了，有點恍神，不但幾度跌倒，也被紙割到手。原本要去咖啡館拿書的，也臨時取消。下午，我提前回去休息，作了迷迷糊糊的夢，只有影像，沒有劇情，可見目前身體的能量不太夠。

在這段期間，我做完耳燭後，也是放鬆不想動，不過這次做耳燭時，左邊的耳朵很乾淨，右邊的耳朵卻好溼，跟以前經期來的時候很不一樣。

J女郎二號說，她也感覺我的能量與兩、三星期前不太一樣，我想應該是從我吃了桂枝湯加五苓散開始。之前的能量雖然外放，卻有點亂，但最近變得十分內斂與平穩。但我也好奇，為何桂枝湯加五苓散只清了左腦，沒清右腦，不知是否應該遵行黃元御的中醫圓運動，還要再使用「半夏」來降逆右邊的胃膽之氣？

其實，敏感的人在從事SPA工作之後，身體的敏感度都會變高，很容易就感覺到人體的能量場。我問J女郎二號，在幫人做耳燭時，是否常會進入到一種「出神狀態」。她說，經常如此。我笑著說，有很多修行者都用火燭來進行出神的練習，像是藍慕沙的修行也採用。有些資料說，在看著燭火冥想中的出神那一剎那，第三眼的屏幕容易打開，有些訊息會跑進來。如果是在練習「閉眼看撲克牌花色」的能力，這時很容易產生類似「以手指識字」的狀態。

我打趣道，J女郎二號真是有緣人，可以利用耳燭療法一邊修行冥想，還一邊賺錢。她聽了也很高興，原本的疲累一掃而空。不過，進一步想，投入各種工作中，都可以創造出這種「出神狀態」。寫論文也可，煮小吃也可，在血汗工廠上電路板的物料也可，上臉書也可。生活及工作中，每一念都是修行。

我作了一個選擇陪伴的人是「KK」的夢。夢中的我，不在意他的身高，也沒意識到他已經死亡。但後來的夢卻記不清楚了。我發現身體能量不足時（如經期時），記住的夢境只有模模糊糊的影像，沒有動畫般的劇情。看來，身體能量不足跟電腦資源不足一樣，跑不動電影剪輯軟體。

昨天看了《隱藏的祕密》，書中提到如果能量可以到七脈輪，就代表已經達到「涅槃」，此生已是最後一世，不必再輪迴了。而如何觀察是否有到七脈輪，也跟第三眼的位置有關，如果第三眼跟肉眼的視野平行，大概七脈輪就通了。最近有這麼多穿越劇及穿越小說，這種「穿越意識」的普遍性，是不是代表新時代（New Age）在二〇一二年已快要來到。

最近感覺到藍慕沙的思想很簡單，你若要經歷祂（神），你就成為祂，沒有一種經歷是比你成為祂，更能達到一種全然的經歷。這跟「神入識人法」的訓練很像，只不過大家可能會覺得玄不可言說。不過，我最近發現，「穿越意識」普及後，我們更容易去理解「藍慕沙的思想」了。我想，這也是我最近仔細看有關藍慕沙的書，卻比以前初看時更能理解的原因。

二〇一二年五月十一日（五）—立夏

155 艾草

昨天的夢有夠奇怪的。在夢裡作了一個夢，夢到自己吃了一種奇特的餃子，外皮是脆的，而裡面包著一些有圖騰的東西。但是夢中的夢醒來後，我卻發現自己正在吃那種東西，而且跟台北的專利單位找到一個專利機制，是說明為何那種餃子咬起來這麼特別。我逮到W，急著跟她說這專利的架構，是有三個幾何圖案（圓形、方形、三角形），每個幾何圖案可以進行縮放，就造成一種特殊幾何，有點像紙箱的緩衝粒。我跟W說話的當下，又覺得這應該是夢，但得把它記下來，所以我隨手挑一個長得像W或M的緩衝粒，放在夢中的筆記裡，提醒自己要記住夢。這個長得像W或是M的緩衝粒，一度讓我在夢中聯想到麥當勞。

夢中夢中夢，實實虛虛，原本以為的清醒居然還是夢，那麼在清醒後以為的清醒，又何嘗不是夢呢？

昨晚在山上，薰艾草薰很久，再度驗證，能量足時，容易作清晰的夢中夢。我在想，《全面啟動》裡也提過一種藥物，搞不好其成分及效用也是能促進神經進行「多重連結」，產生多層夢境的能量之物。

前世的回憶

今天，我開始看《不負如來不負卿》（小春著）。當我翻開幾頁後，有點嚇到，鳩摩羅什在書中名叫「吉波」，而我用「波奇」當筆名，已經很久了。書中提到的音韻學等，著實讓我覺得很熟悉。

曾經有通靈的算命者告訴我，我的前世有修行過。當時我一直不以為意，但高中時寫的第一篇小說就是以和尚為主角，當時也特別喜歡收集外國光頭明星的照片。我一直懷疑我前世應該是個男的，而且可能是和尚。

星期五，遇到跟我一起做腦波研究的詠運，他理了一個大光頭，但仍不掩他清麗俊俏的臉龐。以前第一次看到詠運，總以為他前世可能是埃及人，因為他的眼睛跟埃及圖坦王很像，我還特別問他，是否對埃及文物有感覺。那天，看到他理個大光頭的模樣，又讓我想起了小說主角——黑洞。

不過，這次卻我被詠運取笑了。我們在檢查不同人的腦波頻譜時，他先是把他同學的資料叫出來看，頻譜的峰值在七至八赫茲，接著我們叫出無尾熊的腦波資料來看，約在九至十赫茲。我跟他解釋，一般是年紀越大，這種稱為柏格律動的腦波基質頻率會往越高移動，但最遠也是到十赫茲為主。這時，他就很調皮地說要找找看「我」這個年紀大的人的腦波頻率，害我又好氣又好笑。

長這麼大了，遇過的男人也不少，以前覺得年輕男人幼稚，但近幾年來卻發現未出社會、仍在學校的大男孩，沒有被世俗浸染過，仍保有一種純真好奇，這樣的男孩特質越來越吸引我。記得詠運第一次跟無尾熊來找我，說要學腦波時，我從來沒想過這個人會撐多久。以前也曾有一對學生來學習，做了實驗，寫完他們的論文後就消失了。一剛開始，我也這樣幫詠運盤算，先協助他完成專題，再讓他推甄到一個好的研究所。我可以幫的就這些了，此外，我也會比照前例幫他申請經費。

但我跟他說申請費用的事時，他卻婉拒了，並表明他想更自由地學習一些東西，如果有了費用，怕就不自由了。而且，他後來也在想，讀研究所並不是唯一的路，人生還有好多事可以去探索嘗試。

不知怎麼的，我很了解他的想法，就像我儘管很快就完成學業，但還是做一些世人不能理解的事，又何嘗不是跟詠運在想一樣的事呢？

有一些人，在你這一生的某個階段，不帶著功利目的的出現了，或許冥冥之中，這些人就是前世一起修行的同道人。

在看過幾部穿越小說後，我發現自己並不想去看別人的人生，而是好奇著自己在另一個時空的人生。想知道，一棵樹的前世或是前前世，有無什麼快樂與遺憾！

156 蜈蚣 I

半夜四點正在作一個懸疑夢時，手掌突然覺得有點灼熱及酸刺感而驚醒。我到浴室裡檢查，看見有兩個微小的洞，覺得可能是被蟲咬的。我翻找後，終於找到兇手，是隻蜈蚣。

我用拔毒膏塗抹傷口後，感覺比較沒那麼痛了，一邊也幸災樂禍地想著，蜈蚣是種名貴中藥，可治各種疑難雜症，包括祛風、定驚、攻毒、散結、中風、驚癇、破傷風、百日咳、瘰鬁、結核、症積瘤塊、瘡瘍腫毒、風癬、白禿、痔漏、燙傷等。如果只是被牠輕微咬傷，說不定可以當作免費注射了「蜈蚣訊息」。我查了一下，發現拔毒膏的成分裡就有蜈蚣。

其實蜈蚣沒有那麼可怕，比被貓咬或打針還不痛，而且據說被咬後可以五毒不侵。古代有些練功的人還故意讓牠咬一咬，以練就防毒的身體，就是現代也沒聽過被蜈蚣咬傷致死的案例。

我在被咬的當時，正在作一個很懸疑的夢，好像是用剪貼簿，在收集一位懸疑大師的夢。這位大師很像是畢卡索。中間穿插幾幕我在高速公路上開車，要到另一處蒐集資料，以及找停車位的經過。後來有位S先生來了，要我把收集的資料給他看，我把部分資料撕下來交給他，隱約覺得裡面是一些很懸疑的資料。我讓他看這些資料時，也回憶起自己似乎曾跟這位畢卡索有貼身觀察的經驗，只不過那時可能被控制住了，只收集資料，卻忘了自己的身分。在回報資料給S先生時，我感覺這是個特務工作，不是單純的考察工作。

被蜈蚣咬醒後，我又回去睡回籠覺，再次作了一個夢，是有關S先生給了我一個工作期限——是五月到八月。我雖然無可奈何，但還是接受了。接著，我看到許多發出不同色光的機器蟲，並看到七彩彩虹是由各種不同色光的機器蟲所構成的，感覺好像《金剛經》講的「一切有為法，如夢幻泡影，如露亦如電，應作如是觀」。

白天，我持續看有關鳩摩羅什的穿越小說《不負如來不負卿》。每每看到跟佛教文物與歷史典故有關的部分，我就心生嚮往，讓我想重看南懷瑾寫的《我說金剛經》，並跑到山下咖啡廳去找有關佛教的藏書，如方東美的《中國大乘佛學》。

看小說就是有一種以故事來提綱挈領的好處，從有關鳩摩羅什的穿越小說中，我才了解大乘佛教與小乘佛教的差別與歷史背景。這時，我又變成「海綿吸收體」，想把手邊有關佛教與佛陀的書再看一遍。其實我已看過方東美的《中國大乘佛學》了，但有些書就是必須在不同的時間點再看一遍的。

自從到山上後，開始與萬蟲為伍，我也體會了佛陀當時的心境，那時的靜坐都是在荒郊野外，蚊魅數量比現在有過之而無不及，心境的轉換與體會更是比現在嚴苛。能夠抛開最基本的蚊魅干擾而靜心，已經是難能可貴了。

青燈古佛，佛就在人的心中，但是我總希望有一雙親切的手能引領我，從早年的南懷瑾，夢中派來的方東美，還有師承方東美的淨空法師，再加上跟自己有淵源的彌勒佛，每讀到他的詩都會讓我顫抖的倉央嘉措。這一輩子喜歡跟東方文化有淵源的佛學，感覺上一輩子的自己應該也是東方人種。

此外，從穿越小說的無厘頭開場，又讓我連結回佛學，見佛是佛，見佛又不是佛。很久以前就覺得，自己應該會去修《廣論》課程，此時想想，機緣可能在拍完一部自己想拍的電影之後吧！

四分律

佛教經典《四分律》裡，提到生老病死與藥物的使用，表示萬物皆藥，在適當的時機都可以成為藥。

157 蜈蚣 II

二〇一二年五月十四日（一）—立夏

昨晚看了《不負如來不負卿》，小說裡談到人生中「欲與戒」的平衡，讓我進入到一種哲思情境中，卻是夢見朝氣蓬勃、陽光的Janet，她開心地跑來跑去，什麼事都不怕，一度還幫自己的新T恤做廣告。後來，我跟著她到一群人裡，她還調皮地用運動夾克讓自己隱形，而她隱形是為了配合接下來的場景。一群人坐下來後，雖然是在誦經的樣子，卻感覺他們是在誦「法語」。（法語難道是「佛法之語」的夢中變形？）

這個夢的確跟我目前在看的小說有關，雖然現在看起來隱諱不明，但每次的孵夢及記夢的經驗是，在第一時間把可能的聯想寫下來，經過一年後，會發現當時的解讀與夢境內容的關聯性非常大，連之後的自己都在想，是不是當時的「解夢種子」一旦定錨，人生在冥冥之中就會順著這步棋走下去。

我一直想著，在我們的生活周遭，也有很多像「蜈蚣」一樣的人事物，冷不防地就咬你一口，雖然外傷不大，但總是伴隨著「恐懼」與「誤解」而來，這才是最大的心魔。如果從天地之理來看，「蜈蚣」的以毒攻毒訊息，卻是能讓人「百毒不侵」。

由於小說的引入，讓我更好奇佛教的演進及相關戒律，是否隨著時代的變化而有革命性的突破。現代人很幸福，如果看過奧修的思想，就會知道「欲」與「戒」不是兩個極端點，而是一種融合，說穿了，過多的「戒」不也是一種「妄想」嗎？這不是後來佛陀吃了乳糜之後的了悟嗎？

人世間沒有圓滿，就是這般「支離的圓滿」，讓人充滿了不安的恐懼。但是，我感覺就是要接受這樣的不完滿，甚至於利用文學或是經典記錄下來，告訴世人，並非圓滿才是佛性，接受不圓滿才是真正的了悟。

誰知道，那一種「支離的圓滿」不是老天派下來的「蜈蚣禪師」，要讓人百毒不侵的當頭棒喝呢？

二〇一二年五月十五日（二）—立夏

158 桂枝

昨晚大寶跟我提到，也是研究腦波的好友M得癌症的消息，讓我十分吃驚，隨即有許多往事被勾起來。M是幾年前我開始做場導及腦波時，就已經認識的朋友。當時，舒曼波的計畫還在規劃中，正在執行的腦波計畫是腦波與中風的關聯。

在執行腦波中風計畫時，就聽到M說他的好友大俠中風癱瘓了。當時大俠的老婆請了M去幫忙量腦波，看看是否有治癒的可能，同時也請了氣功師父來幫大俠灌氣。大俠的老婆非常著急，我還透過石頭幫她請了乩童中醫師盧王爺開藥。一看藥單多是補虛之藥，看樣子若不是屬於「虛中風」，也可能是在醫院打點滴打到虛了。

不久，就聽到M幫忙量了大俠的腦波，並用大俠老婆的當對照組，而我也趕緊做了多尺度熵的分析，發現大俠的生命力很旺盛，比他老婆還足，不但氣較足，多尺度熵也較高。

當時我原本有個舒曼波的雛型機，類似氣功機，想給大俠使用，但一切要等危險期過後才行。我當時還跟M說，如果大俠可以穩定下來，而我的舒曼波計畫有通過的話，打算請大俠老婆來擔任臨床相關工作，這樣一來，她可以有一筆穩定的收入，同時也可以照顧她老公。

沒想到過了冬天後，在元旦就收到大俠往生的消息。過了一陣子，我向大俠老婆及盧王爺詢問詳情，說法是後來一度細菌感染，之後就越來越嚴重，回不來了。而固定幫大俠灌氣的氣功師父，因所費不貲，後來就沒有再請他來了。

我不是家屬，無法說些什麼。人都過去了，持淡定的態度是對已逝者的一種尊敬。只不過，每次看到大俠當時的腦波，就感覺到那旺盛的生命韻律，好像能聽到他想講的許多話。如果未來能夠發展一種「腦波意念溝通機」，該有多好。

從此，我內心一直有個想法，但這想法隱密到連自己都忘記了，那就是，如果舒曼波沒有進行臨床工作，真的就只是個「玩具」，無法真正幫人治病。雖然我不喜歡大部分的西醫等官僚，但是能夠幫忙把舒曼波這個法門推出去的，正是這群醫師。

在《不負如來不負卿》中，提到鳩摩羅什雖然被呂光所挾持，被政治所迫害，但作者也點醒一點，自古宗教如果要傳播光大，靠的還是政治的力量。鳩摩羅什在十七年後也領悟到這點，才透過當時新朝代帝王姚興的力量來傳播大乘佛法。

「法」如果要傳，就要有「傳法」的力量，這力量已經不是好與壞的問題，是一種能量流動的慣性。不管是靠政治，或是靠子弟、著作，都是一種傳承。關起門來，當然就沒辦法傳法。此外，也必須降低傳法的最低門檻。

昨天在一番觸動後，我播放洪啟嵩的夢瑜珈光碟，沒多久就入夢了，感覺整晚都在作夢。我稱這種情況為「大夢」。

夢中，我跟B約好要去參觀一個地方，遇到B時，看到華兄也在。我丟下一句：「要趕緊出發。」華兄帶著B就走了。我們到了一個大場地，背景像是電影場景的未來時空，有很多圓盤形的裝置，同時有一些人在類似飛碟的圓盤裡，而圓盤外圍似乎有一團光一直在轉。

我定了神仔細看，想確定那旋轉的方向是順時針還是逆時針。我記得是從右到左，照理說應該是順時針，但在夢境中，我卻是以「逆時針」記住它。不過，從我過去在夢中對於左右的經驗，可能是與清醒時處於鏡向對稱的，也就是說跟我記住的是相反的。

接下來，我們一群人被派去體驗。原本那飛盤裡有一人在體驗，我以為只有一人可進去體驗，但當我們進去時，卻是一群人去體驗，我排在最後一個，且因為我東張西望，進入時還卡到門。這時，忽然有一個男人的聲音像廣播一樣大聲宣告：「這個六十一的，是我們很重要的投資者。請務必禮遇她，讓她體驗到……」

我聽到這句「投資者」，初以為自己是出資者，但是夢醒後，才細想這個「投資者」應該是指在清醒世界的能量與意識的投資。感覺上，我好像是這夢國在清醒世界裡的投顧，而舒曼波不是我發展的，是這群夢國的人發展的。

在體驗時，我穿著類似泳裝的衣服，此時又有一股聲音在檢查我的身體，說我的身體右側內部膨脹很大，但我卻感覺那不是脊椎，可能是體內某個器官變得很大（那地方對應到肝臟區）。我跟那聲音解釋說，不打緊，因為目前我的身體一直放鬆，只要放鬆，脊椎或是什麼變形的，最後都會恢復。

我耳朵裡還聽到一些「光」呀，什麼語言，可以認知到這些字應該是從夢的外面，洪啟嵩的光碟裡發出來的。

夢中總共有兩個體驗區，都是一個大太空船，許多人一起進去體驗。兩區都體驗完後，我就悠悠地轉醒了。

我想到，這個夢應該是跟回憶起M跟大俠中風的事有關。

這種產生心電感應的實驗架構叫「Ganz Experiment」。美軍以前常用這個來做遙距實驗，偷看敵情。而有關夢的心電感應較多的實驗，在《夢境實驗室：夜間的超感知覺經驗》（蒙特・烏爾曼、史丹利・克里普納、亞倫・沃恩著）這本書，曾經提到如何才能導引入夢。但後來，我覺得他們做的研究不夠嚴謹。同時，我也發現，把想要導引的孵夢內容，由理性因子轉成情感性因子，就很容易誘夢了。只是這部分，在我看過的許多夢境研究或書籍都沒有提到，十分可惜。

昨晚，我就是在這樣「因緣俱足」的狀況下連上線，可見這樣的夢緣必須是情感性的，不是像實驗室那般以理性做重複性的刺激。

剛才想到，「洪啟嵩」應該跟我有緣。我雖然不曾見過他，但我看他的書都會有一種感應，不是用眼睛在看，而是心裡知道他在說什麼，而且他講的東西，就是我需要理解的東西。

這次聽到他的聲音在夢裡出現，覺得很奇特。

寫完後，我念了他的名字：「洪啟嵩」、「紅啟松」。我的本命是松，紅色是我的食神，我八字無火，所以缺紅。有了紅色，我就有了能量，這就是為何我適合使用桂枝湯或肉桂的原因。

（註：後來得知M得癌症是誤傳。）

二〇一二年五月十五日（二）—立夏

159 蟲I

有時，我會為這天底下發生的巧合，而讚嘆神性的存在。昨天看《不負如來不負卿》的最後一部分，鳩摩羅什在長安譯經時，住的王宮就叫「未央宮」（剛好跟這陣子要開始寫《慰央歌》拍攝企劃案有關）！

不知道是從什麼時候開始，我領悟到有些事情是必須要等待的，等待因緣俱足。最明顯的例子是，劉仙師曾跟我說過，很多計畫與想法的坦途，大約等到今年農曆七月十八日後，就會跳躍性的不同，在此之前要稍安勿躁。我當時心裡想，要等十一個月，不知有多麼漫長。但如今一眨眼，也快到了！

這次看了有關鳩摩羅什的穿越小說後，更加覺得這種特別的時間感很重要。而無巧不巧，我在工作上提出創造「劇場體驗的時間感」，也獲得老闆與大家的同感。

因為時間感與心流是在劇場內比較能看出來的正向情感效應，因為其他靈性或太形而上的感受，可能要回到生活面去體會。關於時間感與正負向刺激源，最有名的就是愛因斯坦為了解釋「相對論裡的時間相對概念」，舉了一個例子，跟美女坐在一起時覺得時間太短，坐在火爐旁則覺得時間太長。

原來我所汲汲探索的這種「穿越美學」，其中有一塊真的跟「時間感」有關。鳩摩羅什等待了艾晴十七年，他那時專心譯經，而艾晴等待鳩摩羅什的六年，卻是努力與生命關卡奮戰，並帶大他們的孩子。

《不負如來不負卿》是目前為止我看過最棒的小說。原以為只是單純的穿越愛情劇，但緊接著宗教、政治、歷史、天靈，加上世俗眼光所帶來的重重考驗，為我們還原了五代十六國的各種亂象。

鑑古觀今，今人也沒超脫多少。今人仍有今世無法擺脫的難關。

因為這部虛構小說，我內心居然開始對佛教的演變歷史及各宗派的演進產生莫大的興趣。如果沒有作者用這麼奇特的手法帶讀者去經歷這一切，可能「歷史是歷史」、「讀者還是讀者」，兩者之間產生不了化學變化。能夠寫出這種小說的人，感覺在古代就類似能寫出《西遊記》的人了。

穿越小說的「時間感」總讓人著迷，「時間」能解決任何的問題。

如果能夠「忘記」時間，那麼痛苦與悲傷都不算什麼？

如果能夠「越過」時間，未知就不再是一種迷惘，而轉變成一種接受？

最近，我也開始領悟了「等待」的智慧，就是誠實地記下當時的感受。最近翻看以前的筆記本，總覺得當時的筆觸很著急，為了一個問題而想破腦子，想了N種可能的路徑，但是一眨眼，時間過去了，我發現原本的問題解決了，而且好像是原本想的眾多解決方法中最簡單的那個。於是，我好像懵懵懂懂地知道了，每個人要完成的某些事，在冥冥中都已經有藍圖了。

我們所要做的，不是外求，而是不斷地每天擦拭自己的心問自己，這件事對於自己的意義為何？當意義在情感的底層或潛意識生成力量時，許多有形與無形的資源就會被召喚而來！

我想學中醫，想學電影，想孵夢，甚至於搬家清空的過程，好像都是這樣的歷程。之前擔心許多，但很快地意念一堅定，覺得時機到了，相關的人事物就一一出現。

昨晚，我終於看完了《不負如來不負卿》，有好多的感觸，應該會再找時間重看一遍，滿期待這部小說改編的穿越劇。另一個效應是，我忽然覺得等房子賣出後，想到大陸各省去走一走（至少要走上一年），曾經遊歷過世界各地，到如今卻發現對孕育自身文化的那塊土地，其實是又熟悉又陌生的。有機會去走走，或許真的會更有穿越的感受。

這次入睡時，還是聽著洪啟嵩的光碟。這兩天聽他的光碟，感覺好像都沒有在睡覺，但身體卻一直很放鬆，並有灌飽氣的感覺。氣飽足的另一個生理效應是，一點都不覺得餓，所以吃的東西也少，昨天甚至到晚上都沒吃東西，也沒什麼感覺。

但也有可能是因為我的意識停留在小說裡的五代十國亂世，那個到處民不聊生，因飢荒而人吃人的時代。我不禁想試試看，如果降低對食物的欲望，精神上會有何種變化？

這幾天，似乎又到了新的夢境地，是一個很像未來廟宇的訓練場所。我是協助訓練的人，而在訓練的過程中，有一位類似老師的人來查核。

好像有科技軟體介入，但看樣子不是我發展的，我似乎很想知道那軟體為人知與不為人知的功能。不過，我的心態不是一次就把所有的軟體都試出來，而是慢慢地用，但是那負責訓練的人似乎是希望我一有進展就要馬上稟告他。

這個夢與現世的關聯性，我還在找。

二〇一二年五月十七日（四）—立夏

160 蟲Ⅱ

在咖啡館的蟲洞，聽著某首音樂給我的觸動，寫著《慰央歌》的影片拍攝企劃案，窗外的時空好像成了我的電影想像情節的預放螢幕。汽車的行走與轉彎，都有了電影角度的詮釋。連每個腳步匆忙的行人，閃爍的紅綠燈倒數計時，混雜在人群中的流浪狗，還有那行動緩慢，偶爾蹲在天橋下陷入沉思的資源回收老人都是。

寫到心情悸動時，天也下了一場雨。這是天人感應嗎？抑或是，在這蟲洞的時空裡，許多事件不需要劇本，「等待」就是最好的劇本？

陽光再次露臉，我爬梳一下心情，到隔壁的書店買書，也找到一些佛學的書，還有一本老舍的《我如何寫小說》，卻意外看到跟自己同月同日生的老舍，在迫害下自沉於太平湖的慘劇。

昨晚已經看完小說，我想為接下來閱讀《金剛經》及大乘佛學等書籍預作準備。我很快地看了《帝王占星學》後，邊聽著洪啟嵩的夢瑜珈光碟，緩緩地跟著練習，身體也開始變鬆變靜，彷彿有股真氣正爬梳著每一個細胞。接著，第二階段的夢幻光明，讓我理解到點燃拙火的方式，即是把自己想像成一個鼓風爐，用肚臍去吸氣。我發現，可能因為自己常用耳燭做臍燭，不一會兒，果然拙火就被啟動，能量滿滿的。

能量充滿後，我又起身看了一本書，是郝明義寫的《一隻牡羊的金剛經筆記》，讀著讀著，居然發現洪啟嵩又在書裡面。他在郝明義的生命中為他提醒兩次，一是提醒他不要執著神通，另一是告訴他《金剛經》的〈精進波羅蜜〉，可以做為他事業精進的屠龍刀。

感覺十分神奇，雖然我沒見到洪啟嵩本尊，卻連不是看他的書時，也看到了他的見解。看來這萬有的意念是相通的，你所想要的答案與教誨，都在這宇宙咫尺間。

看完了郝明義的書後，我緩緩地繼續運氣入睡。

在夢中，我跟一群銷售員參加他們的年會，是在聖誕節的前夕。剛好我手邊也沒事，就跟過去看看。但到那邊後，就有一群女孩問我，為何我跟的這批銷售員都那麼俊俏。那些女孩要是沒說，我倒沒注意到這一點。但是，我也不清楚為什麼，因為也不是我派他們來的。況且，我從沒想過這些銷售員的外表，只覺得若要賣東西，外表乾乾淨淨的，似乎是天經地義的事。

在聖誕派對裡，我找個地方坐下來，有時我喜歡熱鬧中的一種孤獨。這時，有幾位女孩圍著我坐下來，想趁機認識那些年輕銷售員。我想，讓她們去吧，年輕女孩不就是這樣，追逐著外表姣好的翩逸之人，趁著年輕，想幹嘛就幹嘛。不過，我想起自己年輕時，對這些追逐一點興趣都沒有，越是俊俏卻濫情的花花公子，我越想找機會整這樣的人。

後來，我到了一間教室，不知道要上什麼課，也找不到我的椅子。好的椅子都被人拿走了，剩下都是破敗的，我便到隔壁教室拿了一把沒有靠背的椅子，聊勝於無。

這陣子，練完夢瑜加後，我的心十分平靜，也很喜歡享受獨處的時光。也有可能是現在開始在思考拍攝電影的事，整個人的心思投入其中，連飯菜也不想吃，好像精神上持續地吸了許多氣，就有足夠的存糧。每過幾天，就覺得自己雖然不致於變得清臞，但似乎是瘦了許多，這好像也是多年前開始練習創作時的身體狀態吧。

無論如何，我漸漸能與自己過去的意念對話，《金剛經》講的不就這個嗎？

二〇一二年五月十七日（四）－立夏

161 人

昨天上電影課時，老師討論到紀錄片與劇情片的不同，也開始檢討同學的影片拍攝大綱。但是，許多問題並不在大綱上，而是在到底要拍什麼題材的影片。

拍一部片不簡單，如果不是為了餬口或是工作上的報酬，就一定是這位導演想要完成的主題或故事。九把刀非常聰明，他知道第一個要拍的就是完成他曾經遺憾的事，而不是他小說中的那些虛構故事。

昨天看了一部老師學生拍的紀錄片《潛園》，一個近乎城市廢墟的地方。這部片拍得十分用心，但是我更好奇的是，這位學生為何要拍這部片，跟他的淵源是什麼？

一問之下，果然沒錯，「潛園」最早的主人姓林，跟這位學生算是隔好幾代的宗親。以前看過一部很棒的中醫正骨史詩小說《大國醫》，作者孟憲明也跟小說主角郭氏正骨同樣是洛陽人。

我一向喜歡看傳記，甚過於看小說，但每每看到非常精采而非平鋪直敘的傳記時，我就會好奇立傳者跟傳記主角的關係。像早期看過居禮夫人各種版本的傳記，還是最喜歡她小女兒幫她寫的傳記。如果不是親人，怎會知道居禮夫人從小帶著女兒在雪地裡做熱水比較快結冰的「彭巴效應」（Mpemba Effect）的機會教育？

卡夫卡的第一手傳記，也是他最要好的朋友在他離世之後寫的。看到這裡，我不禁在想，我有過那麼好的朋友，會讓我想為他立傳嗎？想著想著，想到傳承的事，或許我們中醫老師的思想是值得傳承下來的，而過去我們也盡全力保存他上課時的所有影像。

我隨手翻了淨空法師講《金剛經》，忽然想到淨空法師老早就利用網路及影像，來記錄自己對佛法的思想，至今已經有好幾百部。有了這第一手的資料後，後來的有心人自然會去蒐集與查詢相關資料，那麼現代人還需要寫傳記嗎？

不過，現代人的資訊與傳播方式太發達了，一有什麼動靜，像是賈伯斯、林書豪，馬上就有出版商看準商機，立刻出版相關人士的傳記。接下來，所謂的歷史學家或傳記學家應該都會消失了吧。

有關名人，或是對這世界有影響力的人，早就有一堆人等著排隊幫忙立傳。不過，那些對自己有很深的影響，卻不見得立名於世的人，要為他們寫傳記或許跟拍紀錄片一樣，要有很大的動機。如果真要幫人寫傳記，我到底要寫誰的傳記？每個人身上都有這麼多的故事，跟自己的關聯又是如何？

看了淨空法師的書後，我作了個很長很長的夢。

夢中，我在一個小型研討會外面，要去見C教授，跟他討論發表的論文（跟物質的結構有關），卻聽到有份研討會學報出爐，寫著「感冒花八十元居然會死人」的消息。裡面沒寫怎麼死的，但夢中聽說是自費打疫苗死的，而且死者還是我認識的、C教授實驗室裡的人。我想再找人確認，卻聽說另一位著名的教授被抓去關，已經被判死刑了。

我當場見過這位教授，是我不認識的，但他的眼神很沉靜。沒多久，他就被保釋到廟裡去了。我的夢中場景也跟著過去。當我們正在討論這位教授目前的處境時，出現了他在旁邊賣蔥燒包的景象。

我跟幾位朋友也向他買了一些，但跟著我們的一位女子，神色慌張，買了包子之後卻沒拿好，讓包子整個掉落。這時，我明白了，這位女子從以前就喜歡這位教授，在他出事後，她千里迢迢過來探望他，想看是否有機會救他，就是死也要死在一起。

這女子的願望似乎被這位教授聽到了。她被帶進廟裡的一間撞球室，穿上有點像和服的新款撞球衣。大概是這位教授安排的，要在他死之前完成這女子的心願，簡單舉辦個儀式。

夢中雖然沒說明他們倆最後是怎麼死的，但總感覺兩人在走向人生的最後一段路上是在一起的。這樣看似悲劇的結果，其實是幸福的。寫遍人生百態的老舍應該會同意這點。

醒來後，我覺得奇怪，為何會作這樣栩栩如生的怪夢。現在想想，該不會是要為穿越時空去見老舍先生吧？資料上說，他是在太平湖自沉的，會不會太平湖旁剛好有一間廟。

但是我忽然想到，如果自己要穿越，不一定要出自自己的任何目的，倒是可以去看看古代人有沒有一些遺憾的地方，利用一些現代思維幫助他們完成心願。在這個夢中，似乎是我幫這女子來到這位教授最後待的廟裡，完成了她的心願。

162 火Ⅱ

最近在晚間練拙火瑜珈，有段練習是這樣的，要先把臍下的拙火點著，接著如同火爐原理一樣，若要持續穩定的燃燒，必須有氣從爐外引入火中。沒想到這般練習，居然產生一種類似胎息法（以下丹田為中心的內呼吸）的採氣過程，其強度比平時用意念導引採氣的方式效率更高。這不禁讓我思考，似乎是這個「點拙火過程」先喚起一種有形的能量模式，接著就可以導引一種無形的能量。

關於這點，我實在很佩服一些導引法的思想，因為大部分人是「以有形役無形」，先有有形的能量出現後，才能想像出接下來的無形。可以說，大部分人都是被「有形」所役使。許多的有形法，在佛法中也稱為方便法門，可以在初學時運用，入門後就可以捨棄。

但是，在知道無形的精神力量大於有形的能量時，就可以超脫，並產生「以無形御有形」的逆轉方式。

想通這個道理之後，就知道為何現代人要追求財富，但追求到財富後卻仍然無法滿足。如果說「財富」是有形的能量，想以此種方式想達到無形的安全感，就會落於「以有形役無形」的局面。

真正的追求財富，應該是要思索「以無形御有形」的方式，如此一來，才能化「役使」為「駕御」，仔細看看真正有錢又令人尊重的人，背後應該是這樣的法則所致（吸引力法則講的正是這點）。

剛才無意中看到愛因斯坦曾說過一段話：「沒有宗教的科學是跛子，沒有科學的宗教是瞎子。宗教的宗旨，就是要向沒有這種感覺的人說明，而藝術與科學最重要的任務就是喚醒這種感覺，並在能接受它的人們中生生不息……」

這段話頗能與我目前的想法共鳴，科學如果只安於現況，無法向更奧祕玄妙的宇宙繼續探索的話，那麼科學也就跟死亡沒什麼兩樣。

不過，我在此說明，沒有哪種方式比較好，每個人的階段不同，適合的方式也不同。例如，我母親為了讓我父親的靈骨塔可以永遠擺在某間廟，就會定期捐獻供養，以確保這間廟不會倒。這就說明了「以無形御有形」的方式真的很高明。古代帝王以尊儒教或是佛教，來達到教化人心、穩固王位的目的，似乎也是走這個模式。

二〇一二年五月十九日（四）—立夏

163 腳

昨晚繼續看《金剛經》，越看越饒富情致，把我人生的尺度整個拉大，視野也跟著變宏觀了。另外，也讓我思忖著，要把身邊跟自己的意念有關聯的人物詳實記錄下來。雖然不求在歷史上留下什麼，但這是此生遭遇的過程，也想感激身旁人陪我一起走過。

過後思量倍有情，不就是如此嗎？人是有情感的靈體，背後的因緣都是由情感所主導。昨天再次仔細看了《金剛經》，了解大乘佛法就是因為佛比眾人更多情，才願意脫離個人修行的小乘，以天下為重，因此，大乘佛法關切世人，比關心神通修練更為甚者。

讀著鳩摩羅什的文句，我開始有很多的情感觸動，也想起白天在中醫講座上，跟阿潘產生一個觀點上的歧異。

雖然昨天來聽課的學生是最多的，他也講得很起勁，卻是我最「不滿意」的一次。他用物理濃度及滲透來解釋泡腳後皮膚會皺的原理，把中醫「氣」的概念完全忽略，還爭論用「氣」來講會太複雜抽象。我心想，如果要教這些不正確的理論，還需要他來講嗎？

人體與外物的互動，絕不能從物質的觀點來看，要從氣的觀念來講。如果真的是從濃度高到濃度低，那麼過去中醫所講究的「同氣相求」的觀念都還給老祖宗了，還談什麼把中醫的真正精髓推廣傳播出去。傳播錯的思維，不如不要傳播。

我會如此堅持這個立場，正是多年來探索的心得。猶記幾年前，我跟能量醫學的李德初醫師談到，如果是將死之人，是否量得到他的經絡能量？李醫師跟德國來的醫師特別跟我分享，他們曾量過將死病人的經絡，發現都無法量到。如果說，只是純粹量皮膚電阻，那麼皮膚的電離物質還在，為何會量不到了？

其實，我研究腦波共振那麼久，知道這是生命能，也就是氣的運作，會協同人體的複雜機制進行調整。過去也有離子通道的微觀解釋，來解釋人體可以自動調節對外物的吸收或是排放，是個相當有智慧的機制，絕對不是潘老師用濃度高跑到濃度低的方式，來呼攏人體的奧妙結構。

因為昨天的這場爭辯，不禁讓我感嘆，難怪目前的醫學會遇到許多瓶頸與錯誤認知，不管是西醫或中醫，都有「不求甚解」及「妄自菲薄」的假權威。

即使是貴為中國醫藥學院副院長，或是曾參加兩岸中醫座談。在談到中醫基礎學理的研究探討時，許多投入多年的專家，無不戰戰兢兢地思索及討論，深怕誤解中醫的真正道理。

夜深了，再次讀《金剛經》，想起「覺有情」與「善護念」，也想起過去看《金剛經》，看到前半部就丟開說：「我知道了，佛就是空。」如今再次讀起來，卻覺得佛是多情，但卻不住相，因不住而空呀！

夜間下了非常大的雨，大到山上好似快山洪爆發了。我躺在床上，與自己的無名恐懼共處，山上的雞更是狂亂地叫著，不曉得有什麼事要發生。直到天亮。原本想孵些跟《金剛經》感應的夢，卻覺得我好像在腦中把《金剛經》默念了很多遍。

夢中，有一群科學家在討論一款「救難型飛碟太空船」的事。我被任命要負責計算元素Cu的比例。夢中出現很精細的數字，我很快就倒背如流，也在驗算相關參數的物理意義。

醒來時，我在想，為何要用Cu元素呢？為何不用「金剛石」（金剛經）呢？

晚上，大寶也丟了幾句話。他一直不懂，如果是命定的功課，為何會遭遇那麼多困難？我把這個問題丟到臉書上，讓大家來集思廣益。

我：我知道基督教的說法是，關於靈性黑暗的轉換。不過我個人是覺得，好與壞、困難跟喜樂，是陰中有陽，陽中有陰。困難的出現，是要你檢討方向，或代表可能要轉變策略與途徑。

乙：天將降大任於斯人也，能力越強責任越重，就像蜘蛛人一樣。

我：還是說，是因為「不相信」是命定的功課，所以才會困難重重。有時，相信老天爺會「分工明確」而盡力去做，就不會覺得這是困難了。另外還有一種，可能是目前能量太低，需要先休息。當能量大於負擔，就不覺得是困難，若能量低於負擔就會覺得是困難。我發現，我常常是遇到困難就 Give up（Give UP，交辦給上面處理）。有時，老天爺就會派臉書的朋友來解決。老天爺真是厲害，剛才貼完後看《金剛經》，就看到：「行人所不能行，忍人所不能忍，就是行菩薩道。」

丙：上頭在檢驗此人是否足以擔此重任。

乙：這讓我想到錄像藝術之父白南準有件作品《電視佛陀》（http://mingkok.buddhistdoor.com/cht/news/d/915）

我：我覺得祂不是在檢驗耶，因為我有困難都丟給祂，如果是檢驗，祂早讓我 game over 了！

丙：據我所知，真的不行，祂還是會離開。

我：《電視佛陀》跟雍正講拜佛是拜自己，意境一樣耶。在自己身上的，為何會離開？是假象吧！

丙：如果祂肯跟你對話，你就知道了。

我：所以關鍵是先產生對話！跟兩岸關係一樣。

丙：如果祂沒有得到授權，也不會跟你對話。

我：哈，原來如此，如果是命定的功課，為何會遭遇那麼多困難？答案是，你要跟「祂」對話！而大多人都只是被困難給陷住，沒有去對話。原來是要跟「祂」對話喔，不是跟別人，也不是跟算命師。因為我常常沒事就跟「祂」哈啦，所以才不會覺得是困難。對話本身就是一種「宗教情懷」！

丙：會對話的本靈很少。

我：請問大大，就您所知，要如何得到「授權碼」？是本靈的問題，還是人的問題？

丙：這是上頭決定的。我也沒辦法跟你講太多，反正心存正念就好，不用想太多。

乙：迦達默爾的對話詮釋學，哈伯馬斯的溝通行動理論，技術理性追求的是客關知識的「真」，而實踐理性追求的是「善」。

我：感謝各位大大！答案已經呼之欲出了！

這些三人對話，讓我忽然想到未來佛彌勒佛，而更新自己一些知識。結果發現昨晚夢中的祕密。

「這是世界上第一個石刻坐佛像，還有最大的銅製彌勒佛。」一看到這裡，Cu元素之夢的謎底似乎揭曉了。這個樂山大佛，我曾在夢境遊歷過，醒來後查資料，才知道真有此地。當時我正在構思一部中醫小說，男主角叫「李樂活」，後來才想到音接近「彌勒佛」。（註：二〇一五年九月，我果然如願去探訪日夜思念的樂山大佛，被那位為了建造大佛來保佑渡江者，甚至不惜犧牲眼珠的海通法師給感動了。）

164 火 III

昨天回到山下的家時，已經十點多了。在山上睡得不是很穩，練習拙火瑜珈時，就發現「火」點不起來的狀況。回到山下的家後，繼續看拙火瑜珈的書，提到要點著拙火是需要修練的。有些高僧會透過點燃三昧火來達到涅槃，看得我十分羨慕。在外人看來，這種方式好像很恐怖，但這種由內在引動的真火，與外部燃燒的火，的確有所不同。

看了幾頁後，我決定要把握時間來練習。畢竟親身體驗與理論描述是相輔相成。初步，我發現拙火的點燃必須要身體與心理狀況良好，特別是要心情平靜及身體放鬆。忽然間，我感覺點燃體內的無形拙火，與點燃外界的火很類似，只不過是把外在的動作，改成內在的意念啟動即可。

進入夢境後，總共有三幕清晰的過程。第一幕，我跟一群人在準備辦宴會，奇怪的是我們準備了很多的生菜，多到蓋滿整個大盤子。

第二幕是遇到HJ，她使用一種奇特的3D軟體，可產生特別的墨型3D物件，似乎可以重建古代物件的種種。我央求HJ教我這套軟體，她說，我要先參加一種訓練課程才行。我轉頭一看，發現已經有許多人在參加這項訓練。

第三幕出現很短，我看到W跟一群人在冰宮溜冰馬拉松。明明她已經沒力氣了，卻還是使用意志力在溜冰。

三幕彼此間似乎沒關聯，但都跟現實生活有關。

二〇一二年五月十九日（四）—立夏

165 火Ⅳ

中午出去洗頭時，我一直想著，為何現在身體與意識開始想要專注在拙火練習上，該不會是拙火能否啟動，是當晚能否作「清明夢」的開關。因此，透過拙火的預先準備，才能確保清明夢。這讓我想到，過去我一直在研究「清明夢」產生時的腦波及生理訊號特徵，雖然知道舒曼波共振跟清明夢是有關聯的，卻一直沒有把兩者正式連結一起。我也知道有陣子我做舒曼波實驗比較勤快時，那陣子的清明夢就比較頻繁。

若是「舒曼波床」等於「清明夢床」，或許可以查詢「拙火」啟動時的腦波特徵來對比。那麼古代人修夢瑜珈時，為何拙火也很重要，就有一連貫的關聯性了。

之前，我同時做舒曼波、腦波直覺、清明夢的研究，沒想到最後都是合在一起的。包括現在又做「正向情感」，看來深層情感意識是誘發行為的動力根源（也是一種拙火）。

我在網路上找到絕版書《拙火經驗》（Lee Sannella著），書中提到關於拙火的班托夫模型，滿值得參考。特別是最後，書中也建議發展生物回饋系統，以幫助靜坐者達到共振狀態。

仔細思考，原來的腦波燈只具偵測作用，但未來應該做腦波拙火瑜珈燈，讓人可以產生自發功的自我拙火療癒，這樣才有龐大的市場商機。

二〇一二年五月二十二日（二）—立夏

166 火V

現在，我決定下班後不再帶電腦回去，讓整個晚上成為隨性的「離電」時間。到咖啡館悠閒地看一些旅遊雜誌神遊一番，看到了故鄉柴山獼猴的報導，覺得十分新奇。但最讓我印象深刻的是，柴山原本是在海底，因此有非常豐富的地理景觀。

記得父親生前最愛去爬柴山，我幾次都曾經動過念頭要陪他去一趟，但終究是毀約了。旅遊手冊還介紹到泰國，也是父親最愛去的地方，而我至今也未曾去過。現在想想，至今世界上還有很多地方，不管是最近的還是最遠的，我都還未曾去過。

那麼，有關夢中遊歷的記憶呢？最遠的與最近的記憶，都經歷過了嗎？

不知是否因為高雄柴山的刺激（有種一群猴子在山中修練的意象），晚上看完一本《少林禪醫談養生》的書後，直覺自己應該有一世就是僧醫吧。最近，不知是否因日環蝕，還是練拙火瑜珈的關係，很常作「夢中夢」，而且是在夢中寫日記的夢中夢。

這次是來到一個廣場，我似乎是在等巴士時遇到一位男孩。我記起他是國小時隔壁班的班長，當時很木訥卻樸趣的他，常常被他們班上男同學，把他跟我送作堆。夢中出現的影像，還是國小五、六年級時的樣子，可見是回到了國小時光。在夢中的我，坐在巴士站思索著，為何國小時光很少出現在夢境裡？國小算是我滿快樂及野蠻的一段時光。而且，人們常說在網路或是臉書上可以找到以前的朋友，但我就是很少找到以前認識的朋友。不知他們是否人間蒸發了？

接著我又遇見D，以前夢見D時，總是很恐怖的被質問的過程，但是如今夢見D卻是雲淡風輕，彷彿是想見見老朋友那樣，居然還有點思念。在夢中，我突發奇想，想找電腦直接寫孵夢記，但是寫到一半，又發現自己其實是在作夢，但這一次沒有跳出夢中夢，反而繼續在夢中看看，回到了國中的校園，那裡記錄了一些青春的故事。隱約中，我也有跟那位隔壁班長和D聊一聊，像是好久不見的老友般，而過去的情感糾葛似乎都不見了。

最近在思考「人形印拓」的概念，拓印技術是古代複製真品的一種手法，而用來拓印的拓片，反而給人一種拙樸的感覺。是因為無法真正擁有那件物品，所以靠著「拓印」來產生一種意念上的擁有。那麼我們的潛意識，是否也無時無刻地進行「人形拓印」的記憶來比對新認識的朋友，不然怎會時常覺得有些新朋友好像似曾相識。

二〇一二年五月二十二日（二）—立夏

167 網

今天早上醒來後，發生了兩件事。一件是原本上班時習慣走的路被卡車擋住，我就繞道走另外一條路。突然想到，人生何嘗不是如此呢？我們會停下來對卡車大罵嗎？第二件，是開車時忽然發現視力變好了。可見近期的修練把肝腎氣提升上來，視力就會變佳，這跟傳統認識近視的原因無關。

視力變佳或變差，絕非跟看書多寡相關。況且我每天看的書或資料量沒有變少，昨晚睡前還看了兩本小說，一本是跟乾隆有關的《挑燈看清朝》，另一本則是跟唐朝有關的。

跟唐朝有關的這本小說比較令我驚訝，作者重新詮釋了唐朝的政治，每一個關鍵都跟男女情愛有關，不管是後宮爭帝寵，或是皇帝為了搶女人而去殺人。好像唐朝是徹底實現佛洛伊德理論的王朝。

一直想穿越到唐朝，可能是想見見豪放詩人李白。但是看到小說描寫的局面後，我已不太想穿越了。目前，我還不想看有關皇帝的穿越小說，大概是看到小說裡把這些皇帝們都寫得有點小鼻子小眼睛的，讓人倒盡胃口，不如來看看比較有智慧的治國人物，昨天我就看了清朝劉墉與唐朝狄仁傑的故事。

沒想到，昨天的夢跟唐朝那些事有關，而且冗長到可以寫一篇小說了。

夢中，我參加一個聯誼班的課程，他們在上一種新的網站軟體。我原本以為那是看股市盤勢的軟體，看到一些線上即時回應的變化。但沒多久就聽到一個女子有點歇斯底里地說：「那男人是個騙子……」

我湊過去看一看，原來這個軟體是一種新型的交友速配網路軟體，而且可以馬上看出目前在裡面的男女關係，最有趣的是，常常可以發現一個男人連上好幾個女人，或是某位女人連上好幾位男人。而這些連線是動態的，會突然斷線、岔開等等，而曾存在的人際關聯線，如今都可以看出來。

我心想，這有點像月下老人牽姻緣線時要查看的盤吧！現在居然可以在網路上查到動態。那麼，是誰可以參加呢？她們告訴我，任何人都可以參加。我還一度興起要登錄個帳號來玩玩的念頭。

後來，我利用「夢境回溯前情提要機」，把方才教室裡發生的事重播一遍，才了解那位女子歇斯底里的原因。這網路軟體上已經連結了各種交錯盤雜的線，其複雜真的不輸給唐朝的內況。而加入這網路軟體，就是要坦然接受每種能量連線的自然流動。

透過夢境回溯機裡，我看到許多男女配對成功後便離開教室，最後只留下兩位。這兩位沒有連線成功的，但事實上他們都有送出連線，卻不成功，為何呢？原來，這兩位都是「男」的，而這網路軟體的程式碼卻沒有設定這種連線方式。當這種連線沒有被顯示在網路上，而又吸引那位女生送出連線時，無怪乎那位女人會大喊騙人了。

原來如此，我收起了「夢境回溯前情提要機」，心想再怎麼完善的程式，也無法涵蓋所有人類的心思。我不禁也想到昨晚看到洪蘭寫的那篇《幸福的方式》。

我在這夢裡琢磨好久，也知道自己掉到這個夢中夢，像個偵探在了解這夢裡的人際關係。但不久後，我跳開這個夢，到另一個跳舞社團去排演。我穿著一身全黑的緊身衣裙，跟一群舞者在排練。等會兒，就要開始表演了，我希望能盡情地跳舞。方才那個夢裡網站的事，似乎也跟我無關了。

二〇一二年五月二十五日（三）—立夏

168 龍葵

這星期到山上時，又有一些新鮮事了，據說六月中，鄰居Steven又要再辦一場「外國人的音樂派對」。但這次不一樣的是，打算在新蓋好的室外咖啡屋平台搭建舞台，草地上就會有更大的空間，甚至可以直接躺在草地上欣賞音樂。看來外國人真的很喜歡這裡。

今天看到小何先生跟其他人還在趕工，我剛好煮了一壺「桂枝甘草茶」，便請他們喝了一些。這種天氣不喝點這種茶，還真容易昏悶欲睡呢。

小何老婆也煮了一大鍋的龍葵（黑甜仔菜）稀飯，招呼中醫講座的同學一起吃。她跟我說，這稀飯在南部（屏東）還有店在賣。她特別跟這位開店的朋友學習怎麼煮，強調要摘取未開花結果的嫩葉下去煮。龍葵在北部只會在四、五月後開花，所以基本上一年裡只有這個季節吃得到。南部因為氣候較熱，基本上四季都可以吃到。

上中醫課的中場休息時，大家都吃了一碗，裡面有臘肉、蝦米等配料，味道真是香甜。剛好這次的中醫講座就是跟飲食有關。而正確的飲食觀就是道法自然，吃當季的食物是最養生的。龍葵本身屬性偏寒，也只有在這樣的熱天吃起來，才有清熱的暢快感。

明天早上要來神農嚐百草，到野地摘龍葵果實吃。

今天看到山上種的木瓜，好像已經有花苞了，是我生平第一次看過「木瓜花」。

昨天的夢十分特別，我跟一群人來到一間類似教堂的建築物。我似乎是導遊，因為接下來有一批教徒要進來，我請現場參觀的人要注意禮貌，不要影響別人。但這批教徒一進來，就要求大家要跟著他們唸一段聖經的經文，而且是有點半強迫的。有些參觀者假裝不舒服，直接昏倒躺在椅子上。輪到我時，我很有禮貌地回應他們：「我沒有在看《聖經》，所以無法唸，我平常是看佛經的。」接著，我很識相地離開教堂，到外面的長廊去。

到了長廊，我遇到兩位男子，一位比較老，另一位比較年輕。這位老者似乎是個聖甲蟲的藝術家，介紹我一種奇特的聖甲蟲，並要我試著畫出來，但我卻捏了一個聖甲蟲黏土。在揣摩聖甲蟲的造型時，那位年輕使者的臉部一直挨著我，看我捏塑這隻聖甲蟲。

沒多久，我忽然開了竅，在聖甲蟲前面加根鼻子，果然那位老使者就點點頭同意了。我得到的獎賞就是遇到父親，父親還端了一碗滷肉飯給我吃，我覺得那是世間極品美味。

到目前為止，我還沒想到與聖甲蟲有關的白天事蹟。不過，上中醫講座時，有提到五穀最為滋養，只要吃飯（五穀）就可以做到最低限度的養生，所以吃滷肉飯或是白飯配醬菜，就足以養人胃氣，其他都只是輔助的，完全顛覆現代人吃飯時要有幾菜一湯的習慣。

《黃帝內經》說：「形不足者，溫之以氣；精不足者，補之以味」，「五穀為養，五果為助，五畜為益，五菜為充，氣味合而服之以補精益氣。」

二〇一二年五月二十五日（三）—小滿

169 六角英

前晚半夜，安哥突然腎結石發作，痛到不行。但他也不叫人起來，就自個兒爬到山下去找六角英吃。醒來時，他跟阿布吉在那邊生死相許的過程，實在令人又氣又好笑。

六角英植株裡頭很可能有六角結晶水（其結合角在一〇三度，參考後註），可以化掉結石裡頭的結晶水，讓結石崩成粉末，收釜底抽薪之效，跟一般酸鹼中和的原理差異相當大，所以效果神速。有腎臟結石的人，只要馬上含生品，就可以止痛，我周圍的親朋好友及寵物都驗證過。六角英在一般草藥店叫「狗肝草」，賣的是乾品，但是我們因為隨時要急用，都會注意住家附近是否有生品，生者力猛。

（註：日本的IHM總和研究所（國際波動之友社）利用波動測定技術進行水質研究。該水機濾出的水質在攝氏負二十五度上下兩度的情況下，冷凍四小時後，用顯微兩百倍在攝氏負五度上下兩度下，所觀察出的結晶圖為美麗的六角結晶，故稱為六角水。）

昨晚的夢中，我好像去參加研討會，又感覺像是回去租屋的地方，好像看到許多出租的房間，先

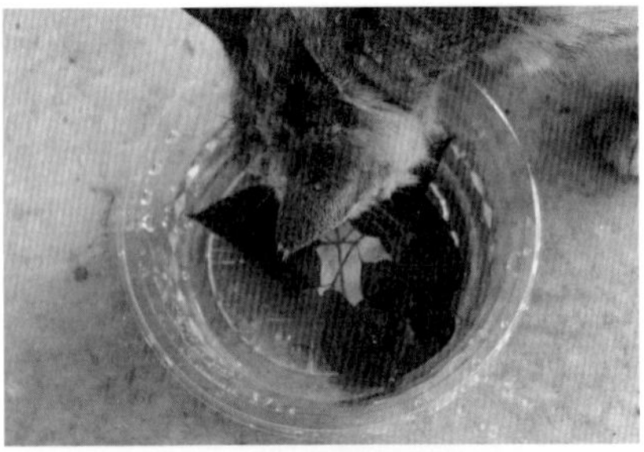

▶山上熱翻了，大人吃銀花龜苓膏，給兔子吃咸豐草，貓咪則泡六角英水給牠們喝。鮮採六角英泡水，還真漂亮！

是看到很樸素的，後來又看到簡潔大方的。後來，模模糊糊地可以看到Y。

今天早上，大概是下雨的關係，就失去了對時間的掌握度。醒來後，以為很晚了，結果時間還早。而且，可能因為下雨的關係，覺得身體很重，把身體吹熱後，感覺就好多了。

小時候，只要把功課做完，就可以看自己喜歡的小說或漫畫，後來有課業上的壓力後，轉變成天天都泡在論文及專業知識的左腦思維中。那時，曾想過是否有朝一日，可以回到工作時工作，休息時閱讀想看的書的時光。如今，拿到學位都已經十幾年了，卻被那種工作的慣性給制約，覺得整天「不工作」就好像是種罪惡，是種不精進、不努力。後來想想，當年拚命要縮短這些世俗認定的求學時間，不就是要早點讓自己過這種「隨心所欲」的生活嗎？

去年，我做了好多計畫，假日都還要加班做事。今年起，我決定把工作量減少一半，並加快效率，也決定平常上班日的晚上是「離電」時間，要好好沉浸在想看的書與放空思考上。

另外就是，不求不幫。工作上的事，別人沒求你，就別太雞婆；也不需要沒事就分享，大家不見得都認同你的分享。

二〇一二年五月二十九日（三）—小滿

170 委中穴I

昨晚洗頭時看八卦雜誌，看到王建民的緋聞，媒體詳細報導，充滿了劇情張力。但我覺得，哪個男人不犯錯，能忍就留下，不想忍就要一筆錢一走了之，如此簡單而已。之後，我照常看我的佛書、找彈鋼琴的學習影片，比較感動的是一位韓國小女孩從出生就眼盲，也被親生父生母拋棄，為此還跟著她一起掉淚。

照理說，夢應該跟鋼琴有關，或是跟盲眼女孩有關，卻不是這樣的。

夢裡，我變成了八卦緋聞裡的受害者。但是，我沒有像王妻那樣是最後一個知道，反而是我手上有一種GPS定位器，一鎖定那個「良人」後，便可以知道那良人的所有行蹤。我看到夢中的良人先去一個老相好那邊約會，接著去賭場賭博，還輸了五千美元。

一旦使用這種「良人追蹤器」後，可以比八卦雜誌更快掌握最新動態。在夢中，我還滿盡情地演出，包括憤怒、破口大罵，對方還狡辯不承認，直到我拿出這款「良人追蹤器」後，才終於塵埃落定。

醒來後，我覺得莫名其妙，夢中的性格跟自己不太相同，我應該是「淡定」型的。我在想，昨晚感覺左邊有點痠痛，不知是否肝火太大了。

還有，昨天我一直在看與賭博有關的論文，看到壓力很大。不知是否跟夢中的「賭博」元素有關。

上班時，邊工作邊針刺委中穴，來釋放一下夢中憤怒的情緒。

二〇一二年五月三十一日（四）—小滿

171 右髮旋

星期五下午有一組想投資的人士，要來看舒曼波床組。於是，這幾天，我跟無尾熊兩人在收拾並做準備工作，把整個床組重新調到一個新的風水位置，我還捲起衣袖把地板掃了一下。我想，這真是個好兆頭，還沒到六月一日就有人主動聯繫，而且聽說是看過《生物電磁波揭密：場導發現》（姜堪政、袁心洲著）這本書後，聽鍾傑教授介紹而來的張先生。我們連打掃起來都很帶勁，頗有一番新氣象的感覺。

好久沒有親自下去躺了。下午做實驗，躺了約三十分鐘的舒曼波，進入到一種熟悉的、知道自己在此的出神狀態，過後就精神飽滿，且身體又再度出現漂浮的感覺。

晚上，我看到一本雜誌介紹《廚房裡的人類學家》（莊祖宜著），作者捨嚴肅的人類學博士課程，轉行當廚師。我看了一下，發現作者的髮旋是逆時針（我猜跟右腦主導有關），所以特別買來看看。我其實有人類收集狂，像是收集髮旋逆時針的人，想知道他（她）們是否較擅長右腦型思考。這星期日，有一群水瓶座要去拜訪一個水瓶座朋友，我想到可以再找另一個水瓶座的朋友一起去，這樣就有四個水瓶座的人了。我參加過的奇怪課程裡，遇到最多水瓶座的一次就是「藍道瑪音樂」，多到讓我嚇一跳。但是那一次也讓我有家的感覺，因為有人比我還不切實際。

晚餐後，我跟無尾熊談到後續的業務。我在想，如果真的要先做八台舒曼波床去做臨床體驗，到底要開價多少？之前的夢中，只出現臨床會先做八台，沒夢到開價。

後來，我看到一段盛噶仁波切的話：「你執著，三毒即毒；你自在，三毒便是虛幻。」在睡前讀到這句話，果然讓人開竅，不愧是活佛的體悟。在逐漸入睡前練拙火瑜珈，感覺這一次身體有比較明顯的飄浮感。

入夢後，我跟一群學生在討論兩款電路板，一款是穩壓的電路板（Stable用），另一款是機器載具（Support用）。我記得很清楚，電路板裡有個IC編號是「七四一八」。這套電路板一共買了兩套，付了兩百元。我似乎是在拿到IC編號後，就覺得大功告成。接著，我跟一群人在一棟大樓，忽然間，有兩架飛機出現，我原本以為它們只是經過，不料有一架飛機居然朝大樓這邊飛來，像是故意要撞上大樓。接著，玻璃窗破掉，我要往另一個方向跑，接著，我整個人騰空，好像要下墜，卻有股浮力撐著我的身體，讓我緩慢地降落。這時，我抬頭看那棟大樓（還滿高的……），整棟正熊熊燃燒著。我趕緊在地面上尋找失聯的家人。這時，一群人也在等著另一架飛機接送，在等待期間，我緩慢地醒來了。

入睡前，身體沒有任何不適，還進入到輕微漂浮的狀態，夢中影像卻清晰無比。至於是否真有飛機失事等災難，只好這幾天觀察了。一早醒來，七點四十四分，我趕緊把夢境裡的幾個關鍵字及數字記下來。

二〇一二年六月一日（五）—小滿

172 漂流木Ⅱ

剛才，詠運給我看他的剪接作品，我覺得非常有創意，好像也激起我要動起來創作的心。看樣子，我不是缺少老師或是啟發，而是缺少「知己」的創作同好。我知道，進行創作時，猶如投到大海裡的漂流木，沒有人知道你正在練習游泳，只有自己知道自己正在使用很爛的泳技載浮載沉。不過，我還是把這段感受記下來，做為以後陷入同樣情緒時的借鏡。

昨天上完電影課後，我跟安哥聊到最近似乎陷入創作冷感的情況，不曉得是因為佛書看太多，心情變淡定，覺得人間世俗的創作好像引不起我的興趣。於是，我好像開始懷念那個腦袋「邪惡一籮筐」的我了。我給他看我為了拍《慰央歌》而做的暖身片——《皇朝再現》。我說，我在剪完《皇朝再現》後，找到了自己的影片風格。他說，他看得出我想要表達的，這在他們電影系來說是一種「實驗電影」。不過他也丟下一句話說，沒有人可以「教」我了。我現在需要的不是老師，是需要「啟發」！

他給我的評語是：「我太懶了！」有很多部分還需要加入一些影像元素來豐富意涵。我問他，那他可以看出我要表達什麼嗎？他說，當然可以，要表達的就是影片前的那一句話：「過去與現代之間到底有沒有一個甬道？」前後的影像都呼應了這個提問，而且看得出來這種表現方式是實驗性很強的。

太好了，我還滿高興聽到他說我懶的，而非說他看不懂。果然是電影專業出身的，滿能夠精準說出我目前的創作狀態。

當年我們一群自稱「太極家族」的好友在KK的台北新家聚會。KK當時跟一些導演認識，後來還把房間租給一個拍MTV的導演，我們得以就近看到導演的工作及忙碌狀況。後來，我們抽空跑到KK家的頂樓，望著新店溪的星空與夜景，那時我剛拿了小說《慰央歌》給安哥看，我們一起討論電影，當時心中就想著，或許有一天，我真的會把《慰央歌》拍成電影。

好像必須把自己抛到一種感性的、非淡定的情緒，才會想要為了紓壓或抒情，而有創作的力量。如果內心的黑暗勢力完全被妥協掉或平衡掉，好像就沒有創作的必要。我想，原來南懷瑾不鼓勵人太早去唸佛，就是這個原因。

不過，晚上我再次平靜地聽了自己原本想放到《慰央歌》結尾的音樂〈*White Dove*〉時，眼前忽然有畫面。我也逐漸回憶起，在創作的過程中，整個人是被音樂帶入到一種沒有是非評斷或好壞的境界，是一種回憶的召喚。這跟目前以工作或是功利為導向的創作過程是不一樣的。

我想起以前在寫詩時，會把一首很喜歡聽的音樂，重複播放到天亮，然後一連播上好幾天或是好幾星期，一直到我忽然懂得那音樂要告訴我的是什麼故事為止，如此下筆，就好像詩早已在胸膛了。

最近，我剛好在閱讀劇場體驗的模型，關於抽離反思式體驗（Reflection）與沉浸式體驗（Immersion）。如果創作者自己都在一種抽離（Reflection）的狀態，要如何進入到創作狀態？

昨晚，我很早就睡了。夢境的場景是昏暗的，好像聽到有一組人馬要暗殺雍正。這時，我沒看到雍正在哪裡，但是有看到一名女子抱著一個嬰兒（會不會那嬰兒是雍正？）我好像跟一群人在做實驗，卻被另一個人叫去說W在找我。我過去問了W，她告訴我，有些東西還沒驗收。

但是，我被派去載一群人到高雄，一共四個

人。我必須載他們經過文化中心到另一邊去。天空依然昏暗，我開的車搖搖晃晃，好像快要解體了。最後，我知道又要載他們回新竹，心中有萬般不願意，後來就醒來了。醒來時，好像有個畫面是看到一名女子抱著嬰兒到了安全地，開始餵奶。

寫完後，我發現原來創作就如同照顧夢中的那個嬰兒，在危險與安全時都要哺孕。

二〇一二年六月二日（六）— 小滿

173 漂流木 III

有時，一忙起來就懶得記夢了，但是好像有個動力會慢慢引導我，告訴我記下夢還是有意義的。今晚，我就躺在床上看《夢瑜伽與自然光的修習》（南開諾布仁波切著），複習夢瑜珈，談到夢跟創作者的關聯，好像又把自己拉回到創作者的身分。我邊看，就邊覺得自己應該要把今早夢到藍〇龍和一些水上魔術的夢給記下來。正有這念頭時，老媽打電話說想到北部來玩，聽說六福村在龍潭有個新的水上樂園（其實是關西，她卻說成龍潭）。

我一聽到「龍」潭，先想到最近研究八字很勤，「龍」屬辰，正是我的財，繼而想，今早不就夢見「藍〇龍」嗎？我還在納悶自己跟藍〇龍又不熟，他那種酷樣也不是我欣賞的，怎麼會夢見他呢？剛好這夢是在舒曼波體驗之後作的，看來這是跟「財」有關的夢，還是詳實地記錄下來。

昨天星期五，張先生及蔡先生前來體驗舒曼波，兩位都是自營公司的老闆。我初估年紀應該有五、六十歲以上了。他們兩人輪流體驗。我的經驗是，只要看到量測的過程都算平衡，大概就可以知道此次體驗是否讓體驗者覺得有效。因為自律神經發生平衡時，可以促進末梢神經的敏感度，因此對這些細微的變化會處於比較有感的狀態。

我跟這兩位聊滿多的。他們都對當代西醫濫用藥物有所不滿，從事光電產業的蔡先生更是去參加拉筋班訓練，才把自己的自律神經失衡給治好，跟張先生是因上同一班而認識。

我心想，「活躍老年」真的是台灣未來需要的，能夠透過養身課程找到下半輩子一起扶持的好朋友，真是人生很大的幸福。而且，兩人一知道好康的體驗消息，也會結伴一起出遊來體驗，真是

「活躍老年」的最佳案例。

那位水瓶座的張先生，還說他有一種叫「Body-code」的食物，吃了之後，中丹田就會有旋轉的現象。我看了他比的旋轉方向，就是乾隆御醫黃元御講的「左升右降圓」運動。我也注意到，佛教的符號就跟這個一樣，真是天意呀。他說，這成分是從某個禾本植物的不同部分，按比例提煉的，而這禾本植物生長在有地熱之處，全世界沒幾個地方有。

我聽著，覺得好有趣。因為研究舒曼波，讓我不必到處走透透，就可以認識好多台灣奇人。張先生說要寄一些過來給我試用，我想，到時還可以同時進行量測當發生體內圓運動時，腦波或是生理訊號會如何。

這兩位先生都看過有關生物場導的書，也在這個領域沉浸滿久的。我也跟他們分享了當年去瀋陽參觀的第一手資料，包括後續的研究與利用「表觀基因學」來解釋雞變鴨的學理，與《山海經》的關聯，順帶還把舒曼波與地震、人的關聯都講清楚。

我滔滔不絕地講著，不知不覺地，我好像很有系統地把這幾年來的摸索心得整合起來，產生了一種思想。我非常熱愛與熱切地想要把這些傳播出去，似乎腦中也隨時在組織與結構化這些想法，我想有朝一日，我應該也會寫一部有關於此的書。

他們兩位都說，體驗後很舒服，雖然才三十分鐘，也沒有完全睡著，卻感覺精神變得特好，眼睛也變亮了。《夢瑜伽與自然光的修習》裡提到的半睡半醒之夢就是這種感覺。我有注意到原本蔡先生說話比較急且強勢，但之後卻變得很親切。

這次我還有個神奇的發現，就是比較急躁的人會連到體驗情境的「急急星系」，而水瓶座的張先生則時常會連到體驗情境中「有緣光的美麗星系」（以前沒看過），每每讓我停頓了跟蔡先生的對話，呆望著那美麗的星辰。我想，當初要用Google Sky真實星空資料取代動畫，就是想要這種「未知卻有機」的感受！這次總算讓我等到了，現在想想，這種星空有點類比到人腦潛意識的遨遊。

送走他們後，我跟舒曼波同伴去吃夜排檔，享受天然的舒曼波。我詢問同樣是水瓶座的詠運，是否對這兩人有特別的感覺。他說，他感覺到跟這位水瓶座的張先生有緣。我問，為何如此說？詠運說，那位張先生的口頭禪是「我說話怪怪的」，而這也是詠運自己常說的話。

我說，原來如此，有時面對面，不必靠語言，就有一種感覺上的默契，雖然無法形容，卻是生命靈數的靈學上可以解釋的。一種彼此不認識，卻感覺好像認識好久，彷彿前輩子就已經認識一樣，兩個人的氣場很合，或是很有親切的感覺，這是號稱科學文明的現代，始終無法解釋的現象。

詠運還沒算過生命靈數，我特別幫他演算一次，發現他就是走創意路線的。難怪他會決定未來要做電子科系的逃兵，想讀數位音樂研究的相關研究所。相見恨晚的他，直呼要把這套生命靈數學會。我跟無尾熊也起鬨，學會後，很快就可以把妹，知彼知己百戰百勝。

忙完舒曼波實驗的這天，作了一個神奇的夢，就是「藍○龍」的夢。夢中，這位藍○龍好像跟我很熟，是我認識的熟人。我曾經想過，詠運的氣質跟夢中這位很像，都非常冷靜。但是夢中這位比較像藍○龍，另外還有一位胖胖的很親切的男生，像是我的大學同學T。夢中，我在裝睡，進行一種「淡定波羅蜜」的修練。胖胖熟男似乎很同意我這樣的狀態，還稱讚我。而像藍○龍的熟男二話不說，直接鑽到我身旁，說要一起進行這種「淡定波羅蜜」的修練。

我的修練後來有點破功，一來是我好奇這位藍○龍是誰，一直瞧著他的臉，努力回想他跟我有何關係。二來是後來這「淡定波羅蜜」的旁邊是一條很神祕的魔術河流，黑到看不見底，且不時會有一些新奇魔術被變出來，吸引了我的注意力，更讓我無法裝睡練「淡定波羅蜜」。

二〇一二年六月四日（六）－小滿

174 蒸氣

昨天是發生很多巧合的一天，我想，如果昨天我跑去原來要去的三芝，大概就無法見證這一刻。

山上的兩對鄰居，原來是三等親戚的關係，聽著他們的故事，感覺好像昨天是專為他們而存在的。而我也跟著被這些撲朔迷離的恩怨劇情所吸引，沒辦法專心做自己的事，包括原本要開始的剪片工作。

套句櫻桃小丸子說的：「是我自己白白糟蹋一天的生活。」雖然沒有那麼嚴重，不過，晚上回到山下的家，有種想要趕快入睡的感覺。看完一小段《夢瑜珈與自然光的修習》，書中提醒，一定要在清明的意識狀態下入夢，所以我以後盡量不要撐到很累時才倒頭就睡。

我進去的這場夢境相當熱鬧，既古典又現代，看起來是個小鎮，卻有許多熱鬧的嘉年華。鎮上有許多人穿得非常華麗，但是風格卻是東方的。我一直在猜，這裡到底是什麼地方，覺得它像個古鎮，又是個非常進步的小鎮。這時有股聲音告訴我說：「這裡是九份，但不是現代的九份，是未來的九份，未來九份將發展成一個世間桃花源，變成當代最具楷模的觀光模式……」

其實我從來沒去過九份，卻因緣在夢中看到這未來的九份。我不知道未來是有多未來，但如果有一天這本書出版了，而後世的人不小心看到這一段，會不會覺得太神奇了？哈哈，想太多了，我盡量來描繪我所看到的「未來的九份」。

這個城鎮在未來以溫泉為名（我不知道現在是不是），到處都是蒸氣騰騰，整個鎮布置得像一個大型莊園，人們可穿著華美的浴袍逛市集，逛累了繼續去泡溫泉，同時，不時有遊行隊伍，或一些模特兒展示新款浴袍，有的誇張得像戲服，還有一些穿著相撲褲的猛男。我原本想到大型溫泉池去看看，但後來覺得應該到自己下榻的飯店去就好。到了下榻的飯店，赫然發現那是艘大型的豪華龍船。我看得目瞪口呆。也是看到這一幕，讓我更加證實，這不可能是「現代的九份」！

回到飯店的路上，我偶然見到身材健美且有精緻刺青的男性，成群地往大澡堂方向走。我回到飯店，遇到大學班上的男女同學，有些已泡好澡，先睡了。我們班住的是一間大通鋪房。我看到小烏龜已經睡了，但有幾個男同學在那邊惡作劇，要拍其他人的睡姿。我故意裝睡，他們就跑過來拍我，我也應觀眾要求，假裝擺幾個睡姿給他們拍。不過，正當他們拍到一半時，我快速地爬起來扮演貞子，把他們嚇一跳，感覺班上男同學真是長不大的天真小孩。

整體氣氛熱鬧活潑，而且從頭到尾我都知道自己在作夢，只是不知道這群同學是怎麼跑來的，而且還可以在夢中跟我互動那麼久。後來我跟他們說，我等下要回去上班了，你們繼續玩吧。這才慢慢地從夢中醒來。離開夢時，我在想，奇怪，我那些同學不用上班嗎？

那天，有位朋友問我，有沒有在台灣環島過。我說，有過幾次，但旅程的安排大部分都是千篇一律，我看我以後還是孵夢鎖定未來一百年的台灣環島之旅，可能比較有新鮮感。

剛才忽然想到，昨天特別觀想一個白色「啊」字，結果出現很漂亮的白色放射狀大花，有點像愛爾蘭白車軸花，不知是否因為這樣啟動中脈，所以可以穿越到未來？

二〇一二年六月五日（二）—小滿

175 太衝穴

昨晚看完有關六四天安門坦克人王維林的紀錄片後，睡得很不安穩，夢也十分不清明，感覺全身僵硬，快要中風似的。夢境中，我為了準備表演而進行苦練。起床後，全身都是麻的，大拇指還一度失去感覺，趕緊針刺太衝穴，才感覺舒服些。

我想，應該是這部紀錄片太沉重了。這部近代史就發生在自己成長的年代，而大量的蛻變也緊接而來。改革所帶來的困擾，也跟最近的時事發生關聯。

有時我甚至在想，自由真是好的嗎？或是說，如果為了達到自由，反而造成另一種不自由，那真的是人類要的嗎？自由是一種外境，還是人的心境內的變化？

《雍正王朝》這部片，就是在講述「當家」的難處，難怪在當時獲得中共高層的喜愛。

我們都以為是國家或是別人讓自己不自由，但其實「自由」是自己給自己的。不管政府開不開放，都有人覺得受限及不自由，或者要求更大的自由。人性對此永遠無法感到滿足。

這世紀應該有個新的典範，把自由及那個人人企求的香格里拉還給個人。但那到底會是什麼？我也不知道。昨晚只是因為看紀錄片而稍微熬夜，肝火上來一點，就讓我失去作「清明夢」的自由，看來晚上還是不要貪心，才會有作夢的自由！

176 瓜子

今天是金星凌日，一早醒來，就有一種很靈異的感覺。大概是昨天驗證了先前（五月三十一日）作的飛機撞樓夢，而且發現的過程很奇特。原本，我跟安哥要去城隍廟吃粽子，但因為安哥要幫一些人跟石頭拿中藥，所以就改成跟石頭去吃壽司。吃完後，又去石頭家聊天吃瓜子。平常沒有買報習慣的我，很直覺地在買瓜子時，拿起了便利商店裡的《蘋果日報》。

後來想起來滿詭異的，因為時間已經滿晚了，照理說應該買不到《蘋果日報》。而且在石頭家的戶外時，剛好石頭老婆送我一個戶外用的夜燈，剛好可以在戶外的暗處看報紙。最奇怪的是，這個「奈及利亞飛機失事」的國際新聞，先前在各大新聞網站都沒看過，卻出現在我買的這份《蘋果日報》的國際新聞頭條，而且還占了整個半版。

我開始比對夢的內容跟新聞的相似度。當時作夢時，身體沒有不適，而且當天才做完舒曼波，感應強，直覺應該是屬於預視夢。夢中有大樓，是城市；新聞報導也說明是在商業中心，且撞上大樓。

那時，網友莫大大還推論這些災難夢是我的深層壓力。但我決定先放下，觀察幾天再說。這幾天檢查自律神經，非常平衡，屬於可作清明夢的狀態。此外，我每天都會作新的夢，不可能停在一個夢鑽研太久，因此也不會去找答案，通常都是答案自己找上門。就像昨晚隨手買的《蘋果日報》一樣。

昨天（六月五日）下午兩點，我又感覺到左耳出現低頻的轟隆聲，不禁心想，最近要發生地震了嗎？好友育妃也有地震的預感閃過腦中。我左耳的低頻轟隆聲，持續滿久的，依據方位應是偏南邊，依照地震人（經常可以預測地震將發生）安哥的講法，高頻是國外的，低頻是國內的。

結果，今天早上九點真的發生了，足足比地震的發生早了十九個小時，那天估計是東南方，果然沒錯，下次要放個指南針精準定位！

昨天因為感應到地震，特別找了公視的紀錄片《震撼地六感》來看。看完後，發現國外有許多很棒的獨立科學家，正在從生物現象或非地質驗證來證明，朝「天上若是，地亦如是」的天人感應來實現。劉正彥的基本方向是對的，但是他只從電離層的離子物質觀出發，而非舒曼波的共振腔波動來看，實在是可惜。

紀錄片中也提到，兩分鐘預警為目前科學的極限。但科學真的只能做到這樣嗎？在第二集裡，預測地震的史丹佛教授測到的太空超低頻訊號就是舒曼波，既簡單又不必使用衛星，為什麼這些學校的教授要捨棄最簡單的方法，弄個超級昂貴的衛星來看電離層呢？

昨天晚上回來後，繼續把剩下三集的《震撼地六感》看完，沒看到什麼有新意的內容，卻被這群國外的瘋狂科學家所吸引，腦中出現一些想法。

晚上，我翻來覆去，始終睡不著，感覺好像有事沒辦好。後來，我想到要查一下自己跟上次那兩位舒曼波體驗者是什麼關係，結果找到自己生日書上另一個「靈魂伴侶」的生日是「八月二十六日」，不禁感到神奇。接著，我又查了幾位朋友彼此的關係，居然彼此是靈魂伴侶。我仔細回想，這兩人的有些需求及價值觀是很類同的，讓我一直在思忖要如何幫他們引薦。

後來作的夢是這樣的。我跟一群人好像在測試一種有輻射的原子能。我小心翼翼地把這種原子能放到一個鍋子下面，準備煮東西，但其他人卻怕這東西怕得要命。這原子雖然小小的，卻好像威力無窮，我想應該就是核能吧！

後來，我要到另一個校園去，卻發現我忘記腳踏車放在哪裡，找了半天才找到，原來是我的紫色外套披在腳踏車上，把它遮住了。後來我瞄到外套，才看到腳踏車在哪裡。之後，我去找C教授，跟他說了一個高溫超導材料釔鋇銅氧（YBCO）跟布丁的類比。我說，我們做實驗，跟做布丁很像，都是拿現有的布丁粉（YBCO粉），來研究怎麼讓它凝結得比較好。我對自己的解釋感到得意洋洋，不過我也發現C教授面無表情，似乎認為我把他的專業看得太扁了。在夢中，我一直希望能再次找他當我的指導教授（我似乎還剩兩年的博士學習期），但這次我忽然覺得自己好像可以自立了，特別是當我說出那個跟「布丁」有關的實驗類比時，我覺得做研究就是要從身邊可著手的事情出發，終生都可以做研究，而不是必須要到經費，才可以開始進行研究。

一早起來，我邊開車邊想這幾天的「預測感應」事件。我在想，是不是應該開始穿戴生理訊號感測器入睡，同時也想把舒曼波偵測器架到植物旁邊。我的新座位靠近窗邊的植物，不知是否在召喚我，要再重做植物的舒曼波實驗。

二〇一二年六月六日（三）—小滿

177 金星

看看這張圖，以後這就是「舒曼波植物預測地震及人類意識實驗站」。

目前測到大氣中的舒曼頻譜以第二頻率十四赫茲最高（白天），NASA的研究說，如果有地震來，會出現第三諧振二十赫茲變高。頻譜十四赫茲及十五赫茲有時會變兩根，有時一根（不知是否是異常），但目前二十赫茲還算正常。

我的假設是，天文影響地層，而非地層影響天文。很多星象異常時都有地震，今天就有地震，剛好是金星凌日。所以，地震人有聽到聲音時，就是聽到二十赫茲的頻率，聲音超過二十赫茲就可以被人耳聽到（有些人可以感知到更低頻），就是這個原理。如果要訓練人可以聽到地震之前的舒曼波頻譜異常，就以二十赫茲的震盪源來訓練，久而久之，人就可以預知地震！（參考資料：NASA關於舒曼波預測地震的研究，http://sedonanomalies.weebly.com/earthquakes.html，記錄到二〇一一年八月二十七日第三階舒曼波異常激增。）

美國航空航天局（NASA）的計畫中，創建一個太空地震檢測系統，因為一個地區地震前會發生大氣層變化。大氣層的變化影響地球舒曼共振腔裡的第一階、第二階或第三階舒曼頻率，並可以看到第三種階頻率更明顯，且在加州大地震前四天觀測到。因此，我們需要做的就是聽蓋亞的聲音。

▶舒曼波植物預測地震及人體意識實驗站。

二〇一二年六月八日（五）—小滿

178 地球I

昨天，我因為要找舒曼波的資料，找到一堆跟科學家尼古拉特斯拉有關的資料，而沉浸其中。後來，我又看了一部《右腦超覺醒》的影片，啟發更大。裡面也講到，一個經過間腦學習後的小孩可以蒙眼讀書，讓我想到韓國那位彈鋼琴的盲眼女孩柳藝恩。

前天因經期來而記不得夢，但昨天的夢開始恢復清明。有一個「久久先生」來找我，說有一個神奇的儀器要交給我（可能是一種產生能量的機器），順便要我教他。但是，我嫌那儀器太大台，想要尋找一種更簡便的方式。後來，我到了一間房間，看到一架鋼琴，我忽然覺得若在夢中，或許可以來演練一下左手自動彈琴的方式。

昨晚睡著後，我似乎一直在等有畫面的夢，但快到天亮都還沒出現，感覺意識停留在一個空白處。後來，總算有一段影像出現了，我跟C教授的團隊提了一個實驗計畫，要把看不見的東西變成看得見。有位評審看到後，問我這個題目有何用處。我舉例說了以前的老闆利用二氧化矽的微粒子拋到電漿中，讓能量場被看到的過程。這時候，出現一個官方男對我說，研究人的互動優勢是否跟體重有關如何？我心想，這好像也不賴。

自從五月三十一日預測到地震後，我的舒曼波計畫就如火如荼地轉向「超低頻（ULF）地震預測」的方向進行，但進行實驗後才發現資訊不夠充足，因為過去沒看過即時動態的低頻紀錄，不知是否需要特殊的濾波處理。而全世界的相關研究，雖然找得到一些，但各地地震的模式不同，天線設計也不同，如果要記錄，真的很像當初做腦波研究時，懵懵懂懂地測出腦波，卻不知道該怎麼解釋的狀況。腦波的發展也是經過「獨立科學家」的長期探索，才有了些微的進展。

面對此一荒蕪的科學開疆領域，左腦思維完全退居二線，要隨時捕捉右腦的靈光乍現，來進行數據及實驗的修改。有時，甚至要借助夢中的啟發。我想，二〇一二年及二〇一三年間，我的功課就在此了。

架好儀器後，我把天線固定在朝北窗戶外的支撐架上。然後就坐在窗內等待及收集訊號。在等待的同時，我就使用另一台電腦寫日記或上網，並找一些捉鬼（Ghost Hunter）的資料（因為跟莫大大討論到愛迪生的靈異接收機而開始這麼做）。如果我沒想錯的話，捉鬼與靈界通訊的機制，事實上跟舒曼波的低頻是一樣的頻譜架構。更低頻的地方，也對應到地球中有冷點區（Cold-spots）的地方。而根據統計，人腦有這些頻帶的人（五赫茲以內），一般都具有靈異體質可以透過此頻帶收訊。

昨晚一直弄到很晚，過了晚上十二點，忽然接收到較大的連續性訊號，但過了凌晨一點，訊號整個又降低，回到過去的常模。原本，我以為過了晚上的某個時間點後，整個訊號就會變低，而跟道家講的幾個時辰適合練氣（含子時），訊號放大跟這有關。目前仍是十分平穩，且頻率維持在舒曼波第二階十四赫茲的位置，跟理論有些差距，還是說最近地球的頻率變高了？另外，就是第一諧波似乎很難量到（有點不穩），在我以前看過的論文裡曾提到，在海邊會比較多，明天再換到森林裡的樹屋上試試看！

到山上一直忙到近凌晨兩點，之前訊號很大，之後就平靜了。平靜之後，我就沒量了，因為山上風大，我怕儀器天線被風吹走，決定先來整理及比較數據。

快接近天亮時，我覺得越睡越熱，好想找地方沖涼，但在夢中卻一直找不到適合的浴室，不是太小，就是沒有門，或是門複雜到不知道該怎麼關。後來，我好不容易找到一間，洗到一半，卻發現附近的女人帶男人進來。我惡狠狠地瞪著那兩個女人，並質問他們。他們非常恐慌，還怕我去告狀。不過，我很想趕快把身上的熱氣洗掉，也沒有多理他們。

忽然間，我想起自己是在夢中，而且是在山上的森林。於是，我想像森林裡有一座大湖，接著我就泡在大湖裡，非常的舒服。而這大湖的美麗是前所未見的，只有動畫才做得出來。我也不怕有人會經過，就全身赤裸地沉浸在這美妙的天地裡。

這時，我忽然回想起自己曾在夢中見過各種美景，包括綠光瀲豔的植物園、蒙國大漠、飄雪的北京，並從北京北邊的大漠到鄰近的小國，甚至最近夢到的未來九份。這些地方都比現實中我去過的地方還要美麗。我不確定自己是否有記下這些夢中場景，不過仔細回想的話，也可以輕易回溯那些曾在夢中去過的地方。

如果真能發明一種「美夢錄影機」，把夢中的影像都錄下來，那該有多美！有時，我覺得那些繪製動畫的人真是幸福，可以把心中想像或是夢到的美景用逼真地畫出來，讓世人至少可以知道這宇宙的另一個平行世界，有這麼美的地方。

今天要來把日本動畫的《永遠之法》看完，我邊看邊感動到全身顫抖，劇中完全講出了我今生的願望。

參考資料

1. 利用ULF預測地震的相關說明
http://en.wikipedia.org/wiki/Ultra-low_frequency
2. 鬼工具的理論
http://en.wikipedia.org/wiki/Cold_spot
3. 錄陰機
http://www.nownews.com/一〇一一/04/26/91-2808192.htm
4. 國外測舒曼波發現 Hyper 20 赫茲的網址
http://sedonanomalies.weebly.com/earthquakes.html

二〇一二年六月十日（日）－小滿

179 蒜頭

今天在大太陽下做實驗，有點中暑，所以早點睡，以補補陰氣！我這幾天要來開跟蒜頭有關的餐點，因為用蒜頭來預防及治療中暑最有效。

我參加一個人體地震的社團，看到有相關團體及各種地震人都「捐軀」來貢獻自己對地震的感應，為了國家、為了社稷、為了全人類，我這不算什麼。我得要趕緊找到可重複的模式，讓每個人都可以就近偵測。

昨晚的夢片片斷斷，中途還因為太熱醒來。夢境裡有同性戀，還有人拿刀去割別人的喉嚨（這是另類的放血嗎？）。

早上，我利用會議時間喝薄荷茶及針灸中暑穴，下午繼續來架設地震偵測站！

從山上帶下來的袋子裡都是螞蟻……不知道要發生什事了！

看了《永遠之法》後，知道自己並非以賺錢為目的，但是很想做一些事情來讓這個社會與世界變得不同（包括讓人類知道腦波與天人合一），但如果這過程要透過錢規則來運作，我並不反對（代表人對此目的的重視更甚於金錢了！）

最近，我開始使用ULF來測地震後，辦公室裡的許多議題都轉到雲端樹意象設計與植物的訊息上，已經有好幾位來找我討論。我目前發現小孩的天線訊號最強，但我還要測更多人的人體天線才行。

我手握天線，看到自己的完整舒曼頻譜時，有種天人合一的感覺。所以說，人隨時都在舒曼充電？

我後來用的天線是從不鏽鋼書櫃拆下來的兩根圓桿，握住它們好像握著兩根法器。

前幾天，我和無尾熊一起做實驗，他說夢見六月或是七月會進千萬元，應該是跟舒曼波有關。我說那就這兩個月觀察看看吧。

二〇一二年六月十二日（二）－芒種

180 輪迴酒

昨晚在前往市區的路上，我居然在車上被蜈蚣爬到手臂上咬了一口。我手邊連拔毒膏都沒有，只好學貓吐口水在傷口上，居然就不痛了！後來，我到加油站，偷用輪迴酒（人尿），回到家後，原本腫起的地方已經消下去了。

到家後，我繼續做實驗。傍晚時，我將天線放到水裡，訊號還是不大，所以晚上繼續以人體天線做為量測的對象，找到類似和諧的頻譜圖。在放空閉眼的狀態下，量測身上的訊息，呈現出和諧的泛音頻譜，好像佛陀的頭部。如果不放空，出現的頻譜圖就很亂，也不太容易量到。

我量測的地方就跟〈全面啟動〉電影裡的位置一樣，在手腕，而不是量腦波。我好像破解了共夢的機制，只要身體能量模式一樣，就可以進入同一夢境。從這張圖來看，佛應該是無腦狀態，用心腦去感受，而心腦如果強到一定程度，就會在頭部被量到心腦合一的狀態。原來之前來拜訪的舒曼大師是這樣訓練的，難怪當時他的氣場分析儀檢測結果分析也是心腦主導。

但是，這張圖並非很容易就可量到，必須放空一陣子才行。難怪每個人都有佛性，而且可以立地成佛。晚點，應該量一整晚，來看看清明夢時的模式。

我猜，應該左、右手的手腕各戴一個電極就可以了。量測時，我感覺到左邊跟右邊慢慢地同調，一個通道貼在心，另一個通道貼在腦，就可以重新訓練腦部，難怪有種產生心象的作法是一手摸心臟的位置，一手摸後腦。

睡前，我戴著兩個道電極在手腕，很快進入到一種很奇特的狀態，此時湧泉穴發熱，好像腳底有一股氣，閉上眼睛，感覺身體好像浮了起來。接著，眼前開始出現綠色的細亮線條，似乎是進入到內觀狀態，而這種細線比起以前看到的更為立體，以前大多是平面的。接著，細線消失，開始有一些影像，但不是相當清楚。我放空後，很快就入眠並進到一場夢裡。第一場夢是跟火車有關，好像是在跟高鐵列車比賽，又好像是在一個外觀很奇怪的車站月台。（一直到早上看新聞時，才知道連台鐵車站月台都淹水了。即二〇一二年六月十日聲名狼藉的六一〇水災。）

我覺得好像有能量一直灌進身邊，之後在四點多起床時，覺得精神很好，好像身體內有股真氣到處在巡邏並修復，眼睛也變得特別亮。

這時，我發現電池沒電了，查看紀錄的數據，有些記錄到頻率很準的舒曼頻譜，因此讓我信心大增。安心地繼續第二段的睡眠。但是在第二段睡眠的夢中，我居然是去靈界為ＫＫ翻案，調查好友ＫＫ是否真的有死去。曾經有個聲音及線索是說，ＫＫ應該沒有死去，只是一種靈界偽裝術。接著，我又失去線索，等到醒來時，已經天亮了。

開車上班時，照理說在大雨天裡，腳應該是溼溼冷冷的，不過我卻感覺到從湧泉穴沿著腎經有一股熱能量往上，特別是右側部位。這個現象十分令我著迷，似乎是把「心腎相交」的狀態，給著墨出來。而且誇張的是，早上時，我的臉部呈現一種前所未有的光滑（前一天，我因為中暑而臉部有點曬傷變粗），原本人中穴有顆熱皰，也整個消下去。

我心想，這應該是出現了一種強烈的「共振同調」現象，當感測器量到心腦發生的舒曼波，被量測儀器放大到螢幕上時，心腦仍會持續地感測到這放大的訊號，接著又被量測元件偵測之後又放大，於是形成一股「連續共振回授放大效應」。

中午吃飯時，我一直在想，先前為何沒想到這一點。不需要外部共振，直接從心腦萃取舒曼波放大，再回授給自己。我想，這次因為想要量外部的舒曼波而發現這一點，再加上利用自己的輪迴酒治療被蜈蚣咬的事件，好像都是要加快我把這個系統給串接起來的腳步。

接著，我心想，過去知道的「訊息複製機」的原理應該類似這個，所以只要有夠大的帶通濾波放大器就可以了。依稀記得曾老師曾提過，我手中那台的放大倍率不夠，應該就是指這道理。

為何我們的身心科學一直沒進步？就是因為對人體能量真的不了解，才會把焦點都放到外面。這次的實驗體驗，真是一個很大的「啟發」。

我想，心腦共振應該也是《黃帝內經》提到「仁者壽」的科學基礎，當心存仁心，則心腦合一。

二〇一二年六月十二日（二）—芒種

181 地球 II

昨天回到家後，我繼續量測自己身上的舒曼波。在觀察自己的波動時，發現自己的心念會對波形產生很大的改變。在進行實驗時，意念一動將被放大許多，這就是夢境導引的放大作用，跟佛教特別強調「善護念」很類同。

我同時仔細重看William Tiller 的書《*Science and Human Transformation*》。我看到二二一頁，心跳就開始加快。他說是「愛」的力量，才會產生和諧的同調性，而心輪屬愛，原來舒曼波是地球給人愛的同調能量。

作用一小時後，覺得精神變得超好，尤其是右邊的感覺更強烈，是我的右邊身體太弱了嗎？湧泉穴持續發熱中，中途啟動的拙火很厲害，整個薦骨都在震動。修行人起心動念的力量相當強大。如果人也是個「愛」的舒曼產生器，那麼與其調成接收模式，去接收地球的痛苦，或許也可以調成發射模式，去撫慰地球的痛苦。

今晚就帶著強大的愛的舒曼產生器，再次去夢國。經過了一段舒曼冥想後，我來到了平行宇宙，遇見山上的人，但秦先生變成英文名字「強尼」，光明先生則叫宮保雞丁，而且我在另一宇宙還跟其他人講這個夢。

今天凌晨第一個清明夢，量測出現沒有干擾的美麗舒曼對稱！

二〇一二年六月十五日（五）— 芒種

182 安吉白茶

最近的晚上，我都忙著測地震舒曼波及測試實況轉播網站弄到很晚，使得夢境因為太過勞累及焦慮而呈現灰暗一片，加上左腦堵塞，記夢的能力變差，所以夢境乏善可陳。不過，在星期四幫J測試之前的早上，我作了遇見J的夢。我搭敞篷計程車去喝飲料，看到J穿著漂亮時尚的衣服卻跌倒了。後來白天測試時，果然發現她最近的身體很差，卻仍在故作堅強。

昨晚測試地震的舒曼波實況轉播仍不順利，後來受到地球不穩定的舒曼波的影響，讓我整晚都不安寧，今天早上醒來，左腦整個不能工作，用耳燭清了半天才清好。我看著火煙強大地把溼氣帶走，人也清爽許多，忽然覺得學物理真好，生活各方面事務的處理都離不開物理。看樣子，我應該要靜下心來慢慢研究，太急躁的話，就會看不到盲點所在。

不過，白天的實驗及啟發卻是進展神速，現在整個腦袋都是未來農民曆的畫面，有生理訊號及舒曼波訊號（可校正節氣及預測地震），跟傳統農民曆比對呈現，中國人的左（腦）跟右（腦）總算合一了！

同時，我也偵測到年齡與心腦波動的關係。有關心腦舒曼的相關專利，其實早有人看心電訊號（ECG）的能量頻譜（PSD），發現看到五十赫茲就可以看到心腦的頻譜。Willim Tiller的書裡也有提到，是由做正向情感的那批人所做的研究，只不過他們並沒有釐清心腦頻譜與舒曼頻譜的關聯性。

今天測詠韻的心腦圖，也找到了二十歲的最佳狀態。或許心腦圖就跟自己的「臍帶血」般，可以每年都記錄下來，之後可以返老還童使用！

此外，做醫美的Paul也來體驗舒曼波與心腦量測。他體驗完後的心腦圖超級強，不過我忘記量他在做舒曼體驗之前的心腦圖，之後應該前後都做量測，以便比較。下次，醫美中心的醫師和Paul的老闆極品男也會來體驗，好像越來越有趣了。Willim Tiller的書裡有提到，「多人的能量圈可增加頻寬與同調共振。」

星盤說，我在六月份後會開始有新且奇怪的學習。我也要加強閱讀William Tiller的《*Science and Human Transformation*》書，感覺新的科學典範就要實現了。

今晚，大氣舒曼波看起來平靜許多，應該可以安心睡了。明天有兩百多位外國人要到山上舉辦音樂派對，秦先生準備了一百顆中藥藥膳蛋，準備賣給外國人，做為「中醫外交」的第一課。我明天也要泡安吉白茶，請中醫講座的朋友喝。

心腦圖研究

6月14日 Heart pilot beat guided enhance Schuman wave_佛光普照

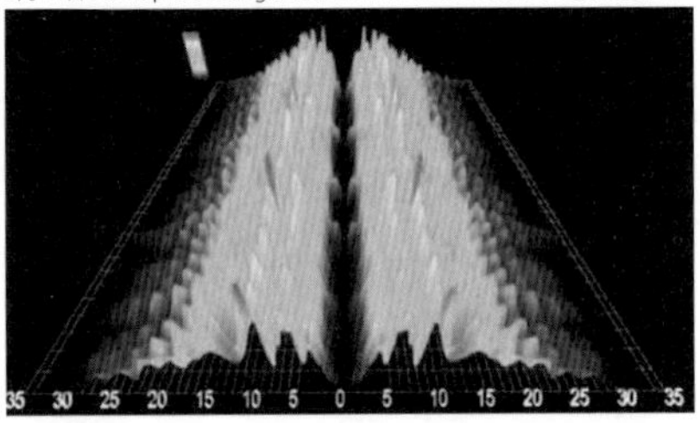

2012/01615/Chou Year 20

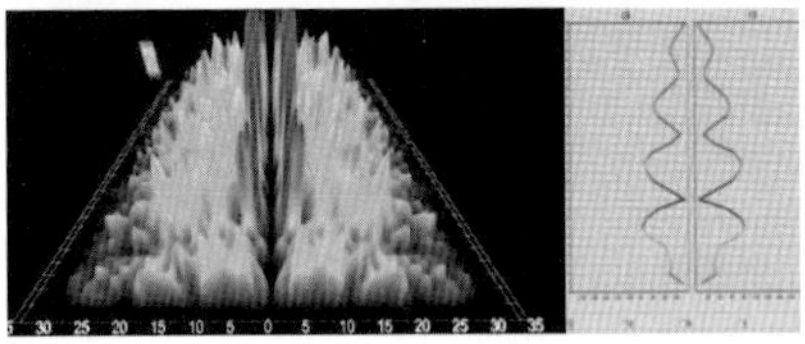

地震研究心得

2012/0615/21:39 14Hz及14Hz以上偏強(新竹)

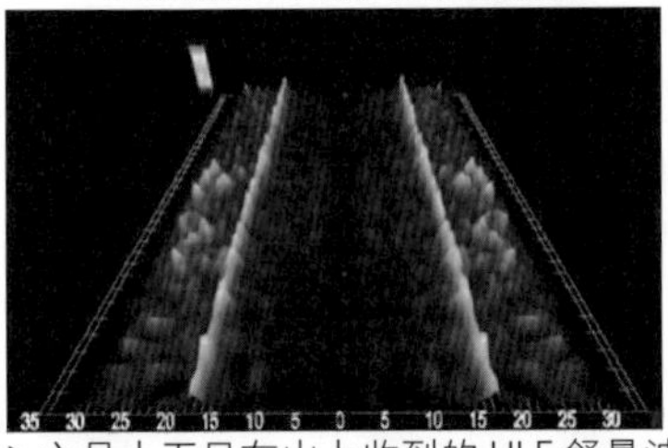

▶六月十五日在山上收到的ULF舒曼波偏十四赫茲以上，估計如果是有敏感體質的人應該會有耳鳴。（不知是否震央屬於比較遠的地方）。

2012/0615 22:49 下過小雨後，整個頻段降低

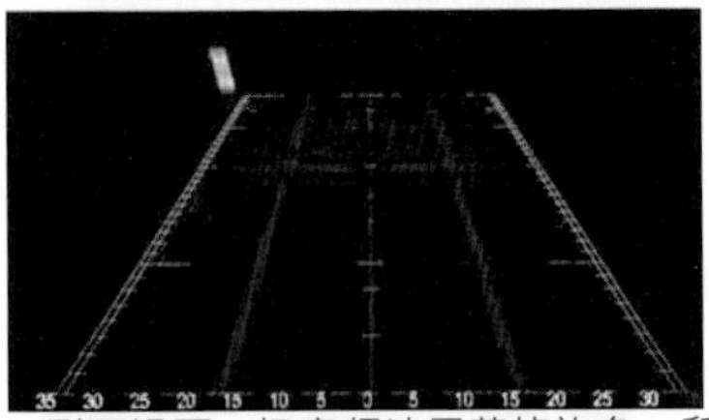

▶剛下過雨，把高頻波屏蔽掉許多，所以估計此高頻從大氣來，非從地殼傳來，更有可能是遠方的地震。

183 黑洞Ⅱ

二〇一二年六月十六日（六）—芒種

昨天Paul來體驗舒曼波，也分享了他的狀況。Paul算是我的舊識，沒想到也是無尾熊以前大學的校友，他們兩人相見歡，也談起未來合作的事。我則看到因為「舒曼波」讓失聯多年的朋友聯繫上，不免覺得欣慰。更值得一提的是，進行舒曼波的自律神經調變圖，剛好跟他公司的商標一樣。

因為外賓來訪的關係，詠韻等到晚上要回去時，才一連串問了我好多問題，特別是這次測了心腦以後。有些問題很有趣，包括每個人的心腦圖譜是否會一樣。我馬上脫口說，我們現在看到的心腦為何不完全是地球的，我印象中最近看William Tiller還是誰的書，提到每顆星球的電離層不同，對應的舒曼頻譜就不一樣。當我解釋這跟音叉實驗有關時，沒想到詠韻舉了小提琴跟大提琴的差別，更能讓人快速領會。

每個人都有自己的舒曼波分布，如果搭配自己的生日靈數，得知自己來自哪個星球，就可以推算自己常出現的心腦舒曼波模式，可能是殘存的外星人模式，會留有曾待過的星球之記憶的舒曼波。但是，因為此生要在地球生存，就要強化地球的舒曼波，以就近從地球獲得能量。心腦有時會有雜亂的狀況，就代表有雜訊的干擾，這雜訊包括外來的與內在的。

William Tiller就提出了一個很棒的類比。他說，人在世間最重要的通訊及最強大的能量就是透過自然（Nature），透過把自己當成通道（Channels），以進入到人類的環境為目的地。這其中最大的雜訊，就是恐懼、不確定感，缺凡安全感、自信及耐心。

昨晚看Willam Tiller的書，看到位能（Potential）與熵（Entropy）的關聯性，看到蠢蠢欲睡，但內心一直在想，自從看到心腦圖後，湧泉穴常會自動發熱，閉眼冥想時，常可看到有結構的綠色亮線，這亮線就好像畫3D圖時未上色前的解剖線，又很像重力能量線，不曉得過去提出重力場概念的科學家，是否真的看到這些「場線」。（註：後來有藏密修行者跟我說是金剛鎖鍊。）

昨晚的夢境十分穩定與清明。我們在進行一些數學的演算，但是當我唸出答案時，不小心把一個微分公式的答案念錯了，一位外國人H就出來指責我。我覺得煩了，不想跟他對談，特別是用左腦語言來爭論，我便決定離開現場。

走著走著，我遇到一個人，定眼一看，居然是我的小說主角黑洞。黑洞好像認識我似的跟我講話，拉著我，說要帶我去吃一種很奇特的「串燒」。我原本以為黑洞說的「串燒」是肉做的，沒想到他指著一包很像蜜餞的黑色東西，有點像化核應子，接著就把水果跟蜜餞串起來。我嚐了一口，感覺很奇特。

這時，我發現自己在一棟橢圓形建築物裡，外面可以看到類似球場的草皮。沒多久，我轉頭一看，黑洞不見了，居然出現國小同學永振，而且是他長大後的樣子，讓我一度懷疑剛才出現的是黑洞，還是永振。

永振告訴我，他後來讀二專等過程。我看到永振很高興，也很驚訝，但也不免為了只看到黑洞一下子，他就不見了，而感到可惜。

今天，八點多就醒來，睡得滿香沉，可見有作清明夢還是有差。從去年開始一直醞釀的「舒曼波預測地震實驗」，原本以為需要經費或是計畫支持，卻發現自己莫名其妙被一股力量推動就開始進行實驗，也在無意中發現舒曼波與心腦等關聯。原本以為舒曼波的人體研究將告一段落，沒想到又進入新的意識境界。有一種十分美妙的感受。

有關腦波共振的實驗現象解說

1. 人與人之間的關係，一些超感官知覺（ESP）現象，如透視、預知，或心靈致動（PK）現象，如超距遠端移動等，這些屬於非主流的新科學觀念領域，卻都表現出一種非定域性的特質。
2. 藉由腦波儀的研究，二〇〇〇年有令人驚艷的報告，指出當做實驗的兩個人一起工作時，其EEG腦電圖顯示，兩者腦波的分布圖，左側者的左右腦波分布一致率比約百分之八十四，右側者為百分之七十七。另外，兩者的左腦波一致率只有百分之二，右腦一致率是零。
3. 二〇〇三年德國的精神物理學家依利瓦克曼博士率領的團隊，將實驗安排在阻絕各種電磁波干擾的法拉第籠子裡，又安排兩位實驗者在有點距離的不同位置，進行腦波的檢測，結果發現腦波同步是瞬間同時發生。以上研究確實讓人看到，腦波的同不同調現象，已經超越時空場的限制，而波普貝克博士則指出，人腦會與地球舒曼共振波達到同步的共振現象。
4. 我覺得這可以解釋為何心臟移植後會出現原捐贈者的行為模式。

二〇一二年六月十七日（日）—芒種

184 太極粥

昨晚，我在山上總共幫六個人做耳燭並介紹中醫經絡的重點推拿，其中一位還是上次在外國人音樂派對體驗過的人推薦過來的。這六個人有外國情侶檔及母子檔，我教他們互相幫對方做，看到他們愉悅地享受時，我感覺到好的東西本身就有口碑，自己會傳開，他們回家後應該也會幫其他家人做。

幫他們做完耳燭後，我整個人氣血旺盛，上去量心腦，發現心腦波動有點混亂。我利用心腦平衡技巧，把心腦從混亂調到平衡共振，馬上又恢復元氣，湧泉穴及勞宮穴的能量跳動和諧，同時感覺到津液上升。我檢查一下左右顱腔，感覺沒什麼淤氣，直覺當晚應該很好睡。

睡前，我一直在想，耳燭互動過程與心腦能量之間的關聯，還有我為何喜歡推廣耳燭？這跟付錢到沙龍店做的型態不一樣，我到底想從這些人裡看出什麼？

比如說在體驗耳燭的過程中，一對情侶裡有一個不太想體驗，通常也可以感覺他是壓力很大卻強忍的類型。當有興趣的女伴體驗後，現學現幫她的男伴做，我認為心腦能量在這過程中可能會發生一些變化。

我猜想，原本男伴的心腦能量混亂且頻寬窄，但他的頻帶跟女伴有部分重疊，因此他會聽從女伴的體驗經驗來進行體驗。在他們兩人進行耳燭時，兩人的「心腦能量」又發生一次互融，而且一同朝向和諧的頻率，達到兩人都放鬆的狀態。因為這兩人都是自願的，且彼此間不屬於商業行為，他們依賴的是彼此間最原始的「心腦能量」之間的交流。所以實施耳燭者與體驗者一起達到心腦能量共振的狀態。

想到這裡，我突然覺得「金融機制」的發明就是阻斷心腦能量的一個觸發者。在過去的傳統社會裡，人們會將親手做的食物與鄰居好友分享，同時也會得到回饋，但在以金融掛帥的現代社會，這種可以交流「心腦能量」的機會越來越少了。

我對財運的看法是，未來金融體制會全面瓦解，人類會回到以物易物的類原始狀態，所以有沒有財運不太重要。我們終於可以好好當個「人」了。

昨晚，我幫別人做耳燭，山上鄰居則有的泡咖啡、泡茶，做鬆餅及藥膳蛋給大家吃，戶外還有人以音樂傳遞心腦能量，整座園區彷彿沉浸在一種「心腦的大能量海」裡。而我在寫這篇文章時，還吃著鄰居任三姊早上用心煮了三個多小時的「太極粥」。先前一位中醫班同學用太極粥把她的母親從加護病房的鬼門關救出來，把醫師嚇到了。但是，太極粥不好煮且耗功，要有一定的孝心才能撐下去，將之熬煮完成。今天第一次吃到傳說中的太極粥，入口即化，感動得快哭了！人與人之間的交流就在於此，用心腦能量交換，用錢都買不到。每個人把心腦能量發揮到最大，並與他人交流此經驗，這樣人類的卓越意識經驗就可以整體提升。

夢中，我來到一個大型的國外購物廣場，我想穿過這個類似威尼斯又像東方的廣場，找一間很特殊的商店。接著，我來到一家星球出版社，是個專門報導人間一些奇特及巧合事件的小出版社。我進入後，遇到一位女辦事員，她問我有何事，我原本只是誤闖此地，但後來想到這個地方既然是出版社，想必有我想知道的一些小道消息。

我跟她說，地球上的寶媽跟汪建民兩個人剛好都是水瓶座。她大吃一驚，趕緊問我看到什麼，我說我看到他們兩人的能量現在是很協調的。她好像逮到機會，便要繼續採訪我，希望問我還看到哪些地球上的巧合事件。

我忽然注意到有位西方男子，靠到我身邊來，我問他是幾月幾日生。他說是一月七日，我心想，一月七日也是跟我的生命靈數速配的誕生日，怎麼會那麼剛好。我跟這位陌生男子一下子就變得非常熱絡，也請他當導遊帶我逛這個廣場。但後來他不見了，我感覺到自己身體的能量開始強烈晃動，特別是極泉穴與大包穴之間。

這位夢中出現的男子是代表體內的陽氣竄動嗎？不過，這個夢十分有趣，是我第一次在夢中跟現實一樣，會問陌生人的生日。一月七日剛好也是石頭老婆的生日，過去我跟她常有心電感應的情況，兩人買到同一款鞋子，而我正想要買的東西卻找不到時，她就買來了。

難道她今天也會到山上來嗎？

山上出現超級誇張的閃電打雷，我要趕快來進行舒曼波數據觀察。發現有瞬間出現低頻波，很像開悟的腦波。剛打雷後，山上群蟲萬鳴，讓我想起節氣驚蟄後，萬物開始成長，於是我在想，有沒有在閃電後開悟的案例？

用腦波儀量瑟多納（Sedure）沙漠的地磁與腦波變化

1. http://sedonanomalies.com/brainwave_magnetic_sync.htm－腦波與地磁波同步
2. http://en.wikipedia.org/wiki/Michael_Persinger

據說，這個沙漠在磁場活躍時，會讓人腦波 θ 波強，進入到奇特的覺醒狀態。所以，當地人說是Mother talk（大地之母在說話了）。台灣應該也有很多這種地方！

185 松果

二〇一二年六月十七日（日）—芒種

今天早上醒來，測試心腦能量時，發現一直在大幅變動，忽大又忽小。剛才，網友傳來即時地磁資訊，原來目前地磁的變動非常大。到了辦公室後，這種忽大忽小的能量還持續存在，感覺好像有什麼事快要發生了。今早也看到，在日本三一一大地震前，在三月九日就出現過一次大的預警波動。地震達人的預測，是認為在日本發生的可能性最大。

佛教講的「善護念」——心境不隨外境波動，在地磁變動大時也特別重要。在科學論述上就是隨時隨地幫自己的心腦能量充電。至於用什麼方法，每個人都不同。但每次睡覺前，我總會給自己一個命題去思考。比方說，昨天就開始思考如何讓心腦能量增加的方法，也特別注意到左邊耳朵的溼氣如果太多，夢境就不夠清明。

心與腦要連結起來，就需要啟動松果體，當松果體啟動後，心腦合一，也就能啟動直覺力與超自然力。

昨晚的夢是來到國外的一個地方，剛到時，大家都說要去西方，那裡有一處古色古香、可以看海的地方。許多人陸續地往那邊去，因為周圍都是暗的，似乎只有那邊是亮的。我原本想過去，後來卻沒有過去。這段夢非常詭異，卻也異常地平靜。

二〇一二年六月十九日（二）－芒種

186 麻婆豆腐

昨天下午，我跟一位心理系教授開會，討論到一個命題：「什麼樣的元素會誘發什麼樣的情感？」

我不能認同她所說的，「要用解剖式拆解情感的元素來進行研究，希望我們以多重元素去做多樣比較。」我的天呀，這樣排列組合下來，要做幾年呀！但很快的，她也知道我們的困擾，遂改口說，「可以在複雜的狀況下改變一些變因。」但總括起來，我直覺認為這是很「學院派」的作法，並不是以「思想家」的角度來全面考量問題。

我也表達出，要有新的整體性方法，才能整體地看問題。這位教授每次都在同一個地方打轉（包括詢問我們的目的性），讓我覺得這是在浪費時間，但也彰顯了目前的瓶頸。

我舉一個例子說，即使知道麻婆豆腐的準備材料（元素），也不是每個人都可以煮出好吃的麻婆豆腐，相關的佐料配方，以及時間的掌控、火候等等，還有煮菜時的那顆心，都會有所影響。麵包好不好吃，雖然跟人如何做麵包的過程有關，但跟麵裡的菌種也有很大的關聯。

所以，與其去看「什麼樣的元素會誘發什麼樣的情感？」不如去看，固定的元素在人的不同時間或是不同當下，會誘發他什麼樣的情感。而這情感的追溯，可能是一種「歷史的追溯」與回顧。所有的情感早在很久前就已經銘記了，而在特定的場合刺激下被誘發出來，但有些過程不是直接誘發，而是一種文化及經驗式的聯想，才會產生。

古人說：「江山能改，本性難移。」但在佛家又有「放下屠刀，立地成佛」的看法。要扭轉（刺激）一個人特定的情感，這種神聖的時刻，難道可以輕易在一些娛樂性的劇場中出現嗎？

我一整天都感覺到能量不足，似乎跟地磁變動也有關聯。於是我決定這陣子早早上床。入眠時，我感覺好像有個腦波雷達（有個高頻的光點）正在掃描這個空間。我好像也跟著那個腦波，被導引進入夢中。

夢中，我來到一個游泳池，決定要換泳衣下去游泳。印象中，我已經好久沒有游泳，也很久沒作過游泳的夢了。我心想，無論如何我今晚一定要跳下去游泳。在更衣室裡，我挑了一件天空藍的泳衣後，感覺到身體輕盈，便趕緊要到泳池去。

我終於在夢中的泳池裡游泳了，卻感覺這泳池的水，不是冷的，也不是溫的，而是一種空氣的漂浮感。我用仰式漂浮了一陣子後，想要再來一遍，忽然發現泳池的水像摩西的紅海一樣被打開成兩部分。泳池管理員說，把水分到另一邊，就到有水的那一邊去游。我後來沒到另一邊游，而是到C教授那邊去。這次，因為我要幫C教授解決一個問題，他對我十分禮遇。後來，我們好像來到一座年曆錶，許多人都必須在那種年曆錶上標出每一年的重要事件，以做為歷史回顧時的聚焦點。

有趣的是，對於過去時間與未來時間，每個人聚焦的點都不太一樣。像是未發生的點，聚焦點就會在「顯物體」的移動（左腦式的注目）。但如果是回顧過去的，聚焦點就會在是否有隱物體的移動（右腦式的移動）。

地球日曆

劇烈太陽風暴已經平息，緊接到來的是太陽高電量，正接觸到紅色警戒線。人體昨日會始有倦怠無力感、暈眩、說話聽講失準、反應力失準，併今日會始生痠痛麻痺抽、電竄感，宜提前睡眠時間及提前起床時間，以助協作調整生理落差性。（來自網友的提醒）

二〇一二年六月二十日（三）｜芒種

187 麥田

傍晚，我跟七條通先生吃飯聊天，發現他正在從事一個革命性的行業，把舊家具做藝術化的改裝。我幫他算了生命靈數，正是走三六九的影響力路線，並配有七八九的權貴運，因此估計他會開創一條很特別的資源回收路線。當初，聽到他要做家具及用品再生利用時，就覺得這是一個很棒的事業，果然看到他的店開不久之後，整體經濟不佳，大家的消費力縮減，開始注重這種資源再生的管道。同時，我也發現同一條路上有一家家具大賣場關門大吉了。

他說，他最近在嘗試另一種家具改造。同時，也有兩位白天上班，晚上要學家具改造的女生來找他學習。他邀請我到他的倉庫裡去看。我一到他的倉庫，能量流一來，原本有點頭暈的狀況就暫時緩解了。

他說，原本一位只肯買柚木家具的有錢人，相當高傲，但之後變成他的大戶，因為他的家具透露出珍惜地球的愛，而且在手工修飾後變得獨一無二。我一興奮，就說要去號召一些藝術家來響應他，如果能夠有一群藝術家一起來修補彩繪這些舊家具，就能把二手家具轉變成收藏的藝術品了。

回到家後，我還在興奮中。我心想，民間有許多創意能量，正在逐漸改變人們過去的菁英思維。過去大家都嫌資源回收髒，大多不敢碰，但是我卻看到七條通先生從別人看不到的地方切入，去發展一項獨特性的產業，而且看到他開心又天真的玩，內心十分為他高興。

更有趣的是，我在他的店裡，看到一位年輕美貌的「有巢氏小姐」（白天在有巢氏上班），居然為了利用回收家具做一個獨一無二的收納櫃，開始跟這位七條通先生產生了親人般的惺惺相惜情感，難怪我看七條通先生春風滿面，頗有人氣王的架勢。有巢氏小姐神祕地拿了一個造型很特別的黑箱子過來，她稱之為「魔術箱」，要給我猜它的「前世今生」。之後，我才知道那是用兩個佛堂裡丟棄的跪箱組成的，天呀！真是投胎投得太徹底了。

吃飯時，七條通先生也跟我聊到，叫我先別賣房子，他說郭老大可能要搬到竹東，到時這附近的房價會漲起來。我心裡覺得好笑，他怎麼連這種消息都知道。我心想，其實我也沒專心在賣，一切順其自然，不過最近倒是在想，有些房間空著，不如把它整理成耳燭療室與腦波共夢的實驗室。

晚上，我看了一些麥田圈的影片。一想到團隊說要找一天去台中美術館看「藝術超未來」，我卻一點興趣也沒有，再怎麼超未來都是千篇一律的人造品，我想體驗一些非人造的、超自然的東西，或是奇蹟，或是前所未有的。艾倫・狄波頓說得好，有些人不是因為信仰，而是因為一部流傳了幾千年的經典而觸動，他是被那個「時間所承載的文字」給觸動。

做科技藝術一陣子後，真的會對多重刺激感到麻痺，想回到一種很純樸的感覺，連躺到稻草堆裡聞稻香都覺得很棒。

睡覺前，我還在胡思亂想，要是全台能夠全面停班停課，台灣人就可以提前進入光子帶，因為要上班上課的意識會阻礙人們進入光子帶。晚上，就去英國躺麥田圈吧。

結果，我在夢中沒有如願去躺麥田圈，反而是回到高中時代。我這次沒有考進明星女中，卻有個女聲說，妳應該要放棄菁英思維，到頻寬更大的平凡人身上去找一些不平凡。我一想，沒錯，到一般的女中，應該有跟我一樣不顧名利、廢寢忘食地研究中醫的同好，這些人比起每天只會死讀書的人，應該更有趣。

這才是真正的人生！到七條通先生的倉庫，自己捲起袖子來創作一件屬於自己的收納箱，或許比到藝術館裡難以理解的藝術作品，更活生生吧。

震前舒曼諧振異常的研究現狀及討論

Ohta及Hayakawa對已有的資料分析結果，從信號強度、頻率、信號極化方式及方向判斷等研究結果，歸納如下：

1.強度：正常情況下，舒曼諧振的各本徵頻率上的譜密度，隨著諧振階數的增加而降低，即一階本徵頻率對應的譜密度是最大的。地震活動引發舒曼諧振異常的典型特徵之一，是這種規律被打破，某一高階本徵頻率的譜密度顯著增強，目前的觀測現象表明異常本徵頻率為更高階。

2.頻率：觀測資料顯示，在偏移舒曼諧振本徵頻率一・〇至二・〇赫茲的頻點上也出現譜峰。有研究者稱這是舒曼諧振的頻率偏移現象，也有人認為這是一種不同於舒曼諧振的「另一種諧振」。

（摘自曹丙霞、宋立眾、喬曉林合著之文章。）

二〇一二年六月二十二日（五）－芒種

188 癩蛤蟆

昨天開會時，我提出一種劇場體驗的漢森模型（Hansen's Model），指出劇場設計就是要讓人進入一種沉思（Contemplation）的狀態，而這種狀態或許可以取代情緒的定義，把觀眾與劇場體驗的互動重新定義。我提出這個模型後，內部幾個資深研究員欣喜無比，一直向我道謝，說是久旱逢甘霖也不為過。接著，他們接手去找出更多的佐證，我也落得輕鬆，可以先來弄我的舒曼波地震預測。

我現在對舒曼波地震預測有點急迫，不但得趕快要找到預測模式，也忙著跟各地來的奇人溝通可能的理論模式。我連電影課都有點想翹課，並忙到連上課的提醒信都忘記發給大家。上完電影課後，回到辦公室已經晚上九點多，我繼續處理觀察數據。

這時，我接到S老師的電話，要我去上藍道瑪共振音樂的課程。我說，我忙著弄地震預測，他就說，其他人都不準，只有他感應的較準等等。每次我都覺得他比乩童還像乩童，都這時候了，還要我去參加外星能量的體驗。

平常，我可能心平氣和的把它當成一種調劑心情的神話，但昨天我實在是一點開玩笑的心情也沒有。人的幽默感到了緊急狀態都會消失。但或許他是對的，只是我程度太低，無法理解更深奧的道理。他要我先全部放下，或許答案就會出來。

回到家，我仔細思索最近的心情，剛開始是好奇地預測地震，到後來變成一種對地球的義務。連別人要把測地震技術拿去申請專利，我也肝火很大。地震預報社團人數加起來不超過一萬人。我想起了鳩摩羅什當年再怎麼救，也不過救了兩百人，卻有超過幾萬人死於飢荒，台灣兩千多萬人的性命，還是渺小如蝗甿？

也許我真的應該要放下。這時，我剛好看到淨空法師貼了一個訊息，也是要人放下。

我緩慢進入夢裡，陷入深沉的黑暗後，並在早上六點就醒來，總覺得半夜好像有東西在尖叫。後來，我繼續睡到八點十七分，沒夢見麥田圈，卻夢見夏日的海灘派對，感覺真棒！其中還有一段自拍影片是穿比基尼泳裝做馬戲團般的翻滾表演。但我事後覺得，那應該是用電影剪輯特效做出來的。我還夢見有人的耳朵掉到海邊，且有實況轉播。後來發現有兩片耳朵，沒人認領（可能暗指不想要地震預測）。夢中，也發現潘老師的中醫課已經結束，才有人問我，為何不舉辦了。我回答，都沒有人上啊！沒多久，我就感覺到有人靠近我，整個很接近。原本看不清他的臉，想說不看也罷，但最後還是出現了，是安哥。但早上問他時，阿布吉居然說是她。

今夜，我暫時拋開測地震時的緊繃神經，輕步往山上的小徑走去，沿路循著燈光，避免踏到因雨跑出來逛大街的蝸牛。對牠們而言，人類不經意的步伐，可能比地震還恐怖。自然界的設計原本就是十分耐震的，或許人類的居所應該要重新思考自然原始的元素吧！

在山上安頓心情後，巧遇一隻像是《浮生六記》裡才會出現的癩蛤蟆。下雨後，樹上長滿了香菇，一往森林瞧去，更增添了魔幻色彩。人的心為何嚮往魔幻？是因為人心還嚮往著不確定性……啊！夜這麼感性，我還是繼續還寫早上作的夏日沙灘派對的夢……

二〇一二年六月二十二日（五）—芒種

189 螳螂Ⅱ

昨天做完耳燭加舒曼波後，整個能量強到不太想睡覺，嘴巴一直生津液，到現在還是一樣，而且也不太會餓。今天就覺得我的臉變瘦了。

昨晚，我不太想測舒曼波，想安靜地寫及看一些東西，不過，來了個不速之客——螳螂，感覺此客有根觸鬚晃動得特別厲害，我看了一下觸鬚朝向的方位，確定是西北方。後來又來一隻，看來好像快要瘋了，一直弄牠的觸鬚，且最後還暴斃身亡，死因不明。這些畫面都被我拍下來，並剪成短片《螳螂的天線——抓狂致死的訪客》。（影片網址：http://www.youtube.com/watch ? v=oi9G2-w2-vY）

因為身體的能量很強，我一直不想睡覺，便跟網友討論一些跟地震有關的事，到最後還變成哲學問題，包括到底是「地在震，還是心在震」。

最後，為了避免把作息弄亂，我還是去睡了。這次作了穿越時空遇到一位文豪，並跟他對話的夢。這位文豪叫「叔卻然」，是排名第一家（他跟我說，他是〇〇第一大家……），而我也不疑有他，跟著他練習寫作。他一段段地謄寫他的文章給我揣摩，同時也評論我的和他的文章有什麼差異。我也清楚看到他的長相。

基本上，他的文章結構非常豐富，有陽中有陰、陰中有陽的感覺。每每讀到他的文章，我就有點產生內氣的感覺。而在夢中他形容我目前的文章，則是平鋪直敘，談不上有什麼力量。我苦笑著，那是當然的，我現在每天被瑣事煩擾，能夠抽出時間平鋪直敘已經是萬中之幸了，哪敢再奢求文字之信雅達境地。

「叔卻然」大師點點頭，他明白我目前的狀況，不過他繼續謄抄他的文章給我練習。我盯著那文字，覺得那像是會跑跳的龍，引導身體能量的氣開始流動。

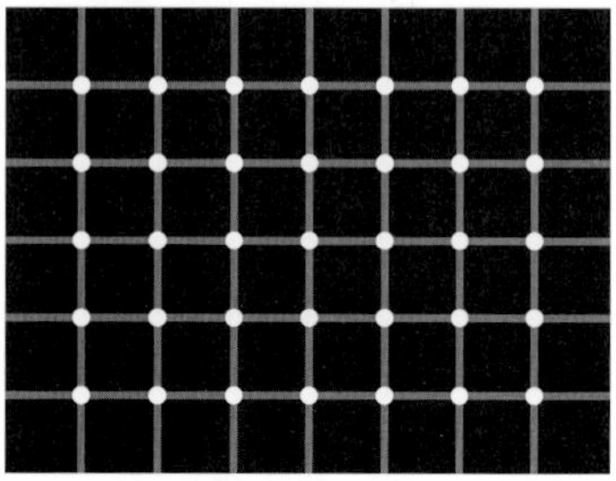

▶叔卻然的文字跟這個「有幾個黑點」的圖有點類同。

我的意識似乎是清楚的，因為我一邊臨摩他的文字，一邊也可聽到外頭的雞叫聲。我想，此時應該是四點多吧！正在想，怎麼今天會作穿越時空跟文豪對話的清明夢，原來今天是「詩人節」呀！

自從拍了《螳螂的天線——抓狂致死的訪客》以後，我開始特別注意有天線（觸鬚）的昆蟲。我也特別回想起前一天作了一個在海灘撿到兩片耳朵（暗指天線）的夢。我要再去找法布爾的《昆蟲記》，來好好看一看。

最近的夢又進到一種具啟發的階段。像是昨晚的夢，就跟臉部圖騰有關。一個組織規定以後都要把象徵自己的圖騰畫到臉上。但我覺得不妥，還把面具圖騰撕下來，準備寄到國家單位來做物證。

後來沒多久，有一個人（看不清楚臉的）來告訴我一項能量法則。他說，能量的產生都是在「高與低之間」，要我專心去注意這高與低之間。

醒來後，我想想，這「高與低之間」是指地震的能量嗎？還是所有現象裡有關高與低的不均，像是「貧富不均」中間就會有新的能量產生？

1.共振前：心腦能量普通模式頻率多且能量弱。

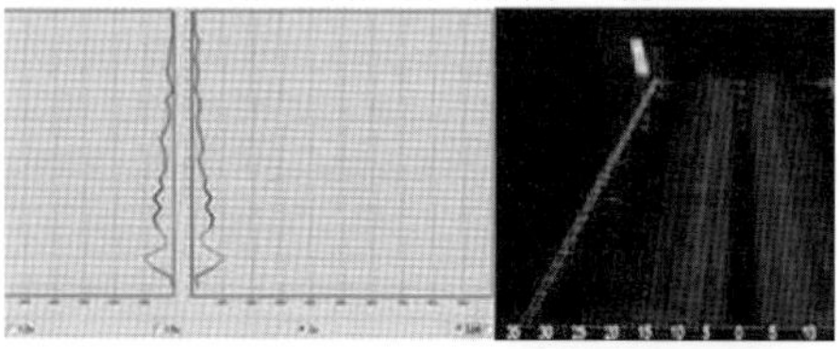

2.共振後：心腦能量強，且有間歇性舒曼模式。

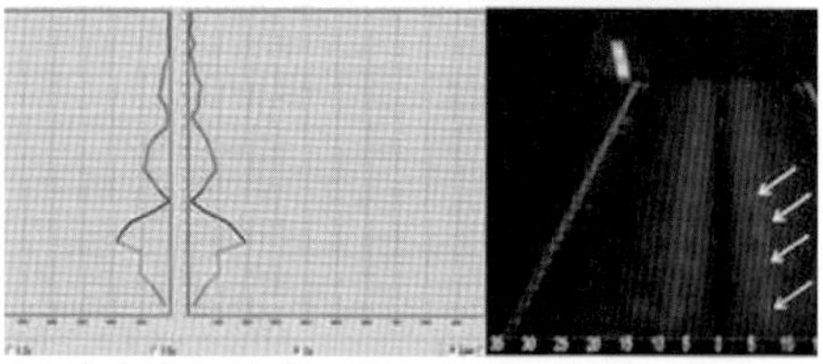

▶耳燭加舒曼波的心腦能量比較。

190 螳螂Ⅲ

二〇一二年六月二十五日（一）—芒種

今天早上看完了一部網友分享的好看的紀錄片，可了解平行宇宙論的發現天才大衛・德意志（David Dentsch），和他的理論基礎與影響。平行宇宙的概念，常被創作者用於電影或是科技藝術的表現裡，但這部真實的紀錄片更能反映出平行宇宙是如何真實地聯繫每個人。

我在想，應該沒有人比我更信服平行宇宙的觀點了。尤其是，我想要做的事，或是即將發生的事，好像都先在夢中演練過一遍。昨天夢見萬大哥，看他很嚴謹地組織一些事情。此外，我又找到一本前人留下來的古書，讓我看得津津有味。後來我們一群人還來到一個新世界，好像是在海邊的一座城堡，不知是否為「亞特蘭提斯」的世界。但是，很詭異的，有些人看得到，有些人卻看不到。

結果，今天一早在辦公室，就聽到萬大哥的聲音，大聲地在呼籲一些事情。而我也看到網友分享的一部很棒的紀錄片。同事雲跑來跟我分享她的老師對平行世界的觀點，認為是在別人身上看到自己的影子。但我卻不那麼認為。我覺得平行宇宙的觀點是自己內心的體會，是在人的意識空間裡發生的，只能好好地去體會。

我在想，如果科學家能認真研究觀落陰、內觀、催眠，或是夢的世界，或許真的能把「平行世界」的科學理論給驗證出來。

191 病氣

昨天《算愛》的兩位主角（我曾介紹J女郎二號給算命男算桃花）終於再次會面了。這次，算命男因為在台北酒店工作，背部不小心受傷，特別去關西整脊師父那裡處理。之後，他跟我們會合，吃了港式飲茶後，我帶他去給J女郎二號做耳燭，看能否舒緩他的疼痛。

兩個人見面時，因先前論點不同，還是好勝不已。為了做生意以及我的拜託下，J女郎二號親自幫他服務，不過她說，過程中，她聞到耳燭的煙霧時，會有暈眩的感覺。算命男則說，因為他們倆八字不合，所以從他身上出來的東西，她都不喜歡。

拜託，人身上的病氣，誰會喜歡呀！我都不好意思跟算命男說，他的陳年病氣飄到外面，我們都有聞到。

不過，我們畢竟是朋友，我也知道他的苦衷。一直聽到算命男說，想找個漂亮的女老師安定下來，也想要生子，但如果他一直找像酒店這種作息顛倒的工作，身邊還會有些不正常的人，如何處在能好好孕育生命的狀態呢？

我在想，或許這是他的一種選擇吧！不過，我也統計過，大致上超過四十五歲的女人會越來越獨立，而超過四十五歲的男人則會越來越想要安定、有個家，這是從男人與女人的性荷爾蒙開始變化有關。我在想，荷爾蒙作怪的程度，可能比八字還重要吧！

後來，我覺得對J女郎二號有些不好意思，便問她自己會不會排病氣，不然我再幫她排病氣。她說，不要緊。我也問算命男，他說感覺舒服，不過也只關心自己的背會不會好。

一路上走來，遇過許多自私的男人，只管自

己，不管別人，不懂得關心他人，等到年紀大後，無法找到合適的伴侶，卻只會訴諸命運。我常在想，人如果都會關心別人，命運就會開始改變，也會受到別人的幫助。

後來，我跟J女郎二號聊到，做耳燭時，的確剛開始會有覺得某人的氣場特別不喜歡的情況，尤其是有陳年疾病的人。但是，做耳燭久之後，發現人在排出病氣後，心也會跟著改變，這才是療癒的目的。

晚上回到家，我幫自己也排一排白天的穢氣後，才入夢。這個夢好有趣，我們家變成有證照的百年中藥店，目前已經沒有在賣藥了，卻還是有人上門買藥，說只有本家店可以開某些藥的發票。我說，那就看看需要什麼發票就開給他好了。後來，我看到有各種好吃的蛋糕，原來是我們在游泳池旁邊舉辦蛋糕彩繪，這彩繪活動很神奇，畫完之後就可以吃了。

游泳池是在海邊，我記得我在夢中有好幾棟在海邊的房子，這應該是其中之一吧！我帶大家參觀海邊後，也看到有人在那裡辦游泳派對，很多小孩子都天真地在裸泳。忽然間，我也想要裸泳，而且發現自己可以用意念控制身上的衣服出現或消失，太有趣了。

二〇一二年六月二十七日（三）—芒種

192 垃圾

記得有部韓劇叫《浪漫滿屋》，曾經我所住的房子也是浪漫滿屋，如今因為我一下班就往山上跑，無心整理，現在已是垃圾滿屋了。我大約有半年的時間想要視而不見，就像是要假裝看不見自己心靈的垃圾，卻每況愈下。

前天，算命男到了我家後，忽然冒出一句：「房子的氣場開始有點不一樣了。」這句話深深地觸動了我。這房子似乎在等待我去恢復它原來浪漫滿屋的樣子。

這陣子到山上，其實都睡不慣那悶熱的鐵皮屋，一回到山下的家就有消暑的感覺。此外，七條通先生也告訴我，不要賣掉房子，未來房價還會再漲。其實，在我把家裡面大部分的書跟垃圾清走後，也沒有賣房子的想法了。於是，我昨天到大賣場買了一些打掃工具，打算慢慢地把房子清乾淨，並決定在沒把房子清乾淨前，不要再到山上去了！

我發揮月亮處女座的潔癖，用溼紙巾及高級精油擦樓梯，眼看樓梯上的陳年汙垢，逐漸被我擦乾淨時，忽然有種「重新愛上這房子」的感覺，內心也為它如此不受重視而心疼不已。

我想，房子是否也跟人心一樣，當心一直放在外頭時，就沒有太多心來照顧自己的內在。而人們對近在咫尺的心，總是不好好珍惜，而一昧地追尋外部的天堂。

雖然我只清了兩層樓的樓梯，卻已是滿身大汗。洗完澡後，睡得特別香甜。我作了兩個夢，一個是遇見T兩兄弟，T的弟弟要到一家餐廳，但我卻想去隔壁的餐廳，且認為我不必跟他一樣。

（註：幾年後，我看了近藤麻理惠的《怦然心動的人生整理魔法》，果然整理是門大學問。）

二〇一二年六月三十日（六）－夏至

193 活絡丹

我常常會口出玄言與狂言，讓人以為我在開玩笑。但到後來，事實與趨勢都跟我當初說的話一致，有時候速度之快，連我自己也感到驚訝。

話說，我先前提到未來的商機趨勢，就是類似長生不老或是返老還童，例如秦始皇時代之後的皇帝，都存有這樣的幻想。沒想到不到一個月，就讓我體悟到這個商機是確切可行的。

話說，上個月無尾熊的父親曾來考察及體驗舒曼波。我看到他時，真的有點害怕，滿眼布滿血絲，整個臉色暗紅，說話口氣急躁又不耐，我都很擔心他什麼時候會中風。但畢竟我也不是醫師，不好說什麼。

不過，自從他體驗舒曼波後，感覺到有能量啟動了，再加上無尾熊定期幫他父親用耳燭處理，這個星期五下午再碰面時，讓我嚇了一大跳，這跟我先前見到的是同一人嗎？

他不但眼睛炯炯有神，而且皮膚光滑細緻，笑容可掬，開始侃侃而談，說他在台中火車站附近買了一棟建築物，要來進行醫美事業。我看到他的前後變化，只能說像是一個人分別在地獄與天堂的風貌，而且是在短短不超過一個月的時間。

這樣看來，快速讓人變成童顏美魔男跟童顏美魔女的想法不再是想像了。

今天在山上，有四位朋友來體驗與學習耳燭。每次我都會觀察體驗者的反應，耳燭這東西很神奇，沒有任何紀錄，一切都只能從體驗中學習。像是這次我們做完學習後，又幫秦先生的孩子秦小拉做耳燭，因為他說他想做，而且我看他今天悶悶不樂的。

結果，我發現他的左耳火焰比平常小很多。

我一看就發現不對勁，趕緊問他頭部有無撞到。他說，玩球時，被球撞到左腦，還感到有點耳鳴。秦小拉的媽媽在旁邊做鬆餅，一聽也趕緊過來關心。他回家後一直沒講，可能是怕爸媽擔心，於是一個人悶著沉受。

他媽媽當然擔心不已，直到我慢慢用耳燭幫他把淤氣排出來，並告訴她可以讓秦小拉吃點「活絡丹」排掉腦部的瘀血或瘀氣，她才安心下來。

這一次，我又有感而發，跟來學習的朋友分享。有時，我們拿藥給親人吃，不見得親人會吃，但是在做耳燭的過程，是一種很直接的愛的陪伴，可以讓對方真正感受到你的愛。所以，我一直很希望每個當媽的都會耳燭，能夠用這無聲的溝通來陪伴孩子，甚至可以發現孩子沒說出過的病痛。

之後，我回到山上休息，也邊用耳燭排濁氣，忽然有個靈感。我想到這次來體驗的朋友，一位下巴明顯縮小了，另一位的眼睛似乎沒那麼凸（像甲亢病人的眼凸）。同時，我遇到山上鄰居使用耳燭在肚臍上按摩，也可排肚子的溼氣。

說不定，身上的洞都可以幫忙排溼氣。如果沒有洞，是否可以使用針灸開出新的洞，再使用耳燭加強排溼氣？我立刻做測試，在接近左臀部的環跳穴及關元穴，分別扎針，並施以耳燭，果然慢慢排出溼氣。實施完後，我的腰身及左腿很明顯地變輕盈了，比單獨使用針灸更加快速有效。

這一試不得了，我好像又發現了一個人體能量的天大祕密。我高興雀躍不已，這樣針灸體燭的體系可以慢慢發展出來，對付全身痰溼肥胖的頑固溼氣。說不定，也可以局部治療特定部位的氣滯。

耳燭的應用與其帶來的針灸體燭靈感，讓我簡直要把它當成神功了。看來我要找出火神，好好向祂拜一拜。耳燭＋針灸體燭＋舒曼波，看來每個人都有變成童顏美魔男女的機會了。

二〇一二年七月一日（日）—夏至

194 環跳穴

今天早上八點多起床後，我往山下一看，發現自己可以把山下的遠景看得很清楚。我想，應該是昨晚實施針灸體燭的功效。

昨晚，我使用新研發的針灸體燭，改善身體左邊的僵硬及痠痛狀況後，原本還要繼續測試右邊及其他穴道，但因為我帶到山上的耳燭已經沒有了，所以就繼續觀察後續的狀況。

躺在床上，我感覺到左半邊的身體不只是輕盈，簡直像沒有了一樣。眼睛一閉，有好多的紫光飄動，而且可以成像。我先是看到一堆蟲子在亂竄，接著出現世界地圖，好像眼睛整個變亮，且裡面有顆水晶球可以看到另外的世界。我猜想，是因為我把燭針施加在環跳穴上，調整了整個肝經與膽經的能量，而肝膽兩經的能量跟視覺有很大的關聯。但因為左半邊太舒服了，相對地，就覺得右邊變得很笨重。

晚上，我作了幾個夢。我去當婚禮攝影師，看到穿著簡單禮服的新郎與新娘。後來，我把包包放在一間教室，還注意要把貴重物品帶走。接著我又到了C教授的實驗室，這一次我幫C教授調了一包神奇粉末，說是新實驗要完成的配方。

八點多起床時，精神超級好的，（雖然沒睡多久），一度還以為自己沒作夢，躺了一會兒才忽然想起，就記起來了。

今天就要下山了，想到可以繼續測試針灸體燭，就十分興奮。我想起昨天無意識地拿了一本針灸穴道的書給無尾熊，還跟他說，耳燭未來就是要結合穴道。感覺那好像不是自己講出來的話，而是有一個人叫我這麼說的。我原本以為那人講的是按摩穴道搭配耳燭，現在才知道完全是另外一回事。

二〇一二年七月二日（一）—夏至

195
鮪魚Ⅱ

昨天晚上，我不只吃了生魚片，還吃了史上最好吃的烤鮪魚下巴，具有多層次的美味呀。吃完後，我跑到清大對面的公園，遇見一隻很帥的清大懷生社的狗。牠躺在公園平台那裡乘涼，我也躺在牠旁邊，原來躺在路旁看天空的感覺這麼棒，尤其是這陣子氣候多變，天空的雲更是變化詭譎，相當好看。

我常想，我的第二人生就是要像這樣，不需要花費很多錢，就可以享受生活中很棒的體驗。遇見很棒的朋友，分享很棒的生活體驗，體會最棒的生活景致。

這種第二人生是效法古人。其實我還有第三人生或是第四人生。

許多大老闆（或人）有小三、小四、小五，是因為他們想要透過這種方式，獲得第二人生、第三人生、第四人生。如果真有一項產品，可以虛擬實境地讓他們進入到第二人生、第三人生、第四人生，我想這些小三、小四、小五應該會絕跡吧。不過，小三、小四、小五也不用擔心，可以參加夢境的儲備演員及幹部。小學老師最幸福，周圍都是小一到小六（從first life到six life）！

二〇一二年七月三日（二）—夏至

196 魚Ⅱ

孵夢真是一件有趣的事，你永遠也想不到一顆種子，要怎麼灌溉，才會長成一片森林。

不過，最近我有一些心得。我發現，先不去想要孵什麼樣的夢，而是去感覺最近的生活，放鬆後，看看自己的內心深處渴望著什麼。這樣先深深地挖掘情感的泥土，接著在適當的時機下播種，成功機率就很高了。

這幾天，我實施針灸體燭後，身體放鬆到像一條魚，當越來越放鬆時，就很想要回到大海去，不想只在游泳池裡游泳了。接著，無意識地就想吃海鮮，我吃了好吃的深海魚，吸收了深海的氣味，跟流浪狗躺在路邊欣賞雲海。前天，我碰到海洋大學的好友，昨天又碰到現在任職東華大學的前輩。這一連串的碰撞下，加上昨晚的風很暖和，很像海風，終於讓我孵夢成功。這次孵夢成功，前後只花三天，算是史上孵夢最短的經歷。

夢中，我約母親到一家社區飯店的泳池，但是我記錯了，那家飯店是在高雄，我卻到了一座在海邊的大游泳池，游到後來會跟海洋連接在一起。這座大游泳池裡有明星在那裡游，同時很像我難忘的游泳池，就是羅東運動公園那個超級大的游泳池，便游還可以邊看雲。

寫到這裡，我終於找到孵夢成功的線索了，而且我也發現，當孵夢的意念越來越強烈時，連白天的意念也會召喚出孵夢的土壤，把一些夢裡的要素全都在白天呈現。

孵夢，一定是未來的趨勢，以後電影院會進化成孵夢版電影院。朋友教我，如何在沒時間的情況下看電影，就是看了預告片後，剩下的自己想像。電影院應該要趕快有這項設備，電影院＋舒曼床，給你一些刺激，最後的結局自己決定！

197 夏至

今天早上去做健檢，我的身體狀況十分良好。醫師還說，我這樣的年紀，血壓居然還能維持正常，讓他有點驚訝。基本上，現在是夏至，原本就有低血壓的我剛好可以回穩，呈現漂亮的數字。不過，這些道理，我想講也是白講，便閉嘴，趕緊讓檢查結束，盡一份員工該有的義務。

昨晚，七條通先生來幫忙搬東西時，因我全身放鬆無力，只能出嘴巴。搬完後，我們一起去吃夜排檔，他告訴我說，他助手的女友懷孕了，女方的家長有意見，索取高額的聘金，他出面幫他們安頓好，並談好要準備公證結婚。我們幫忙出餿主意，說可以辦一個「義子收養典禮及婚禮」來收紅包，還講了好多要把資源捐給孤兒院和教會的事。我看到他這麼有愛心，就邀請他星期四過來，希望他穿得像紳士，因為我要幫他介紹女朋友。

這幾天，我利用針灸體燭讓自己的能量暢通，通到身體幾乎要跟空氣融合在一起。除此之外，身體感受到的訊息能量越來越強大。像昨天的狀況就很誇張，一直晃動，有點像起乩的感覺。而且感覺有很多能量在摧毀，應該是有大地震要來了。今天回家看到整片天空都是條狀的地震雲，且東北方更誇張，顏色更紅。

這種能量很奇特，是不斷的把你瓦解，讓你感覺不到肉體支撐，變成像一條魚般的人！

昨晚，我整理到一本一九九五年的日記和一堆相簿，這才發現自己以前原來是那麼的脆弱，且有著強大的不安全感。那時我二十幾歲，原來自己是花了那麼久的時光，來消除這些內在的不確定感，才跟自己的內在開始有連結了。

我發現，在二十幾歲時寫的日記裡，我的熊貓布偶還常會在裡面說話鼓勵我或跟我搭腔。現在，我的熊貓已經不說話了，代表我已經可以自處了（榮格提到內在的阿尼瑪與阿尼瑪斯，我直接變成內在的太極熊）。

到底，這些內在某些能量的瓦解，跟清理家中舊物，或是針灸體燭療法，還是地震有關？我不得而知，不過昨晚我放鬆地沉沉入睡，並在天亮時作了一個跟中獎有關的夢。

我夢見中了千萬元的彩票。我不知怎的就站在一台機器前，而這機器一直印出彩金兌換券，印到機器沒紙，螢幕上還出現總額千萬元，請保留。中間出現過詢問「要不要玩」的畫面，我心想有何不可，接著出現兩次人物肖像，我按了之後，獎金一直加倍成長。這機器讓我誤以為是跟樂透彩有關，為了確認，我跑到一台像是「吃角子老虎」的機器那邊準備要拉霸，卻看到拉霸機器被我一拉，就整個崩解。

在過程中，我清楚地發現，有一股很巨大的力量，在透過夢境告訴我一些事情。首先，第一部分是「完全信任遊戲」，而不是為了任何目的去玩，就可以帶來龐大財富。第二部分是第一部分的對比，當產生懷疑，要去確認時，它就會崩解。在第二部分的機器崩解後，我馬上就醒來了，那時是早上六點四十五分。

我一直在想，財富跟心靈的自由度是否有關聯。我記得我當初拿到五號（代表自由）跟八號精油時（代表財富），因我非常不喜歡八號的味道，所以就先使用五號精油。一直到後來五號精油用完了，才慢慢開始使用八號精油。

在作完游到大海的極度自由的夢後，隔天就作跟中獎有關的夢。我在想，是不是當心靈開始可以遨遊時，真正的財富就會開始進來，而這種財富不是「做的半死」的財富，是真正的財富。

今天看到章成又有一本新書要出版，《奉獻：打開第五次元意識 看見尊貴、美好的生活》，每次看到他的書，就覺得他的靈性和悟性是滿高的。

早上，我看了李建軍的書《中軸：人體的平衡與健美》。原本看簡介時，我覺得應該跟坊間的中醫書沒什麼兩樣，不過細看過發現內容還不錯，有把大五行跟人類的小五行做一連結。

二〇一二年七月五日（四）—夏至

198 能量I

這就是這個世界的詭譎。一方面，做完健康檢查後，說我很健康。一方面，我又感覺到自己內在有一股能量正在瓦解掉。到底哪個是真實？當然我是相信後者。

因為能量瓦解一直在持續，所以晚上到大買場買完東西，就回家早早睡了。比較有意思的是，去大賣場時，我正想著石頭老婆，沒多久她就打電話來找我了。

睡到十二點四十分時，因為夢到了很真實的地震事件，我便趕緊爬起來。夢中，有輛停在山路旁的油罐車，因為地震的晃動而整個滑下去翻覆了。之後我又到山區去看，不知是土石流還是洪水，把一群小朋友困住。我看到這景象，急忙地在夢中要記錄。但記完後就醒來了，我趕緊拿MAC要上臉書登記，卻發現無法上網，只好草草地寫在昨晚看的書《中軸》後面的空白頁。

我繼續入睡後，夢境平靜許多。許多人在搬木箱子。有一群人在分組，我原本以為是要辦研討會，後來發現是大家要分組把木箱子搬到一個大禮堂裡。當大家把木箱子擺下去時，我驚呼，不要擺，看起來像棺材（特別小的，現在想起來應該是小孩的尺寸）。

我建議大家把木箱子擺成方形，看起來比較像夜市的攤位，不會太像停屍間。大家都井然有序的，很像戒嚴時期，好像也有個最高督導。大家似乎得在這一區生活一段日子。

二〇一二年七月八日（日）—小暑

199 青蘋果

昨天下午，我作完中暑後的夢後，觀察到一隻蟑螂的觸鬚滿靈敏的。山上的蟑螂特別可愛，是不同品種的，有很可愛的小甲衣。我在觀察牠時，牠還會特別跑過來撒嬌，不像家裡的蟑螂總是很緊張。牠跑過來向我展示他的觸鬚。挖賽，還會三百六十度旋轉呢！

晚上，石頭一家人來山上煮好料給我進補，感覺真是幸福。餐後，我教小朋友們摘野草來洗碗，體驗生物鹼強烈去污的神奇功能。

中間的插曲是，聽印傭瑪麗亞說，自從貓到山上後，就很少看到蛇出沒。不過，我無意中看到一條小雨傘節，原本要抓住牠，卻讓牠逃了。

我在山上教石頭夫妻使用針灸體燭，在三陰交及委中穴施作，一般若是委中穴有小包的，大概腰腿都會無力，很難彎下腰。不過，在做完後，腰可以向下彎得很低。他們夫妻倆做完後，感覺越來越離不開彼此了。我想，這應該推廣給不孕夫妻，讓他們幫彼此互做。

後來換我被服務，真是享受，整條筋都鬆掉了，真神奇，腰也可以彎得比較下去了。

這次施作的兩個穴道：三陰交及委中穴，通包了脾經、肝經與膀胱經。施作後，可以全身放鬆地入眠。因為晚上看到雨傘節的影響，我剛開始還會看到雨傘節的影像，不過很快就看不到，並跑到一場夢裡。

在這場夢裡，大家在一間小教室裡集思廣益，要想一些展演的內容。我明明記得今天是星期日，為何還要思考這些東西，便藉故要去外面拿東西，跟同伴溜了出去。我經過一座公園，撿起地上的幾顆果子，我一聞很像棗子，吃了一口覺得很甜美，但是抬頭一望，整座公園都是漂亮的青蘋果樹。

逛完公園後，我依舊被青蘋果的金黃色所吸引，我心想，原來公園裡的蘋果樹是這麼可愛呀。回到教室後，大家還在討論提案，J提出她做的動畫，我也交出一份不知誰已經幫我做好的隧道動畫。播完後，大家異論紛紛地討論，可能還是不滿意。特別是有些企劃該出來沒出來，而有些人適合到前端卻沒到前端，還有一些天才型的創作，品質與效率卻不太穩定，有時可以很快產出，有時卻堵塞許久。但我心想，如果每個人都曾見過那片青蘋果樹林，應該都會對現在提出的創作動畫不滿意吧！

200 DHEA

炎炎夏日讀William Tiller的書，裡面提到十一次元及意念的實驗，正好能幫忙消暑。算術時最沒有能量，難怪電子計算機早就取代心算。

我終於找到舒曼波共振返老還童的基礎了，當進入到心腦共振時，人體會自動產生脫氫異雄固酮（DHEA），也就是青春泉源（by William Tiller P16，跟壓力感受性反射有關）。脫氫異雄固酮是由人體自然產生的較好，用吃的不見得會吸收。

傍晚，我們終於順利下山了。一路上，我們還疑神疑鬼，擔心雨傘節會躲到電腦袋子裡，跟著我們回家。聽石頭老婆說，雄黃可以驅蛇，但政府居然禁賣了。回到家後，我媽打電話來說，她想申請外勞，以免身體突然出狀況，但因為弟媳是大陸人，又沒有工作，好像無法申請。我除了勸她先別急，因為聽說快修法了；也在想，或許介紹個新的老伴給她好了，有了第二春後，或許人會改變。我弟媳真可憐，變成婚姻制度及爛法下的出氣筒。

我想還是早點睡，離開繁瑣的現實吧！

早點睡是有好處的，作了滿多清晰的夢。第一段夢裡，我帶D的家人去逛城市的一區，在那裡批評當地房價被仲介炒作時，馬上就感覺到有人在跟蹤，並跳出一個仲介流氓擋住我們的去路。原本以為他是要恐嚇我們，結果他是來替同行道歉的。不過我看穿他的計謀，因為他想要利用道歉時，跟D的家人哈啦，並趁機用感性的方式了解D的家人買房地產的意向。哎，連作夢都要拆穿別人計謀，一點都不可愛！

第二段夢裡，我幫一群人去演講並寫科技及應用專案，後來卻跟一位咖啡達人聊了起來。他說，這杯端出來的咖啡是不道地的。言下之意是，如果咖啡好的話，才有可能寫出好的專案。我也跟著嚐了一口。達人跟我說，咖啡不香，是因為烘焙時一次烘焙太多，這也是偷工減料。這好像是在提醒我，科技專案不要一次做太多，否則品質會降低。

第三段夢〈妙齡芳鄰之夢〉，簡直像個微電影劇本。

妙齡芳鄰之夢

首先，畫面出現一位邋遢的女子。她的父母過世後，留下一棟大豪宅給她，她光是出租給年輕人，就可以靠租金生活，不必工作。但這也讓她困擾不已，因為過去的幻影一直困擾著她。有時候，她聽到原本父母的房間傳來嬉笑聲時，她會衝過去看，以為會看到一家和樂的樣子，但定神一看才發現是年輕人歡樂的嘻笑聲。且最尷尬的是，即便她衝過去那個房間，裡面的年輕人似乎把她當成空氣，完全看不到她的存在。

有時，她會沉浸在自己的過去，甚至想像坐在情人的車子裡馳騁在高速公路上的情景。但是，這些都已經不存在，她也搞不清楚為什麼。因為有些記憶就像憑空消失般，甚至於她的父母親到哪兒去，她也搞不清楚。

日子一天一天過去，她與這群年輕人好像兩個平行宇宙共存在同一空間。直到有一天，她忽然消失了，卻來了一位妙鄰新房客。這位新房客長得像瑪莉蓮夢露，平常很少說話，但她的一舉一動卻牽動著這些房客的心思。

平常沒有人要使用浴室，但是只要新房客要使用，所有人就搶著在後面排隊使用。她的一舉一動好像在他們的宇宙裡誕生了一個新的宇宙。仔細一看，這新房客有著嬰兒般光滑白皙的皮膚，一頭金髮，看起來卻好像認識這些年輕人好久了。沒人在乎他們的房東已經消失很久，他們只在乎這位新房客。

這一天，戶外發生一件大型公安意外，附近工地的堆土機接二連三地翻覆，所有年輕人在窗台旁觀看後驚恐不已，議論紛紛，特別是翻覆的位置很靠近這棟房屋。大家很擔心，如果再次翻覆，恐怕會殃及這棟房屋。

在這危機關頭，大家想起那位空氣般的房東。這時，新房客從屋內走出來，一身比基尼服裝緊裹著她姣好的身材。她輕嗲著：「唉呦，好熱，我要去游泳了。」

眾人看到她，似乎喚起了回憶，不禁互相唏噓，大驚：「她！不就是那位房東嗎？」

整齣戲演完，我也醒來，感覺自己好像在夢裡一人飾演兩角，演得很過癮。特別是夢裡的神奇化妝術，簡直是太出神入化了。後來繼而想之，這不就是舒曼波轉化人生的劇本嗎？

昨晚，詠韻到家裡來借住，要測試腦波音樂，我則開始看剛買的一本書，是杜雯寫的《一朝天子一謀士》，裡面提到台灣許多名人及高層還是很相信風水及易理數。我突然發現，前天夢到的那位很像瑪麗蓮夢露的妙鄰新房客，跟杜雯很像，就是那種天真無邪的美感。太好了！舒曼波要創作的就是一種天真無邪、活在當下的美。

聽說李建軍幫她調整，讓她現在還是長得跟以前一樣。書中提到一段滿神奇的，李建軍說，他在坐牢時一直看到有個女人說在台灣等他，這個影像讓他撐過坐牢的那一段時間。後來他到台灣，在電視上看到杜雯，就知道是她了。

昨晚的夢很詭異，我到了一個聚集很多外國人的地方，跟很多老外一起討論，但討論的問題都是很基礎，像是買什麼名產、吃起來如何等。不過，用的是我很不熟悉的語言，聽起來像是英文，卻不是英文。

二〇一二年七月十一日（三）—小暑

201 月亮Ⅲ

昨天，要來談合作舒曼波模組的極品公司，一口氣帶了一組人，真是累死人了，因為來的人大都是重症。無尾熊幫其中之一做完耳燭，並讓他去躺舒曼波後，心臟還是會痛。

他是那家公司的軟體工程師，聽說曾經心肌梗塞過。這也令我回想起以前在園區創業那段爆肝的時光。昨天，我看他原本臉黑黑的，後來自律神經平衡後，臉也變亮了。

其實，我們幾個氣場敏感的都有感受到他的病氣被排出來了。而我更是敏感，在他躺舒曼波時，我人遠在咖啡館，就感受到一種釋放，且眼淚居然跟著一起流下來。

無尾熊打算要幫他調一調，並收集四個月的資料。他們笑說，以後如果做這計畫，就可以正當合法的利用上班時間來調身體。

我昨天遇到這種因同感而流淚的感受時，內心有些無法言喻的過程。吃飯的過程中，我接到無尾熊的電話，說他心臟很痛，也不想睡覺，他也關心著我這邊是否真的無償讓他們規劃。我大概知道他當時的狀況，那是一種「病氣」到了身上排不掉，有兩種意識在同一個身體的感受（因為我的狀況也是一樣）。我跟他說，今晚先什麼都不想，休息到意識清明後再說。

其實，我當晚不想思考舒曼波未來的營運方式，而是急著想把李建軍的書《中軸》看完，並休息孵夢，看看這種特別感覺到底要傳達什麼訊息。

有趣的是，這家公司未來要負責此計畫的徐博士，他英文名字居然叫Sky，而他們公司的商標跟自律神經交叉圖一模一樣。這位徐博士是位相當聰明且體貼的人，思慮非常清明，有條不紊，果然如同星空般清澈。通常，來這個舒曼波沙龍體驗的人，都會一起討論到生命靈數，或是分享如何開第三眼等，以及生命中玄妙的體驗。如果有這樣的體質，又期許自己做對的事的人，才有能力把這計畫做好。

現場還有另一家康寧公司（做玻璃）的人，我也跟他請教是否可用玻璃來製造舒曼波月亮床。現在想想，舒曼床的外形用月亮應該不錯，因為月球的浮力是地球重力的六分之一，會有一種漂浮的感覺。當初我要寫穿越劇時，詠韻也提出「月光寶盒」的概念。莫大大則提供一部漂浮女人的動畫，更加模擬這種舒曼波漫遊的情境感。Paul 還跟我說，可以去找新竹的玻璃工廠談談。

晚上，我想找個地方停頓放空，吃完鱔魚麵後就到了一家寵物店。在看見各種動物後，我的身體及手指居然開始自動無意識地旋轉，在旋轉過程，好像漸漸排掉了一些不屬於身體的病氣。記得當初那位腦波為舒曼波的高人（舒曼大師）也跟我說過，排病氣最好的方法，就是埋到土裡。

回到家裡，我繼續邊看書邊自動排氣。奇特的是，腳在半夢半醒間居然搭到牆上，一搭上去就感覺到有一股涼氣從腳底穿過。沒多久，我也睡了。

夢中，我成為一個周遊列國的謀士，連續兩趟，最遠到高雄，一路上幫忙提供策略。第三次一度到北橫公路中途的一家山莊。在夢的後段，我來到一間教室，此時正是大掃除時間，大家都在清潔玻璃，我也清潔自己的波璃，但是玻璃實在太髒了，我就想丟到水裡去洗。

醒來後，我好像了解一些事情，包括如何在夢中排病氣，還有謀士的那一段。我再翻一翻李建軍的書，他好像也是個周遊列國的謀士。不過，杜雯提到李建軍之前的個性較急，遇到被冤枉的事也很直言。但是，自從他父親過世後，他比較內斂，思維也更加周全，並開始潛心著書，來整理自己的思想。

「死亡果然是最好謀士。」一個人再怎麼深謀遠慮，遇到生死之關，都不免要反芻內省。看著杜雯的文字，覺得十分真誠。我回想之前在大賣場看到一系列李建軍的書，只覺得厭煩，感覺像在作秀推廣。但是一個因緣際會，我看了李建軍的《中軸》，覺得裡面有些內容，但相較於整個醫學體系來說，還只是小部分，而且在其他書裡都有提到。

大概是看了杜雯的書，了解他們的故事後，他的思想才開始吸引我的吧。不過，就整個玄學體系來說，並不算特殊。他的故事之所以吸引人，應該是他走向國際，幫這些高層權貴者洗腦的過程。他似乎有種使命是，要讓玄學意識透過這些權貴的認同，變成一塊顯學吧。

知識及專業老早都是存在那裡的，但是像李建軍那樣能讓不相信卻握有權力的人開始思考老祖宗的智慧，是他辛苦且厲害的地方。這要有上等的智慧及膽識才行，也需要絕佳的「溝通」能力。剛才，我也好奇算了一下他的生命靈數，是走一二三創意，加上二五八的公關輔助線。跟他目前的格局滿類似的。

杜雯在最後說，她的願望就是一家能在台灣團圓，在他們內湖的家，她稱它為「月光寶盒」。居然「月光寶盒」也出現在這本書上（真是同時性，我才剛跟詠運聊到月光寶盒）。

我邊看杜雯描述的李建軍，就覺得他應該是牡羊座的，果然今天一查就是牡羊座（天王星加火星）。我認識好多牡羊座的男人，都有一個無怨無悔，頗有大智慧的妻子，或許真正的大師，背後都有一個更大師的女人吧。

夢見玻璃，應該跟白天與康寧的人談事有關吧！

202 月亮Ⅳ

昨天是好友石頭的生日，我跟安哥打算在飯後順便買隻新的母兔，然後再到石頭家去慶生。一路上，安哥跟我分享煮藥膳蛋的經驗，他說，他跟秦先生試了好幾次，發現電鍋煮的比瓦斯煮的好吃，但原因不明。對做小吃很在行的秦先生，試了好幾次瓦斯煮的，風味還是不如電鍋煮的。

我邊聽他講，邊想起了前幾天作的夢。夢中有位咖啡達人提到，大量烘焙咖啡豆時，因溫度會不均勻，所以熱度無法透進豆子裡。雖然咖啡跟藥膳蛋是不同的食材，但都要利用熱力滲透到裡面，如果煮食的容量太大，可能火候或時間等就很不容易控制。但是電鍋的容量比較小，又是利用熱蒸壓力，熱力應該會比較均勻。

買了兔子後，我們在附近買了一種很奇特的月亮派。我心想，石頭的生命靈數跟月亮很有關係，加上剛買了兔子，自然而然對這名叫月亮派的蛋糕有想嚐鮮的動機。

準備就緒後，我們在石頭家巷口買一串連號的樂透彩，打算交給石頭，讓每個人說一句生日吉祥話，就分配一張。這突發奇想的安排，常常會出現驚人的狀況，特別是小孩子的創意。石頭的小女兒石小妹就很無厘頭地拿了一包大垃圾袋來祝賀他老爸，讓大家都笑爆了。

我們邊吃邊聊起大家最近的生活趣事。石頭老婆持續在家試驗耳燭加針灸的療法。石小頭最近養了蠶寶寶，石頭還準備把牠們拿去做螢光的生物基因轉殖，但我總覺得怪怪的，好像不應該這樣對待生命。我記得有次去科博館，跟一位昆蟲系的朋友聊到，在做了螢光的生物基因轉殖後，生物壽命就會縮短，因為相當於人體電池的「粒腺體」（ATP）會多耗能量，來用於產生生物螢光的酵素上，所以自然而然會減短壽命。

晚上一直聊到午夜十二點才回家，到家時抬頭一望清澈的星空，美麗的夏季大三角及天鵝座高掛夜空。清朗星空讓心念清明，也回想起石頭說的生物實驗，越發覺得不對勁。自從了解心腦運作的法則後，連會將心念放大的「因果」放大迴路也整個深植腦海裡，我越來越覺得應該把這心念放大的架構（類似非線性放大的疊代迴路）趕緊傳播出去，因為這真的會影響一個人的未來命運（改運）。

晚上入睡前，我持續看李建軍的自傳，對他的傳奇人生感到好奇，但因為實在太晚了，很快便入睡。可能因為太晚睡，夢境雖多，但比較清晰的就只有兩段。

在第一段夢裡，我似乎一直拿著一台攝影機在做紀錄，當這攝影機照著某一物體時，好像可以看出這物體的所有故事。

在第二段夢裡，我放棄正常體制的聯考，去拜訪一位兄長，我問他有否有對人生比較有幫助的書。他先拿一本教科書給我（類似三民主義或〇〇主義）。但我說，那不是我所要的。接著，他拿出一本很厚的書，裡面看似古文，卻是我看得懂的（夢中的看，可能是另一種感知）。他說，如果要看這個人的思想主義，一定要先看過這本厚厚的書。我感覺這本書是有能量的，而且跟自己有關係，是某種思想經過生命的淬煉而成的。

早上醒來後，我忽然有一種很篤定的念頭。我要隨身帶攝影機在身上，隨時把舒曼波體驗或研究的東西做影像的紀錄。另外，在看了李建軍的傳記後，讓我對於故事體驗的「思想傳記」更加有興趣。這個夢的兩個關鍵，也讓我想開始整理過去的孵夢記。（註：二〇一五年，我開始大量看各類傳記，還看到胡適鼓勵每個人寫傳記，如今看到這一段，似乎已透露自己喜看傳記的傾向。）

二〇二二年七月十四日（六）—小暑

203 雨傘節 I

昨晚，山上又出現一隻雨傘節，經過人蛇大戰，現在蛇已經暫時入籠了。而這次我克服緊張恐懼，全程錄影拍攝。現在問題來了，若捉到保育類毒蛇，必須要放生，但是放生與居家安全威脅的權衡，真的很難。其實，我們也不想殺牠，送到外面，應該也是被人吃下肚，難道沒有毒蛇保育中心可以收嗎？

我們先將這條雨傘節「小雨」，暫時用倒過來的垃圾桶蓋住。昨天牠因為自我防衛，有點受傷，還被酒精灌醉，感覺很恐怖。但今天早上，看牠安安靜靜地在那裡，忽然覺得牠好可憐，如果真的找到方便使用的治毒中藥，或許世人真的不用再怕毒蛇。

昨晚的徒手捕捉雨傘節的驚險畫面，讓我餘悸猶存。聽山上主人及任先生說，園區內還有龜殼花。看他們氣定神閒地說「好山好水才有蛇」時，只覺得我的道行還不夠。

在捕蛇驚魂記後，我整晚處於半夢半醒之間。夢境很雜亂，好像在跟很多人說話，但醒來後很難回想起來。後來，我發現自己的肚子因為驚恐及擔憂變得很僵硬，相當於海底輪及太陽神經叢整個能量嚴重堵塞，而且還是有點心神不寧。我發現原因

後，趕緊使用耳燭加上針灸，把腹部能量堵住的地方排掉後，感覺好多了。真的很誇張，一夜之間肚子變大又硬，特別是右腹，右邊主氣，應是氣整個堵住了。

對蛇的恐懼，除了真正被蛇咬的恐懼，另外就是一種無名的恐懼。

記得有次跟一位藏傳佛教修行者討論到七輪對清明夢的影響。他說，與情緒有關的太陽神經叢最容易堵住。一旦堵住後，上面能量上不去，大概也不容易有清明夢了。而經過這次體驗後，我大概也知道一些婦女大腹滿滿及下盤肥重的原因了，應該是因為海底輪及太陽神經叢能量不足，用質量來換成能量的一種人體生物性的權宜設計。

204 雨傘節 II

經過昨晚的捕蛇驚魂記後，今天提早下山。我先去洗頭，再去找認識的中藥房劉老師那邊，配朋友給的毒蛇咬傷內服及外用藥。雖然在山上或查網路資料都知道，現在若被毒蛇咬到，只要馬上送醫去打毒蛇血清就沒問題，但是我覺得必須按照古老方子走一遍比較安心。

洗完頭後，美貓男跟美貓女建議我梳一個復古造型的頭髮，高高的髮髻，一度讓我覺得真的好像變成古代人了。連進車子要開車時，都忘記頭上有一包。

進到中藥房裡，我還真覺得自己變成古代人了。

1.祛毒散

岐天師方。內治蛇咬瘡毒。

白芷一兩、生甘草五錢、夏枯草二兩、蒲公英一兩、紫花地丁一兩、白礬三錢。

水煎服，三劑全癒。

（圖左上角那三包，上面白色的就是白礬。）

2.蜈蚣散

白芷一兩取白色者、雄黃五錢、蜈蚣三條、樟腦三錢。

各為極細末，以香油調擦腫處，隨乾隨掃，蛇毒盡出而癒。

我一邊配藥，一邊坐上藥房的高腳椅，感覺古代的吧檯也不過如此。劉老師一邊配，也一邊教我每個藥材的單方用法。後來他還建議我，買些硫磺粉撒在戶外，可以防蛇。

帶著三包內用藥材及一罐色澤非常美麗的蜈蚣散在身上，感覺心裡踏實許多，被咬幾次都不怕了。因為雄黃的顏色是漂亮的橘色，配上白芷等藥材，看起來還滿像化妝用的粉底。我也跟劉老師說，他活了這麼久，應該第一次有人要求他配這個藥吧！我則覺得自己在進行防蛇演習，有演習就安心許多。

從晚上八點多一直配到十點多，感覺好像穿越古代。很久以前我還曾想過，雖然我沒有很喜歡當醫師，但是要是有家中藥店，來當個中藥店老闆娘，應該還不錯。

搞不好，以後這種傳統中藥店會變得比豪宅還要稀有，我們只能在影片或是古裝劇才能看到。

二〇一二年七月十六日（日）－小暑

205 雨傘節Ⅲ

昨天買完藥、寫完日記，再利用針灸體燭把全身的壓力都釋放後，大概一點多了。完成後，全身再次進入鬆軟的狀態，也很快就入夢，終於出現清晰夢境了。

夢中，我好像在某一處書店還是咖啡屋，討論一些國外期刊或著作，也看到一些DNA用於人類情感的相似性。我記得DNA有很多類似垃圾DNA的部分，卻還是必須存在，這讓很多科學家感到困惑。跟人類情感一樣，有很多不必要的垃圾情感，卻還是存在。

後來我被「拋到」一個展覽館，有一群工作團隊負責參觀導覽介紹，整個過程滿冗長的。最後，忽然有一位修佛的同事，畫出一個五星，然後說出一串話。我剛開始聽不太懂，卻覺得這是關鍵，趕緊跑去找他再問一次，他邊畫邊說：「情義理法天。情生義，義生理，理生法，法生天。」我記下來後，覺得很有道理，雖然在夢中無法更進一步解析，但是總算先記下來了。

接著，我又看到一個人，跟我講一個準則。他高舉兩隻手，用三個連續的雙手動作，分別表達「我很空閒（雙手一攤）」、「我在玩」，以及「我在指揮」。我看完這三個類似手印的雙手動作，頗會心一笑，接著就醒來了。醒來時，元氣飽滿，把前幾天的睡眠給補回來了。

上班開車時，我一直想著這些夢的延伸意義。我想，還是跟這次的捕蛇事件有關。雖然這個突如其來的事件暫時打亂了我的生活步調，我卻從這一件事看出人類情感的演進。

對蛇之類的無名恐懼，就如同「情義理法天」一樣，先是本能地產生恐懼之「情」，也因為潛在的危險性，而生出想要保護他人的正「義」，但是在抓到蛇後，開始進入思索萬物本性之道「理」，希望想出一些合理的方「法」去做未來的因應。但最後這些方法，都會遵循「天」的法則。就像聽山上主人說，蛇怕狗及鵝糞，後來也聽到可以種過山香驅蛇。我想，或許可以留下那條雨傘節，研究如何與天敵共存的道理！

「情義理法天」好像是人面對萬物時不同時間尺度的過程，也是一種不同空間尺度的觀看。由此，我實在太佩服「夢境大神」，能夠透過五個字就把這些道理啟發給我，像是最後的手印，也有一種「無為似有為」的感覺。

（註：後來，我居然於二〇一六年在蘇東坡的《物類相感志》找到用薑黃就可以驅蛇，而且J女郎也跟我說，這是早期農村會用的環保方法。）

二〇一二年七月十七日（二）—小暑

206 西瓜

最近有一堆人感冒。先是坐在我左邊及後面的同事上呼吸道感染，戴口罩戴了兩週。接著慢慢蔓延開來，我的位置就好像死棋一樣被封住了。昨天下午開會討論觸覺語言與技術應用時，才發現整個辦公室已經全部淪陷了，我僥倖成為倖存者。

不過，最近大家在紛紛擾擾談天龍國若進駐癌症照護所的話，癌症會傳染這件事情，我卻一點都不相信，體功能弱才會中標，內心越恐懼，使得心腦能量弱，則體功能越弱。認真來說，每種負面能量都會影響，但是重點是每個人有多少正面能量，可以讓自己的能量維持在一定水平。幫癌症病人做耳燭時，就很明顯感覺自己吸到病氣，但是只要懂得排出去的，就沒問題。

舒曼大師就曾告誡我，不要經常接觸負面能量的人，會影響到自己的能量。但是我覺得，能夠學會在接觸負面能量後，懂得把這些負面能量轉化及淨化，才是人此生的功課。

至於那些相信感冒會傳染，卻不相信癌症也會傳染的，其實是五十步笑百步。

這一切的原理是因為整體氣候，人處在同一節氣裡，總會被影響。像是以前常有案例說，同一間監獄的女子或好朋友，月經來的日期都一樣。真正的原因是，一起坐牢後，生活作息的規律比較一致，就回到正常。而正常的月經週期，就跟月亮滿月週期一樣。所以，不是因為關在一起的原因，是因為生活變規律了，符合自然的規律。

記得研發舒曼波那一整年，每天早晚做實驗，那一年的SARS很嚴重，我一點事也沒有。昨天淋了一些雨，我趕緊用耳燭狂掃，今天應該沒事。我想，今年有這兩項法寶強身，加上桂枝貴人湯，應該可以安心了。學中醫後，已經有將近五年沒使用過健保卡了。

所以，昨天開會時，大家都死氣沉沉，我還蹦蹦跳跳的。不過，我昨天的致命傷就是吃了太多西瓜，因為我吃了西瓜後，就感覺腳開始水腫了。後來用兩根耳燭加上針灸，今天早上就消了。

昨天談到的有關「觸覺語言」的議題，我整理一下自己的看法。

觸覺語言似乎是語言發展前期的母胚，是在「口說語言」（verbal language）未發展完成前的主要溝通方式。如果從人類的腦波基值波來看，低於十赫茲以下的腦波動也都跟觸覺有關（大腦的頂葉跟此有關）。因此，在小孩子的囟門未關閉前，觸覺是他探索外界很重要的溝通語言。

許多哺乳類動物都保有「觸覺語言」的溝通方式。小狗、小貓依偎著，猴子互相抓癢，還有人類較親密的舉動，包括擁抱或是拍撫。

有關海洋意象的聯想，是跟觸覺最有關聯的地方。畢竟我們出生前所待的羊水，就是全然地被包覆在一種柔軟的觸覺環境中。但是隨著「口說語言」在人類成長中占「顯性地位」，「觸覺語言」似乎就退居到「隱性地位」。

但是，如果利用海洋意象的場景，將原本「隱性地位」的「觸覺語言」與「顯性地位」的「口說語言」，做一種角色置換或放大隱性的功能，將會有意想不到的互動意涵。

一個具體的實施例子，就是體驗者在進入時，先以標準口音錄下一般語音可辨識的系統，經辨識後，傳到觸覺互動裝置。這時，體驗者或是體驗者的夥伴可以用自己想要的「觸覺語言」將它「觸發」出來。整個機制就好像是，自己的口說語言變成基本文字稿，但靠著身體的「觸覺語言」，像是播音員一樣給播放出來。

語意翻譯或解釋的最大瓶頸，就是演算法複雜。即使可以用很棒的演算法分析，前置的個人聲音訓練及資料庫比對，就會花費相當長的時間。辨識率也會因為文字的屬性內容是否為預設，而有很大的落差。舉例來說，如果是辨識冰箱的物品，因為種類有限且為日常物品，辨識率可能接近百分之百。若是要辨識中醫或古文詩句，可能辨識率不到百分之十（我就曾用商用IBM Voice辨識一般口語及文學語句，辨識率相差很大），更別提要利用在即時的互動上。哈哈，這也是好事，表示即使你是世界上最不會溝通的人，還是比超級電腦強。

最後談到「觸覺＋語言」是否會碰觸到身體及文化的禁忌。這是一定會的，像是最近的電影《熊麻吉》內容有些兒童不宜的聯想，這方面的提醒是要加入設計考量的。

像是有一款「觸覺＋語言」十分吸引人的沐浴乳大剌剌地擺在大賣場，看到那奧地利詩人里爾克的詩：「我確定地意識到你的存在，完美的玫瑰啊，那歡愉的你心與我心，從此零距離。」浪漫地貼在粉紅色的透明瓶子上，才知道自己很久沒有臉紅心跳的感覺了，當場也淪陷買了一瓶。不過經過網路調查，也知道這一款賣得很好，相信觸覺語言設計得高雅及熱情，也會成為暢銷商品！

晚上回家後，我用那瓶新沐浴乳洗澡。浪漫的瓶身加上那首詩，讓我全然放鬆。因為太舒服了，把我金星雙魚座的氣質給誘發出來，晚上很感性地寫完一首詩就睡了。

夢中，我看到朋友阿May說要跑步，我心想，在夢中跑步可以繞到很奇特的地方，因此也想跟著她跑，不知是否因為我在睡前按摩小腿肚的關係，跑起來特別輕盈。後來，我們來到一個校園，遇到石頭夫妻。他們說要騎腳踏車去玩，但是很奇怪，當我一騎上腳踏車後，我的後座忽然疊了好幾層樓的書，我怕邊騎邊搖晃，索性就不騎了。我邀請石頭夫妻到我的公寓去，說那裡有扇很奇特的窗戶，可以看到雲海。我們上了公寓，但是方向不太對，我們用餐的地方剛好無法看著窗戶。不過，我像小叮噹一樣，拿出一面大鏡子來。我說，擺面鏡子就可以解決方向的問題了。

結果，這面鏡子好像一顆水晶球，讓我們看到一大片雲海，是非常規則的條紋狀，明顯就是

「地震雲」，我心想不妙，這麼大規模的地震雲。難怪剛剛我要騎腳踏車出去時，發生一堆怪事情來阻擋我。

夢中的元素，跑步大概跟睡前按摩有關，至於地震雲及暗示哪裡都別去，就等接下來觀察看看。不過，腳踏車後面一堆書，還真的代表我現在要趕緊修改論文及一直耽擱沒空寫的新論文。

過去若是提到DNA與情感有什麼關係，我是壓根不會去聯想到。但是這次在雨傘節事件後，讀了《靈魂轉生的奧祕》（吉娜・舍明那拉著），內容是關於凱西靈魂轉生的傳記，我開始感覺那些垃圾DNA是要儲存累世靈魂的記憶。就像一顆高容量硬碟，你以為你已經格式化了，但是有些磁軌還封存著過去的資料。

這些「垃圾DNA」就像宇宙的暗物質與暗能量，無法利用現代人的方式去讀取，而是必須靠一些特殊的存取方式才能讀取，像凱西就是屬於這種有特殊方法可以讀取「垃圾DNA」的資訊。若以現代的「DNA序列讀取技術」要獲得DNA編碼訊

雨傘結

傍晚忽然下起了雨
遺忘了雨傘
卻想起了留在山上的雨傘節
心中油然而生一種無名悲淒

為何在這世何苦背上一種
無以言說的毒名
上帝是造物者的話
是天生要他從此遠離人群
那麼為何他還要執著
向著那人群聚

雨傘節呀！雨傘節呀！
是否此生仍有
那無法收傘的
情緣！

息，也必須經過多重複製，產生大量的分身後，才能被世人讀取。所以如果你的思想要被世人讀取，一定要製造大量分身。就像寫書或是傳播一樣。而人類過去對各種事物的恐懼記憶也同樣存在裡面。

劈里啪啦的，趕緊把凌晨的夢和想法寫下來。其實，我也不清楚這是不是自己的想法，好像有股聲音一直在旁邊叨叨絮絮的，而自己只是聽打員。但，無論如何，總算寫完了。捕蛇後的恐懼緊張心情也平復了，生活又要恢復到寫論文、整理資料的常軌了。

這次的雨傘節事件終於落幕，真是一場「震撼夏立營」！

二〇一二年七月十八日（三）—小暑

207 星空

昨晚到麥當勞做晚間閱讀，看了一本雜誌滿有趣的，提到如何進行退休後的嗜好規劃，還有兩位曾經遊巴黎的人分享他們對巴黎人的看法。其中一位是外交官楊子葆，聽說他還寫過一本書叫《看不見的巴黎》。我發現楊子葆非常幽默且觀察入微，難怪他可以當上外交官。後來看到他填寫的「普魯斯特問卷」，其中有好幾項居然跟我想的一樣，讓我也開始對楊子葆的書產生興趣。另外，看到訪問李大仁（陳柏霖）的專訪時，也對新世代的陳柏霖有不一樣的看法。

這裡專訪的人物都提一個「很法國人」的特色，就是不管他人說什麼或現況是什麼，我就是要不一樣，而且就算是笨到死，也要請他人尊重我「笨」的權利。

我看到這些論述後，簡直是笑翻了，好像台灣許多單位的寫照，看來我們都不需要到法國去體驗法式文化，只要學著如何允許自己的「笨」，與尊重他人的「笨」，就可以體驗巴黎文化了。

不過，在看到如何進行退休後的嗜好規劃時，我倒是沒仔細想過這一點，因為我始終認為我現在做的，就是退休後想做的。幾年前，離開工業界後，我就立志下半輩子要朝右腦的路去走。所以，我現在大部分的工作就是在進行我的第二人生了，實在沒想過退休的事。

但如果說真有一段長時間、隨心所欲的不用進辦公室的生活，我想我還是會跟二〇〇二年那樣，過著大部分以咖啡館為辦公室的生活吧。寫作或是看書，晚上再盡情地孵夢，這應該就很不錯了。雖說我也想拍電影或是創作，但是這類創作都必須要在一種強大「心理動力」的狀態下，才能水到渠成，所以事先去想，實在多餘。

但是，每天作夢並記錄下夢境，一直維持到老，是生命中心理動力背後最大來源。特別是到了老年，可能因為體力或疾病的關係，就連統計上也稱進入老年後夢會開始變少，接著就步入寂靜與平靜。或者說老年的欲望變少，夢所代表的滿足欲望動機可能也變少了。

無論如何，我的想像力不太夠，無法去想二十年後的自己。其實，就算相差五年，自己的內境變化也是相當大的。

回到家裡後，我嘗試一種溫灸棒與耳燭的新療法，看能否加速排溼療程。實驗完畢後，我就進入睡眠。不過，可能火力太大了，我覺得有點燥，應該還要搭配一點「泄」的能量。

因為火力十足，我的夢境很清晰。我來到一家規模雖小卻五臟俱全的旅館，雖然外觀不起眼，裡面卻別有洞天，有個可以觀星的閣樓。我挑了一張觀星床直接躺下來，感覺跟星星互融在一起，星星的能量是微冷的，很平穩的波動。平常若沒注意，可能會忽略。

我們一般習慣的是人間的波動，是人的體溫，但這種星空的溫度，好像能讓某種意識展開連結。

我發現有兩位教授也進來這家旅館。我有點好奇，他們為什麼會進來這家小而不起眼的旅館。我聽到旅館人員招呼他們，還稱他們為院士，看來位階不小。一位是天文系教授，另一位是電機系教授。我原本以為我會跟那位天文系教授有對話，沒想到卻是那位電機系教授跑到我的觀星床來，挨到我旁邊，跟我一起看星星。

這位電機系教授，長得還滿像楊子葆的。且兩人挨在一起看星星，馬上就能比對出人的能量與星星的能量，在本質上很不相同。人的能量好強烈，感覺有很多的欲望，像非線性孤立子的脈衝波動一樣輻射出來，而星星的能量比較像平行波或水波，是平穩包覆、融入的感覺。

在看星星的過程中，忽然間，我好像在夢裡理解一件過去在儀器開發上的瓶頸，應該是跟微型鎖相原理有關。

接著，旅館外面開始變得紛紛擾擾，然後跳到一個畫面，好像是附近的紅燈區發生了糾紛。我便走出去大聲嚷嚷，似乎是叫他們不要太吵，接著就醒來了。

二〇一二年七月十九日（四）—小暑

208 腦

昨天下午，我參加碩士學生的論文口試，同行的口試委員還有台大心理系的認知研究與台大醫學院職能研究所的教授。碩士學生的論文內容是研究腦波情緒的分類器。實驗過程雖然十分嚴謹且按照正常流程進行，分類器的演算法是用SVN及KNN演算，刺激源是使用IAPS的標準正向及負向刺激圖片，但實驗結果卻發現每個人的狀況都不太一樣，分類器的顯著性並不是太高。學生發現可能跟刺激源與每個人的生活文化背景有很大的關聯性，也希望未來朝著憂鬱症的患者去進行分類。

台大心理系的教授也滿同意這點的，他表示過去他們使用IAPS的圖片，有關性方面的測試結果，並不如IAPS分類的喚醒（arouse）等級高，他猜也有可能是東方人對這方面比較壓抑。所以國內這些情緒研究計畫的人，才提出要建立台灣的TIASP資料庫，但資料庫目前尚未開放（註：大陸已經建立了CIAPS資料庫。）

台大心理系的教授提到，正負刺激除了跟強度有關外，也可看反應時間；反應時間也是情緒偵測很重要的一項指標。我補充，即使過去沒有生理訊號，榮格在對他的病人進行情結測試時，也會觀察病人的反應時間，來看看是否為情感的「情結」所在。所以，反應時間原本就是心理學或精神分析常用的方法。

另外，當我提出，反應時間也可能發生在刺激源發生之前，也引起大家的好奇關注，這部分是屬於「直覺反應情感」的相關研究。研究發現，早在正負向圖片真正被人看到之前，人早就感覺到了。

輪到我講評時，我看著辛苦卻有點茫然的學

生，我回想起自己之前的恐懼經驗，希望不要用細節與瑣碎的技術問題綁住他。以下便是我對他的分享。

○○同學，首先我要非常恭喜你，完成這篇腦波研究的論文。你非常幸運，能在二十幾歲時就進行這類研究，不像你的師長們，都在中年以後才有機會進行。我要分享的是，當你在很年輕的時候就研究了腦波，你未來的人生觀一定會有很大的不同。不管以後是不是在實驗室，都可以更有科學的背景，去輔助你觀察人的行為與社會。

過去腦科學的重大發現，都是在研究不正常的人，不管是腦殘（腦病），或是具有潛能的特殊人身上，也就是屬於一群特殊的控制族群（Controlled Group），才得以看到有所謂「顯著性」（Salient detection）的變化。就像過去威斯康辛大學的Davidson教授，也是在一群喇嘛之間研究，才可以看出比較顯著性的正向情感腦波變化。Leberge研究清明夢，也是自己要能作此夢，並招募一群會作清明夢的人。

你目前所招募的受試者，大多是同校研究生同學（八位），為一般正常年輕人，而且特別是偏理工科系的，對於情感的融入並不是太容易表達，因此除了要考量刺激源的問題，也要特別選取你所要研究的特殊族群的腦波。年輕人也不像中年過後，歷經人生百態，對情感的刺激與反應有更加敏感的反應，當然性別與族群也有不同。

從目前的樣本看來，還不足以去評斷分類器設計的好還是不好，因為尋找各種腦波特徵的狀況，就好像考古學家，用一個「未知」的工具，去忖度「未知」的古物。到底是真的刺激源的問題，還是分類器演算的問題，或是受試者的問題，其實都有可能。

不過，因為你提到未來的實驗，是要到醫院進行憂鬱症的研究，如果時間與精力有限的話，可以朝向跟一位患者進行長期的追蹤，因為發生在同一人身上的變化，比較有相同的基準，能較快定位分類器的動態範圍。而且一個人的主觀描述比較有機會做前後呼應。或許腦波研究應該朝向以「特殊個體（個人）」長時間追蹤的不同刺激狀況，才有可能找到顯著性較大的腦區及分類方式。

如果說，研究腦波的目的是去幫助一個人，這樣長期的追蹤，也比一下子找一堆「非特殊個案」的人來做統計，更有實際的效用。要像人類誌研究學一樣，時時記錄觀察整個行為的演進。

我覺得，不是只有實驗的步驟都做對就好，還要重視整體實驗的「邏輯性」。就像醫院常常說，「手術一切順利，但病人卻死亡」一樣。腦波研究也是如此，要擴大對人在不同尺度上的思考，方能得到想知道的腦波祕密。

另一方面就是「冷靜的熱情」，研究腦波這個領域，若沒修行，很容易內傷。因為大部分的人會因為透過測量生理訊號或腦波，掌握到一些自以為的真相，就會產生執著，反而看不到做腦波研究及傳遞腦波的真諦，而常落入「我做得這麼辛苦，為何還要受到質疑，甚或提案研究時，常會被人詢問未來的應用價值，以及可以賺多少錢等」這些世俗的窠臼中。

如果真能擺脫這些侷限的想法，那麼，慢慢地，研究腦波的過程會成為你這一生中很大的福報。因為這個領域是相當豐富的，要靠心靈思維慢慢地灌注。

我也問到主考的劉教授為何在機械所做腦波研究。他說，他在他們所內做這個研究也屬於異類，不過看得出來，他是屬於「冷靜的熱情」的人。我看看他的髮旋，職業病又出來了，難怪機械所的他遲早會做腦波研究。

昨天口試委員會結束後，我跟這群教授聊得很開心。大概是我們這波中世代做腦科學的，通常比較獨立、沒有太多資源，因此互相合作與討論激盪的火花就比較多。原本要一直聊下去的，但因為劉教授還有另一位口試學生，我們就暫時停住，再行約時間。

今天是七條通先生的生日，我們和J女郎二號、美貓女，到附近一家居酒屋慶祝，大家還點了最夯的十八天台灣生啤酒。

因為是慶生會，再加上一天下來的緊張氣氛消失了，原本不喝酒的我也拋開束縛，喝上好幾杯，美食加上微醺，讓我感覺輕飄飄的。看到七條通先生與J女郎二號情投意合，我的腦袋中不時出現他們倆結婚的心像，聽到他們相約要成為我第一對「夢境太空船」的太空人，我看，就來幫他們訂製一套「太空婚禮」，看來「夢境婚禮」是未來既環保又沒負擔的商機。

回到家後，因為酒精的關係，我還是輕飄飄的，而且閉眼就有踩在雲海上的感覺。但是，酒精的作用對夢應該是有殺傷力的。前面的睡眠處於昏沉無意識中，一直到天亮醒來再度入睡時，才作了一段夢。

夢中，出現以前的林姓同事。他現在跑去當「建築古蹟」的修復志工，這個計畫叫「白朗寧計畫」。他非常地熱情說，他在修復的是「徐氏的古蹟」。我很奇怪，他姓林，為何不是修復「林氏的古蹟」，而是「徐氏的古蹟」。但是，我還沒得到答案，就醒了。醒來後，我發現自己全身沉重，應該是喝酒的後遺症。

不過，我越想越覺得，有關古蹟或考古的說法，正是我白天關於「腦波研究」的比喻，特別還有分徐氏或是林氏，不就很明顯嗎？

接著，我在下午時才發現，為何夢中要叫「白朗寧計畫」，「白朗寧」念起來不就是「Brain」嗎？還有為何要先修復「徐氏的古蹟」，而非「林氏的古蹟」！（是指要先找姓徐的人嗎？）

我覺得每項技術應該有它未來發展的願景，就像我閉眼會看到，七條通先生跟J女郎二號的結婚照一樣，我或許應該多閉眼冥想。還有，如果技術一直沒有被提出來討論，它就跟死了一樣，會被塞到倉庫裡被人遺忘。所以如果要這項技術大賣，就要發展一千零一種方式來表達這個技術，千萬別覺得煩。

如果要賣一款貓耳腦波帽（或是舒曼波，或是耳燭），你自己是否愛上它？每天都會戴（用），是否可以讓它變成你親密的枕頭一樣，如果連我們自己都不喜歡，怎麼說服別人來買？

當大腦產生一千零一次連結後，就會對這件事物產生情感，到時候感覺一定很不一樣！

我連續幾天想著雨傘節，連作夢都在想，後來居然非常同情牠了，希望給牠一個好歸宿，連恐懼都沒有了，情感轉化後，命運也會不一樣。

昨天參加論文口試審查回來後，我在想是否未來可以利用腦波來挑選演員？腦波比較豐富的，或許特別適合演戲（像是木行腦波，或是火行腦波），就像西遊記那四個主角，分別是孫悟空（β波）、豬八戒（α波）、沙悟淨（θ波）、唐三藏（δ波），各種波都有，戲劇才有張力。若全片都是沙悟淨（θ波）就會很悶，但若全片都是猴子，大家看了也會中風。

永遠都有人在同時間「想」得跟你一樣，重點在於誰先做出來並有好的工具傳播出去。這種事情在我們周遭經常發生，創意老是被他人挪用。但是，創意離開原創後會消失它的生命力，如果沒有原創繼續餵養及呵護，最後出來的東西就不是原創者想的那個模樣。其實經營各種展覽館，只有科技跟人文的整合是不夠的，要直接變成服務模式，收門票都好，不然真的會變成蚊子館。

二〇一二年七月二十日（五）｜小暑

209 羊肉

我要寫給赫芬頓郵報（*The Huffington Post*）的稿件，交給英文顧問修改回來了。為了這次的邀稿，我花了一些時間研究這家位於紐約的郵報。原本我以為他只收納美國境內的專家文章，經過這次才了解，他們也會透過國際的相關專業協會，來發布比較宏觀的專業專欄。原來美國企業吸收全世界各地的人才來為它們的媒體效力，而影響全世界，這應該是受到其為文化大熔爐的影響。

我仔細看了一下，這家網路郵報成立不到五年。創辦人是個滿有正義感的希臘女強人。希望這麼有包容性的郵報可以接納我那清狂不羈的「清明之夢科學研究」。

星期四晚上是夜市日，我總是很喜歡觀察夜市裡的人生百態。最近，我剛好在思索如何讓自己在一千零一次練習後，變成某一類的專家，而夜市似乎是很適合的觀察地點。像是這次來了第一次擺攤的羊肉麵攤，其炒菜的流程整個亂掉，不僅忘了拿青菜，也沒把羊肉跟沙茶炒勻，讓沙茶味透到麵裡面。就連一盤完美的炒羊肉麵，也是經歷過一千零一次的練習。

Rayleigh Ping-Ying Chiang, M.D. Become a fan
Director, Sleep Technology, INSIGHT (Innovation and Synergy for Intelligent Home and Living Technology) Center, National Taiwan University

Shu-Hui Tsai, Ph.D. Become a fan
Industrial Technology Research Institute

Rita Carter Become a fan
Chair of Public Advocacy Committee of ISSTA

Sleep Science Next: The Extreme Lucid Dream Consciousness

Posted: 02/05/2014 1:47 pm EST | Updated: 04/07/2014 5:59 am EDT

202 Like 62 Share 30 Tweet 8 LinkedIn 1 Comment

Sleep is a complex business. While dreaming, your brain is as active as when you are awake, and the varieties of sleep experience are broad and wondrous. And sleep matters to us. We worry about getting too little, fret about not being able to do it and suffer when it goes wrong. Yet sleep research lags way behind other areas of neuroscience.

One reason for this is that sleeping subjects can't report their experiences. Even dreams, however dramatic, tend to drift from memory like wisps of smoke. It is also very difficult to look inside a sleeper's brain. Functional imaging machines clatter and clang and "helmet"-type imagers defeat any attempt to put your head on a pillow. The only practical way to measure brain activity in sleep is by using EEG, which charts the differing waves of neural oscillation in each part of the brain as it shifts from state to state. EEG involves sticking multiple electrodes on the scalp and is hardly conducive to sleeping like a baby. Many studies, though, demonstrate that it is not entirely sleep-defeating either.

▶2012 年邀得稿件，後來於 2014 年《*The Huffington Post*》發表的專欄：〈下一波睡眠科學—清明之夢意識〉。

晚上的夢記得有四段，但是只記得兩段的內容。其中一段是巨蟹男跟雙魚男，這兩位以前的朋友，居然出現在我的傳記裡。

二〇一二年七月二十一日（六）—小暑

210 蜜蜂

昨天真是忙翻了，也忙得好帶勁。上午有合作廠商帶一票人來體驗舒曼波床，並開始規劃接下來的行程。無尾熊說，他算一算計畫經費與成本，大約為八台一千萬元左右。我笑說，太好了，就這個價格，剛好是我先前夢到的數量。

有無尾熊的加入與帶領舒曼波量產計畫，讓我十分心安，也相當感謝他。有一群志同道合的夥伴一起做對的事情，感覺能量滿滿。無尾熊好有趣，他幫每個人做完耳燭後，就常露出爆笑且戲劇性的表情，表示很滿意他的作品，同時冷冷地說：「耳燭怎麼有這麼多的副作用呢？包括讓人變年輕，眼袋消失。」我也在旁邊搭腔：「還有一個最大的副作用，就是做完耳燭後，大家都愛上你，不能沒有你！」所以，我們很鼓勵夫妻或是親子們能夠一起學，並互相幫忙。

下午莫大大也來體驗，並討論未來腦波技術的整合該怎麼進行。體驗後，大家一起看莫大大的設計呈現，看得都快感動地哭出來了。原本我還在擔心設計一旦具體化，很容易被複製，但是看完這設計後，反而一點都不擔心。因為這設計太有生命力了，生命力強到讓想複製的人都會心虛。

創作者在不同階段都可能會遇到侷限，當他遇到可以讓他再次感受到新境界的事物時，會有一種很深刻的感動，而且做出的作品有一種神奇的力量，會讓想複製的人都嚇到的。因為這種創作根本複製不來，就好像莫札特的音樂，會讓他的競爭對手都甘拜下風的。這是真正的創作，感謝莫大大，讓我們見識到這作品，太感人了。

傍晚，我被叫去吃飯，一看原來是七條通先生與J女郎二號，他們倆的感情進展十分迅速，已經會私下互相幫忙了。今晚，七條通先生就準備吃完飯後，去幫J女郎二號載東西。飯後，七條通先生先帶J女郎二號去參觀他的家具倉庫。我們發現一張特殊的椅子，J女郎二號好奇那張椅子的用途。其實那是一張人體工學的椅子，沒想到七條通先生居然耍寶，把它說成是按摩椅，還把J女郎二號誘拐下來按摩。兩人在那邊打情罵俏及按摩，我便說：「唉呦，好躁熱喔！」實在是看不去了。七條通先生也真好玩，趕緊去冰箱拿些冰飲來給我解渴。

他們倆的感情進展神速，不只是因為兩人都超過適婚年齡許久，是寂寞的單身族，他們的性情也相符，都是很關心及體貼人的水象星座，有傻大哥傻大姐的感覺，但內心一點都不傻。我估計兩人應該很快就會有好消息。七條通先生也開玩笑地說，他最近剛好收到一張很漂亮的嬰兒床，就擋在門口，不準備收到後面的倉庫，因為「馬上、很快、立刻」就會用到。

今年最開心的，莫過於幫人速配成功。原來當媒人是這麼快樂。沒想到我的眼光這麼敏銳，雖然可以看到兩人的氣場很合，但是把兩人湊在一起後的火花之強大，遠超過我的想像。這種能量法則，果然是超級非線性且巨大的。我也發現，若能在透析能量法則後找到對的人，不管是姻緣或工作事業上，都可以產生很大的連鎖效應。就像這次的舒曼波體驗日，真的很奇特，來體驗的人都有一顆太陽星，這天的聚會簡直如太陽般金黃的耀眼。

不過，今天一整天下來，我真的口乾舌燥，有點心火上來，舌尖整個微紅。

晚上，看了幾頁杜雯寫的《一朝天子一謀士》後，就先上床睡了。半夜夢到左小腿被一條眼鏡蛇咬住，我趕緊拿剪刀把牠的頭給剪掉，也因為感覺像是夢，所以就醒來檢查一下。後來繼續作夢，夢到家裡出現一堆可愛的小貓，長得像熊貓的那種小胖貓。夢中感覺牠是家裡的貓生的，但是家裡的貓都結紮了，怎麼還會生小貓呢？

醒來後，覺得很燥熱，估計是心火太旺，晚一點來調養一下！

211 委中穴Ⅱ

二〇一二年七月二十二日（日）—小暑

昨天下午，我試著用針灸體燭在委中穴做示範，並在使用前後進行彎腰測試，很明顯的可以彎得比較接近地面。無尾熊老婆的效果最明顯，原本手離地約三十公分，處理後居然可以手指碰到地面。我也被服務，享受體驗。在體驗時，我感覺到整個肩背（屬於膀胱經的範圍）鬆掉，那種感覺真的好像身體逐漸融化了。

傍晚，我跟詠韻、莫大大、無尾熊一起到台北上音樂講座課程。舉辦地點暢咖啡是一個很特別的地方，讓我沉浸在一種特殊的氛圍。我就窩在後面的沙發區，享受地聽音樂。令人覺得特別的地方是，一進門就遇到一隻叫「沒關係」的小貓咪，讓我聯想到昨天的夢。老師留著一頭長髮，應該是很有自己想法的人，很中性，但也很體貼。我跟詠韻、莫大大一直在猜他的星座。而我的職業病也犯了，一直在看他的髮旋。

我目前比較有興趣的軟體是Logic Pro，因為這是可以載入影片，並搭配影片做編曲的軟體，應該對電影配樂有幫助。

除了軟體以外，音樂迴圈（Loop）的概念，其實跟賦格音樂的概念也很相似，或者說賦格曲本身就是運用到音樂Loop的概念。賦格的主要特點，是相互模仿的聲部在不同的音高和時間相繼進入，按照對位法組織在一起。

當老師實際示範Loop時，果然有種賦格的感受，這也有點像碎形幾何的結構概念。這種臨場示範，忽然讓我想到腦波音樂在未來可以類似的概念發想，先從一個固定的Loop啟動，接著，因為每個人當下的腦波不同，去微調這種Loop的變化。這樣會比直接用腦波去產生音符更好一些。

現在去聽講座，我都盡量讓自己進入到右腦狀態，去捕捉一些當下的靈感，這比起以前參加課程猛抄筆記相比，是進入到一種自動共鳴的狀態。

沒想到，今晚的夢也在強化這種Loop的概念。夢中的結構好像在進行一種Loop，會有這種感覺，是因為每作出一段夢，夢中的我就在旁邊記錄，而且強迫地加入一些新的連結。

比如說，夢中有一段新聞報導一個女孩跟另一個女孩失蹤。但是第二次報導時，變成是第二個女孩去報案，說第一個女孩失蹤。第三次報導時，則說前一個女孩失蹤是虛構的。一直到最後才發現，原來這整件新聞是假的。後來夢見一位總統被醫院的人挾持，好像也是以這種Loop呈現。

於是，同一主題都有同一架構在發展，但是每次的情節都會有不同的演化，並延伸出新的情節。我想，這跟杜雯在書中提到的很類似，北京自從元朝在此建大都後，已先建立建築風水的中軸，之後每個朝代雖然都會有所變動，但再怎麼變動，還是隱約感受得到原始的格局。

所以，不管是音樂、故事，或是夢，甚至於建築物或風水，好像都可以用這種概念去理解。而傳統的拼貼影片，現在也進化成一種動態的連環套影片呈現。

跟莫大大聊

我三十歲以前就是這樣耗，人生也不知道有何方向，但是能量的東西真的很神奇，不僅會改變外貌，也會改變心。我覺得能量對創作力也會有很大的改變，就像我看過高行健的作品後，就發現那種境界不是每個人都可以達到的。如果把精力一直耗損在世俗的作品上，是無法韜光養晦產生那種作品。要是能夠像愛因斯坦那樣，或是當個老師，藉以韜光養晦，這種模式是不錯的，到業界的確會有太多的世俗壓力！

要寫出一個對人類有幫助的腦波專利，背後的動機很重要，若能把心燈概念用於宗教祈福的腦波念力科技運用，或許是一篇很有生命力的專利。期待喔！

二〇一二年七月二十三日（一）—小暑

212 井水

假日，石頭來到山上，聊起他博士論文學位的事，猶如在洗三溫暖。原本他因論文來不及提出，可能要被退學了，但是後來峰迴路轉後，找到一條新的途徑，得以解決問題。

我記得，石頭在這段時間，還是一直潛心幫助他人。我說：「說不定幫助別人是你這輩子的使命，而拿到學位只是老天給你的紅利。」我想要說的是，幫助別人時，會產生一種心腦開啟的狀態，這時候，特別容易接到一些平時不易開啟的能量，有助於洞察事物，反而很容易找到解決問題的捷徑。

所以我跟石頭開玩笑，當他遇到別人的不公平對待，或是各方面進度被耽擱時，先不用去管它，

左右

左與右　是心靈誕生的雙胞胎
讓　愛的EPR悖論　給拆散開
一個往左　往獵戶星座
一個往右　留在地球苦守
左心痛　右也跟著悸動
右迷惘　左也跟著困惑
你是否還在左右我的心　左說
只要你需要　我常伴你左右　右說
如果有一天　左回到右　蝴蝶可以振翅飛翔
歡笑可以拍聲鼓掌
容顏可在鏡中舒申
思念不必到處流浪
而　地球　不再　為那天生的　圓
而　感傷

（註：心腦一旦開啟，人與人之間就如同那原本被拆散的左與右，再次團圓。）

法則」。

而是先去找自己可以幫助別人的方式，這時候，方法自然而然就會被找到，這就是「心腦能量運作法則」。

我們這個社會已經逐漸邁向「心腦的能量運作法則」，就像這假期的某天中午，我在全家便利商店吃涼麵時，看到全家開始聘用「喜憨兒」當員工，跟他互動的感覺很真誠，他也很細心為人服務。

吃完麵後，我也觀察到全家便利商店目前不像傳統的便利商店，把店做的大大的，然後把裡面都塞滿商品，相反的，他們騰出跟店面一樣大的空間來做為購物用的停車位，如此一來，大家購物方便好停車，又不會造成附近的交通堵塞。

為他人著想，其實也帶來自己的便利，這是「心腦社會」運作的一大福祉。未來，我相信這類的活動及措施會越來越多。有能力的人或企業，能夠幫助更多社會上弱勢的族群，而且是以讓他們發揮才能的給魚竿方式來協助，不只是餵養他們的給魚方式。

下午回到山上後，我就聽到一件喜訊，那就是山上的鴨鴨生了一堆小寶寶，過不久，我們就可以看到一堆鴨寶寶搖搖晃晃地跟著媽媽探索新世界的可愛景象。

這幾天，原本是舌尖心火旺，但喝椰子水降火氣都沒用，結果昨天檢查下腹時，發現比較硬，我一針下關元穴，不僅下腹鬆了，連舌尖的火也瀉掉了。所以，千萬不能有哪裡有火就瀉哪裡的錯誤概念，會把心陽都洩光。重點是通道是否有堵住。如果下腹堵住，整個腎水能量上不來，也無法「心腎相交」。

我幫自己的身體能量再做些調整後，很快就平靜地進入夢鄉。在夢裡，我很隨性地在山上閒逛，忽然看到山上蓋了一棟很溫馨的蛋糕屋餐廳。我忽然想起，這不就是以前夢裡曾到過的地方嗎？裡面有很多歐式骨董及寬敞的環境，最有名的是它的小蛋糕，非常精緻小巧，而且入口即化。

接著，我好像跟著一群人，準備要帶媽媽去短期旅行，這是一個旅行團的旅程，卻要搭好友戴博的便車。我準備一些錢要給戴博當油錢，他婉拒了，覺得可以載大家出去玩很好。

最有趣的是，大家到了一片草地，明星庾澄慶在那裡主持一個有關水井的算數問題。大家走到一排水井旁，每個人的來到都會讓身旁的水井改變水位，那麼最後藉由這些「聯立方程式」來看，這些水井的水位為何？

接著，我看到一堆水井水位的解剖圖，還有一堆連續動畫顯示水位的圖示。但是在夢中，我感覺到接下來可能要缺水了，所以如何讓水再利用及有效利用，變成這題數學題的關鍵。

如果說水位是一種能量，每個人都會有自己的水位。但是水位必須滿到一定程度，才會讓自己的水位能量跟其他水井相連，形成「連通管效應」。當變成連通管後，每個人的水位都一樣，不會在意自己的水位後，就可以自由自在地交換能量。

作了這個水井連通管的夢後，我好像又領悟了所謂「福至心靈」的意義，讓自己的水位先滿到超過連通管後，接著所有的活水就會來到，就會有「福至心靈」的感受。

二〇一二年七月二十三日（一）—小暑

213 五次元

吃午餐時，我一直在想著「五次元的世界」會是什麼樣子？應該不是用想像就能達到，而是一種心腦能量轉換後水到渠成的世界。

飯後，上樓時遇到以前的同事，我打聲招呼，問她最近忙不忙。她說：「別人比較忙，自己還好。」忽然間，我好像找到一個答案，原來到五次元世界的第一步就是「眾人皆忙，我不忙」的境界。

五次元的世界好奇特，你想要知道的答案，馬上就演給你（妳）看！

二〇一二年七月二十四日（二）—小暑

214 八角

在城市裡，經常會有奇特的巧遇。昨晚，阿布吉說要買白色禮服（她是想嫁了嗎？），我跟著去逛新竹新開的巨城百貨。我很不擅長逛百貨公司，特別是巨城百貨很容易讓我迷路。我逛著逛著，看到好多精緻的餐廳跟小蛋糕，看到一家店的藍白裝潢跟前一天的夢境一模一樣，感覺好特別。

我買了一些很可愛的雷根糖及巧克力，各種口味都有。我最常買肉桂口味的雷根糖，這次居然發現有「八角口味」（一種滷味）的雷根糖，真是太令我驚訝了。

回到家後，我繼續測試針灸體燭療法。因為很久沒逛百貨公司，訊息太多太亂，很容易就讓人飽和。我很快就入眠。第一段夢裡，我收到好多筆友的回信，是實體的信件包裹，裡面有一大堆我之前寫給他們的東西，也有他們寄給我的禮物。我滿好奇這些筆友是什麼時候累積的，有點摸不著頭緒。不過，我感覺這些回信好像是要幫助我寫傳記的。

第二段夢比較清晰，是在沙灘上辦嘉年華會，但我卻沒有看到海，反而像是在競技場。我的一群同學搬一堆水果過來，說要切給我吃。接著，我就感覺到有一堆水果在一個大盤子上。有一位像是我同學的人，硬是要幫我削水果，我只好挑了一些小梨子給他。夢中的水果真是好吃，味甜甘美，我想應該又是腎氣生津液的夢吧！

215 幸福

二〇一二年七月二十五日（三）—小暑

幸福的模樣到底是怎樣？有時候覺得平凡似乎就是幸福，卻又感覺這是種勉強幸福的偽裝。平凡到底後，日子就變成一種無聊，一直到看見別人的幸福時，才驚覺原來幸福是有模樣的。

昨晚，我去找J女郎二號，看到她時，就覺得她的神情有點怪怪的。我問她，有沒有看見七條通先生時，她的言辭變得閃爍不定。直覺告訴我，這兩人應該有進一步的發展了。

後來七條通先生來了，我們一起到隔壁的咖啡館等J女郎二號。我開口跟七條通先生說，我能感覺你們倆進展滿快的，但因為J女郎二號是我的好朋友，我只要再確認一件事情，就要祝你們幸福了。

七條通先生有點摸不著頭緒。我補充，介紹兩人認識原本就是種緣分，現在兩人的發展如此快速，我得要確認一件事情，那就是七條通先生真的「未婚」，我得要幫好朋友檢查一下身分證，我這媒人才當得安心。老實說，我跟七條通先生也不是認識太久，雖然他跟我說他未婚，我還是得要確認一下。我稍早有跟J女郎二號說這件事，她卻像個陷入愛河的女人說，她都是相信別人的。我心想，好吧，那壞人我來當，我來確認。

不過，七條通先生說，他沒帶出來，放在倉庫，但給我檢查是沒問題的，就約改天吧。雖然七條通先生的表情很誠懇，但是，越是看起來誠懇的男人，越是要檢查，一個女人家在還沒有放入感情之前，都還來得及煞車。

但是，七條通先生對檢查身分證這件事，認為是「小事」甚至是「沒事」。他說，最近他收資源回收時，竟然收到一大箱的煙火，他馬上約J女郎二號去找地方放，原本是一枝枝放，後來整盤煙火一起放，兩人也產生了火花。我聽出這弦外之音，知道接下去就不要再問了。

這大概就是一種很清晰的「幸福的模樣」，就連平常粗重繁忙的資源回收工作，都能好像老天給了一個大禮物似的，收到一大箱的煙火。平常這煙火是在熱鬧的節慶日裡，當作錦上添花之物。而到了這對初識的男女間，就成為未來難以忘懷的回憶。

幸福的模樣，不是假裝的，而是出自內心油然而生地，想要讓對方或是自己幸福的那種感受。回程的路上，驟然下起大雨，我想，現在這兩人應該也會覺得雖然下雨，還是很幸福吧！

在回家路上，我看到了間新開的店，可以湊上我一直在收集的數字商店。我原本以為這條路上沒有數字三的店，後來看到開了一家「喫三碗」，還有原本就在的「三媽臭臭鍋」，我心想，為何以前看不到，真是奇怪！

接著在轉角，我發現又有人家準備辦喪事了。一條大馬路上，有恩愛幸福的模樣，也有即將失去至親的痛苦模樣，人間不就跟這天氣一樣，一整天下來像是洗三溫暖。

我淋到一些雨，回到家後感到有點受寒，上呼吸道忽然間堵住，整個身體變得很不舒服。我針灸體燭了好一會兒後，整個人終於可以安然入眠，也作了一個清晰的夢。

夢中，我準備參加口試，但我不擔心，因為那只是個過程。這時，忽然有位穿黑西裝的瘦長男子，看起來似乎是我夢中的指導老師（現實中不認識），他好像一直不讓我準時口試，不斷在講他的公式與算式。他這麼做並沒有惹惱我，我反倒是索性坐下來，聽他講課。

那時，我一直在想，這個人到底是誰？他為何要穿這套黑西裝搭白襯衫？他的臉非常白淨，身材高瘦，模樣很討人喜歡，口才也滔滔不絕，但我就是想不起來。他跟我的口試論文有何關聯，為何會跑來這裡有點搗蛋地瞎攪和？

他在那邊一直講，也壓縮到我演講的時間，

不過，我也樂得跟控制場地時間的小姐說，沒關係，如果真的沒時間，給我五分鐘，我也可以把它講完。不過，後來黑西裝男子好像想跟那位小姐說，把我的口試時間拖到下場夢境。

從這奇怪的夢醒來後，我只感覺到全身沉重，左鼻塞得嚴重，不過早上調息加上耳燭一會兒就清空了。這幾天再來觀察看，這黑西裝白襯衫男到底是何方神聖。

216 藍鵲鳥

昨天，我原本覺得有點無聊，但一想到可以在舒曼床加些奇怪的玩意後，我的精神及玩性又變好了，開始在想有哪些有趣的玩意。人生如果沒有好玩的事，真的令人感到鬱悶呀。

星期五，合作廠商Sky又來體驗，我在想，要在他的床底下擺個什麼東西呢？後來，我打算放一些跟「財」有關的元素——「武財神」跟「一千元」鈔票，看他會不會感應到。

我記得，以前我的老師幫我訓練感應力時，也是拿一千元，結果我感應到那隻藍鵲鳥跟葉子，還有那五個小孩，就是沒感應到一千元。其實做舒曼床或是腦波舒壓床都是「藉口」，我真正要做的是「夢境感應床」，問題是沒有足夠的能量及腦波狀態，是無法走到下一步的。不過，我最近慢慢發現這種老天自動化的安排，而這安排也說明了「靈性力量必須建構在肉體力量」才夠穩定。

昨晚，我又到七條通先生的店裡參觀，這次進去時，我感覺到能量特別強，便去尋找能量的來源。沒多久，我看到一面大鼓，聽七條通先生說是用整棵檜木挖洞製成，而那張鼓皮也是等上好幾年才等到。旁邊又有一張很大的法輪桌，聽說也是上好黑檀木做的。在七條通先生的店裡，感覺很神奇，好像總是無意中就會挖到寶，有許多東西雖然是二手的，卻是特殊人家長久收集來的珍品，特別是竹東這附近常有祖傳世家，有很多子孫常常無緣識得祖先遺留下來的好東西，而找資源回收公司把它們給清走。

在二手家具店停留一陣子後，回到家，我再度翻起星象學。這一本星象學被我畫得密密麻麻，記了許多筆記及觀察。其中寫著，當雙魚座入海王星後，有許多行業或領域會突然變紅，包括夢或靈性有關的行業，整容美容、二手貨或資源回收等。而在這幾個月認識七條通先生後，我更加了解二手回收及再生的力量之大。

七條通先生也給我看了他修復後的黃色沙發及白色桌檯，原本是別人不要的，現在已經放在他朋友在中興百貨的精品服飾店Fine wear裡。我一看覺得實在是太不可思議了，二手沙發居然能變成獨一無二的「手作感沙發」。有一陣子，我發現因為東西太便宜或太容易取得，所以DIY好像退流行了，如今卻感覺這種DIY及修理或手作感的風潮再現。

在雙魚座入海王星，同時小三、小四、小五一堆的時候，這種「脫離現實尋找第二人生」的商機越來越明顯，就連馬祖都可以開賭場了，還有什麼不可能的呢？所以現在就是大量放開尺度去思考，不用擔心。

昨晚，我閉眼冥想時，一直出現紅（火）跟藍（星光）交織的畫面，後來還變成一塊襯衫布料穿到七條通先生身上。隔天看報紙，說是因為今年舉辦倫敦奧運的關係，所以英國國旗造型變夯，剛好就是我在冥想中看到的搭配。

冥想時，不知是因為在七條通先生的店吸收到靈氣，還是另有原因，我的身子感覺一下子拉得好長好長，整個人非常平靜放鬆。接著，我睡覺入夢，夢境也非常長，有各種劇情，並跟劇中人對話。

夢中，我在寫一個劇本，寫完後，找了一位我以前的同學林惠家當女主角，但是我一直想演我寫的男主角角色。後來，我參加了一個大型的影片觀摩研討會，但是，這兩位老師一直在台上開我玩笑，拿我來當所謂「積極學生」的案例，而我也配合他們的取笑，演出一段「積極學生」的劇情，識是衝過去跟他們說：「老師，請讓我拍影片好嗎？」

後來這一段最接近天亮，也最詭異，我跟安哥來到一家古典文具行，店裡都是古代才看得到文具。我特別對一個全黑的拓印工具感興趣。老闆跟我說，那是他發明的，用一種特殊的膠，可以把黑塑膠融化，就會塑造出很有現代感的浮雕畫。接著，他示範一遍給我看，我發現我好喜歡這種黑色立體浮雕，感覺很復古，又很現代。（註：幾年後，這位老闆出現了，請於續集拭目以待。）

不過我覺得很奇怪，安哥怎麼會認識這位老闆。安哥說，他把我的相機賣給這位老闆，所以才認識他。我心想，你怎麼可以把我的相機賣給他。他說，你的相機很爛，該換一台了。而且那天他看到這位老闆在拍照，覺得模樣很呆，就教他用腳架來拍，很快就拍好了，結果老闆要拜安哥為攝影老師。

我心想，這兩個怪怪的人怎麼這樣就認識了。不過，整個夢裡，我還是對那黑色拓印工具感到新奇，覺得古典文具行裡一定還有其他法寶。不過，我也發現之前的幾段夢裡，也曾經出現這位老闆。看來，古典文具行老闆應該也是連環夢境的角色之一。

幾年前，我看唐望的故事時，提到許多訓練「第二注意力」的方法，我發現這種方法的訓練過程，跟許多修行人用火燭進行清明夢的修練很像。而我發現，這種第二注意力的練習方法，在於把對物質的專注轉移到能量上，因而當我們在進行耳燭時，無時無刻都在進行類似的訓練，因而對能量的感應越來越敏感，敏感到在咖啡館遇到認識的人，還沒見到面之前，心臟會先感受到一股巨大的能量襲來。

二〇一二年七月二十七日（五）—大暑

217 森林Ⅱ

昨天，我利用一整天把論文的草稿弄完，但總覺得還缺少什麼，一直讓我對此論文無法產生真正的情感。如果說寫論文是要產出一種代表作，我希望加入「洞察」的觀點進去。

下午回到家，我先休息睡了一覺，雖然沒有作夢，卻感覺有東西在醞釀。剛醒來時，覺得靈魂出體回來，還沒安頓好，心臟有點抽痛。但調息一段時間後，就穩定了。

晚上陪阿布吉去買床墊，布置她的新家，剛好看到新款的按摩椅，現場業務人員說，這是一種會「呼吸」的按摩椅，可以模擬森林裡的空氣。我試了一下，才知道是多加一個空氣濾淨的功能。但是，可能有經過冷氣還是什麼裝置，呼吸到的空氣十分清冷。當我意識到有狀況時，已經來不及了。這呼吸冷空氣根本就是「直中陰寒」的舉動。結果我回到家後，就覺得左半邊一直有股陰的能量在身體裡跑。這次以身試法，深深感覺到如果沒有真正了解「中醫文化」的精髓，就去發展所謂的健康產業，找再多代言人都是枉然的，搞不好讓人莫名其妙得癌症都有可能。

今天，我看完一篇論文後，覺得有點開竅，似乎可以把一個統計參數「去趨勢擾動分析」（Detrended fluctuation analysis; DFA）的物理意義，真正弄懂。這個DFA是估計事務的關聯性有多少長程關聯。如果是越接近碎形（Fractal）的結構，則DFA的斜率越接近一，也就代表越長程關聯，通常如果是越接近強耦合的系統（特別是量子系統）會表現長程關聯，此時也越接近碎形（Fractal）的結構，我們的生理訊號，如果是越接近碎形（Fractal）則越具有複雜度，換句話說，就是越健康的生理訊號。

前半場的睡眠很昏沉，無法清晰看到夢，卻感覺一直在跟詠韻說話，好像是講演算法的事。等到天亮時，排一排濁氣後又繼續睡，才漸入佳境。

接近天亮後的夢，我來到海邊，把海邊的家在整理後開放。接著，就看到一群附近的小孩子跑來家裡吃飯，鄰居跑來問我問題。他問我如何安裝一種電腦軟體，我跟他說如何如何又如何，儼然像個社區服務員。

二〇一二年七月二十八日（六）－大暑

218 五運六氣

今天看古代中醫師吳鞠通的故事，其中提到他一位當官的進士朋友，因身繫國家安危，沒事喜歡看《黃帝內經》的「五運六氣」，因此得知每年的災情及瘟疫。也因為他的促成，吳鞠通才有機會完成《溫病條辨》一書，把溫病的治療思維傳承下來。想想當時讀書人的使命感跟現在當官者，真的差別好大。

最近，我好像又有「小長今」上身，遇到許多有各種病痛的人。猶記得幾年前開中醫班推廣中醫時，在上班期間常有「病患」跑來或打電話來請求指點方向。那時，因為本業是做醫療器材研究，也覺得透過這些互動可以多加了解實際的醫病關係，算是跟工作有關。

不過推廣了幾年，也自費掏腰包送許多人中醫書等，結果最近還是聽到昔日曾認識的人，那個去開刀，這個去把子宮拿掉。而剛認識的人，也是身上一堆病痛。星期五來訪的合作廠商，就有一人因為心臟問題連續掛急診好幾次。我們把自律神經感測器接起來看，發現他的心臟好得很，沒有器質性的問題，但偶爾會突然出現多的峰值，有點像心悸的感覺。我直覺他的脊椎根本脫位，結果一摸他背後的心俞穴相關位置，整個就是拱起來，難怪心臟會不舒服。結果聽他說因為整個人不舒服去看醫師，醫師還開安眠藥給他吃。我心想，整個醫病體系根本就是有問題，簡單的方法不去用，專用複雜傷身的方法。

我覺得，如果真的想要把自己的病治好，就要痛定思痛去了解自己，畢竟「無情草木如何能治療有情之病」。別人也許能點醒一些方向，但實踐還是要靠自己。幾年下來，我常發現，會得病的人，多半不單是藥的問題，還有許多對人生問題無法釋懷的惡性循環。

傍晚，我送詠韻回去時，我們還一起去附近新開的夜排檔吃晚餐，我特別喜歡夜排檔的氣氛，可享受夏日的清涼，有天然舒曼波，還有美食，人生之樂夫復何求？

晚上，我看了靈性作家章成的《五次元世界》影片，嘗試想要進入一個無我的世界。有那麼一瞬間好像有那種感覺，不過沒多久就睡了。

在四點以前的第一段夢裡，我當背包客要到歐洲的一個約克市。天空微暗，我先搭火車到德國的某一站後，又繼續搭巴士，經過由越南人開的唐人街後，我到達約克市的一家青年旅館，遇到剛才遇見的三位年輕人，接著看到他們在玩一種音樂飲料（音樂罐頭）。

四點多醒來時，我意識滿清醒的，於是把夢境抄到筆記本上，接著繼續睡。沒想到，夢境接續著上一段夢。我在美國的一個都市，已經要準備離開旅館了，正在清點要帶走的東西時，有個訊息跟我說，有一個正向情感的影片還是包裹，放在市區一家麥當勞隔壁的店裡，希望我記得去拿。當我去時，發現我哥已經把它取走了，說是他要寫傳記用。我想，他取走也好，反正我也不記得我有訂過這些東西。

如果生命中真的有許多「正向情感」的包裹或是罐頭，只要一旦覺得缺乏正向思考，就去打開罐頭吸一吸，感覺好像也不錯。不過，這似乎是只有在哆啦A夢的漫畫才會出現的情節。

219 咸豐草

二〇一二年七月二十九日（日）—大暑

我非常佩服秦先生的老婆阿滿，她是個很有想法的水瓶座女人。昨天，我看到她招待一群部落的小孩吃悶雞，在吃之前還安排一個猜謎大賽，讓小朋友猜雞吃什麼飼料，贏的小孩可以吃雞腿。果然小孩好熱絡，用猜謎遊戲就把悶雞變得更好吃了。

山上熱翻了。大人吃銀花龜苓膏，給兔子吃咸豐草，貓咪則泡六角英水給牠們喝。山上主人自製的薰香爐可以防蚊，若喜歡什麼花草香味，可以自己去摘來放進去。後來我還出餿主意，可以把薰煙接到一條管路裡，繞戶外咖啡館一圈，再加上蓋子，客人來時，可以打開蓋子把腳放下去蒸。

接著，我提及前一陣子在研究萃取精油的蒸餾法。山上主人的這種作法，就是類似蒸餾精油及花露時的作法，只不過他沒有用冷凝器把這些含精油的水露收集起來，再進行後段的水油分離，而是直接將之釋放到大氣裡。不過就實用性來說，已經達到功能了。

昨晚看醫書說，牽牛花的種子洩熱能力最強。今天，我去觀察牽牛花，果然在大太陽下仍盛開著花，難怪其子可瀉熱。

今天想到搬到山上已經一年多了，應該把相關文章整理出書。現在還在想書名，覺得可以叫《上山學醫趣》。封面應該可以放一張Q版「內經圖」，

▶大暑節氣，大人吃銀花龜苓膏，給兔子吃咸豐草，貓咪則泡六角英水給牠們喝。

並改成一隻熊貓在山林裡玩耍。一邊看去年的日記一邊編修，覺得好神奇。去年上山時，我的肝鬱情況很嚴重，現在好像完全好了，果然我真的是上山學醫去。（註：整理了好幾年，後來將《上山學醫趣》改為《台灣物類相感誌》，也就是本書。）

220 豬

二〇一二年七月二十九日（日）—大暑

看這些中醫前輩的故事都覺得好精彩，有些甚至是四十歲以後才發生的奇遇。吳鞠通那時才開始行醫，而朱丹溪還沒遇上他的師父羅知悌，我的中醫老師黃成義還在塑膠工廠當主管。學了中醫後，讓人覺得好像值得再多活幾年，以便看還會再遇到什麼奇人。蕭宏慈也是在四十歲時棄股票學醫，寫成《醫行天下》。我在想，四十歲到五十歲先經歷過五次元世界，五十歲到六十歲再經歷六次元世界，其餘就看能不能再多活下去，以此類推。

雖然我遇到的奇人越來越少，但是讀到的奇書卻是隨手可得。昨天，我在山上看完吳鞠通相關的醫書後，隨手就翻了丟在山上小屋床邊，一位瑜珈大師寫的《拙火瑜珈：史上最奧秘的生命原能》（韋達．帕若提著）。有時候，自己買的書太多了，都忘記自己身邊就有一些奇書。

最近，我在尋找「五次元世界」的體會，剛好這本拙火瑜珈談的概念跟五次元類似，就是人體原本就存在自性圓滿的能量，不必外求，只要把人體內的能量啟動，就會跟外部能量相連。這聽起來跟舒曼波或是特斯拉線圈中提到的自由能的概念是很相像的。

睡前，我一口氣就看了半本，書中提到蘇格拉

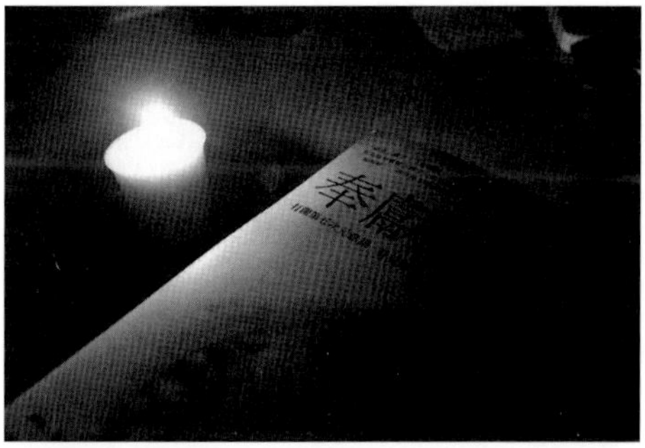

▶曾看過一個說法，「晚上工作時，點一盞燭火有助於穩定心神。」後來才知道靜觀燭火也是喚醒體內拙火的一種練習

底認為，遠古黃金時代（是亞特蘭提斯嗎？）人的身上同時有陰性與陽性，陰陽是和合的。因後來的人墮落了，陰陽就分開了，然後女性與男性才開始追尋，尋找與自身所缺的那一半能互補的另一半。

看著看著，我不知不覺睡著了。在夢的前段，我嘗試進到書中說的那種狀態，接著意識來到一個朝代，我覺得是一個佛教慶典的準備場合，但又滿像婆羅門教的，因為我看到很多雕像。主辦人說，為了接待一群佛教教主，必須訓練一批接待員。我原本不想去，但是如果不去，好像也滿無聊的。於是，我開始變得很幹練，開場白都講得非常通順，沒多久也被選上了。

接著，我來到一處山林，桌上有美味的瓊漿玉液，所有活動都在緊鑼密鼓地張羅中，但是有位豬老大卻在發飆，他的臉真的就像豬一樣，原因好像是他的豬仔肉質不夠好，擔心會破壞慶典。

我好像不怕這位豬老大，跑過去跟他說，現在世界各地到處都在鬧水荒，這塊寶地有充沛的水源，還可以辦理這樣的慶典，應該要惜福。豬老大聽完後就不發飆了，但是後來他每件事都會來請教我，好像我才是那裡的老大。當初，我本來不想當這場慶典的公關，可能是覺得沒必要辦這場慶典。但是後來發現，透過這個過程投入世俗的工作中，好像反而能夠在差別中求異同，不會過於堅持自己的準則。所以，後來一群歌舞女郎下去跳舞時，我也很歡喜地換上衣服，跟她們同樂，隨時隨地活在當下，沒有計較或是分別心，好像這才是正道。

當然，我也覺得這種態度好像跟傳統被僵化的佛教大大不同，所以我在夢中才會有許多的疑惑。這個夢表面上看來是要順應世俗或各種宗教的規則，但因為新的思維會帶給他們不同的活水，所以要互相信任以求未來的進化。

最近看到大寶因為他的腦波產品，也被醫院要求要通過醫療檢定而煩惱不已。他說：「今天得在台大上一整天的醫療器材認證課程，跟我合作的醫院和教授終於受不了我的土法煉鋼產品，覺得是介於消費品、工藝品和玩具之間，可是又有點準的腦波心電用具，他們一定要我去弄個認證。」

我回答他：「但我相信，你跟他們的合作表面上雖是順應規則，但最後會改變規則。目前，醫療器材已經朝向有趣及娛樂的通用設計，這樣進行復健的病人才不會覺得無聊，這是趨勢。表面上看來，你是順應醫院的規則，但因為你的思維會帶給他們不同的活水，所以要互相信任以求未來的進化！」

奇怪，怎麼會在現實跟夢裡講的話都一樣！

221 拙火

二〇一二年七月三十日（日）—大暑

昨天，我開始整理在山上記錄的章節，整理了二十篇（預計整理兩百篇）就準備要睡了。我躺在床上觀察自己的心緒，果然紛雜不已，想到《拙火瑜珈》那本書提到，心要能夠安靜才代表修行到位，可見人的念頭真的不容易管住，特別是像我這種思緒繁雜的人。不過，當我開始嘗試練習觀察內在能量波動時，很奇妙地可以看見很多微細的綠色光束，而且非常穩定。這就是我們人體內在的脈輪嗎？據說體內有幾萬條，那麼我目前看到的綠色，是代表「心輪」的脈輪游絲？

觀看內在，真的可以讓人很平靜，就好像架起一座顯微鏡般冷靜地觀看。想到自己前半輩子用過各種精密的顯微鏡，原本以為自己不會再碰觸具體的鏡頭，但觀看的技巧仍然適用在人體上，用我們的心眼顯微鏡。

書上說，把心念放在咒語上，是為了取代散亂的心緒，讓咒語成為採集花蜜的蜜蜂，事實上，宇宙到處都有蜂蜜。我不懂什麼奇特的咒語，不過就像居禮夫人在化學實驗室做實驗，回到家拿起廚具也是專注的眼神。我用過去在實驗室觀察微物奧妙的心情，觀察著另一個鏡頭下的世界。

沒多久，我就平靜地進入夢鄉。在這次的夢裡，我收到兩封書信，其中一封附上一萬多元的支票，並要我把一些證件影印交回去。我原本還在想這是什麼費用，後來才知道應該是跟版稅有關的費用。不過，很奇怪，為什麼要交證件和照片？還有，剛才聽愛樂電台時，才想起自己有一段夢好像就是在彈奏拉赫曼尼諾夫的〈帕格尼尼狂想曲〉。

今天，我們辦公室的這組人都不在，休假的休假，出差的出差，好清閒。我也要按部就班修改論文。我決定每天安排一些修改進度，如果完成進度，就給自己獎勵，去編寫一些《上山學醫去》的內容。現在想到，封面可以用一隻熊貓（太極熊）在山上，邊看著《黃帝內經》，邊學各種動物扮演五禽戲（帶不同的動物頭套）。

當于美人聽算命師說她可以活到八十歲時，她就覺得一定要在四十歲時放個長假，結果她真的跑去放長假，還寫了一本書。如果真能放長假，我沒想要出國玩，倒比較想拿來寫書。不過現在想想，自己每天只要按部就班地寫，也一樣可以寫出來。所以放不放長假，好像也是心境的問題。以下是我跟出版社沙盤推演的對話。

雲端主編：請問您這本書的創作由來？

白日夢：主編您好，這本書的構想是以大約一年的時間排列，記錄有關山上生活的隨情筆記，但每一篇筆記都用一種「自然的物種」當作標題，希望能用再生紙出版。

雲端主編：對書名有什麼初步的想法嗎？

白日夢：採用「上山學醫去」，醫字可用甲骨文寫。如果可以有副標題的話，就用「當身心有疑惑時，看看天，看看地，看不懂，就上山去」，還是改成「上山學醫趣」比較有趣？

雲端主編：我們出版社有封面設計，但還是會尊重作者的意思，您對封面有什麼想法嗎？

白日夢：我滿想用內經圖（人體山形）的Q版為主，當中有隻熊貓（代表太極熊）在山上，邊看著《黃帝內經》，邊學各種動物扮演五禽戲，可以用不同的動物頭套示意。內經圖的背後就是黑洞宇宙，象徵貓熊拿著《黃帝內經》穿越時空，把《黃帝內經》的部分圖解和貓熊（太極熊）放在一起，既古典又萌，就稱為古典萌好了。

雲端主編：關於這本書的出版，您還有什麼其他的想法？

白日夢：我希望透過這本書來喚醒環保生態意識，讓原本想要炒地皮的政府可以思考，他們損毀多少國寶。

二〇一二年七月三十日（日）— 大暑

222 石斛

昨天去J女郎二號的SPA店，看到她新開的美髮部，裡面有兩個好典雅的櫃子，據說就是從七條通先生店裡的二手家具改裝來的，真是讓整個店面脫胎換骨。這幾次看到J女郎二號跟七條通先生的互動，就有種奇特的感覺。覺得兩人關係更緊密時，言語上變得好像滿理所當然的。

最近，我跟無尾熊討論幾個醫案，其中一個是花柳病，後來靠著除溼熱毒，已經慢慢痊癒。我跟無尾熊談起這醫案時都頗為感慨，因為現代醫學對病理不懂，只要是對這類患者，言語上多會有所輕蔑，問起許多令當事者尷尬的事，讓人羞於求醫。無尾熊很好心，利用食療加上耳燭及作息調整，就讓患者逐漸自癒，讓我覺得「雙魚男」簡直就是德雷莎的分身。

另外一位是很可愛的小孩，因先天不良導致重聽（但也不知是否被疫苗所傷），面對此病，群醫束手無策。記得中醫老師查到一個方子是要用鼠膽，當時也委託石頭去取生物實驗用的鼠膽，但是老鼠的膽子小，去取時經常嚇破膽。我覺得用鼠膽的方向是要取水木之源，但是或許還有更有用的方法，便貼出來跟同好討論一下。

昨天比較有趣的是，嚐到傳說中的石斛，是寄生在樹上的一種蕨類，所以又稱「石寄生」。我放入口中沒多久，津液滿口，真是神奇。聽說也可以泡茶喝，明天來加到茶水試看看。（註：後來自己種石斛蘭時，才知道那根本不是蕨類，是石斛蘭的硬莖。）

我查了一下網路資料，有滿多石斛相關的產品，如「石斛夜光丸」，可滋陰補腎、清肝明目，用於肝腎兩虧、陰虛火旺、內障目暗、視物昏花，也適用於早期眼翳內障（老年性白內障）。

看了陳士鐸《本草新編》對石斛的解說，實在太棒了，終於找到更年期婦女陰虛火旺時可以喝的茶了。陰虛火旺時最怕用錯藥，很可能在瀉火時把陽氣也一起瀉掉。

我邊看邊含著石斛，立刻口齒生津，一直以為是錯覺，但後來再含一枚石斛，果然又滿口津液。

我查看永豐餘生技，有一項主力產品為霍山石斛，由永豐餘生技與陽明大學、農業試驗所合作執行的「藥用及保健植物霍山石斛開發與利用」，是國科會推動的農業生物技術國家型計畫之一，研究團隊從霍山石斛萃取出三種可防止視力退化及老化的天然物質，目前已進入動物實驗階段，未來將開發為成藥及保健食品。但是，我聽劉老師提過，坊間的霍山石斛是騙人的，藥材經過萃取製成後，性味都沒了，怎麼還會有功效呢？宏碩大大提到，用藥時最好升中有降，降中有升，除非是急症，可以參考辨證錄的痿症門，當中就用了滿多石斛。這點果然跟陳士鐸《外經微言》的概念中，要「陰中帶陽，陽中帶陰」一樣。原來看書頓悟，指的是這個，有錢人有錢到沒時間讀中醫，就要砸錢做中醫食品，真是奇怪的邏輯。

這個石斛真是厲害，昨晚含了幾口就覺得津液飽滿，睡得特別安穩，早上醒來，也發現耳燭時的溼氣特別少。通常，我只要晚上洗頭再加上昨晚下大雨，身上的溼氣一定很多，需要排滿久的。但很意外的，今天早上沒什麼溼氣，而且覺得腳很輕盈，走起來很順，心境也特別平順。果然就如同陳士鐸《本草新編》裡提到「夏月之間，兩足無力者，服石斛則有力」。

剛才，我又把石斛加到桂枝甘草茶裡，風味獨特，一喝也是滿嘴生津。看來這石斛真是神奇的植物。我覺得，了解各種藥材植物，比方劑更好玩，跟玩單方植物精油的過程很像，一樣一樣玩，感覺一草一木都有個「乾坤世界」，這跟配好的科學中藥方劑，真的很不一樣。

後來，我想到，如果以「石斛地黃丸」取代「知柏地黃丸」可能會比較好，結果一查，果然有「石斛地黃丸」。

昨天含完石斛後，我重看了《夢境實驗室》，思考夢裡心電感應的實驗方式。結果，一開場作者就提到這是在紐約做的一系列研究，我才恍然發覺為何幾天前一直作去紐約的夢（紐約是否舊名為約克，夢中我是去舊的紐約市）。應該查一下，實驗當時的紐約是舊紐約還是新的？

我還看了另一本《占夢》，感覺一直有股力量拉著我去看這本書。我一翻就覺得被吸引住，作者講的好像我們中國老祖宗每個人都會作「清明夢」似的，而且還因為夢諭改變了中國人的命運。另有一段是在思考夢裡陰陽互相抗衡的過程，如果是陰勝就不會作夢，但是因為衛陽還想要抗陰，所以就在反覆制衡中產生了「夢」這個現象，但如果衛陽勝了陰，則人就清醒了。這段古典描述還真的滿符合我們在自律神經中交感與副交感過程中觀察作夢的狀態。

昨天只記得一段很有趣的夢，有一位外國老師來教我如何拍照，我也從他的教導中，重新拍了一些很生動的照片，想挑一些印出來。

二〇一二年八月二日（四）—大暑

223 陰陽

颱風蘇拉來襲了，這天放颱風假。

在七條通先生幫忙裝潢及布置下，昨天J女郎二號的美髮部終於開張了，我也搶頭香預約了晚上的推拿洗服務，先做耳燭後再進行推拿洗。J女郎二號家鄉的好友美髮男，從北部名店下來開業，還帶了紅酒、虹吸式咖啡以及各種杯子，品味十分獨特，還準備在裡面辦鋼琴課或是針灸交流等沙龍交流。

看樣子，J女郎二號店裡缺少的「陽性元素」整個都補足了。接下來，我們在星期五把整個場次包下來，做為「星期五關東俱樂部」的據點。

自從開始研究中醫及自律神經以來，我就默默地觀察到關於「陰與陽」的能量。原本J女郎二號的店，包括二樓都是SPA服務，出入的人也多為女性，能量太陰。這附近是熱鬧的高級住宅及商業區，店面太陰的話，要長久經營實屬難事。幸好她有覺察到這點，開始思考轉型，果然也為自己帶來桃花運。

「陰與陽平衡」的道理比比皆是，就像這次颱風來是要幫助台灣，因為太陽能量已經轟炸地球很久，至陽的能量一定要靠至陰的能量來化解，不然可能會引起更大的地震。

不過對我來說，放颱風假時能好好的放鬆，原本今天要開一整天會的，真是「天」助我也。我得好好來趕論文的進度。其實，在生命中，當抵擋不住大洪流時，就好好地活在當下，享受一個「颱風假」的小確幸，來趕我的論文。

我剛從關東俱樂部回來，路上倒了兩棵樹，還有一棵直接砸到一輛車子。回到家裡，看一些最新新聞，而網路上大家也動員起來幫忙守望相助。

我感覺，通常是遇到天災時，大家最容易團結一心。

剛好，我的論文寫到情感因子的非線性四階中，其中第一階的情感特色代表是歸原、共鳴或是合一，這部分的情感偵測並不難，最難的是如何有「誘發情感」達到歸原、共鳴或是合一。我想，這種人類共存亡的時刻，反而會促使人們的情感合一，這也是一種情感由分至合的宇宙之道的運作。我心想，原來論文要分批次慢慢寫或修改，就是這個理由。當在不同時空與事件下，細細品味當時文字所蘊含的意義，或許寫出來的文字才具有情感的元素。

自從開始研究人類情感與意識之後，寫論文的感覺就跟以前做研究不太一樣了。以前做物理實驗時，就是把大量的量測數據，去做一種解釋及分析。但是現在做的是人類的情感與意識，在得到數據及資料後，會開始去思考，我有哪些中心思想是要透過這些數據傳遞出去。重點已經不再是探討物理的本身，而是在於為何我要用這種方式去解讀數據，背後一定帶有我所要傳遞的思維。因此，寫起這種論文特別有使命感及自覺，也會經歷過往常未有的內心挑戰。哈，不曉得這跟寫命盤的心路歷程是否相同。

看完新聞後，我隨興地拿了一本李建軍的《李建軍的穿著改運術》，有東方思維的談法果然不一樣，他甚至於描述劉若英的穿衣跟中國的山水國畫是類同的。真是令人印象深刻的說法。

約莫看了半本後，我在颱風的風雨聲中入睡。有一段夢是非常奇特，我留著異常長的頭髮，好像要去參加一個活動，雖然有接送車，但我就是執意要裸身在街上行走。接著，我來到一個藍道瑪音樂的課程。這次是專題課，要用很精準的靈擺尺，放到一個天平上，來進行校正測試。我隨行還帶了一個初學者，但是他的手很巧，把靈擺尺鎖得很精確，比儀器鎖還要精確。同行的同學很驚訝，為何這位初學者的進展與成就比他們還厲害，簡直出神入化。

我解釋著，這位我帶來的學弟，雖然沒學過藍道瑪複雜的技巧，但是因為他的天賦，能把靈擺尺鎖得很精確。我心想，技巧是外在的，人內在有此本質才是最具潛力的。

我原本一直在想，這個裸身在大街上的夢，到底有什麼意涵，剛好看到李建軍的五行穿衣書，心想是不是跟目前我在思考舒曼波床要用什麼材質有關。當然用原木來製作最好，但是原木取得不易又昂貴，不太適合量產，但是看了李建軍的書後，我忽然有點開竅，只要選擇特殊布料就好了，像是蠶絲（屬水可滋陰）、亞麻（屬木），或是棉布（可以吸溼），再不然就是一些碳纖布，搞不好效果也很不錯。聽說還有一些加入某種細菌的布，還可以治療癌症。

224 颱風天

昨天雖然放颱風假，但有許多計畫在進行與溝通。我跟莫大大和詠韻在討論舒曼波床的設計，激盪出一堆火花。

這幾天，莫大大把拍攝廣告短片要用的道具主體設計出來了，真是太令人興奮了。接下來就要拍古代穿越劇，如李白篇、嫦娥篇、唐明皇篇等等，直接找古人來代言。接下來，要把周遭的俊男美女都網羅，順便來辦速配聯誼。

颱風天的感覺很特別，內心又平靜又活躍。下午，在麥當勞看《夢境實驗室》時，覺得應該要叫一位朋友也看看這本書。結果，傍晚回家後，他就在網路上跟我聯絡了。我當時還沒跟他說這件事，他就說了一句：「外面風雨大，如果裸身就像是SPA的水柱。」讓我想起早上的夢。至於我為何想叫他看呢？因為書中提到地磁平穩時容易作預知夢。結果搞到後來，我都不知道到底哪一段是清醒，哪一段才是夢。不過，他告訴我說，此刻地磁是滿平靜的。

颱風天的夜晚，我外出買了一些水果啤酒跟零嘴，想要回味童年時的颱風天光景，結果喝沒幾口就想睡覺。颱風天的夢也十分奇特，下午夢見神仙，晚上夢見魔術師，精神跟嗑藥一般高昂。

睡午覺時，我夢見一個測字神仙，大家都在跟他問測字，我卻注意他在看什麼書，好像是古文相關的。大家找他測字時，用毛筆寫的字都很醜，那測字先生很像演雍正皇帝的老師那一位。看到後來，我也好像知道他怎麼測字。他問我以前唸過什麼，我說：「中央。」他特別思索這個「中」的意義，還問我「央」是哪個央，我想半天，後來說是「中央山脈」的央。他聽了笑笑，對我說，妳知道我是怎麼解的，妳可以自己解了。我在想，會不會跟颱風影響中央山脈有關。

不過，剛才聽說颱風在兩點時又重新從三貂角登陸，換中南部水患大災要開始了，該不會是「中」部遭「殃」？

晚上的夢裡，有個跟費翔長得很像的，身穿黑袍的魔術師跑來我家，向我展現一些魔術，他很快地把散開來的紙牌咻的一聲就全部收起來。我看了直想，這魔術如果能拿來打掃家裡多好呀！這個魔術師也有「起死轉生」的功能，家裡已過世的貓，忽然之間都活過來了。仔細想想，魔術師的打扮跟漫畫《亂馬》裡面的小P還滿像的。

這幾天，持續看《夢境實驗室》，有許多的心得與體會及想法，看來接下來的研究就是朝向這個領域去發展嘍！

225 傻子

雖然目前有很多機會，但是我卻在想要怎麼樣才能做到問心無愧，無愧於自己人生，而不是被機會所誘捕的思慮清明之人。最近，我想做的事越來越上軌道，機會也越來越多。有時候多到要開始做些選擇。近來，也有來參觀舒曼波床的高層在看完規劃後，問我們怎麼不自己出去創業。還有為了八月底有另一位前高層要來訪，我們抽了卦，不管怎麼抽都是「凶卦」，那位高層是位很難取悅又不肯提攜後進的人，只顧自己權益的人，讓我們後來決定運用心腦法則，派心腦最強的詠韻去應付。

當我們得到這個結論時，我忽然在想一件事情。心腦能量的運作真的非常萬能，一個心思太複雜且處處算計的人，在他遇到心思單純的人時，不知會不會有「自慚形穢」的狀況？現在，我要跟別人示範什麼是心腦法則時，都會讓詠韻做黃金示範，顯示心思單純卻很執著的那一瞬間，所呈現的心腦能量。

面對天使跟魔鬼所認為的障礙，傻子總是一躍而過。傻子不傻，只是心思單純，不會把障礙當成障礙。

這幾年下來，我常遇見許多「懷才不遇」的人，說他們有很多抱負，像我一位同事，就常說他最想做某項產品，但是人家不給他做，或沒錢什麼的。但是，當我跟他說，如果你真的要做，我幫你找錢來，他反而三緘其口了。

所以，機會不是沒有，而是當機會來時，我們到底有沒有準備好。我有時候寧可不先去想有沒有機會、東西會不會賣、有沒有錢可用。我寧可先想，關於我要做的事，我是否處在一種「心腦狀態」，以一種單純卻能量強大的方式在進行它。如果我無法用此心情去做事，而是回到世俗的算計心時，一定無法堅持很久，因為它總會被外物或別人的質疑所干擾。

昨晚，我去關東俱樂部，被另一位J女郎按摩，全身不太舒服。其實，我原本就感覺我跟那個人的磁場不太調和，因為人情而無法拒絕，但她的按摩方式讓人疼到失去能量，反倒是美髮男的力道很精準。我幾次暗示J女郎，但她們好像沒有意會到。

服務業是靠口碑的，賣出去的服務或是產品讓人不滿意，而店家又處在一種「自我感覺良好」的狀態，就很容易被市場淘汰。最有自覺的設計，或是一直在跟自己挑戰的產品，才是有生命力的。

晚上回來，我感覺自己有點虛，又有點浮躁，沒多久就進夢裡。夢中，先是出現要準備去跑步的片段，後來到了一座廟，我好像在那座廟裡觀看，有一位小童在幫我記錄，好像我可以推算出什麼。後來切換到一棟大樓，忽然間有一架外星飛行物飛進來，閃著藍燈，我看到它時，便用紅色雷射燈掃它。它被我掃到有點惱怒，便伸出長長的外星手要來抓人，但沒多久就被我制服了。

但是我制服它後，我心想，慘了！外星船都會有自我毀滅的設計。果然沒錯，那艘船開始自我燃燒，產生各種顏色的火。我趕緊找滅火器來滅火，但同時，我也在思考，這場混亂局面是怎麼來的，是一場無心的挑釁嗎？

起床後，我看了一些占夢的書，知道周代有占夢官，我在想，或許我剛才作的是占夢官的夢。如果寫一本穿越到周代當占夢官的小說，應該滿有趣的。

226 苓桂朮甘湯

這兩天的假期都在親身體驗一個適用「苓桂朮甘湯」的人。

這種人基本上都是晚上不好好睡，日夜作息顛倒，言語憤世忌俗，即便別人對他再怎麼好也不滿足，甚至還會看不起對方，擁有強大的負面情緒與能量，嚴重心腎不交，會一直奪取別人的能量，無法與人分享快樂的時光。

這兩天下來，我終於知道原來周圍有很多這種人，剛開始會常暈眩及心悸，臉色非常暗沉，長很多虛火的痘痘，甲亢或是高血壓，到最後就演變成心臟瓣膜閉鎖不全。

雖然剛開始會認為是情緒或個性的問題，但這一切都源自於「不好好睡覺，上班作息顛倒」，晚上到處摸來摸去。如果自己不改變作息或心思，其他人是幫不上的。

這位老兄第一天來時，先跟我們轟了一整夜他的西醫體驗，還說擔心自己有大腸癌，要去做各種檢查。後來我一看他的手診，覺得他有腦癌（腦中想像自己有癌症），害我晚上作的夢，都是隔天要怎麼幫他治療跟洗腦。不知古人有無「苓桂朮甘湯」證的醫案，跟我描述的是否類同？

我們三個學中醫加起來有幾十年的朋友，一起給他洗腦洗兩天，還幫他買藥、送他回家。如果他最後還是去找只看他五分鐘的西醫，那也沒辦法，我們已經盡人事了。

我們進行馬拉松式的連續洗腦，一直到今天晚上才終於告一段落。我最大的心得是，以後終於知道這類病人的罩門在哪裡，還有無意中領會出如何用五次元以上的觀點來看中醫的體系。如果只是用中醫臟腑相生相剋的觀點，那還是用三次元在看中醫，一樣無法把病治好。要進入類似內觀的狀態，去感受這個病人的靈魂波動，這就是六次元的看法。只要進入到一種沒有時空限制的觀點，很快就可以抓到病因病果，而且是一種因果相生的糾纏，必須先與它共振，再把它解開。以後應該多思考高次元看待中醫的觀點。五行要用幾次元的時空來看？五行是幾次元時空的產物？這是個有趣的命題。

苓桂朮甘湯臨床應用

1. 用於慢性充血性心力衰竭、慢性腎炎浮腫屬中陽不足者。
2. 慢性支氣管炎、支氣管哮喘證屬痰飲者，亦應用於運動失調、眼球振盪症、耳鳴、結膜炎、霧視、巴西多氏病、胃下垂、胃弱、眩暈、心悸亢進症、神經衰弱、歇斯底里、心臟瓣膜症等。

227 立秋

今天早上醒來後，我有點恍神。昨晚看書看到一點，有作夢，可是天亮後全部都被蒸散了。當然，這是個警訊，說明目前身體能量不足，應該請假好好在家休息。我上網請假時，赫然看到已經立秋了（八月七日就是立秋），時間過得好快。

總覺得今年不若去年，似乎過得比較快。我推想原因，最有可能是參加了一堆社團，每天都有好朋友可以聊天，加上夢境也很精采，不管是工作或生活上的事，把它聊開去面對並抽絲剝繭，就化開了。

不過，我也越來越覺得，現在好像一天不吃飯都可以，但要是一天沒作夢或是記不起夢，就會感到遺憾，好像跟夢中的訊息者無法見面。昨天還跟W大哥聊到，他說前陣子他父親生病住院，他都無法作夢，一直到這幾天，他終於可以作一些清楚且連貫的夢，人也覺得比較順暢。

夢的訊息十分特別，像是昨晚熬夜看的章成《奉獻》，令我驚訝的是，他在京都度假的夜裡作清明夢，收到這本書的訊息（一八三頁）。夢中，有位穿著英國風衣的多媒體設計師，章成體驗了那設計師所設計的多媒體。

其他整理一些不錯的段落，像是：

1.天堂的人跟地獄的人都拿著長筷子，地獄的人筷子夾的東西還沒到自己嘴巴，就被搶光了，於是他們動作越來越急，最後把自己累垮。天堂的人則從容地把別人餵飽，結果自己也輕易地被餵飽。

2.一個好的設計者，在設計出好的設計當下，他不能有雜念，而是要融入使用者的體驗中，專注為使用者做設計。如果他想到賺錢，那就想偏了，而且還可能會偷工減料。

3.當古人透過創作傳達精神時，那片刻的能量是永恆的，在這精神的領域裡，你們的確是相遇了。

昨晚的精神食糧除了《奉獻》以外，還有剛從大賣場買回來的清新海洋許願燭。曾看過一種說法，晚上工作時，身旁點一盞燭火，有助於穩定心神。昨晚就去買了幾款，果然一點起來就好浪漫，很適合一個月一次的「女慢休息日」。昨晚選的是清新海洋香味，因為我在前天晚上夢見與新加坡的朋友度過一個浪漫的假期。

現在想想那個夢，也是帶有一些訊息的。夢中，我遇到新加坡的一位朋友，心裡很高興，不過見了面後，他卻摸摸我的臉，讓我嚇一跳。我想，這應該是個夢，也很好奇在夢中摸朋友的臉是什麼感覺，所以我也回摸了他的臉。這種肢體互動的感受，像是似有若無，卻能感受到滿滿的能量在交流，就好像把手放到火燭旁邊，雖然沒有碰到火，卻能感覺到滿盈的能量在交流。難怪有很多修行夢瑜珈或薩滿的人，常常使用蠟燭做為練習的工具。

這個夢也讓我特別注意到，為什麼會有新加坡的元素。結果早上開會時，就討論到明年的SIGGRAPH會議將在新加坡舉辦，真的滿湊巧的。

228 能量Ⅱ

昨天，我休息了一整天，下午也睡了一覺。結果夢境很混亂，好像有一段是到了一家美髮店，結果被抓去染成金髮，不過我忽然感覺到我原本就是金髮的，該不會我有一世是外國人吧。

午睡後，感覺還是滿累的，簡單吃過晚餐後，我就跑去跟七條通先生溝通一款地中海藍的書架及一些手作家具的作法。如果有這樣一個書架擺在七條通先生的店門口，然後上面賣二手書，就可以累積居酒屋基金。沒想到，七條通先生也有開二手書店的念頭，大概等過一陣子，把隔壁的店面租下來後，就會開始規劃了。

身體的能量不對勁時，果然扎一針後，全身開始放鬆，進入到一種忘記身體的感受後，才知道原來之前的身體是很沉重的。身體的能量恢復後，我所作的夢就非常動感。

夢中的場景是一場跳遠比賽，我不知道我為何要參加，但是我很想知道過去我可以跳很遠的，如今是進步還是退步。

跳遠本來就是一項跟自己比賽的運動，也是過去我最喜歡的田徑項目。以前在學校時，我經常參加這些田徑比賽，但最享受的是那種飛躍起來的感覺。還記得剛考上大學那一年，身心很雀躍，居然可以跳四公尺多，但是到了大三時，卻退步了一公尺。當然自己很清楚，除了體重增加以外，大三時身心的自由度已經不若大一時了。

在夢中，我很想去現場的沙地跳遠，想到整個人都快要飛起來了。果然我一跳，跳到快接近終點的地方，是我從未想過的遠處，我也知道自己的能量已經回來了。

第二段夢則是一個不斷升學考試的夢。我們都沒有準備好，但考的內容又大又繁雜，弄得我很疲憊的，且這些資料又是我先前沒見過的。

醒來後，我對這些夢的感覺，也是對能量的一種體會，有幾點：

1.各種比賽最忌得失心，一旦開始計較得失，就會奪取你大部分的能量，給再多次機會都沒有用。

2.一項提案能不能成功，就看這項提案本身所聚集的無形能量。所以，要問自己有沒有那股能量，而不是問別人要不要拿錢給你做。

昨晚看的面相學，對最近的分工合作有一些幫助。在一個團體裡，大家都爭著想當頭，但缺乏執行力的人根本就離成功很遠。一邊開會，一邊研究與會者的面相，終於知道每個人的心性與盲點。對我來說，至少開會就不再是無聊透頂的溝通。

相由心生，果然不錯。

不過，我也意外地體會了面相與疾病的關聯，算是意外的收穫。

229 河豚

這陣子，我開始嘗試寫故事劇本後，忽然有一種很深刻的反省。那就是故事的陰陽、生活面的陰與陽，與夢境的陰與陽，居然息息相關。

如果說文字思想是「陰」，影像是「陽」，若文字的陰能量太強大，也無法轉換成「陽」（影像）的能量。這就是為什麼有很多的小說無法被改編成電影的原因。不過，常常有些例外，就像是吳爾芙的意識流小說題材與背景，在導演的改編之下，變成《時時刻刻》這部電影，就讓人驚艷。

於是，這種會調和陰與陽的魔法師，將變成未來文字與影像接軌的關鍵人物。

有時，我也在想，夢裡的影像如果是「陽」，我要如何使用「陰」的文字，去把它的全貌展現出來？通常代表「陽」的訊息表現得較多，「陰」的訊息則是要讓讀者發揮內在的共鳴。

如果所有的訊息都讓「陽」說白了，觀者會覺得：「好吧！都是你要講，就都你說好了！」但是，如果一個有「陽中帶陰」的影像，它會喚起一些觀者自身的回憶與經驗，從而得到啟發。

夢境常常就是這種「陽中帶陰」的影像，就拿昨天晚上的例子，是個影像很清晰的夢。夢中我參加一個類似直銷大會的活動（陽性影像），可是參加的人卻拿著睡袋擠在一起，好像難民營（陽中帶陰的影像）。接著，我聽到接下來會安排一位演講者來演講（陽性影像），但是聽到他的名字，卻發現他似乎是初戀情人的名字（陽中帶陰的影像）。

在一連串具象的影像中，看似有陽性的影像，卻也有許多「陽中帶陰」的影像。這裡所謂的「陽中帶陰」的影像，就是會讓觀者（在這裡就是作夢者）所困惑的影像，因為不明白為何會被夢境導演安排到這裡來，而引發一連串的思考。

第二段夢有許多「陽中帶陰，陰中帶陽」的元素。我來到一個試吃大會，桌子上擺滿了許多精緻的食物，大部分是海鮮類，光是蝦子組合的料理就占了大半。我注意到一道蝦料理是粉紅色，夾起來嚐，滋味美極了。而旁邊另一道菜是將蝦子跟魷魚夾在一起，就感覺口感軟硬不合，蝦子的脆嫩嚼勁，整個被橡膠感的魷魚給破壞了。

最令我驚訝的是，最後一道菜居然是河豚。真是有趣，第一次吃河豚居然是在夢裡。我看到的河豚，已經是被烹調成魚排，一片片像深咖啡色的牛排。但我沒有記住河豚的滋味，因為當我被告知那道菜是河豚時，我好像一直在思索河豚的解藥到底是什麼？我猜，我沒有很想吃那河豚，應該比較想要吃中河豚毒的解藥。

在夢中，我應該是在思索有解藥才敢吃，但在思索的過程中，人就醒了。我想，這段夢應該源自昨晚在關東俱樂部看我們老師的中醫書，裡面寫到解河豚的毒。不過正版的我已經忘了，夢中的版本居然是兒童鮮奶，真是令人費解。

這大概是我第二次夢見河豚，第一次是我中學時，父親還在世，我夢見他跟一群朋友在吃河豚，我擔心有毒而不敢吃，他卻吃的津津有味。

我剛又發現，夢見河豚的原因，除了跟我看到的中醫書有關外，會不會是我昨晚臨睡前在寫「學習針灸的要領」時，提到父親過世後，我在自己的身上扎滿針，其實就跟河豚沒什麼兩樣，河豚不就像是身上扎了許多針嗎？

學習針灸的要領

今晚在關東俱樂部教詠韻扎太衝穴，這是肝經的原穴，可以消除肝火，解除眼睛乾澀。美髮男在旁邊看了也滿想學的，但是又有點害怕。

我告訴他們，我是怎麼把針灸練到出神入化的地步，那是在一個過程之下的頓悟。

幾年前，在父親過世後那星期，我失去所有信念，也不太能接受一向健康的父親就這樣走了。那星期，我提不起勁，什麼事都不想做，腦中只想要自殘。

接著，我看到學中醫時買的針，除了上課時在老師的指導下用了幾次後，都因為害怕而沒有使用。但當時，因為我想喚醒身體的一些知覺，開始照著一本厚厚的針灸大全，在身上扎滿針。

說也奇怪，當全身扎滿針後，我忽然感覺到自己的肉體並不存在，全身非常舒暢，是一種輕飄飄的感覺。

剎那時，我似乎可以跟父親被火化後的骨灰產生共鳴。那消失了肉身後的靈魂，是多麼地輕盈，我應該給予父親更多的祝福，能在此生最後卸除了肉身的負擔。

經過那次的體驗後，我對針灸開始開竅了，不完全拘泥於傳統的穴道，而是知道藉由施針達到的放鬆，就是一種對局部肉身的放下。當放下時，療癒就開始了。放鬆（放下）時，能量才能流動。而能量在身上會有各種大大小小的節點，就是穴道。利用施針在能量節點旁使其放鬆，立即就可以釋放節點的能量流。

所以，當詠韻問我穴道的範圍還有相關的記法，我發現，如果用古人傳統的方式學針灸，應該還未受其利，就被搞迷糊了。

二〇一二年八月十四日（二）—立秋

230 隕石Ⅲ

常常我要在投身忙碌工作中，渾然不知時間的流逝後，隨著一段夢境的出現，才會召喚我稍微停歇下來，聽聽自己內在的一些聲音，跟自己的內在說說話。

昨天，我跟莫大大討論「生命之花」的設計呈現，討論到大約十二點。我們看了很多美麗版本的生命之花，也令我回想起每一次眼睛開光時所看到的美麗景象，像是灌飽充沛的能量，躺在床上居然不太想睡，不過經過一陣子的調息後，發現身體可以在很清醒的狀態下呈現漂浮感，沒多久就進入夢鄉。

第一段夢裡，我看到隨處離散的電路板，但是忽然間我手中多了一塊奇特的金屬，能量很重，不像是地球有的金屬，我猜應該是一種隕石。我好像被賦予一種任務，要將過去分散的電路板，其中高頻的部分重新整合在這一塊新的「隕石」電路板上。

第二段夢裡，我在一間很大的白色教堂裡，我坐在餐桌旁，沒多久，教堂的白髮女主人出來跟我一起用餐，還細心地問我是讀什麼科系的。我說是物理系，她對我微笑。沒多久用完餐後，我在找阿布吉，阿布吉好像在跟教堂旁邊的小天使玩耍，跟我們會合後，就離開教堂了。

昨天雖然沒有睡很久，但夢境很特別。我特別思考第一段夢的那塊隕石電路板，是否象徵著接下來要跟一些具有外星人特質的人合作？舒曼波是連結外星人與地球的頻道。

今天開會時宣布一件大事，有個來自公資源的大計畫喊卡。我一直在想要把一件事情做好，錢絕對不是最大的問題。我們根本不要去跟農民搶公有資源，到處都有資源，我們原本就是很富足的。

生命之花

當世界還是一片混沌時
神的孩子降臨世上
此時同一個靈魂分成「陰」和「陽」兩部分
分別寄宿於不同的肉身之中…
當有一天邂逅相遇
陰陽調和合而為一時
人就會變成神……

為了尋找自己的另一半　為了產下新生命
因為有不可思議的力量在運作
就是乞求對方靈魂的力量

不在乎年齡　外貌及身分
相遇時彼此會互相吸引…

只要聽到彼的聲音，就變得好興奮
只要一想到彼　心跳就加速
當彼觸碰此時　就會覺得幸福……

你是另一個我　我是另一個你
不在乎姓名與過去
相遇在這裡活下去　這樣就夠了不是嗎
請拋棄名字和過去
既然你我已經相遇　就再也無法分離
原本是相同的靈魂　擁有同一個生命

二〇一二年八月十五日（三）—立秋

231 音樂

車子已經到了停車場，德布西的音樂播到一半，卻不得不熄火，連帶把收音機關掉。唉，自己還是無法那麼悠閒，可以在上班前好好把一首音樂聽完。我想，人類大概是自從有了科技後，就可以隨時音樂聽到一半走掉的。

科技可以讓藝術作品呼之則來，喚之則去，但是對於各種天災或是人禍，卻好像使不上什麼氣力。

我想到，最近看到網友提到今年的戊申月，全世界特別會有天災人禍。戊申月時這個更大尺度的天地間運行能量，似乎更能打開或關閉這種影響全人類的生活。八月八日開始進入了戊申月，除了持續不斷聽到的天災外，辦公室也因為對外的大計畫終止，緊張的力道沒了，士氣十分低迷。

我常在想，如果可以知道未來的趨勢，或是整個大能量的運作，或許整體對於各種計畫的風險預估就會更加保守。風險預估不是什麼壞事，它代表的是一種敬畏大能量的心，讓人們不會太過驕傲。

關於創作，好像也是有一種大能量在背後運作。它會隨時提醒你，做得還不夠。我們不是看到過，很多創作者熬了很久，才創作出一件作品，如果不到幾天，連自己都看膩了，那麼這個作品就不容易長久留下來，不過是曇花一現。

要產生創作的動力已經不容易了，創作出來後，若不受到肯定或是做白工，那肯定是重創心靈。寫日記或是散文都還好，因為風格就是自己的，生活也是自己的，獨一無二的東西大概也無法評論什麼。但是如果是要做登上大銀幕的商業娛樂用途電影，就會面臨到許多的限制。

有時寫了一個劇本，原本以為已經超越自己過去的作品，感到很滿意，結果不經意看到一位前輩的作品，驚呼它怎麼能那樣表現，接著回來看到自己的劇本，又覺得劇情張力不夠。不管是影像、音樂或是故事，我都缺少一個從內心爆發、擋都擋不住的能量。如果有這個，我想拍電影或是創作就有動力了！

把內心說不出來的，用影像演出來，這才是會讓大家想到電影院觀賞的原因吧。即便知道劇情，還是會想要上電影院，因為那是一種由別人幫你演出來的感官享受！就缺那個鏡頭、那個旋律，套句中醫老師說的，吃下藥醞釀後，就等一個屁。

在開車到辦公室的途中，我展開一段內心對話。有位創作之神會跟我對話，我告訴他，我目前的作品很隨性，隨處可見，沒有太強烈的個人風格，可能跟我的個性有關吧。我大概是那種當生命陷落或有強大衝突時，才會有更驚悚的創作力量。

創作大神告訴我，妳現在缺乏一種活力，害怕挑戰的活力，昔日的狂野已經被磨平了。妳現在需要遇到一張臉、一個表情、一個聲音、一個人，那些會讓你的創作不同凡響，但你也會因此而受苦。

「受苦與創作，為何如失衡的天秤那樣兩難。」我嘀咕。

昨天夜裡，無意中看到《男朋友。女朋友》的電影預告，那激昂的聲音讓我如大夢初醒，我循著聲音一直看電影的各種花絮，驚呼為何一部單純的劇情片，卻有這麼大的能量。最讓我驚訝的是演唱者黃韻玲，為何這麼小的身軀，創作一向是平緩曲風的她，卻能激情地唱出那樣有爆發力的歌曲。

原來我們都變了　變得不輕易笑了
不再為自由活著　卻被生活綑綁著
擁有太多卻不夠深刻

好美的意境與歌詞，原來這歌詞的力量，來自於說著每個人心中說不出的祕密。

二〇一二年八月十八日（六）—立秋

232 直覺

最近一直下雨，天悶，讓我的心也有點悶，好像這時候只有寫些東西，才能解心中莫名奇妙的悶。

有時候，把自己的行程填得滿滿地，反而不會有這種發悶到飄散霉味的感覺。昨天到台北的體驗還滿神奇的。

昨天下午，接M總到V公司去談合作案，談到後來，發現目前舒曼波的合作案好像進入到一種「混亂」的階段。我便趕緊帶著M到台北跟另一位D總會合，希望讓他們見面討論一下分工的狀況。無尾熊對這狀況感到有點著急，我原先是不擔心的，但是被他們這麼影響，忽然間覺得目前的狀況有點不明朗。

我想，我還是親自跟M去一趟台北。但是到台北的決定，好像也是有種直覺力告訴我必須去一趟。合作案是其次，我滿想了解前幾天作的教堂夢，夢中遇見藍道瑪的音療大師芭芭拉，但我只是跟她用餐，她並未跟我說明她要做什麼。夢醒後，剛好遇上這星期五有藍道瑪音療講座，內心忖度著是否要抽空上來台北一趟。

到藍道瑪時，主要是體驗光音床，還有跟謝老師完成夢中要談的事情，包括基督教儀式都是跟心腦法則相關。謝老師還教我用三點穩住第三眼的練習法。

從台北的藍道瑪回來後，全身輕飄飄的。自己擺了一杯水果啤酒沒喝，酒香瀰漫房內。我作了在海邊山上度假的夢，這是個多人聚集於一屋的夢。大家在山上烤肉吃東西，景象跟現實的山上很像，卻有好幾層，而且走一出去就是海邊。大夥還說要去游泳（跟波動有關），後來我遇到母親說要去游泳，東西都準備好了，但她又想去百貨公司。我知道她不舒服，此刻居然在大馬路上遇見J女郎，心想母親可以去J女郎那邊做耳燭，我也可以在那裡的大浴缸裡游泳。

感覺夢中的場景好像把我要去的地方全部放在一起，像是拼貼圖，過程連貫很縝密，前面許多陌生人來山上的細節也是。前一段山上的人跟一種社交網路（非臉書），有虛實並存的網路聯繫，感覺是比較像BBS或部落格。不過醒來的感覺，像是腦袋中一直在轉，卻都不是自己的想法。

浴缸、母親、幫母親做耳燭、酒與烤肉，都是白天時的元素，那時山上一群人還提到地震預測這件事的不可為。我記得每個人的臉龐，但都不是認識的人，可能跟搭高鐵到台北的途中經驗有關。總之，感覺好像這次是去驗收「修行果」。在過程中，把白天的行為變成一場夢，並在清醒時反省哪些是執著，哪些是啟發。也很細膩地觀察到「我慢」的態度，以及「神之所在」，並用神的大尺度觀點去看，原來是要把自己的「我慢」清除，舒曼波的能量才會繼續長大。

難怪，我昨天到了台北，不急著談合作的事，兩家公司的分工不是最重要的。最重要的是，去追蹤「清夢大神」到底要我知道什麼？

二〇一二年八月十九日（日）—立秋

233 豆花

藏鏡人裡面到底藏了幾個人？就像創作裡頭到底藏了多少想要表達的情懷。如果裡面藏得越多，越覺得每次看時都可以誘發不同的想像。侯孝賢導演說：「拍電影，是不斷地在創造過程中學習做人。」而我則覺得：「拍電影，是不斷地在創造過程中，用各種反芻的回憶，紀念你曾體驗的人事物。」

朱天文的〈初論侯孝賢〉講一句話，他希望他的電影不要被看出技巧與形式，要拍得豐富動人，把技巧與形式都吃掉，這才過癮。

其實這是一段痛苦且快樂的過程，但也會有一些有趣的插曲與想像冒出來慰勞你。昨晚，我花了好久的時間找蕭邦〈夜曲〉的不同版本，邊找邊跟著哼，居然發現自己用唱的感覺也不錯，不過得要去買一個可錄音的麥克風，效果才夠好。這也讓我回想起，中學及大學時經常錄下自己唱的歌。那個年代，什麼都缺乏，於是什麼事都自己來，但這幾年下來，連唱歌自娛的方式，都被隨處可得的網路取代。創作的過程，好像是把自己丟失的器官給一一召喚回來。

我終於找到一首用小提琴演奏的〈夜曲〉，感覺還滿不錯的。因此，我打算在編輯的劇本故事敘述過程用鋼琴與人的歌聲，而最後的組曲則用小提琴。組曲在晚上弄完了，但因為要微調歌詞跟旋律對上，我又把原本的歌詞增減過，自己也聽上幾回，夜也深了，就暫時先定案。

我其實是筋疲力盡的睡了，睡到一半，還發現插委中穴的針忘了卸下。

我繼續睡，並開始作夢。夢中，我回到一處類似《慰央歌》場景發生的校園，而這學校有個「豆花節」，在這一天，學生可以組隊探險，最後聚在一處吃混合豆花。我們在吃豆花時，陸續也有路人湊過來一起吃，這邊的豆花好像多到吃不完。

我看到Y也組隊參加。他就像個天生的領袖，但是我卻聽到別人對他的誤會。而我幫他解釋，說是大人的世界不夠成熟。

不過，不管如何，豆花節就是要大口大口吃掉豆花，就像接下來的日子要大口大口過一樣。

二〇一二年八月二十六日（日）—立秋

234 藍色開運布

一到山上，就好像把所有煩惱都拋開。這天，秦大哥又悶了一隻燒雞請大家吃，我則泡弟媳給我的四川道地茉莉花茶。秦大哥看到我提供四川茶，也想到把之前調配的四川辣椒醬拿出來搭配悶雞。大家就在露台上吃喝起來。我還特別把藍色開運布拿出來當桌巾，頓時感覺好像是在地中海吃著四川料理。

大家看到這桌布，都很喜歡。我邊說著這些布的由來，邊詢問山上女主人是否知道哪裡有在教裁縫。我開始想，或許未來可以學習裁縫，以便將藍色開運布做成許多剪裁合身的衣服。早上看報時，也看到幾款款式的衣服還不錯，如果換成這種開運藍，應該更具風味。我記得，小時候常看到當裁縫師的母親收集日本服裝雜誌，照著樣本在報紙上剪出範本，然後再用來裁布料。山上女主人跟我說，現在會做衣服的人越來越少了，如果有人要教，她也很想學習。

▶山上的椅子本來是舊的老式家具，桌子是不要的床板堆成的。現在把椅子漆成白色，再用開運布當桌巾及縫成抱枕後，感覺好像來到希臘愛琴海，充滿地中海風情。

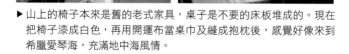

後來回到住處後，我擺上這款桌布，並拍了照片，感覺真的相當清新亮眼。除了學習服裝設計，我對彩繪木器也很有興趣，或許這些都可以列入未來的規劃中。說不定，以後拍電影的服裝及道具都可以自己設計。

我果然是行動派的，等不及裁縫機的到來，晚上就買了一把好用的鎢鋼剪刀及針線，到關東俱樂部當賢慧的女人。今晚，我想先來手縫藍色綁髮帶。我問美髮男，如果是他，他要拿布做什麼。他說，做領帶應該不錯，他也滿想做一件T恤的。半小時後，我縫好一個髮帶，果然非常亮眼，而且是自己縫的，特別有感覺。我縫髮帶時，還覺得可以縫拍打按摩用的紅豆棒。

縫衣服的過程，好像在學習幾何數學，我覺得我縫的這個髮帶就是「莫比烏斯帶」，十分有趣。我邊學手工縫紉，邊挑戰一種不用拉鍊就可以一體成形縫抱枕的縫法，我還意外發現這是第二款髮帶的縫法。太棒了，以後有用不完的髮帶了，也捨不得把頭髮剪掉了！

如果縫上幾個抱枕，再加上桌布，就是名符其實的地中海風情。

接下來，還可以挑戰縫衣服，但是全改成地中海藍。現在想想，只要把它先拆成幾個「無縫式縫法」的基礎組件，再把它們組合起來就可以了。說不定，我很快就可以無師自通做一套衣服，而且用手縫的。

今晚，先來完成我的開運枕頭套，要用「回針縫」才縫得比較牢固。以前學家政的記憶都回來了！

二〇一二年八月二十一日（二）—立秋

235 香樟

原本是抱著惜物的念頭，把兩大袋的地中海顏色的布料帶回來，沒想到因為開始思考要如何運用這些布，而發現它居然是屬於生命靈數八的顏色布，於是我就把它稱為「開運布」。

後來，我想到山上主人最近給了我一袋香樟樹木屑，本來是他拿來焚香驅蚊用的，因為數量很多，因此給了我們一些。我便利用開運布加上香樟木來做開運枕頭。開運布跟香樟樹都是免費的，又可以造福許多人，真是美妙。

我先是用開運布當電腦桌的桌布，桌子一換上新裝後，感覺很不一樣，而且打電腦時好像不太累了。而且我也發現 Windows XP 的桌面就是用開運布的顏色。

接著，我試躺在香樟木的枕頭上運氣一會兒，發現整個能量滿滿，津液上潮，沒多久排出許多痰，肩頸整個鬆掉。上網查看介紹，香樟木的功效還滿多的，據說可以通鬼神、溫中散寒。用地中海開運布枕頭包加香樟木，不知今晚的夢中會有什麼好料？

其實，我的住家外面就有一棵香樟樹。以前社區的人說，怕樹根會擠到水管而決定要砍樹，我堅持反對，總算把它保留下來。如果香樟樹的功效這麼大，看來以後修剪下來的枝葉，都可以拿來

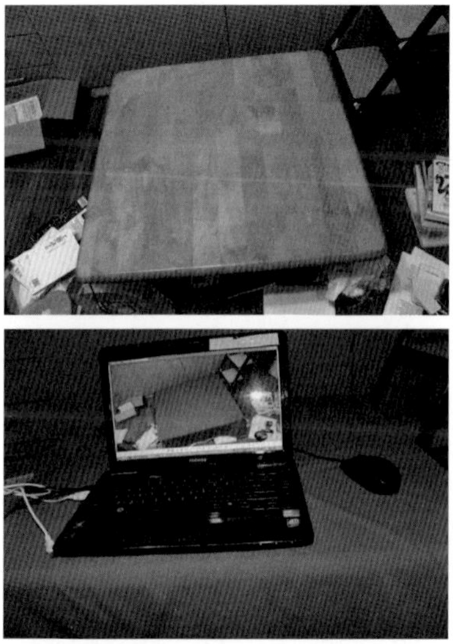

▶原本樸素的和室桌，加上藍色開運布之後，讓人感到眼目清涼。Windows XP 桌面也是使用此顏色，是為了減輕眼睛的壓力嗎？

做藥枕。

我躺在開運香樟枕上，肚臍又塞了一顆蘇合香丸，開始做「天字冥想」，問了潛意識一個有關舒曼波未來模具的問題，居然出現七條通先生的畫面。我心想，對厚，他是個萬事通，我怎麼沒想到要問他，明天約到二重俱樂部見面。

當我起身做紀錄後，再次躺下冥想時，進入的深度更深，我好像看到了舒曼波模具組成的透視圖，並想到了這模具的複雜幾何結構。我趕緊跳起來，在網路上跟莫大大互動，兩人很快地把初步構想釐清後，我才又躺回香樟枕上，回味這種放鬆冥想產生洞見的過程。

白天時，我一直被催促著要思考這個問題，但我不喜歡這種被催促的感覺。因為我知道，好的洞見絕對不是用大腦用力想出來的。結果下午卜了一個卦後，發現不管是開模具或是手工製作，抽出來都是一樣的卦。於是，我就不太想管了，專心玩我的開運布。

如果要我用力想東西，我是絕對想不出來的，因為那時的心腦能量很弱，想出來的東西都是勉強來的。我最不喜歡勉強自己。在有感覺時冒出來的能量，才是真正內在的聲音。就像最近在配電影的曲，也是希望能找流暢、看不出技巧及用太多力的方式所演奏的曲子，這是創作的最高境界。最近看到詩人洛夫的詩，就是這種境界。

後來，我進入又深又沉的睡眠，並作了清明夢。我在山區森林遇見巫醫在煮各種毒物及動物，其中有蛇跟烏龜，我盯著那蛇看時，蛇的眼睛還瞪了我一下。這些奇怪的毒物都被關在玻璃的蒸鍋裡。我醒來後想到，前晚網友豬頭大大推薦我買的幾款做花露的蒸鍋，就跟夢裡的很像。不過，為何裡面擺的是奇怪的毒物及動物？該不會香樟樹真的跟鬼神相通吧。不過我在夢中似乎一點也不害怕，不知是否因睡前在肚臍內塞了一顆蘇合香丸，剛好可以驅邪。

二〇一二年八月二十一日(二)—立秋

236 兔子囍事

一切都太魔幻了，兩隻公兔子住在一起也會生小孩。原來是當初買幼兔時，店員搞錯了。接下來就用影像說故事來記錄這段兔子喜事插曲吧。

圖一：奇奇兔生了四隻兔子，其中三隻是活的，一隻是包著膜的死胎，但她卻一直沒有要哺乳的念頭。中間那一隻出生後還掉落到糞盆裡，掙扎了許久。我把牠放到溫暖的紅外燈下，但沒多久牠又掉進糞盆。等我買奶粉回來後，牠已經奄奄一息了，最後只倖存兩隻。一直等到晚上開車時，我才忽然想起，為何沒想到要使用蘇合香丸，或許可以挽救小生命。

圖二：生了小兔兔，在山上可是一件大事。兔拔拔恩恩都在外面守著，避免生人靠近，就連山上的貓兄弟也都在旁邊站崗。重重警衛都是要確保小兔仔可以安全地成長。當然，以上都是因為拍到這張有趣的照片後所編的劇情。

圖三：我看這就是典型的「老婆哺乳期，老公偷吃」的畫面。奇奇母兔被關起來準備要哺乳，恩恩公兔卻當著奇奇母兔的頭上，開始對幼齒兔兔感興趣。當然，這是典型的狗仔拍攝報導手法，拍到很八卦的畫面，當然要捕風捉影一下。

▶圖一

▶圖二

▶圖三

圖四：這款就是在寵物店買的奶粉，是所有哺乳類通用的奶粉，最有趣的是，還是大熊貓基地指定的品牌——貝克。我在想，這是不是熊貓代言的第一款產品？

圖五：就是這般一滴一滴，先滴在旁邊，讓小兔仔聞到奶香後慢慢地探索。這麼小巧的生命在手掌中蠕動著，感覺十分神奇又令人感動。希望剩下的兔仔能夠度過安全期，快樂地長大。我查了網路上的餵奶時間，眾說紛紜，一造說是要十二小時餵一次，但是奶粉罐上寫的卻是約三、四小時餵一次。

圖六：終於餵完兔奶，兔兔們跟貓咪終於可以休息了。湯姆貓咪還是很盡責地躺在藍色開運枕頭旁邊就近看守著，我也開始縫製桌布。

圖七：開始縫製桌布後，我發現了一件事情。我居然縫得像車縫那般整齊，嚇了我一跳。原來我的縫紉技術，已經熟稔到開始生巧。我邊縫邊想著，或許該來幫這些盡忠職守的貓咪都做件制服。嗯！就來縫製「藍色項圈」，當作「貓咪保全」的制服。

▶圖四

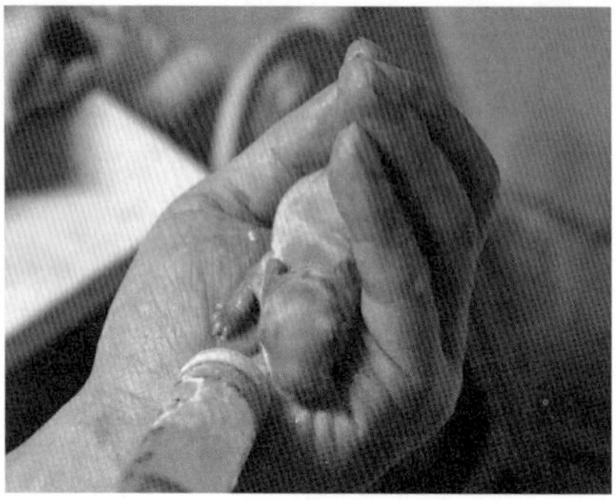
▶圖五

▶圖六

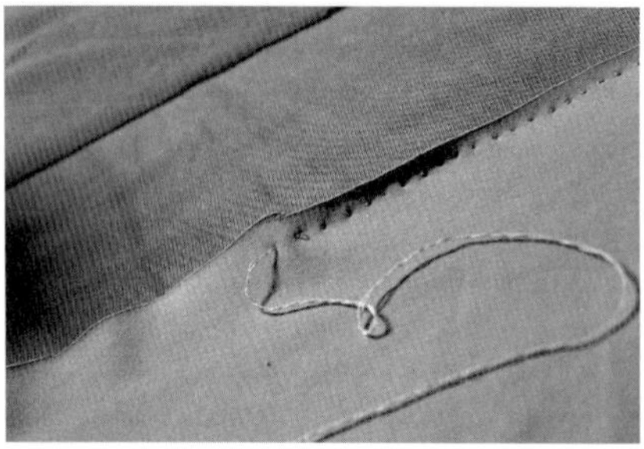
▶圖七

圖八：原本以為驚嚇的一天要準備結束了，結果來了一隻不速之客。在藍色布料上拍攝到這隻蟲，真是漂亮，應該可以運用在影片中吧。

圖九：哈，當然不可能是被上面的蟲嚇到。山上每天晚上飛來飛去的蟲那麼多，怎麼可能被嚇到。其實我是被這隻癩蛤蟆嚇到，因為牠居然在我縫製桌布時，跑來偷親我的腳，而且後面還跟了一隻土鱉蟑螂。這一整天遇到各種奇怪的事，搞不好今天一整天都是我在作夢。

▶圖八

▶圖九

暫停曲

在山上待了將近四年的時間，把第一年的紀錄整理成《台灣物類相感誌》的第一部曲。如果往後還有機會（或是有存下一筆錢可以用於出版費用），或許還有第二部曲、第三部曲、第四部曲等等。一年過後，想起剛到山上初秋時所寫下的詩，山上的故事就像落葉落下後，化入土壤中，孕育下次的故事與舞台。或許，搞不好沒多久我睡醒了，才發現原來是作了一場「聽落葉説故事」的大夢。

秋天，惹愁的塵埃

告訴我，落葉的一生！
出生於何時，卒於何時
有什麼樣的情節
有多少作品
有那些史詩

告訴我，秋天的軌跡
起於何處，終於何地
有什麼樣的航向
有多少的漂泊
有那些眷戀

告訴我，你的心情
渺小至毫毛，巨大如天際
有什麼樣的歡愉
有多少……
那些，因為秋天惹愁的塵埃！

後記

談心物合一之心腦共振與生命物語

狐狸告訴小王子：「真正重要的事物用眼睛是看不見的，必須用心去體會。」——摘自《小王子》

物理乎？霧裡？悟理乎？

二〇一六年情人節，寒流來襲，我與朋友約在咖啡館餐敘，期間朋友分享這次過年時拜會一位易經老師，他把風水羅盤與易經都統合在一起，並出了一本書《明道易》。一看果然就是我想學習的羅盤書，破解了易經與羅盤的關聯。這也是我過去研究腦波直覺後，想從古老風水羅盤中尋求的答案，果然讓朋友找到明師了。

話鋒一轉，朋友的老婆問我，她親戚的小孩考完基測後準備填志願，他想讀物理，想問我的意見。我一聽有點愣一下，也觸發很多感觸。因為我現在所鑽研的物理已經跨越到人類心靈領域，而非單純的物理。我苦笑著打趣說，現在學院的物理大半還是比較枯燥的「唯物論式物理」，而我現在研究的物理，比較像是「心物合一的物理」。

不過，這個問題也讓我回想起年輕時喜歡物理的過程，我不是喜歡那些冷冰冰的公式或定理，反倒是因為看了很多科學家的傳記後，喜歡上成為科學家的那種「心靈」。這種奇特的心靈，會隨著投入物理這個領域越久而——逐漸強化。

如何「讀」懂道德經？

這樣的心靈狀態，作家柯雲路曾經在他寫的《人類神秘現象破譯》提到過。文中提到老子的《道德經》是在氣功狀態下寫的「宇宙語」。建議大家，如果要理解老子的智慧，就要進入到老子的境界。如何能夠進入到老子的境界，就是進入到高級的氣功狀態，這也是一種特異意識的狀態。既然老子的《道德經》在氣功狀態一氣呵成下寫出的，自然也不會分章節。這些章節都是後世的註解家分類出來的。所以，柯雲路建議大家，丟掉任何跟老子注釋有關的書，直接韜養正氣，進入到老子的境界，就可以與老子「天人感應」，體會老子《道德經》的意涵。在許多文章的書寫過程，時有頓澀之處，為賦新詞強說愁。但是，有時靈感與感觸一來，就行雲流水，一發不可收拾，猶如氣功灌頂，全身震動之感。真的如柯雲路所言，為文要有力量，必須氣飽念通，如此，下筆如有神，進入到與文字共舞的「文字合一」的般若境界。

弘一法師的心物合一境界

弘一法師有一篇最精采的文章，是在討論如何精進書法。原本弘一法師還振振有辭地想以「李叔同」藝術老師的身分，指導學生寫書法的美學要義，但是他寫著寫著，嘗試要去講那個境界時，突然間，似乎無聲勝有聲，換了「弘一法師」高僧的身分，內容也轉換到如同「書法與人」合而為一的境界，因此你是什麼，你的書法就是什麼，琢磨技巧已無用，專心修佛，書法自然渾然天成。

以上當然是我以後設立場來理解此篇文章的論述。文章中，其實李叔同就是寫著寫著，忽然間覺得他好像不需寫了，就這樣以一種「雙手攤空」的姿態來結束文章。後來，李叔同切入《華嚴經》及律宗的鑽研，「以華嚴為境，四分律為行，導歸淨土為果」。我想，這才是李叔同出家的真正原因，當下他領悟到：進入到佛法中的心物合一感受，才能達到他所嚮往的真正藝術。

心物行，旅行的方式？

過去，「心物合一」約莫是哲學層次，方東美的哲學三慧提到「入乎其內，出乎其外」，認為「出乎其外者未由窺測，入乎其內者依聞、思、修之程度而定其等差」，故哲學家有大小之別。王陽明更是比較朱熹與陸九淵之爭，提倡「知行合一」之心學。「知行合一」的知，就是「良知」，其實也是我們的「心」意識（mind consciousness），意即你的行為只要跟著你的「良知」或是「心」意識去走，人生就不會有什麼大問題。如果用旅遊來比喻，朱熹的學問是希望旅遊前先把地圖研究清楚，再出發。陸九淵是根本不帶地圖，但或許大部分是神遊，也出不了門。王陽明認為，自己想去的地方要隨時按圖索驥，但還是以自己想去的路線為主。

而佛教大圓滿法的「心即非心」則說，心裡想去的地方，看似有，但其實是因緣合和所促成的。在旅途中即便是有心所想，並按照地圖，但是否真能如心想，還得要看旅途中的一切因緣。比如說，我們想去巴黎或上海，我們後來到達的真的是我們心中那個巴黎或上海嗎？只能說，我們所到的是，在那個時空之下，心與時空交會的上海與巴黎。我認為，王陽明在講的心是小尺度的心，讓人容易理解與實踐，但是大圓滿講的心，不容易理解與實踐。但是，大尺度的心有其作用。例如在順境時，小尺度的心很容易就到達目的。但是在逆境時，需要大尺度的心，才能知道生命的目的。王陽明在十二歲時就寫下一首詩〈蔽月山房〉：「山近月遠覺月小，便道此山大於月；若人有眼大如天，還見山小月更闊。」心跟這首詩裡頭的眼是類同的。

中醫祝由與心物合一

祝由術隨著唐代孫思邈真人整理實驗傳世，少說也有兩千年的人體實驗經驗史。研究舒曼波及天人合一的這幾年，我也遇過幾位祝由大師前來拜訪，並見識過他們的術數法，包括接通天語並手繪許多類似波動的圖案，說是可以讓水果變好吃、防止輻射電磁波、節能省電、甘露能量水、防止小黑蚊的驅除卡等等。

曾經看過祝由師父替人施行祝由法，預告過某人即將中風。我當時同步用現有的藥物訊息比對，發現主因是在脾胃，並請當事者伸舌頭以中醫舌望診比對，觀察到脾胃區有兩條瘀血，之後拿起大活絡丹來訊息比對，果然比對上，也證實祝由師父的觀看不假。所謂疾病是身體器官功能出現異常的狀態。祝由師父透過祝由術是接引天地之能量為人明點氣脈調身，可以直接作用到人身，或是透過符籙或替代身（我看過不用直接施針於人身上也能緩和的針灸施治）。能夠修持祝由術的師父本身，也具有強大的功態能量場，能發出強烈與和諧節律的場，這些場作用到異常的器官，使得器官的波動干涉圖形恢復正常。讓形而上的能量（祝由及精神，屬於心）跟形而下的能量（身體需要吃飯睡覺，屬於物）都要平衡，才是身體都需要的。繼而一想，祝由術不就是古代心物合一的一種實證實踐嗎？

東方的心物合一，在西方如何體現？

東方的心學普遍地呈現「心物合一」的概念，而近代的心理學最接近的就是「正向心理學」提到的「心流」（Flow），也有別名「化境」（Zone），維基百科中亦有人翻譯為「神馳狀態」，但我覺得「心物合一」更為貼切。米哈里．齊克森（Mihaly Csikszentmihalyi）是第一個提出心流的概念，並以科學方法加以探討的西方科學家，且應用到改善西方文化構成（如遊戲場設計）的領域中。它的定義是：一種將個人精神力完全投注在某種活動上的感覺；心流產生時，會有高度的興奮及充實感。米哈里．齊克森認為，使心流發生的活動有以下特徵，包含傾向並高度專注一致且握有主控感、在過程中憂慮感消失、主觀不感覺時間的消逝。東西方精神實踐家都發展出一套完整的心流理論，來促成精神力及個人之發展與自我提升。

理解「萬物的本質（道）」

最近，有報導提到愛因斯坦的「重力波理論」終於獲得證實。其實我覺得他隨便講一句話都可以預測未來趨勢，就像那句「想像力比知識重要」，就預見未來的Google大神已經把知識變得很容易了。愛因斯坦的腦袋跟其他人有何不一樣，他構思的各種奇特理論居然超越人的知識與經驗，並在死後多年陸續被證實。

一個沒有昂貴設備實驗室的科學家，靠的是大腦內心物合一想像實驗室（thought experiment），不斷地進出而獲得事物的本質。有傳記提到，他曾經作過一個乳牛的夢，夢中農夫的時間與自己的時間有差異，醒來後，他認真感覺在夢中的實驗室為何有兩種關於時間相對感受的「本質」。因為感受到如此的本質，才進而去思考要以何種數學表達方式建構這種本質。當然，後來他也透過時空圖，又稱閔可夫斯基圖，用以表示閔可夫斯基時空的事件的坐標。它是一種理解狹義相對論現象的工具。

這是一種「以終為始」的方式，透過已經知道答案及方向是對的，接下來只是走向它的過程。整個過程就是方東美所說的「入乎其內，出乎其外」啊！

你不看月亮時，月亮還會在那裡嗎？

「你不看月亮時，月亮還會在那裡嗎？」這個很感性的題目，正是愛因斯坦被哥本哈根學派的量子理論煩擾心思，質疑「上帝真的會擲骰子嗎？」，進而寫下的一篇論文，揭開物理量子世界開展前的一場建立新典範的物理史上有名的「EPR悖論」。當然，後來因為貝爾利用貝爾不等式及相關的實驗觀察確定了量子的機率規律與法則，建立了量子量測理論。

量子量測理論，基本上就是說，量子的狀態會因為觀察者的不同，而有不同的結果，最知名的是「量子季諾效應」與「量子反季諾效應」，意即因為觀測方式不同，會影響粒子衰變的時間變快與變慢。很多通俗的講法是，煮飯時不要常去掀鍋蓋，會改變煮飯的時間。我倒是常舉一個更誇大的解釋。一片吐司的一面沾了奶油，掉到地上時，奶油那面朝下的機率有多少？如果是一個理想事件，那麼機率是五成，毫無疑問。但我的答案卻是，如果是一位幼稚園小朋友拿著這片吐司，那麼掉到地上奶油那面朝上的機率大於五成，若是一位台積電晶圓廠的工程師，那麼掉到地上奶油那面朝上的機率小於五成。當然這個舉例是有點太誇大，但是玩過攝影或拍過影片的人，有沒有發現當不同的攝影師或導演會帶戲時，被拍攝者或是演員的表情都會比較自然。世間常人習慣要把某件事物定義清楚，才會心安，但是很多自然的狀態，特別是人，本來就不是那麼單純。所以你要一個定義，偏偏當你定義它時，總是有例外。而量子世界或是心的世界，就是在物理上體現這樣的事實。

愛因斯塔的好友哥德爾更表示，如果人類可以以某種方式掌握該領域的所有真理，則根據「哥德爾不完備理論」可以得知，人類的心智既不是電腦也不是機器。哥德爾的不完備定理就是指出人的心智無法用「人工智慧」去化約。哥德爾所稱的某種方式，或許可窺見「心物合一」運作的的方式。

世間天才皆知「心物合一」之妙

與愛因斯坦一樣充分運用其才智的還有天才科學家特斯拉，他在四十歲以後的研究，都是被美國政府封鎖起來的資料，最後被駭客解密。看了他在四十歲以後發展的東西，簡直達到神人境界。不但發展了反重力機器、自由能，還有蟲洞機，連鐵達尼號沉船都可以預知。瑜珈大師卡南達稱其為達到天人合一（梵我和一），腦區發展達到最高。連去世前所待的旅館號碼，都是一個「奇蹟」密碼。美國因為要留下他，所以用相當買下一個國家的金錢，跟南斯拉夫交易，南斯拉夫的鈔票上，至今有特斯拉的肖像。

愛因斯坦能，那一般人呢？

或許愛因斯坦的想像實驗室是他炒菜的廚房，外人無法得知進入「心物合一」背後的實際運作。

二〇年代末，心靈心理學（Parapsychology）就是一項新興實驗心理科學，致力於用實證科學方法驗證人體是否存在以及影響這些潛能的因素，分為超感知覺（Extrasensory Perception）和心靈致動（Psycho Kinesis）。

超感知覺是指不通過五官而獲得知覺信息的能力，而心靈致動人的意念會與外界物質發生互動的現象，如意念移物、意念影響電子儀器、催芽種子等。例如前蘇聯的著名異能人士尼娜・科拉金娜就有很強的心靈致動功能。在諾莫夫等科學家設計的實驗中，她能在一百八十公尺以外，將實驗容器內生雞蛋的蛋黃和蛋白分開，然後又能將它們合在一起。李嗣涔教授曾經在書中提到，功能人孫儲琳可以進入到花生的世界進行溝通，才得以讓花生起死回生。

一般人所發出的這類氣是無規則與不同相的，故形成不了實質的力。而超能力者透過發出強大的氣（重力波與標量場），是精神向物質施加影響，使物質的頻率改變，但是更重要的是產生一種能量相位一致的同調場，也產生各種心靈致動的現象。

李鳳山師父提過，「魄」是氣的最高表現。「魄」是代表一種發自內心深處的強大力量，是自然的湧現，絕不強求，絕不做作。如果心有任何貪嗔癡，將會影響場的相位。超能力者的心靈致動能力，或許是不同程度的「心物合一」。

隨機亂數產生器，「心物合一」科學驗證？

由於心靈致動現象耗時耗力，為了彌補這一缺憾，設計了每秒產生一千個隨機數，人能以意識影響隨機數據發生儀的數據分布，來訓練心靈致動的功能。若無心靈致動，數據呈隨機分布。若存在心靈致動功能，將使隨機數據不再隨機，而是呈現與實驗目標一致的分布規律（Schmidt, 1970, 1972）。之後，這類隨機數據發生儀以量子儀器（Quantum）為名，開始廣泛運用在心靈心理學的各種實驗中，以追蹤記錄思維狀況（Hall, 2001）。

僅在一九五六至一九八七年間，就有六十八位科學家對普通人的意識和隨機數據發生儀之間的互動進行了八百三十二項實驗（Nelson & Radin, 1988）。多種因素可能會影響微電子隨機數據發生儀數據產生模式。例如，科學家們檢驗了性別差異。對儀器作用最強的三個人都是女性；但總體來說，男性比女性對儀器的作用更強。除了性別，距離及時間對產生數據並無影響，受試者有近距離以意念操控儀器的，也有在遠距離操控的，更有幾千英里之遙。距離不能影響意識對儀器的作用（Dunne & Jahn, 1992）。同樣地，時間對實驗結果也沒有影響（Nelson etc., 1991），說明這類意識場具有超越電磁場、重力場的一種非定域力場的量子纏結性質存在。

研究者認為存在一種具有普遍意義的策略，那就是被試者將儀器擬人化，用親善的語言坦率地對它表達自己的意圖，並願通過儀器的成功表現與其建立情感紐帶。換言之，類似進入心物合一的階段，可以強化數據分布顯著趨向被試者的意圖（Dobyne, 1996）。

量子醫學儀器與人類集體意識網站的突破

這部分的應用後續，更被William Nelson用在能量醫學的儀器，一般早期都稱作「量子醫學」，透過這些亂數產生器對量子訊息的不同敏感度，來發現身體訊息的異常。如果認真說起來，這些亂數產生器就是一個自動丟銅板機器。如果說訊息無關聯，它就會出現隨機分布，如果有一定結構的訊息（或複雜度），就會變得不亂。用於量子醫學時，會把各種想要問的問題，或是營養素，或是中藥等建成資料庫，然後快速掃描來問問題。不過，據說Nelson發明這台儀器後，被FDA通緝逃到國外！

不過，普林斯頓（Princeton）大學的研究人員羅伯特・傑恩就（Robert Jahn）相當幸運了，他們也是用這些亂數產生器，不過並不是做成醫療儀器，而是在一九七九年起架構一個GCP人類集體意識的網站，也是利用意識與機器相互影響，利用各地的隨機亂數產生器，設立一個可以讓人贊助的基金會，這個人類意識網站成功地觀察到當世界有重大事件時，各地的隨機亂數產生器發生不隨機的現象，來觀察人類集體意識是否能用電子儀器來測定（就是類似執爻時發生的聖爻現象）。一九九七年起開始對全球性的心理意識現象做電子儀器的實驗。當世界發生了重大事件，多數人的情緒會發生劇烈的變化，當大眾集體注目於事件的當下，隨機亂數發生器（REG/RNG）所送出的資料，就會出現統計學上有不同程度的差異性。這代表物理現象與精神領域之間，有明確的相互關係存在。REG/RNG代表的是能趨疲（Entropy），又稱熵值，為一種無序現象的參數，當人類情緒與意志力加入這個場域時，熵值會改變，就代表一種秩序的改變發生了。

心物合一，另一種心腦合一的偵測方式

我們知道隨機亂數產生器，可以表現出物質與意識的互動。但是心物合一的不同尺度過程卻無法得知。人體有不同尺度的生理訊息。腦波在約五十赫茲以下，屬於資訊訊息。心臟波約一赫茲左右，屬於人體的節律訊息。而人體的新陳代謝約一小時，屬於人體的代謝訊息。不同的尺度得到的訊息對於人體的重要性程度不一。

哈佛大學埃里・戈德伯格（Ary Goldberger）發展利用經由分析心跳時間序列的分形維數，可以做為心臟疾病的診斷工具。心跳是一個體內極大的反饋，其系統的動力學是非線性的，非平穩，且多尺度，即使是簡單的非線性規則，也可能會導致複雜的行為和規則。如果我們能分析心臟訊號的非隨機性改變的程度（意即和諧程度的改變），也可以暗示著在不同事件或情境下，心物合一的程度。這也就是利用心臟訊息來更精準偵測「心物合一」的原理。（參考多尺度心腦同調論文）

易經卜卦中的心物合一

如果認真說起來，一千萬的亂數產生器就是一千萬個自動丟銅板機器。進行求神占卜的擲筊，也是類似的過程。榮格的《金花的秘密》，有一段講到「易經」並非「因果式」的科學，而是一種「同時性」的科學。榮格或許當年不知道這是什麼科學，但是後來的量子科學及平行世界的宇宙觀，就是在描述這種宇宙觀科學。所以古人常會說，進行易經占卜時必須放空，並先使自己進入到一種非二元對立的狀態（如來的意思，就是量子力學講的各種可能性、量子機率），來產生這種「同時性」的靈動。如果把易經當作是一種因果結果，甚至於在占卜解卦時，身心並非在平衡狀態，就誤解了易經的真正意義。

心物合一的現代科技精神體現

蘋果迷會去看賈伯斯傳記，想了解他的洞察（insight）從何而來，但是更值得看的是影響賈伯斯的一本書，也是他唯一放在iphone的一本電子書《一個瑜珈行者的傳記》，當你看這本書時，或許也進入到賈伯斯當時看這本書愛不釋手的「心物合一」境界。因為進入到「心物合一」的境界，賈伯斯的電腦跟一般的電腦完全不一樣。

現代科技物聯網物聯網IOT（Internet of Things）發展後，宏碁施振榮提倡的智聯網IOB（Internet of Beings），與物聯網IOT（Internet of Things）概念不同，Things是沒有生命的物體，Beings則是指人，也就是裝置以人為中心，而非如物聯網以資料數據為中心。智聯網的精神就是一種「心物合一」的精神體現在現代科技應用上。

心物合一與生命物語

諾貝爾醫學獎得主麥可托林會找到玉米的跳躍基因，也是因為他長期在顯微鏡與田野觀察玉米，進入到玉米的世界，因為心物合一進入到玉米的世界，而理解玉米的語言。以前有部電影叫《南極物語》，後來被迪士尼改編成《極地長征》。平常日本語的「物語」翻譯成「故事」，但是我總覺得物語並非只是故事，而是另有一種更深的意涵，是心物合一之後的感動所發生的故事。所以日本人用「物語」這個名詞，比「故事」更有神來之筆的意涵。最近很感人的電影《老鷹想飛》紀錄片，看到荒野協會李偉文老師寫到觀察者沈振中與鳥合一的境界。我也回想之前看這部電影時，看到沈振中有接班人那一段時感動得哭了，那是一種老天爺終於聽到「他」的一種天人合一的感動。而《老鷹想飛》，何嘗不也是一種老鷹的物語，稻米的物語，甚至是大地的物語呢！

心靈致動與梅爾卡巴靜心

如果能理解過去全球意識的人類集體影響隨機亂數產生器的分布，或許不難理解在《從心覺醒》這本書提到，當一群人進行梅爾卡巴靜心時，會影響空氣分子的分布與排列，進而讓空氣淨化。當空氣淨化後，最明顯的是會開始聽到一群鳥兒的歌唱。有時我也會觀察到，在明顯感覺空氣清新後，接著就聽到一群鳥兒的歌唱，中醫講的望聞問切，「聞」除了是鼻子聞，是一種嗅覺，也是一種聽覺。難道說鳥類唱出悅耳的歌聲（聽覺），也是來反映清新的嗅覺嗎？

一沙一世界，一花一天堂

所有的詩人與藝術家，幾乎都是「心物合一」的專家。詩人布雷克的詩〈純真預言〉（Auguries of innocence）：「一沙一世界，一花一天堂，掌心握無限，霎那成永恒」，是「心物合一」的一種極致。一張椅子坐起來很舒服，是人體工學的功能。一張椅子坐起來很快樂，是人體意識工學發揮作用。梵谷沒有說：「這只是一張舊椅子。」他觀察，再觀察，他感受到這張椅子的本體及靈性。然後，他坐在畫布前，拿起筆刷作畫，這張椅子的本身也許只值幾塊美元，但是梵谷以它為主題的畫作，可能超過兩千五百萬美元，而且，還不一定買得到。梵谷的椅子說：「梵谷看出了我的靈魂，就像智慧的人兒看出國王的新衣。」你看得出我的靈魂嗎？你看得出我的靈魂嗎？

國家圖書館出版品預行編目資料

台灣物類相感誌／蔡淑慧作. --初版--. --臺北市：書泉, 2016.06
面； 公分.
ISBN 978-986-451-064-1（平裝）

1.靈修

192.1　　105005636

4914

台灣物類相感誌

作　　者— 蔡淑慧
發 行 人— 楊榮川
總 編 輯— 王翠華
主　　編— 王俐文
責任編輯— 金明芬　洪禎璐
封面設計— 劉好音
出 版 者— 書泉出版社
地　　址：106台北市大安區和平東路二段339號4樓
電　　話：(02)2705-5066　　傳　　真：(02)2706-6100
網　　址：http://www.wunan.com.tw
電子郵件：shuchuan@shuchuan.com.tw
劃撥帳號：01303853
戶　　名：書泉出版社

經 銷 商：朝日文化
進退貨地址：新北市中和區橋安街15巷1號7樓
TEL：(02)2249-7714　　FAX：(02)2249-8715

法律顧問　林勝安律師事務所　林勝安律師

出版日期　2016年6月初版一刷
定　　價　新臺幣580元